Ilse Schimpf-Herken/Ingrid Jung (Hrsg.)

Das Fremde als Chance

Internationale Beiträge
Zu Kindheit, Jugend, Arbeit und Bildung

Herausgegeben von

Wolfgang Karcher (†), Manfred Liebel, Bernd Overwien (TU Berlin/Arbeits-stelle Globales Lernen und Internationale Kooperation), Marie-Theres Albert (TU Cottbus), André Dupuis (GEW), Albert Recknagel (terre des hommes), Ilse Schimpf-Herken (Paulo-Freire-Gesellschaft) in Zusammenarbeit mit der Gewerkschaft Erziehung und Wissenschaft.

In der Buchreihe sollen kritische Stimmen zu eurozentrisch beschränkten Vorstellungen von Kindheit, Jugend, Arbeit und Bildung und den davon beeinflussten Praktiken zu Wort kommen. Sie soll dazu beitragen, den Blick auf divergierende Erfahrungen und Denkweisen in anderen Kulturen, Ländern und Kontinenten auszuweiten. Sie soll dazu anregen, über mögliche Alternativen in der sozialen Konstruktion und den Zusammenhängen von Kindheit, Jugend, Arbeit und Bildung nachzudenken und zu neuen theoretischen und praktischen Schlussfolgerungen zu gelangen.

Die Buchreihe setzt die Reihe „Kritische und selbstkritische Forschungsberichte zur Dritten Welt" fort, in der 12 Bände erschienen sind.

Ilse Schimpf-Herken/Ingrid Jung (Hrsg.)

Das Fremde als Chance

Wie entstehen Lernprozesse?

Erfahrungen in der Bildungsarbeit
mit chilenischen und deutschen LehrerInnen

Übersetzung: Claudia Stengel

IKO – Verlag für Interkulturelle Kommunikation

Diese Publikation entstand mit der freundlichen Unterstützung der InWEnt (Internationale Weiterbildung und Entwicklung gemeinnützige GmbH) und mit einem großzügigen Druckkostenzuschuss vom Bildungs- und Förderungswerk der GEW und der Landesstelle für Entwicklungszusammenarbeit der Senatsverwaltung für Wirtschaft, Arbeit und Frauen (Berlin).

Titel der Originalausgabe:
Ilse Schimpf-Herken – Ingrid Jung (Compiladoras)
Descubriéndonos en el otro
Estrategias para incorporar los problemas sociales de la comunidad en el currículo escolar
LOM Ediciones 2002, ISBN 956-282-472-1

Bibliographische Information der Deutschen Bibliothek
Die Deutsche Bibliothek verzeichnet diese Publikation in der Deutschen Nationalbibliographie; detaillierte bibliographische Daten sind im Internet über http://dnb.ddb.de abrufbar.

©   IKO-Verlag für Interkulturelle Kommunikation
       Frankfurt am Main • London, 2003

       Frankfurt am Main   London
       Postfach 90 04 21   70 c, Wrentham Avenue
       D - 60444 Frankfurt   London NW10 3HG, UK

       e-mail: info@iko-verlag.de • Internet: www.iko-verlag.de

       ISBN: 3-88939-720-4

Internationale Beiträge zu Kindheit, Jugend, Arbeit und Bildung, Band 11

Übersetzung: Claudia Stengel
Lektorat und Satz: Hans Harbort
Umschlagbild: Hans Harbort
Umschlaggestaltung: Volker Loschek, 61184 Karben
Herstellung: Rosch-Buch Druckerei GmbH, 96110 Scheßlitz

INHALT

»Wir haben ein Recht, glücklich zu sein …«
Schüler in Chillán tragen eigene Lieder vor

Ingrid Jung

Einleitung

Als im Jahre 1996 eine Faxmitteilung aus Santiago de Chile, eintraf, in dem die Deutsche Stiftung für internationale Entwicklung (DSE – 2002 mit der Carl Duisberg Gesellschaft fusioniert zur Internationalen Weiterbildung und Entwicklung gGmbH, InWEnt) aufgefordert wurde, ein Angebot zur Fortbildung chilenischer LehrerInnen abzugeben, waren wir zunächst etwas überrascht. Gewiss waren wir mit der Aufgabe vertraut, Weiterbildungen für Fach- und Führungskräfte des Bildungssektors aus Entwicklungsländern aufgrund des jeweiligen Bedarfs zu konzipieren und zu organisieren. Doch die Anfrage war in diesem Fall zweifach ungewöhnlich. Zunächst auf der formalen Ebene: Es war in unserem Umfeld das erste Mal, dass ein Erziehungsministerium seinen Bedarf an Fortbildung definierte und dann eine internationale Ausschreibung machte, um passende Angebote einzuholen und nach Überprüfung die entsprechenden Aufträge weltweit zu vergeben. Inhaltlich war das Auslandsstipendienprogramm („Pasantías") für LehrerInnen ein Teil der Bildungsreform, die sich nach dem Ende der Diktatur bewusst der Aufgabe stellen wollte, die Qualität der Bildung zu verbessern und Chancengleichheit herzustellen. Damit verbunden war der Gedanke, dass die demokratische Öffnung der chilenischen Gesellschaft und eine diese Öffnung unterstützende Bildung auch LehrerInnen brauchte, die sich bewusst mit anderen Gesellschaften und deren pädagogischen Traditionen und Praxis auseinandergesetzt hatten. Das chilenische Bildungswesen sollte wieder Anschluss an die internationale Diskussion gewinnen und sich modernisieren. Die DSE war gern bereit, durch ein diesen Anforderungen gemäßes Programm dazu beizutragen.

Die Diskussionen mit Ilse Schimpf-Herken, die für die Konzipierung eines solchen Programms gewonnen werden konnte, führten schnell zu der Entscheidung, nicht ein fachspezifisches Programm vorzulegen, das auf die Umsetzung der neuen Lernziele in den einzelnen Fächern abzielen sollte, sondern eher eine Weiterbildung zu gestalten, die es ermöglichte, die Grundlagen der fächerübergreifenden Ziele der Werteerziehung in einem dialogischen Ansatz zu bearbeiten. Ein solches Programm würde nicht bei den natürlich vorhandenen Unterschieden zwischen Deutschland – als Ort der Weiterbildung – und Chile ansetzen, sondern an den Gemeinsamkeiten in der jeweiligen Suche nach der Gestaltung von Schule als Ort, in dem sich gesellschaftliche Zielvorstellungen von Chancengleichheit, gesellschaftlicher Integration und demokratischer Persönlichkeit konkretisieren.

Das Ergebnis war ein Programm, das sich der Auseinandersetzung mit der Frage widmet, wie Schule zur Integration von gesellschaftlichen Konflikten beitragen kann. Die ausführliche Darstellung des Fortbildungskonzepts und seiner historischen Einbettung in die Erziehungs-

Dr. Ingrid Jung ist Leiterin der Abteilung Bildung von InWEnt (Internationale Weiterbildung und Entwicklung gGmbH).
Kontakt: ingrid.jung@inwent.org

reform erfolgt in dem ersten Beitrag von Schimpf-Herken (siehe Seite 15). Die Struktur des Kurses sah zunächst Workshops und die Auseinandersetzung mit theoretischen Fragen vor sowie – in einem zweiten Abschnitt – die Hospitation an Berliner Schulen und schließlich – in einem dritten Schritt – die Vertiefung spezifischer Themen und die Ausarbeitung von Projekten, die die LehrerInnen nach ihrer Rückkehr in ihrem Heimatland umsetzen wollten. Insofern zielten alle Aktivitäten darauf ab, sowohl die inhaltliche als auch die methodische und die persönliche Ebene so anzusprechen, dass im Dialog mit den deutschen KollegInnen im Team, an den Schulen und an anderen Orten eine Reflexion über die eigene Praxis möglich wurde. Das pädagogische Konzept der Weiterbildung wird im letzten Beitrag des Buches von Ilse Schimpf-Herken ausführlich dargestellt.

Zentrale Fragen, die in Form von Workshops bearbeitet wurden (siehe Teil III), waren die Geschlechterverhältnisse, die Interkulturalität, die Konfliktbearbeitung durch Mediation und die Suchtprävention. Dabei ging es darum, durch einen erfahrungsorientierten Zugang gleichzeitig Methoden und deren Wirkungen kennen zu lernen und dadurch Lernprozesse auszulösen. Die pädagogischen Konzepte, die die Grundlage für schulisches Handeln und in einem weiteren Sinne für Bildungspolitik darstellen (siehe Teil IV), wurden in Form von Vorträgen und Diskussionen erarbeitet. Hier standen im Mittelpunkt Themen wie die Integration von behinderten Kindern, Werteerziehung und die Auseinandersetzung mit Geschichte als Erinnerungsarbeit. Die Herausgeberinnen dieses Bandes haben die AutorInnen dieser Beiträge um eine Darstellung ihres Ansatzes und dessen Umsetzung gebeten, damit sowohl die inhaltliche und methodische Dimension des jeweiligen Themas deutlich wird als auch dessen Einbettung in die gesamte Weiterbildung.

Obwohl die Auslandskurse vom chilenischen Erziehungsministerium zunächst als einmalige Veranstaltung konzipiert waren, stellte sich angesichts der Erfahrung der DSE als Weiterbildungsorganisation mit aller Dringlichkeit die Frage einer Begleitung der Teilnehmenden nach Abschluss der eigentlichen Fortbildung. Nach der Rückkehr würden sich die chilenischen LehrerInnen einem Kontext gegenübersehen, der sich gegenüber ihren neuen Ansätzen und Projekten möglicherweise abwartend bis kritisch verhalten würde. In enger Zusammenarbeit mit dem chilenischen Erziehungsministerium und mit Unterstützung des deutschen Bundesministeriums für wirtschaftliche Zusammenarbeit und Entwicklung (BMZ) konnte die DSE regelmäßige Nachtreffen ehemaliger TeilnehmerInnen rund neun Monate nach dem jeweiligen Berlinaufenthalt organisieren und damit einen Beitrag zu einem kontinuierlichen Austausch untereinander leisten. Die Kommunikation der LehrerInnen untereinander wurde außerdem durch einen inzwischen von chilenischen Lehrerinnen betreuten Arbeitsraum auf der internetgestützten Lernplattform von InWEnt, dem Global Campus 21 (die Website findet sich unter http://www.gc21.de), gefördert.

Der Dialog mit den deutschen KollegInnen war für die chilenischen LehrerInnen ein bereicherndes Erlebnis, das jenseits aller Konzepte und Methoden tiefe Spuren in ihrer Erfahrungswelt hinterlassen hat. Davon berichten sie im ersten Teil dieses Buches, für den wir TeilnehmerInnen der verschiedenen „Jahrgänge" zwischen 1997 und 2000 gebeten hatten, ihre persönlichen Erfahrungen auf der Pasantía zu formulieren. Hier wird deutlich, dass die Wahrnehmung einer ganz anderen Realität immer vermittelt ist durch das Gespräch sowohl der

Pasantes untereinander wie auch mit dem deutschen Team und den LehrerInnen und ReferentInnen der Workshops und Vorträge. Es ist bewegend zu lesen, welchen Einschnitt im Leben der LehrerInnen diese Möglichkeit des Kennenlernens einer anderen Welt bedeutet und wie dies zu ihrer Motivation und Loyalität auch zum chilenischen Erziehungsministerium beiträgt, das ihnen diese Tür geöffnet hat.

Die Besuche der chilenischen KollegInnen hatten die deutschen LehrerInnen und DozentInnen neugierig gemacht auf deren Schulen und Lebenskontext. So fuhren bisher fünf Jahre hintereinander deutsche Gruppen nach Chile, führten dort Workshops durch, besuchten Schulen und lernten das Land kennen, wobei die chilenischen KollegInnen diese Besuche vorbereiteten und begleiteten. Wie beglückend dieser Gegenbesuch war, wird besonders im Beitrag von Lange deutlich, aber auch in den Aussagen vieler chilenischer LehrerInnen, die in diesem Gegenbesuch zu recht eine Wertschätzung ihrer Arbeit und ihrer Personen sahen.

Und schließlich haben die chilenischen LehrerInnen begonnen, in eigenen Fortbildungsveranstaltungen ihre Projekte weiterzugeben. Sie haben ihre schulische Praxis innoviert und darüber hinausgehend ihre Kollegen, die Eltern und die Gemeinden mit einbezogen. Ihre Projekte zur Menschenrechtserziehung, zu geschlechtsspezifischer Erziehung, zu historischer Erinnerungsarbeit, schulischer Mediation und zu anderen Themen zeigen, in welchem Umfang sie einen genuinen Beitrag zu einer demokratischen Bildungsreform leisten. Im zweiten Teil dieses Buches beschreiben sie diese Erfahrung und das damit gewachsene Vertrauen in die eigenen Fähigkeiten und die kollegiale Solidarität unter den Mitgliedern der Gruppe.

Das vorliegende Buch dokumentiert einen komplexen Lernprozess aller Beteiligten, aufbauend auf einer durch Empathie geprägten Grundeinstellung (siehe den Beitrag Lammers), die die Einbeziehung von sozialen Konflikten und die Auseinandersetzung mit ihnen als eine zentrale Aufgabe der Schule in einer demokratischen Gesellschaft begreift. Der Blick auf das Fremde, die Distanz zu dem Eigenen und das neue Begreifen, das damit möglich wird, beinhalten die Chance zur Veränderung. Die Beiträge in diesem Buch zeigen, wie diese Chance genutzt wurde.

Für die DSE – jetzt InWEnt – ist dieses Projekt aus einer Reihe von Gründen exemplarisch: die Wertschätzung des chilenischen Erziehungsministeriums für die Qualität unserer Arbeit ermöglichte durch mehrfache Wiederholungen der Pasantías einen Lernprozess im Team und eine kontinuierliche Weiterentwicklung des Programms in Deutschland*; der Dialog mit den Verantwortlichen des Stipendienprogramms in Chile baute gegenseitiges Vertrauen auf und damit auch die Möglichkeit, für eine systematische Nachbetreuung der Stipendiaten zu werben, die schließlich als Teil der Auslandsstipendien eingeführt wurde; die institutionelle Unterstützung von Seiten des BMZ, des Berliner Senats und anderer Geber ermöglichte die Nachbetreuung der ehemaligen Stipendiaten und die Gegenbesuche der deutschen KollegInnen. All dies wäre nicht möglich gewesen ohne das außergewöhnliche Engagement all jener Menschen in Chile und in Deutschland, die an diesem Prozess beteiligt waren, dessen Gestaltung Empathie, Kreativität und interkulturelle Dialogfähigkeit voraussetzt. Dafür sei allen herzlich gedankt.

Nachbemerkung:

Nach dem ersten Programmdurchgang wurde die DSE vom chilenischen Erziehungsministe-rium aufgefordert, auch ein Programm zur Fortbildung von MusiklehrerInnen anzubieten. In dem Programm „Ein Anfang mit Musik – Methodik und Didaktik einer ganzheitlichen Musik-erziehung" sind von 1998 an mit einer ähnlichen Struktur und Nachbetreuung vor Ort ins-gesamt 110 LehrerInnen fortgebildet worden. Eine Dokumentation dazu findet sich in: Jung / Villaseca: *Viva la música. Enfoque de un perfeccionamiento docente intercultural.* Santiago: LOM Ediciones 2002.

Marcia Fuenzalida O'Ryan

Vorwort

Das Auslandsstipendienprogramm des chilenischen Erziehungsministeriums für Mitarbeiter des Erziehungswesens bestand gerade zwei Jahre, als die damalige Deutsche Stiftung für Internationale Entwicklung (DSE) im Jahre 1997 ihre Mitarbeit und Unterstützung bei der Durchführung der Pasantías anbot. Das führte dazu, daß Chile seither jedes Jahr Lehrer nach Berlin schickt, um sie durch die DSE fortbilden zu lassen, Die DSE beauftragt jeweils deutsche Fortbildungsinstitutionen mit der Planung und Durchführung der Pasantías. Bisher wurden Kurse in zwei Fachgebieten durchgeführt: „Die Integration sozialer Konflikte in Curriculum und Unterricht in der Grundschule" und „Integrale Musikerziehung". Im ersteren konnten die Teilnehmern sich mit der Geschichte der deutschen Erziehung und ihren pädagogischen Fragestellungen ebenso auseinandersetzen wie mit der sozialen Konfliktbearbeitung durch verschiedene Arbeitstechniken und innovative Projekte im Klassenzimmer; im letzteren lernten die Teilnehmer, in ganzheitlicher Form mit Musik zu experimentieren, diese mit allen menschlichen Sinnen auszudrücken und neue Unterrichtsmethoden einzubeziehen.

Mit großer Freude hat das Stipendienprogramm für Weiterbildung im Ausland deshalb die Einladung akzeptiert, an dieser Publikation mitzuwirken, und betrachtet diese Beteiligung auch als Verpflichtung angesichts der von 1997 bis heute gemeinsam mit der DSE (bzw. der InWEnt) bewältigten Herausforderungen des Programmes. Für das Erziehungsministerium Chiles war es in der Tat bedeutsam, in all diesen Jahren der Zusammenarbeit mit der DSE sowohl deren Führungskapazität als auch ihre technische und akademische Zuverlässigkeit schätzen zu lernen. Diese zeigte sich auch in den Projekten zur Weiterbildung der chilenischen Lehrer, in den nachhaltigen Prozessen der Implementation für den Entwurf und die Zielsetzungen dieses Programmes und in der unterstützenden Arbeit durch die Begleitung der ehemaligen Stipendiaten in Chile zur Vertiefung und Wiederauffrischung der in Deutschland durchgeführten Weiterbildung. In diesem Sinne waren ihre andauernden Anstrengungen zur Durchführung von Begleitaktivitäten wichtige Lektionen für dieses Stipendienprogramm und besonders für die Erstellung eines Planes für die Nachkontakte mit den ehemaligen Stipendiaten ab dem Jahre 2001 durch das Erziehungsministerium.

Mit großer Genugtuung und Stolz sehen wir die Veröffentlichung dieses Buches, welches unter anderem auch die Arbeiten der Ex-Pasantes der DSE enthält. Das Buch trägt mit Sicherheit auch dazu bei, die Zusammenarbeit unserer beiden Länder zu intensivieren. Blicken wir in die Zukunft mit dem Vertrauen, daß diese Publikation die erste Erfahrung von vielen weiteren ähnlichen im Rahmen der Weiterbildung im Erziehungswesen sein wird.

Marcia Fuenzalida O'Ryan ist Koordinatorin des Auslandsstipendienprogramms im chilenischen Erziehungsministerium.
Kontakt: moryan@mineduc.cl

Kinderrechte

Ilse Schimpf-Herken

Das Fremde als Chance – Internationale Lehrerfortbildung als zentraler Baustein der chilenischen Erziehungsreform*

Bildung und Erziehung in Europa verstehen sich im traditionellen Sinne als Vermittlung von bestehendem Wissen und Wertesystemen. Sie sind eher rückwärtsgewandt und konservativ in ihrer Werthaltung. Interkulturelle Bildung muss, will sie nicht die Tradition des Eurozentrismus fortsetzen, nach Wegen und Räumen suchen, in denen Begegnungen möglich werden und die Zukunft im Heute gedacht werden kann.

Bildung und Erziehung haben heute die besondere Aufgabe, die Menschen auf die Wechselwirkungen der Globalisierung vorzubereiten, sie hierfür kritikfähig zu machen und ihnen zu ermöglichen, die lokale Begrenztheit pädagogischer Reflexion zu überwinden. Sie haben sich in ihrer demokratischen Wertorientierung für mehr Chancengleichheit einzusetzen und die zur Erreichung dieses Zieles erforderlichen institutionellen Voraussetzungen zu schaffen.

In dieser Absicht formulierte die erste post-diktatorielle Regierung in Chile unter Präsident Aylwin 1990 eine Erziehungsreform, die einen Beitrag zur Re-Demokratisierung leisten soll. Es ist eine Reform, die von allen Beteiligten Querdenken erfordert und über die Interdisziplinarität hinaus eine permanente Methodenreflexion und Veränderung der Rahmenbedingungen impliziert. Der Lehrerfortbildung kommt in diesem Rahmen eine besondere Bedeutung zu. Sie soll im folgenden auf dem Hintergrund der vierjährigen Erfahrungen in der ,Pasantía' „Die Integration sozialer Konflikte in Curriculum und Unterricht in der Grundschule" reflektiert werden, die seit 1997 in Berlin durchgeführt wird.

Um die gesellschaftspolitische Dimension der chilenischen Bildungsreform transparent zu machen und dabei insbesondere den Wandel der Institution Schule und der Rolle des Lehrers aufzuzeigen, soll die Analyse in den Rahmen der chilenischen Transformationsgesellschaft gestellt werden. Unter Transformationsgesellschaften im soziologischen Sinne versteht man solche Gesellschaften, für die folgende Merkmale charakteristisch sind:

- ein schwacher Staat,
- schwache Institutionen,
- eine schwach ausgebildete Zivilgesellschaft,
- ein hoher Grad gesellschaftlicher Polarisierung sowie
- ein beschleunigter Wertewandel, oft in Verbindung mit einem gesteigerten Gewaltpotential.

---

* Dieser Artikel wurde im Gedenkband für den verstorbenen Professor Wolfgang Karcher in einer gekürzten Version veröffentlicht. Siehe Bernd Overwien (Hg.), *Handeln im globalen Kontext*. Frankfurt / Main 2000.

Ilse Schimpf-Herken ist Soziologin und Beraterin im Bereich Friedenserziehung von InWEnt (Bonn).
Kontakt: ilse.schimpf-herken@web.de

Chile – eine Transformationsgesellschaft

Nach 17-jähriger blutiger Gewaltherrschaft durch die Diktatur des General Pinochet zwischen 1973 und 1989 war die chilenische Gesellschaft in ihren demokratischen Grundfesten stark erschüttert. Nach mehr als einem Jahrzehnt des Staatsterrors

- in den 70er Jahren, in denen der Staat maximale Macht und Kontrolle auf die Gesellschaft und ihre Institutionen ausgeübt hatte, und
- in den 80er Jahren, in denen sich der Staat durch die Dezentralisierung von Institutionen und die Privatisierung der Mehrzahl der Staatsbetriebe mit dem Ziel der Durchsetzung einer neoliberalen Politik nur noch minimal einmischte,

begann mit der Kampagne für die Volksbefragung 1988 eine neue Etappe unter einem sozial engagierten Staat, der sich unter Respektierung neoliberaler Rahmenbedingungen für mehr soziale Gerechtigkeit und eine nachhaltige Entwicklung einsetzte.

Die Bevölkerung hatte sich 1988 mit knapper Mehrheit für eine Rückkehr zur parlamentarischen Demokratie entschieden und durch die Wahl 1989 einem breiten Parteienbündnis – der sog. „concertación" unter Führung des christdemokratischen Präsidenten Aylwin – zur Regierungsmacht verholfen, doch die Beziehungen zwischen Staat und Zivilgesellschaft mussten erst wieder neu geknüpft werden. Das Erbe aus der Zeit der Diktatur bestimmte hierfür weitgehend die Rahmenbedingungen:

- Im Vergleich zum Beginn der 70er Jahre, in denen weniger als 20% der chilenischen Gesellschaft arm war, waren bereits in den 80er Jahren 40% der Bevölkerung unter die Armutsgrenze gefallen. Anfang der 90er Jahre waren es laut CEPAL immer noch 37%. „Die Einkommensverteilung war zunehmend unausgewogen, so dass jegliche soziale Reform mit Spannungen verbunden war. Während 25 % der Chilenen sehr arm waren und nur über 5% des Einkommens verfügten und die Hälfte der Chilenen 25% des Einkommens besaßen, verfügten allein 25% der Chilenen über 70% des Eigentums". (Römczyk 1994, S. 22)
- Die Wirtschaft war seit Anfang der 80er Jahre durch die Beratung der „Chicago Boys" in eine exportorientierte „Entwicklungsdiktatur" (Römczyk) umgewandelt worden, in der mit Ausnahme der staatlichen Kupferminen die große Mehrzahl der 200 staatlichen Betriebe privatisiert worden war. Die Agrarreform wurde weitgehend rückgängig gemacht, und die landwirtschaftliche Produktion, die am Binnenmarkt orientiert gewesen war, wurde auf die Ausfuhr von Fisch, Holz und Obst umgestellt. Mit der Umstrukturierung auf die Exportproduktion gingen drastische Veränderungen in der Beschäftigungsstruktur, der Einkommensverteilung und der Subsistenzproduktion einher. Diese Entwicklung führte zu einer starken Konzentration zugunsten von Großunternehmen und zu einem erhöhten Technologieeinsatz. Auch brachte die neue Form des Wirtschaftens eine Umweltzerstörung mit sich, die sich insbesondere für die arme Bevölkerung negativ auswirkte. Beispielsweise fischten die großen Fangschiffe nicht nur den Fischreichtum vor der chilenischen Küste ab, um daraus minderwertiges Fischmehl zu machen, sondern vernichtete auch die Fischbrut in der Nähe der Küste, so dass die traditionelle Küstenfischerei bald nicht mehr rentabel war. Die Abholzung der Mischwälder zur Produktion von Holzchips für die Papierindustrie insbesondere Japans und die Aufforstung in Monokultur mit ‚pino insignie' zerstörten nicht nur große Flächen von naturgeschützten Urwäldern, sondern machten auch die traditionelle Sammelwirtschaft der kleinen Waldbauern unmöglich. Daneben wurde immer deutlicher, dass die Obstexportwirtschaft, die zu einer starken Migrationsbewegung während der Ern-

tezeit und zur Ausbeutung weiblicher Arbeitskräfte zu Niedriglöhnen führten, langfristig negative soziale und ökologische Auswirkungen hatte (Römczyk 1994, S. 71–119).

- Die wirtschaftlichen und ökologischen Rahmenbedingungen führten dazu, dass die Regierung unter Präsident Aylwin zunächst kaum Handlungsspielräume für grundlegende demokratische Reformen hatte. Die traditionellen politischen Parteien und Gewerkschaften hatten sich nach dem jahrelangen Verbot und dem Exil vieler ihrer Führer noch nicht wieder konsolidiert. Viele der Nichtregierungsorganisationen, die während der Diktatur aus dem Ausland unterstützt worden waren, lösten sich aus Mangel an finanzieller Unterstützung auf. Soziale Bewegungen, Frauenorganisationen, Volkskulturprojekte u. a., die für den Wiederaufbau der Zivilgesellschaft so wichtig gewesen wären, konnten unter den prekären ökonomischen Bedingungen ihre Arbeit nicht fortführen. Auch gab es immer wieder große politische Spannungen zwischen den von Pinochet eingestellten Beamten und jenen, die von der neuen Regierung in Führungspositionen gebracht worden waren. Darüber hinaus war es im breiten Parteienbündnis oft schwierig, Mehrheiten für Sozialreformen zu erhalten.

- Das Ausbleiben der rückhaltlosen Aufklärung der Gewalttaten und die Straffreiheit für die Täter führte in der chilenischen Gesellschaft zu einem großen Schweigen – dem Schweigen derjenigen, die mit Schuld und Scham belastet waren und Angst vor Enthüllungen hatten, und dem Schweigen der Opfer, denen es durch das fehlende Unrechtsbewusstsein der chilenischen Öffentlichkeit die Sprache verschlagen hatte. Zwar wurde von der ‚concertación‘ eine Wahrheitskommission eingesetzt, die später den sogenannten Rettich-Report über die während der Diktatur Verschwundenen und Ermordeten herausgab, aber es gab bis zur Verhaftung Pinochets in London weder eine landesweite Debatte über den Umgang mit den Menschenrechtsverletzungen noch über die Strafverfolgung der Täter. Selbst der Begriff der ‚Menschenrechte‘ ist in der Öffentlichkeit politisch so stigmatisiert, dass eine Debatte über die Universalität von Rechten und Pflichten in weiten Teilen der Bevölkerung gescheut wird.

Vor diesem Hintergrund der chilenischen Verhältnisse wird verständlich, dass die Regierung der ‚concertación‘ im gesellschaftlichen Prozess der Aussöhnung vor allem der Demokratisierung und Schaffung von Chancengleichheit hohe Priorität beimaß. In seiner ersten Botschaft an die Nation am 21. Mai 1990 formulierte Präsident Aylwin die Herausforderung folgendermaßen:

„1. Nationale Versöhnung: Wahrheit und Gerechtigkeit, Respektierung der Menschenrechte;
 2. Demokratisierung der Gesellschaft und Verbesserung ihrer Institutionen;
 3. Eine gerechtere Gesellschaft: das Erreichen von sozialer Gerechtigkeit, um die herrschende Ungleichheit und Unterentwicklung großer Teile der Gesellschaft zu überwinden;
 4. Förderung des wirtschaftlichen Wachstums und des Wettbewerbs im Rahmen einer Marktwirtschaft;
 5. Wiedereingliederung Chiles in die internationale Gemeinschaft …“

Zur Erreichung dieser Ziele sollte der Erziehung eine zentrale Bedeutung zukommen, die Präsident Aylwin zur Eröffnung des Schuljahres im März 1991 wie folgt formulierte:

„1. Ausweitung des Bildungswesens und Verbesserung seiner Qualität;
 2. Verbesserung der Lernmöglichkeiten in der Grundschule und im Gymnasium;
 3. Verbesserung der Bildungschancen (Risikogruppen erhalten besondere Priorität);

4. Verbesserung der Qualität der Universitätsbildung, Herstellung von mehr Chancengleichheit, Verbesserung der Institution durch Evaluierungssysteme;
5. Verbesserung der Effizienz durch die Dezentralisierung von Entscheidungskompetenz."

Zur Verwirklichung dieser Zielsetzungen war eine grundsätzliche Reform des Erziehungswesens notwendig, für die es zwar 1990 einen weitgehenden gesellschaftlichen Konsens, aber bei der vorhandenen Staatsverschuldung kaum Mittel gab. Das war um so gravierender, als der Nachholbedarf in allen Bereichen des Bildungssektors sehr groß war. Zwar hatte seit den 60er Jahren der quantitative Zugang zur Bildung ständig zugenommen und zu einer weitgehenden Integration der schulfähigen Bevölkerung geführt, das Budget des Erziehungsministeriums war jedoch Jahr für Jahr gesunken. Betrug es 1981 noch 4,07 % des Bruttosozialproduktes, so sank der Anteil des Erziehungswesens 1990 auf nur 2,49 % (Garcia Huidobro 1999, S. 12). Die Lehrer wurden sehr schlecht bezahlt, die schulische Infrastruktur war äußerst mangelhaft, und die Diskrepanz in der Qualität der Erziehung zwischen privaten und staatlichen Schulen wuchs ständig.

„Die Sparmaßnahmen trafen alle Kosten: Lehrerweiterbildung, Sachmittel, Bau- und Reparaturkosten wurden stark reduziert und unterschiedlich von der Schulklientel kompensiert; Lehrergehälter sanken zwischen 1981 und 1990 um 7 % pro Jahr in den öffentlichen Schulen und um 10 % in den privaten öffentlich subventionierten Schulen." (Munin 1996, S. 6)

Wer es sich nur irgendwie leisten konnte, meldete seine Kinder nicht an einer staatlichen Schule an. Die Folge hiervon war, dass zwischen 1980 und 1990 die Anteile der SchülerInnen in den öffentlichen Schulen von 80 auf 58 % sank. Die Anteile der SchülerInnen an staatlich subventionierten Schulen stieg von 14 auf 32 %, die in Privatschulen auf nahezu 10 % (Espinola 1994, S. 148).

Die Dezentralisierung und Privatisierung des Erziehungswesens führten auch zu einer grundlegenden Veränderung der institutionellen Schulaufsicht. Heute werden die Schulen von den jeweiligen Gemeinden verwaltet, die die Lehrer einstellen, deren Gehälter bezahlen und die Schulinfrastruktur erhalten. Damit lasten die gesamten Kosten für das Erziehungswesen auf den Schultern der Gemeinden, während sich das staatliche Erziehungsministerium in der Hauptstadt mit seinen Provinzialbehörden die Verantwortung für die Curriculumentwicklung und Lehrerfortbildung vorbehält.

Eine weitere Folge der Dezentralisierung sind die wachsende materielle Ungleichheit zwischen den Schulen und die großen Diskrepanzen bei den Lehrergehältern. Je nach steuerlichem Einkommen der Kommunen wird in das Erziehungswesen investiert oder nicht. Die durchschnittliche Investition pro Kind in einer reichen Schule betrug seinerzeit 50 000 Pesos im Jahr, während ein Kind in einer armen Schule im allgemeinen nur mit 14 000 Pesos subventioniert wurde (Espinola 1994, S. 179–180). So kam es dazu, dass die armen Landgemeinden aufgrund der schlechten schulischen Infrastruktur und der niedrigen Lehrergehälter nicht mehr ausreichend qualifiziertes Personal fanden. Lehrer zogen es vor, an Privatschulen zu unterrichten, wo sie manchmal mehr als das Doppelte verdienten wie an öffentlichen Schulen.

Die wachsende Ungleichheit als Folge der Privatisierung der Erziehung sowie die Selektierung der Kinder nach Familieneinkommen schlugen sich auch in den Lernleistungen nieder. So zeigte die nationale Schulleistungskontrolle SIMCE Ende der 90er Jahre sehr deutlich, dass nur die Kinder in Privatschulen in Mathematik und Englisch die erwarteten 80 Leistungspunkte erreichten. Zwischen Stadt- und Landschulen gab es ebenfalls große Diskrepanzen (Garcia Huidobro 1999, S. 35).

Vor diesem Hintergrund kann zusammenfassend gesagt werden, dass es in der chilenischen Gesellschaft nach Ablösung der Militärregierung einen weitgehenden Konsens gab, das neoliberale System zwar beizubehalten, gleichzeitig aber die Ursachen der wachsenden Ungleichheit zu überwinden und die Effektivität und Qualität der Erziehung zu erhöhen. Damit war Chile nicht nur das erste Land in Lateinamerika, das eine neoliberale Erziehungsreform durchgeführt hatte, es wurde auch zum Übungsfeld innovativer Bildungspolitik zur Überwindung von Chancenungleichheit.

Die Erziehungsreform

Die beiden wichtigsten Zielsetzungen der Erziehungsreform, die von dem Regierungsbündnis der ‚concertación' (1990–1994) sowie der Nachfolgeregierung unter Präsident Frei (1994–2000) angestrebt wurden, waren
- die Herstellung von mehr Chancengleichheit durch Erziehung mittels ‚positiver Diskriminierung' und
- eine Qualitätsverbesserung durch die Reform des Curriculums, größere pädagogische Autonomie, innovative Lehrerfortbildung und die vertragliche Absicherung der LehrerInnen.

Waren zuvor die staatlichen Bestrebungen überwiegend auf die quantitative Ausweitung des Bildungswesens gerichtet, so ging es jetzt primär um die Qualitätsverbesserung der Erziehung.

Durch das ‚Programm der 900 Schulen', das noch am Tag des Regierungsantritts von Präsident Aylwin verkündet worden war, sollten 10% der ärmsten Schulen durch besondere Programme gefördert werden. Mit dem aus der ‚Civil Rights'-Bewegung der USA übernommenen Konzept der positiven Diskriminierung von benachteiligten Bevölkerungsgruppen – damit sind in Chile beispielsweise entlegene Landgemeinden, ethnische Minderheiten und Bevölkerungsgruppen in Elendsvierteln gemeint – wurden gezielt Förderprogramme entwickelt. Durch die Bereitstellung von didaktischen Materialien für den Sprach- und den Mathematikunterricht, die Versorgung mit modernsten Lehr-Lern-Materialien und Medien, eine pädagogische Begleitung und eine kontinuierliche Lehrerfortbildung sollten existierende Ungleichheit kompensiert werden. Auch die Schulentwicklungsprogramme (MECE básico und MECE rural), die von den Schulen je nach Bedarf beantragt werden können, sollten in den folgenden Jahren zu einer effizienten Form der Förderung benachteiligter Schulen führen. Auf dem Land wurden die kleinen Schulen mit einem oder zwei Lehrern zu sogenannten Mikrozentren zusammengeschlossen, die gemeinsam Projekte mit Nachbarschulen durchführen, durch Radio- oder Internetprogramme miteinander kommunizieren und sich durch regelmäßigen Austausch untereinander indirekt gegenseitig fortbilden sollten. Die ersten Ansätze für die Entwicklung von zweisprachigen Unterrichtsmaterialien werden nunmehr staatlich gefördert und eine entsprechende Fortbildung für die Lehrer in Landesteilen mit indianischer Bevölkerung durchgeführt.

Neben dem Förderansatz durch positive Diskriminierung gibt es noch weitere Programme:
- Das Programm zur Verbesserung der Erziehung (PME), durch das die einzelnen Schulen die Möglichkeit und den Anreiz erhalten, ein den eigenen Bedürfnissen adäquates Projekt beim Erziehungsministerium zur Finanzierung zu beantragen. Hierdurch werden nicht nur lokale Ressourcen besser genutzt, sondern auch die Initiativen der LehrerInnen vor Ort unterstützt.
- Mit der Einrichtung von Ganztagsschulen, die bis 2003 überall im Land verwirklicht werden soll, beabsichtigen die Reformer einen weiteren Schritt zu mehr Chancengleichheit.

Durch dieses Programm werden den Schülern in den Nachmittagskursen offene Angebote zur Freisetzung von mehr Kreativität gemacht; dabei kann jede Schule ein eigenes pädagogisches Profil entwickeln, und die Kinder aus prekären Verhältnissen werden sozial und durch Förderunterricht unterstützt. Ein umfangreiches Schulbauprogramm soll ausreichend Räumlichkeiten zur freien Entfaltung der SchülerInnen zur Verfügung stellen.

- Darüber hinaus werden viele Schulen über das Projekt „Enlace" mit Computern ausgestattet. Dadurch erhalten SchülerInnen auch in entlegenen Gegenden Zugang zu den modernsten Informations- und Kommunikationstechniken. Das geht in Einzelfällen sogar so weit, dass in entlegenen Schulen der Strom für die Computer per Generator hergestellt wird. Der Glaube an die neuen Medien ist so stark, dass sie heute einen großen Raum in den Bildungsvorstellungen der Lehrer und Schüler einnehmen.

- Zwei weitere Reformprogramme sind die Integration behinderter Kinder in die Regelklassen und das Projekt ‚Montegrande'. Ersteres kann angesichts der hohen Schülerfrequenzen in den Klassen sowie durch die häufige Überlastung von LehrerInnen nur begrenzt umgesetzt werden. Das Projekt ‚Montegrande', das nach dem Geburtsort der Literaturnobelpreisträgerin Gabriela Mistral benannt ist, hat die Förderung spezifischer Lernbereiche zum Ziel und beinhaltet tendenziell ein Konzept der Elitebildung. So können Schulen mit besonderem Profil, beispielsweise einem Lehrschwerpunkt in Meeresbiologie oder im Bereich Ethikunterricht, in besonderer Weise unterstützt werden.

Neben den bereits genannten Reformen wurde zur Qualitätsverbesserung in der Erziehung eine umfassende Curriculumreform durchgeführt mit dem Ziel größerer pädagogischer Autonomie der Schulen und persönlicher Förderung der Kinder. Zwar gibt es auch weiterhin Rahmenpläne für die einzelnen Fächer (‚objetivos minimales verticales'), diese werden jedoch ergänzt durch ‚objetivos fundamentales transversales' (OFT), die ihnen eine neue, fächerübergreifende Grundlage geben: „Die OFT haben einen allumfassenden Charakter, der sich an der Entwicklung der Persönlichkeit orientiert sowie an dem moralischen und sozialen Verhalten der SchülerInnen. Sie sollten lernbegleitend während der ganzen Grundschulzeit sein." (MINEDUC, Objetivos … 1999) Die OFT sollen ein Denken über die Grenzen der Fächer hinaus ermöglichen und setzen Methodenvielfalt voraus. Im Projektansatz werden Ansätze eines ‚forschenden Lernens' formuliert: Die Lehrer sollen nicht mehr die alleinigen Vermittler von Wissen sein, und die Schule selber wird zum Gegenstand der Reflexion. Seit 1996 wurden vielfältige Unterrichtsmaterialien erstellt und an den Schulen verteilt, die den offenen, binnendifferenzierten Unterricht und die Gruppenarbeit unterstützen sollen.

Bereits nach zehn Jahren erweist sich, dass die verschiedenen Reformmaßnahmen insgesamt zu einer positiven Entwicklung im Grundbildungsbereich geführt haben. So kommen die Lernleistungsvergleiche, die jährlich im Rahmen des nationalen Programms SIMCE für das vierte und das achte Schuljahr vorgenommen werden, zu positiven Trendergebnissen, die im folgenden aus verschiedenen vom Erziehungsministerium veröffentlichten Tabellen zusammengefasst werden:

Von den 80 angestrebten Bewertungspunkten für das 4. Schuljahr wurden 1990 insgesamt 60,6 Punkte erreicht, 1996 bereits 71,5 Punkte. Für das 8. Schuljahr war das Ergebnis etwas schlechter – es konnte von 53,3 Punkte 1990 auf 64,1 Punkte 1996 gesteigert werden.

Für die Landschulen ergab sich eine positivere Entwicklung. Erhielten diese 1992 beispielsweise für Mathematik nur 34,3 und für Spanisch 34,1 von 80 Punkten, so wurden bereits

1996 für Mathematik 60,8 und für Spanisch 59,4 Punkte erreicht. Das ist eine Verbesserung von mehr als 25 Punkten pro Fach.

Der Leistungsvergleich zwischen den besten und den schlechtesten Schulen zeigt dagegen nur eine geringe Annäherung. Bestand 1990 zwischen den besten Schulen mit 79,6 Punkten und den schlechtesten Schulen mit 35,3 Punkten eine Differenz von 44,3 Punkten, so gab es auch 1996 noch eine Diskrepanz von 39,4 Punkten (García Huidobro 1999, S. 34–38).

Will man Chancengleichheit über schulische Erziehung verwirklichen, dann reicht offensichtlich die unterrichts- und schulspezifische Förderung nicht aus. Die gesellschaftlichen und materiellen Bedingungen der Kommunen und des Elternhauses scheinen über den engeren Rahmen der Schule hinaus eine entscheidende Rolle zu spielen. Die entsprechende Sensibilisierung der LehrerInnen für diese Tatsache und die Förderung einer sozialpädagogischen Lehrerfortbildung zur Integration sozialer Probleme in das Curriculum sind ein bislang noch ungenügend berücksichtigter Aspekt der Reform. Die Aktualisierung der Lehrinhalte und die Methodenvielfalt stehen im Mittelpunkt, während den wachsenden sozialen Problemen der Schüler und ihres Umfeldes in der pädagogischen Reflexion eine zu geringe Bedeutung beigemessen wird.

Eine Reform ist jedoch nur so erfolgreich wie das Engagement der Menschen, die sie voranbringen. Einerseits waren die Ausgangsbedingungen für die Reformen gut, weil

- die Fehlentwicklungen und die Mängel der neoliberalen Erziehungspolitik allzu offensichtlich waren,
- KollegInnen, die während der Diktatur im Ausland studiert hatten bzw. sich in oppositionellen Bildungsinstitutionen mit Fragen der „educación popular" auseinandergesetzt hatten, nun Leitungsfunktionen im Erziehungsministerium erhielten,
- die Demokratiebewegung, die zur Volksbefragung geführt hatte, einen breiten Konsens hinsichtlich der Notwendigkeit von Veränderung in der Erziehung herstellte, und
- die weltweite Aufbruchsstimmung nach Jomtien, eine „Bildung für alle" zu gewährleisten, auch Chile ergriffen hatte.

Andererseits gab es jedoch viele Probleme und Vorbehalte, die der Umsetzung der Reform im Kern entgegenstanden. Die wohl umfassendste Kritik ist diejenige, die von den Gewerkschaften formuliert wird:

- „Nach wie vor ist der Zentralismus im Erziehungssystem nicht überwunden. Nicht die Lehrer sind die Protagonisten der Reform, nicht ihr Fachwissen und ihre Erfahrungen werden eingeholt, sondern die neuen Programme werden zentral vom Ministerium oktroyiert …
- Auch ist die Bezahlung nach wie vor unzureichend. Zwar sind die Lehrergehälter in den letzten 10 Jahren um mehr als 30 % gestiegen, sie reichen jedoch noch immer nicht für den Lebensunterhalt einer Familie aus. Viele Lehrer sind deshalb auch noch heute gezwungen, einer zweiten Arbeit nachzugehen. Sie arbeiten morgens in einer und nachmittags oder abends in einer anderen Schule. Sie werden die Taxi-Lehrer genannt, weil sie für den fliegenden Wechsel mit dem Taxi fahren müssen …
- Da die Lehrer von ihrer Tätigkeit in der Schule nicht leben können, ist ihre Konzentration auf die pädagogische Arbeit unmöglich …
- Da das Stundendeputat so hoch ist, gibt es keine Spielräume für die Lehrer, neue Methoden und Inhalte zu entwickeln, geschweige denn, diese in Zusammenarbeit mit den KollegInnen zu erproben …

- Statt eine Begleitung und Unterstützung zu erfahren, werden die Direktoren und ‚Orientadores' mit immer neuen Programmen und Anforderungen unter Druck gesetzt. Zwar gibt es heute nicht mehr die Angst vor der diktatoriellen Gewalt, stattdessen gibt es einen Leistungs- und Konkurrenzdruck, der viele autoritäre Erziehungstraditionen weiterleben lässt."

Diese Kritik an der aktuellen Bildungssituation macht deutlich, wie schwierig es ist, den Geist der Reform in alltägliche Erziehungspolitik umzusetzen. Aus diesem Grund entstand an vielen Orten Chiles innerhalb der Lehrergewerkschaft eine ‚Pädagogikbewegung' (‚movimiento pedagógico'), die Alternativen zum aktuellen System entwickelt und eine entsprechende Lehrerfortbildung ‚on the job' praktiziert. Die vielfältigen Innovationsbemühungen haben jedoch kaum Auswirkungen auf ein Grundproblem der chilenischen Gesellschaft, das aus der Diktatur resultiert. Es ist die bis heute nicht verarbeitete Angst als Folge des staatlichen Terrors und der materiellen wie sozialen Destabilisierung, die große Teile der Bevölkerung lähmen und den sozialen Frieden bedrohen. So wachsen viele Kinder auf der Straße oder in nachbarschaftlichen Verhältnissen auf und erhalten nicht die notwendige Zuwendung für eine altersgemäße Entwicklung.

Wie eingangs bereits erwähnt wurde, hat es in Chile bis Ende der 90er Jahre keine öffentliche Vergangenheitsbearbeitung gegeben, so dass die Lehrer, die für die Gewalt der Diktatur mitverantwortlich waren bzw. diese bis heute rechtfertigen, an den Schulen ungestört weiter unterrichten. Die LehrerInnen, die Opfer der Diktatur wurden, haben infolgedessen keinen öffentlichen Raum, um über ihre Erfahrungen zu sprechen und ihren Schmerz zu verarbeiten. Sie werden von ihren KollegInnen gemieden oder als ‚krank' stigmatisiert. Im Geschichtsunterricht wird über die Epoche der Diktatur, ganz ähnlich wie in den 50er Jahren in Deutschland, weitgehend geschwiegen. Zwar gibt es allgemeine Lehrmaterialien zu Menschenrechtsfragen, aber soziale Themen aus der Epoche der Unidad Popular und der Jahre der Diktatur werden heute noch weitgehend vermieden und sind vielfach mit Angst besetzt.

Andere alltägliche Probleme, über die die LehrerInnen klagen, sind die großen Klassenfrequenzen mit bis zu 45 Kindern. Ein lehrer aus Llay Llay drückte dies in einem Interview folgendermaßen aus: Wenn entsprechend der neuen Orientierung der ‚objetivos fundamentales transversales' die Entwicklung des Kindes zu einer allseitig entwickelten Persönlichkeit das Ziel sein soll, dann „kann man als Lehrer nur kapitulieren vor diesem Anspruch. Weder kann man sich bei der großen Schülerzahl um den (die) einzelne(n) kümmern, der vielleicht mit großen häuslichen Problemen belastet sind, noch kann man binnendifferenziert die Kinder entsprechend ihrer Begabungen und Interessen ansprechen, geschweige denn ihr soziales Verhalten durch Kleingruppenarbeit fördern." Die Diskrepanz zwischen den Erwartungen und den eigenen konkreten Umsetzungsmöglichkeiten wird immer größer, was für viele LehrerInnen eine starke psychische Belastung mit sich bringt. Sie müssen sich für das Kollegium als erfolgreich darstellen, wissen aber selbst sehr genau, dass sie die gesetzten Ziele nicht erreichen.

Zusammenfassend kann gesagt werden, dass die Erziehungsreform vielfältige innovative Lehr-Lern-Ansätze in Programmen für die Ärmsten entwickelt hat, dass es jedoch den beiden demokratischen Regierungen nicht ausreichend gelungen ist, die Ungleichheit in der Erziehung zu überwinden, geschweige denn die LehrerInnen und ihre Vertreterorganisationen zu Protagonisten der Reform zu machen. Auch heute im dreizehnten Jahr der Reform klaffen Anspruch und Wirklichkeit noch weit auseinander.

Lehrerfortbildung

Lehrer stehen im öffentlichen Spannungsfeld von staatlicher Erziehungspolitik, hierarchischen Schulstrukturen und den Anforderungen der jeweiligen Elterngruppen. Das Erziehungswesen in Chile, wie in fast allen Ländern des Südens, ist geprägt durch eine autoritäre Tradition, durch starke Selektivität und schlecht bezahlte Lehrer. Als Instanz sozialen Aufstiegs für Personen aus niederen gesellschaftlichen Schichten übt die Schule nach wie vor eine starke Anziehung aus, und die Schule gleicht einer „heiligen Kuh" (Ivan Illich), die man nicht infrage stellt. Die Lehrer befinden sich in einer schwierigen Lage: Einerseits besitzen sie als Repräsentanten einer staatlichen Institution Macht, andererseits wurde der Lehrerberuf gesellschaftlich zunehmend abgewertet.

In der neoliberalen Wettbewerbsgesellschaft mussten die Lehrer Jahr für Jahr (von 1980 bis 1989) eine Verschlechterung ihrer Bezahlung hinnehmen und verloren nicht nur zunehmend an materiellen Grundlagen, sondern auch an Prestige. Hinzu kommt, dass gewerkschaftliche Gehaltskämpfe von Lehrern in der Gesellschaft häufig negativ bewertet werden. Sie werden im allgemeinen als Kampf um bessere materielle Mittel angesehen, und es wird nicht erkannt, dass es hierbei auch um die Erlangung von professionellen Freiräumen geht, in denen pädagogisch angemessen gehandelt werden kann.

Die beiden Regierungen der ‚concertación' versuchten deshalb, der offensichtlichen Benachteiligung der Lehrer zunächst durch die Schaffung einer umfassenden Arbeitsgesetzgebung entgegenzuwirken und entwickelten Förderprogramme, die speziell den Lehrern zugute kommen sollten. Neben der kontinuierlichen Erhöhung der Gehälter gab es Programme

* zur Vergabe von spezifischen Anreizen,
* für Auslandsstipendien,
* für eine gründliche Lehrerfortbildung,
* für eine Verbesserung der universitären Lehrerausbildung und
* zur Vergabe von Auszeichnungen für besondere Leistungen (Garcia Huidobro 1999, S. 24).

Der Lehreraus- und -fortbildung kommt hierbei entscheidende Bedeutung zu. Die Bestandsaufnahmen dieser Bereiche zu Beginn der 90er Jahre ergaben, dass die bisherigen erziehungswissenschaftlichen Studiengänge an den Universitäten und die Lehrerfortbildungskonzepte den neuen Anforderungen nur unzureichend gerecht wurden. Die Universitätsautonomie verhinderte eine verstärkte Einbindung, so dass nur Anreize von außen über Projektfinanzierungen an die Fakultäten gegeben werden konnten. Ein möglicher Ausweg wurde deshalb in der stärkeren Förderung der Lehrerfortbildung gesehen, die bereits während der letzten Jahre der Diktatur im staatlichen und im NGO-Bereich eine vielfältige Entwicklung genommen hatte. Aber auch in diesem Bereich ergaben Evaluierungen, dass es an Alternativen und Vorbildern fehlte. Ein Hauptproblem schien darin zu bestehen, dass es keine adäquaten Ausbilder für die Fortzubildenden gab (G. Undurraga in Garcia Huidobro 1999, S. 216)

Zwar gab es in Chile und einigen Ländern Lateinamerikas in den 40er und 50er Jahren vereinzelt Erfahrungen mit Reformpädagogik, diese Ansätze kamen jedoch kaum über den Modellversuchscharakter hinaus. Ein mögliches Anknüpfen an diese Tradition erschien deshalb heute kaum noch möglich. So entstand die Idee, im Ausland nach neuen Wegen zu suchen. Wie schon zuvor in der chilenischen Bildungsgeschichte zu Beginn dieses Jahrhunderts vertraute man darauf, dass die Erfahrungen anderer Länder Impulse geben könnten, und erfand vor diesem historischen Hintergrund das Auslandsstipendienprogramm, im folgenden ‚Pasantías' genannt.

Auslandsstipendien als ein Kernstück der Lehrerfortbildung

Dieses über Weltbankkredite finanzierte Programm sollte jährlich mindestens 500 LehrerInnen – inzwischen sind es mehr als 900 – die Möglichkeit geben, in Gruppen von ca. 20 Personen sechs bis acht Wochen lang im Ausland an einem innovativen Bildungsvorhaben teilzunehmen. Davon erhoffte man sich,

- dass den Lehrern ein Kontakt zur Welt geschaffen würde und sie von anderen Kulturen, Wirtschafts- und Lebensweisen lernen könnten;
- dass sie aus anderen Wert- und Pädagogikvorstellung Anregungen erhielten;
- dass sie praktische Erfahrungen mit modernen Unterrichtstechnologien machten;
- dass sie aus der Praxis für die Praxis lernten und
- dass sie, die aus allen Teilen Chiles in diesen Kursen zusammenkamen, Erfahrungen austauschten und voneinander lernen könnten.

Für das Stipendienprogramm konnten nur Lehrer ausgewählt werden, die eine mehrjährige Berufserfahrung hatten und sich in der Vergangenheit durch Ideenreichtum im Durchführen von schulischen Innovationen ausgezeichnet hatten. Die StipendiatInnen sollten möglichst aus allen Teilen des Landes kommen. Politische Orientierung, Geschlecht und Alter sollten bei der Auswahl keine entscheidende Rolle spielen.

Seit 1996 bewerben sich alljährlich mehr als 6000 LehrerInnen für ein solches Stipendium. Das sind 6000 Menschen, die sich mit der Hoffnung tragen,

- für ihre Schule und ‚ihre‘ Kinder Anregungen zu erhalten,
- in dem anderen Land – und das gilt besonders für Europa und die USA – herumzureisen und dessen Geschichte und Kultur vor Ort kennenzulernen und
- sich mit neuen Technologien und Unterrichtsformen zu beschäftigen.

Bei einigen klingt auch deutlich die Ansicht durch, man werde als Lehrer so schlecht bezahlt, dass diese „Pasantías" ein gerechter Ausgleich für die aufopferungsvolle Tätigkeit seien.

Da der Bewerbungsdruck auf die Auslandsstipendien anhaltend groß ist, sind die „Pasantías" inzwischen auch zu einem Politikum geworden, denn es sind jährlich ca. 6000 LehrerInnen, die sich zur Verbesserung ihrer Bewerbungschancen mit der Erziehungsreform auseinandersetzen und Kontakte zu KollegInnen knüpfen. Die rückkehrenden StipendiatInnen berichten an ihren Schulen und in den Kommunen, sie organisieren öffentliche Veranstaltungen und stehen in den Schulgemeinden als Beweis dafür, dass die Regierung etwas für ihre Lehrer unternimmt.

Das Kursprogramm: „Die Integration sozialer Konflikte in Curriculum und Unterricht in der Grundschule"

In diesen komplexen gesellschaftlichen und bildungspolitischen Rahmenbedingungen erhielt die Deutsche Stiftung für Internationale Entwicklung (DSE) in Bonn 1997 das Angebot, ein zweimonatiges Lehrerfortbildungsprogramm zu entwickeln. Für die Konzeptentwicklung, die in enger Absprache mit der Leiterin für Grundbildung der DSE, Dr. Ingrid Jung, und dem Berliner Team erfolgte, waren zwei Zielsetzungen maßgeblich:

- Zum einen sollte das Schweigen in der chilenischen Gesellschaft thematisiert und über dialogische Bildungsprozesse gebrochen werden. Dem lag die These zugrunde, dass die Schaffung einer dialogischen Schulkultur eine Voraussetzung für eine partizipative, demokratische Gesellschaftsentwicklung sein könnte.

- Zum anderen sollten Ansätze aus der Integrationsdebatte in Deutschland, die zu grundlegenden Reformen des Erziehungswesens in den 70er Jahren geführt hatten, zur Diskussion gestellt werden. Dadurch erhoffte man sich, den Blick auf die Diskriminierungs- und Ausschlussmechanismen der aktuellen gesellschaftlichen Entwicklungen in beiden Ländern zu richten und eigenes Dominanzverhalten zu hinterfragen.

Diese übergeordneten Zielsetzungen haben ihre gemeinsame Grundlage in der autoritären Vergangenheit beider Länder. Das totalitäre System des Nationalsozialismus in Deutschland vor mehr als 50 Jahren und die Diktatur des Pinochet-Regimes in Chile haben tiefe Risse im sozialen Gefüge beider Gesellschaften hinterlassen. Die Täter- und Komplizenschaft großer Teile der Bevölkerung hatten Scham und Verdrängung zur Folge. In beiden Gesellschaften besteht eine weitgehende Abwehr, sich mit der strukturellen und persönlichen Verantwortung auseinanderzusetzen. Das hat unter anderem zur Folge, dass die Angst, die während der Gewaltherrschaft die Menschen vereinzelt hat, fortbesteht. Misstrauen und Unsicherheit bestimmen die Beziehungen der Menschen untereinander und verhindern einen dynamischen, partizipativen Neuanfang. War es in der Vergangenheit der staatliche Terror, der zu sozialem Ausschluss und zur Unterdrückung der Vielfalt führte, so benutzt die heutige neoliberale Politik die Entsolidarisierung der Bürger, um ihre globalen Strategien durchzusetzen. In beiden Fällen führte die Gewalterfahrung zur Zerstörung des ‚Wir‘ – nichts war und ist mehr selbstverständlich, es kommt zur Auflösung von Zusammengehörigkeit und Solidarität. Mit der Zerstörung des ‚Wir‘ wird auch die Sprache zerstört. Die Menschen wurden und werden unter der staatlichen Gewalt und der wirtschaftlichen Verelendung unfähig, ihre Welt zu benennen. Der öffentliche Diskurs wird beherrscht von den Gewalttaten der Täter, die die einzelnen Menschen einschüchtern. In der Ohnmacht der Opfer konstituiert sich indirekt die Allmacht der Täter.

Auf dem Hintergrund der deutschen Erfahrung im Kontext der ‚Erziehung nach Auschwitz‘ bestand im Team die Überzeugung, dass für Demokratieentwicklung eine pädagogische Annäherung an und die Verarbeitung von Gewalt notwendig ist. Hierbei sollten jegliche moralische Schuldzuweisung oder die Re-Inszenierung des Grauens vermieden und Wege und Formen der biographischen und strukturellen Annäherung an Gewalt- und Ausschlußerfahrungen gesucht werden. Implizit sollte dabei auf dialogischem Wege ein Bildungsbegriff entwickelt werden, der durch eine ‚dramaturgische Annäherung an Wirklichkeit‘ strukturelle Gemeinsamkeiten und Handlungsmöglichkeiten aufzeigt. Die Ansätze der deutschen Gedenkstättenpädagogik wie auch der Integrationspädagogik sollten dabei erkenntnisleitend sein.

Der Integrationspädagogik wurde auch deshalb eine so große Bedeutung beigemessen, weil sie im schulischen Bereich seit den 70er Jahren viele praktische Reformanstöße gegeben hatte. So hat nicht nur die Integration von Behinderten oder von Migrantenkindern zu einer Bereicherung und Öffnung für das ‚Andere‘ des gesamten Schulsystems geführt, auch die geschlechtsspezifische Mädchen- und Jungenerziehung hat dazu beitragen, die Wahrnehmung verschleierter Diskriminierungsformen zutage zu fördern und zu überwinden. Vor dem Hintergrund der Erfahrung des radikalen Ausschlusses, wie ihn der Nationalsozialismus praktiziert hatte, sollte die schulische Integration einer Veränderung des gesamten Systems implizieren. Es ging nicht um die duldende Einbeziehung der ‚Anderen‘ oder weniger Begabten, sondern um soziale Integration als ganzheitlicher Prozess. So wurden SchülerInnen zu Tutoren ihrer Mitschüler, die der deutschen Sprache mächtigen Kinder wurden zu Sprachlehrern der Migrantenkinder, die LehrerInnen zu Lernenden im interkulturellen Umfeld. Ihnen obliegt es primär, soziale Kommunikationsprozesse zu fördern und die Kinder in enger Zusammenarbeit mit der Schülergruppe, den Eltern und pädagogischen Spezialisten zu begleiten. Dieser personenorientierte Ansatz, der auf der Psychologie Wygotskys aufbaut, hat die traditionelle hierarchische, autoritäre Schulstruktur in ihren Grundfesten in Frage gestellt und ist bis heute das am meisten Erfolg versprechende Modell zu Herstellung von Chancengleichheit. 20% der Berliner Schulen sind nach diesem Ansatz organisiert.

Die Auseinandersetzung mit der Vergangenheit und der Integration im schulischen Bereich sollte inhaltlich und methodisch abgestimmt erfolgen. Das bedeutet, dass es dem Team nicht primär um Wissensvermittlung oder um das spielerische Erlernen partizipativer Methoden ging, sondern um die Förderung von Wahrnehmung im sozialen Prozess, um kontextabhängiges Lernen und die strukturelle Annäherung an das Fremde, um dadurch das Eigene zu begreifen. Der Kurs sollte sich in drei Zyklen gliedern:

- die deutsche Bildungsgeschichte unter besonderer Berücksichtigung der Verarbeitung des Totalitarismus und der schulischen Integration;
- ein Schulpraktikum, um die aktuelle Bildungssituation in sozialen Brennpunkten zu erfassen;
- pädagogische Ansätze und Methoden zur Präventionsarbeit und Konfliktbearbeitung.

In der ersten Woche sollten sich die TeilnehmerInnen zunächst mit ihrer Erwartungshaltung an den Kurs und ihrem Selbstverständnis als LehrerInnen auseinandersetzen. Dabei sollten die individuelle Auseinandersetzung sowie der vergleichende Ansatz in Kleingruppen breiten Raum erhalten. Indem die LehrerInnen durch die bildliche, teilweise symbolische Darstellungsweise den anderen Gruppenmitgliedern ihr berufliches Selbstverständnis, ihre Berufsbiographie sowie die pädagogische Situation ihrer jeweiligen Schule erläuterten, entstand als Resultat dieser ersten Vorstellungsrunde ein äußerst komplexes Bild der aktuellen bildungspolitischen Situation in Chile. In der darauffolgenden pädagogischen Einheit ,arbol de la vida' (,Lebensbaum') entwickelten die TeilnehmerInnen einen Wunschkatalog für die Kursgestaltung. Die Wurzeln des Baumes sollten die angestrebten theoretischen Grundlagen repräsentieren, der Baumstamm sollte die gewünschten Praxisprojekte und Methoden zur Zielerreichung darstellen, während im Laub des Baumes die Sehnsüchte und Utopien des gemeinsamen Lernens in Form von bunten Äpfeln ausgedrückt werden sollten. Der ,arbol de la vida' stellt darüber hinaus das Symbol für die Prozessorientierung des Kurses dar. Am Ende der zwei Monate sollte der Erfolg des Kurses an der Zielerreichung der formulierten Sehnsüchte gemessen werden.

Nach diesem sehr persönlichen Einstieg, an dem auch alle fünf Teammitglieder beteiligt wurden, sollte die Gruppe für die restlichen Tage der ersten Woche in das deutsche Schulwesen eingeführt werden, und zwar

- durch den Besuch einer Grundschule, um einen ersten Eindruck von der Atmosphäre in einer städtischen Schule an einem sozialen Brennpunkt Berlins zu erhalten;
- durch eine Einführung in die deutsche Bildungsgeschichte auf einem ,pädagogischen Spaziergang' durch das alte Zentrum von Berlin; dabei sollte eine lebendige Annäherung an die Wurzeln der deutschen Bildung durch die Besichtigung von historischen Orten erfolgen, u. a. das ,Graue Kloster' (religiöse Erziehung), die ,Preußische Militärakademie' (autoritäre Drillerziehung), das Diesterweg-Denkmal (Lehrerausbildung im 19. Jahrhundert), die Humboldt-Universität (höhere Bildung) und das Denkmal der ,leeren Bücherregale' auf dem Bebel-Platz (zur Erinnerung an die Bücherverbrennung durch die nationalsozialistischen Studenten, SS und SA);

- durch zwei Einführungsvorträge über die Struktur des deutschen Bildungswesens heute und das deutsche Verständnis von Autonomie in der Bildung;
- durch eine Einführung in die DDR-Bildungsgeschichte im ehemaligen Zentrum der Lehrerfortbildung der DDR und durch eine Einführung in das systemkritische neue Lehrfach im Bundesland Brandenburg am Beispiel der Werteerziehung ‚Lebensgestaltung-Ethik-Religionen‘.

Anschließend sollte den TeilnehmerInnen zu Beginn der zweiten Kurswoche durch einen zweitägigen Workshop in der Gedenkstätte „Haus der Wannsee-Konferenz" eine andere Begegnung mit deutscher Bildungsgeschichte ermöglicht werden. Hier ging es nicht mehr nur darum, wie die autoritäre Erziehung bei den Nazis die Menschen unter die Staatsraison gezwungen hat, sondern welche Pädagogiken heute in diesem Zentrum praktiziert werden, um eine Verarbeitung von Nazi-Geschichte zu ermöglichen. Der thematische Schwerpunkt ‚schulische Bearbeitung von gesellschaftlicher Gewalt‘, der im Rahmen des Kurses noch dreimal – durch das Selbstzeugnis einer(s) KZ-Überlebenden, durch einen Besuch des Konzentrationslagers Buchenwald und durch das Selbstzeugnis eines DDR-Bürgers, der die ‚blinden Flecken‘ seiner Biographie als kommunistischer Kader reflektiert – aufgegriffen wird, steht im engen Zusammenhang mit dem dritten Schwerpunktthema des ersten 3-Wochenzyklus: ‚Von der Diskriminierung zur Integration‘. In diesem inhaltlichen Bereich werden die TeilnehmerInnen durch Workshops an die sozialen Probleme des deutschen Schulalltags herangeführt. Es wird mit ihnen gemeinsam nach pädagogischen Alternativen gesucht, die die gesellschaftliche Diskriminierung überwinden helfen. Anhand einer Reihe von Beispielen – der pädagogischen Integration von Migrantenkindern, der pädagogischen Integration von Kindern mit spezifischen Problemen oder Behinderungen und der Gewährleistung der Chancengleichheit von Mädchen durch pädagogische Intervention – erfahren die chilenischen LehrerInnen nicht nur, wie unbewusst und subtil Diskriminierung wirken kann, sondern auch, dass Vorurteile Bestandteil jeglicher gesellschaftlicher Interaktion sind. Da diese Workshops mit unterschiedlichen spielerischen Methoden und theatralen Ausdrucksformen arbeiten, erhalten die Teilnehmer nicht nur einen persönlichen Eindruck in die vielfältigen Ausdrucksformen und Meinungen der KollegInnen, sondern werden persönlich involviert und lernen für ihre eigene schulische Praxis aktivierende Methoden lebendiger Unterrichtsgestaltung.

Zum Abschluss des ersten 3-Wochen-Zyklus erhalten die TeilnehmerInnen noch eine Einführung in Techniken der Mediation und Methoden der Unterrichtsbeobachtung. Hierdurch sollen sie auf das nun anschließende zweiwöchige Schulpraktikum vorbereitet werden, das sie in Kleingruppen von zwei bis drei Personen in Schulklassen führt, in denen sie sich praktisch mit pädagogischen Umgangsformen im deutschen Schulbetrieb auseinandersetzen sollen.

Während der Schulpraktika, die an sechs unterschiedlichen Schulen stattfinden, werden jeweils zwei bis drei LehrerInnen von einem Dolmetscher begleitet, der ihnen hilft, ihre Beobachtungen zu deuten und einzuordnen und direkt mit den Kindern und den deutschen KollegInnen zu kommunizieren. Durch die tägliche Beobachtung ein und derselben Klasse sollen sie einen Eindruck vom Alltag im Klassenraum erhalten, Nähe und Distanz im Lehrer-Schüler-Verhältnis beobachten und den Umgang mit alltäglichen Konflikten verfolgen. Im Rahmen der Unterrichtsbeobachtungen soll jede(r) LehrerIn die Biographie eines speziellen Kindes aufnehmen, um so Genaueres über dessen Lebenssituation zu erfahren, sich auf die Perspektive aus der Sicht eines/r SchülerIn einzulassen und dadurch die eigene Lehrerperspektive zu relativieren.

Am Ende der beiden Wochen werten die LehrerInnen gemeinsam die Erfahrungen an den unterschiedlichen Schulen aus. Bei den Schulen handelt es sich stets um Schulen, in denen Integration praktiziert wird: drei dieser Schulen haben bi-linguale Lehransätze, eine Schule integriert schwerbehinderte Kinder in den Unterricht, zwei Schulen haben ebenfalls einen Integrationsansatz für behinderte Kinder, verstehen jedoch die Integration als eine ganzheitliche Herausforderung an die Pädagogik. Folglich geht es hier auch um die Integration von Migrantenkindern, um die Förderung von Mädchen im naturwissenschaftlichen Unterricht etc. Bei all diesen Integrationsansätzen gilt es herauszuarbeiten, dass das Ziel nicht die Assimilierung des ‚Fremden' ist, sondern die Infragestellung des ‚Eigenen' bzw. der Mehrheitskultur. Nur wenn diese sich für die Differenz öffnet, kann es eine gegenseitige Annäherung geben.

In der sechsten und siebten Woche der ‚Pasantía' geht es dann um die Vertiefung der gemachten Erfahrungen durch verschiedene Workshops, die die Methoden der Integrations- und Präventionsarbeit sowie der Konfliktbearbeitung modellhaft vermitteln. Obwohl diese Kurse eher einen praktisch-pädagogischen Ansatz haben, lösen sie häufig auf dem Hintergrund der ersten drei Einführungswochen eine tiefe Auseinandersetzung mit dem eigenen Selbstverständnis, dem Schweigen und der Tabuisierung in der eigenen Gesellschaft aus. Alkohol- bzw. Drogenkonsum, sexueller Missbrauch, die Tabuisierung und Ausgrenzung von Aids sowie die Gewaltakzeptanz bei Jugendlichen sind allesamt Ausdruck gesellschaftlicher Krisen, die das Lernen und die Entwicklung von Kindern beeinträchtigen können. Hier reicht die schematische Umsetzung staatlicher Programme nicht aus; vielmehr gilt es, für jede(n) LehrerIn einen situationsbezogenen, personenspezifischen Ansatz zu finden und im Unterricht weiter zu entwickeln. In der abschließenden Woche der ‚Pasantía' geht es darum, die vielfältigen Erfahrungen zu systematisieren, einen Vorschlag für ein innovatives Bildungsprojekt (PME = Programa de Mejoramiento Educativo) zu entwickeln und die Evaluierung der Lernerfahrungen in inhaltlicher wie methodischer Hinsicht durchzuführen.

In den drei Zyklen sollten jeweils die persönliche, die methodische und die inhaltliche Ebene miteinander verbunden werden:
- die persönliche Ebene, von der aus Erfahrungen reflektiert und in den Zusammenhang gestellt werden sollten,
- die methodische Ebene, die intellektuelle Analyse und sinnliche Erfahrung (Körperarbeit, gestalterische Elemente, künstlerische Auseinandersetzung, etc.) beinhalten sollte, und
- die inhaltliche Ebene der Informationsvermittlung und des Vergleichs von Informationen im interkulturellen Kontext.

Diesem Vorgehen lag das Konzept eines offenen Curriculums zugrunde, das an die Pädagogiktradition von Paulo Freire anknüpft. Der brasilianische Pädagoge hatte in den 70er Jahren die chilenische Erziehungsreform mitgestaltet und beeinflusste zur selben Zeit in Deutschland maßgeblich die Pädagogik, wenn auch eher im außerschulischen Bereich. Freires zentrale Zielsetzung, die Kultur des Schweigens durch den Dialog zu überwinden (Freire 1973), scheint auch heute ein Motor der chilenischen Reform zu sein. Wie bei Freire sollen die Lehr-Lern-Prozesse nicht nach Schulfächern getrennt erfolgen – nicht das Wissen des Lehrers soll bestimmend sein, sondern die gemeinsame Wahrnehmung von sozialen und kulturellen Zusammenhängen. Herrschafts- und Diskriminierungsstrukturen sollen analysiert und überwunden werden.

Während der gesamten Zeit der ‚Pasantía' fanden parallel zum eigentlichen Programm vielfältige Veranstaltungen statt, und zwar

- solche, die im Rahmen des Programmes durchgeführt wurden, wie beispielsweise Kultur-
  veranstaltungen, Museenbesuche, Konzerte, Theater, Caféhaus-Besuch, Diskotheken, Besuche von Gewerkschafts- oder Politikveranstaltungen, Kontakte mit Spanisch sprechenden
  LehrerInnen und mit der chilenischen Kolonie in Berlin,
- solche, die von den TeilnehmerInnen selber organisiert wurden, wie Wochenendreisen in
  europäische Hauptstädte (Prag, Rom, Paris und Amsterdam), Schlittschuhlaufen und der
  Besuch von Weihnachtsmärkten, Kaufhäusern, Homosexuellen-Clubs etc.

Besonders die selbstorganisierten Wochenendaktivitäten sind für die Vertiefung der Pro-
jektintentionen von großer Bedeutung. Einerseits mochte man zwar bedauern, dass die Teil-
nehmerInnen montags völlig erschöpft im Unterricht saßen, dafür hatten sie aber durch die
Gruppenausflüge durch ganz Europa Erfahrungen gesammelt, Träume verwirklicht und die
Verschiedenheit in Architektur, Lebens- und Umgangsformen beobachtet, was ihnen eine
Distanzierung von der im Kurs vermittelten Sichtweise ermöglichte. Die ProjektmitarbeiterIn-
nen betrachteten es deshalb auch als ihre Aufgabe, die individuellen oder Gruppeninteressen der
TeilnehmerInnen zu unterstützen.

Ein weiterer Lernprozess, der sich nach vier Kursdurchläufen klar abzeichnet, ist der politische Systemvergleich. Die TeilnehmerInnen haben ein starkes Interesse, sich mit ethischen
Fragen sozialistischer und westlicher Erziehung auseinanderzusetzen. Da es in Chile bis heute
weitgehend vermieden wird, auf die Vergangenheit der Unidad Popular einzugehen, weil sofort
die Polarisierung von politischen Positionen befürchtet wird, nutzen viele den Rahmen der
‚Pasantía‘, um sich am Beispiel Deutschlands mit der eigenen jüngsten Vergangenheit auseinanderzusetzen. Besonders seit der Anklage gegen den ehemaligen Diktator Pinochet und die
zahlreichen Prozesse gegen Verantwortliche der Diktatur sind viele LehrerInnen sehr bemüht,
ausgehend von der deutschen Geschichte ihre eigene aufzuarbeiten.

Ähnlich wie beim Systemvergleich wurde auch die Frage nach der ethischen Wertorientierung der Erziehung immer wieder mit Nachdruck auf die Tagesordnung gebracht. Obwohl
dieses Thema in den ‚objetivos fundamentales transversales‘ der Curriculumreform angelegt ist,
kann es aufgrund der existierenden Unterrichtsorganisation nur in geringem Maße umgesetzt
werden. Zwar werden vom Erziehungsministeriums thematische Unterrichtsangebote zur Werteerziehung gemacht, diese haben jedoch wie im Ethikunterricht klassischer Herkunft eher erzieherischen Charakter. Werte wie ‚Respekt‘, ‚Solidarität‘ und Patriotismus‘ sollen anhand von
Projektbeispielen vermittelt werden und sind nur in geringem Maß Ausdruck eines ‚forschenden Lernens‘ zur Entwicklung von sozialer Verantwortung und Kritikfähigkeit.

Darüber hinaus kommen während der ‚Pasantía‘ bei den LehrerInnen immer wieder Fragen
nach der eigenen Rolle und der Verstrickheit in ein autoritäres System auf, und sie entwickeln
ein zunehmendes Bewusstsein der ständigen Überforderung und des Alleingelassenwerdens angesichts wachsender Probleme. Dieser Debatte einen angemessenen Raum zu geben, ist in einem zweimonatigen Kurs, zumal im Ausland, kaum möglich. Sie betrifft in ihrer Substanz das
Rollenverständnis der LehrerInnen und bedarf einer Kontextualisierung in den eigenen schulischen Rahmenbedingungen. So liegt es in der Verantwortung aller am Prozess Beteiligten, die
Ambivalenzen und Dilemmata aufzuzeigen (und auszuhalten) und zu hoffen, dass nach der
Rückkehr die Prozesse der existentiellen Selbstinfragestellung im Schulalltag fortgesetzt werden.

Es kann während der begrenzten Aufenthaltsdauer in Deutschland nicht um das Unterrichten von Techniken, Methoden oder Lösungsmodellen gehen, sondern nur um die Analyse
der Rahmenbedingungen und Mechanismen, die jeweils einen entsprechenden Prozess in Gang

setzen oder behindern können. In dem Maße, wie mit den TeilnehmerInnen über die Verhältnisse an deutschen Schulen und in den jeweiligen Schulklassen sowie über die mögliche
Interaktion von SchülerInnen ausgiebig nachgedacht wird, entstehen Einblicke in Strukturen
schulischer Arbeitsweisen, Formen der Kommunikation bzw. der autoritären Arbeitsweise, die
das Erkennen von Parallelitäten bzw. Differenzen in den eigenen Verhältnissen ermöglicht. Über
den Umweg der Auseinandersetzung mit der deutschen Situation kann so ein Zugang zu den
eigenen schwierigen Verhältnissen möglich werden.

Den Lernort wechseln

Das Selbstbild stützt sich über das Fremdbild ab, wie Birgit Rommelspacher sagt, und das
Fremdbild hilft den Individuen, die Logiken eigenen Verhaltens zu verstehen, sich abzugrenzen
und ihre Identität zu definieren. So war es für manchen chilenischen Lehrer in Deutschland sehr
viel einfacher, rassistische Diskriminierung, Egozentrik oder eine starke Geschichtslastigkeit zu
benennen und dann in einem zweiten Schritt den Bezug zu den eigenen Verhältnissen, zur eigenen Berufsbiographie, zum Schweigen etc. herzustellen. In den Auswertungen wurde vielfach
betont, dass man die ‚Pasantía' als Freiraum verstanden habe, in der man sich als Person mit all
seiner Sehnsucht nach Menschsein, nach dem Schönen der Welt, nach Kunst und Musik erfahren habe. Autonomie sei nicht als Streben nach egozentrischer Unabhängigkeit verstanden
worden, sondern als die Auseinandersetzung mit der Ambivalenz und den Dilemmata eigener
Herrschaftsausübung und der Angst vor Macht- und Kontrollverlust.

Nach viermaliger Kurserfahrung (1997, 1998, 1999, 2000) ist dieses Ergebnis für die Ini-
tiatorInnen überraschend eindeutig. Bei den Auswertungstreffen, die jeweils neun Monate nach
Beendigung der Kurse in Chile stattfinden, äußerten sich viele TeilnehmerInnen sehr differenziert hinsichtlich der Langzeitwirkungen. Sie scheinen viel kompetenter mit der Erziehungsreform vor Ort umzugehen und benutzen die Erfahrungen aus Deutschland als Reflexionsrah-
men. Es ist offensichtlich, dass es weniger die deutschen Pädagogikmodelle waren, die einen

nachhaltigen Eindruck hinterlassen haben, sondern die Offenheit im Umgang mit sozialen Problemen, Kritik und Selbstkritik sowie der Umgang mit den gewaltvollen Anteilen in der deutschen Geschichte.

Daraus lässt sich verallgemeinernd ableiten, dass der Erfolg der Kurse nicht primär in den
inhaltlichen und methodischen Angeboten liegt, sondern eher in der Didaktik. Die LehrerInnen
werden im Sinne der ,objetivos fundamentales transversales' zu Trägern und Mitverantwort-
lichen eines Reformprozesses, in dem sie den KollegInnen gegenüber zunehmend eine Haltung
einnehmen, die empathisch und auf Veränderung bedacht ist. Durch biographische Erkundun-
gen, Gruppenprozesse an historischen Gedenkstätten oder durch Debatten zur persönlichen Verantwortung für die Gesellschaft werden Anregungen gegeben, die eigene Verunsicherung, die
politische Apathie und das Misstrauen gegenüber politischen Andersdenkenden zu relativieren.
So fuhr beispielsweise eine Kollegin, die die Beschäftigung mit dem Holocaust in Deutschland
übertrieben gefunden hatte, nach ihrer Rückkehr mit ihrer Familie anlässlich eines Wochen-
endausfluges in das ehemalige Konzentrationslager Chacabuco und fand dort nur chilenische
Familien beim familiären Grillen. Für diese Menschen waren die alten Gebäude nur die Über-
reste des Salpeterbooms vom Anfang dieses Jahrhunderts. Die Kollegin schrieb daraufhin, dass
„Erinnerungen zwar verdrängt werden können, aber sie sind Wunden in meinem Bewusstsein".
Diese Teilnehmerin und andere beschäftigten sich fortan unabhängig von der DSE und dem
Ministerium mit dem Thema der kollektiven Erinnerung in Chile und haben seitdem mehrere
Seminare dazu organisiert.

Da das chilenische Erziehungsministerium nach der Rückkehr der Auslandsstipendiaten
keine weitere Betreuung oder Fortbildung vorsieht, sind die KollegInnen auf sich selbst angewiesen. Einerseits zeugt es von großem Vertrauen der Geldgeber, dass sie die LehrerInnen nicht
funktionalisieren wollen, sondern es ihrer Kreativität und Initiative überlassen, was sie vor Ort
aus dem Gelernten machen. Andererseits ist jedoch zu bedenken, dass dieses sehr kostspielige
Programm nicht Gefahr laufen darf, im überfordernden Schulalltag der KollegInnen zu ver-
sanden. In diesem Sinne denken viele Kollegen, dass es in der Verantwortung ihres Ministeri-
ums liegen sollte, sie gezielt weiter zu unterstützen, damit sie selber in gewisser Weise zu Multiplikatoren werden können.

Um die chilenischen Kollegen hierbei zu begleiten, aber auch aus Interesse an Land und
Leuten, reisten im Sommer 1999, 2000 und 2001 jeweils eine Gruppe Berliner und Branden-
burger LehrerInnen nach Chile, darunter auch jene KollegInnen, bei denen die ChilenInnen
die Schulpraktika gemacht hatten. Durch den täglichen Austausch über ihre Arbeit, in der unterschiedlichen Art, Beziehungen zu den Schülern herzustellen und durch die starke Identi-
fikation der LehrerInnen mit der Erziehungsreform war ein lebhaftes Interesse am schulischen
Alltag der anderen entstanden. Man wollte den Unterricht beobachten, mit KollegInnen diskutieren und durch Workshops zu Themenbereichen der ,Pasantía' – zum Beispiel ,schulische
Eigenevaluierung', ,Prävention von Drogenmissbrauch', ,soziales Lernen', ,Lebensgestaltung-
Ethik-Religion' und ,Prävention von sexuellem Missbrauch' – einen kleinen Beitrag zur weiteren
Auseinandersetzung mit den Themen der ,Pasantía' in Berlin leisten. In den Schulen der chilenischen StipendiatInnen in allen Teilen des Landes wurde die Reisegruppe mit beeindrucken-
der Freundlichkeit und großem Interesse aufgenommen. Ob in der Stadt oder in einer noch so
kleinen Dorfschule mit zwei Lehrern – immer waren die Eltern eingeladen und zahlreiche KollegInnen aus der Umgebung gekommen, und auch die Kinder hatten riesigen Spaß, den außergewöhnlichen Besuch bei sich aufzunehmen.

Doch nicht allein die chilenischen Schulgemeinden wurden durch die Gespräche und Workshops angeregt, auch die deutschen LehrerInnen haben stark von ihren Begegnungen in Chile profitiert. Erst in der Auseinandersetzung mit dem „fremden Anderen", mit den aktuellen Debatten der Erziehungsreform und den Problemen wurde die Reflexion über die eigene Situation an der jeweiligen Schule und die politische Entwicklung im Bildungsbereich in Deutschland angeregt. Auch hinterließen die Fröhlichkeit der Feste, der Rituale, der Tänze, die Gastfreundschaft in Verbindung mit Musik und Essen eine bleibende Erinnerung bei den TeilnehmerInnen, ebenso wie die stundenlangen Busfahrten durch die Wüste, die Wanderungen am Fuß der schneebedeckten Vulkane, der Besuch in der Gedenkstätte des ehemaligen Folterzentrums Villa Grimaldi unter Führung von Überlebenden aus der Zeit der Diktatur usw.

Aus den Erfahrungen der deutschen ReiseteilnehmerInnen wird deutlich, dass – ähnlich den Schlussfolgerungen der ChilenInnen – durch die Konfrontation mit der fremden Realität die Reflexion über die eigene Situation angeregt wird. Offensichtlich ist es auch ein Manko der deutschen Lehrerausbildung, sich zu wenig mit Entwicklungen in anderen Erziehungswirklichkeiten auseinanderzusetzen – weder im Studium noch in der Berufspraxis wird das gefördert. Es gibt zwar Fortbildung im Sinne der Aneignung didaktischer Fähigkeiten, interkultureller Kompetenz oder neuer Medien, aber die Auseinandersetzung mit den Konstitutionsbedingungen von Reformen, mit ihren Rahmenbedingungen im Scheitern wie auch in den Erfolgen, werden kaum zum Gegenstand von Reflexion.

Eingangs hatte ich meine Überlegungen in den soziologischen Rahmen von Transformationsgesellschaften gestellt. Auf dem Hintergrund meiner mehrjährigen Erfahrungen habe ich festgestellt, dass die Charakterisierungen für Chile ebenso wie für Deutschland zehn Jahre nach der Vereinigung gelten. Auch in unserem Land kommt es zu wachsender Gewaltbereitschaft, zur sozialen Polarisierung, zur Abnahme der Bedeutung des Staates. Die so viel zitierte Zivilgesellschaft hat seit den 80er Jahren in ihrer Bedeutung ständig abgenommen. Ähnlich wie in Chile stellt sich auch bei uns die Notwendigkeit einer verantwortlichen Bildungspolitik, die die Überwindung der wachsenden Ungleichheit zum Ziel hat und die Lehrer und Schüler zu Subjekten der Veränderungsprozesse macht. Die Lehrerfortbildung sollte in der Schule ansetzen und im Sinne der ‚objetivos fundamentales transversales' eine Querschnittsaufgabe sein. Die Universitätsprofessoren sollten einen Teil ihrer Seminare in den Schulen abhalten, die Praxis stärker reflektieren und die durch die Globalisierung gesetzten Anforderungen kritisch im sozialen Kontext der jeweiligen Schulgemeinde überdenken. Erst in der Anerkennung der sozialen Probleme und im Umgang mit ihnen erweist sich, ob die an den Menschenrechten orientierte Erziehung dem Gebot des Rechts auf Gleichheit entspricht.

Nicht das Streben nach Harmonie zeichnet eine demokratische Gesellschaft aus, sondern ihr Umgang mit sozialen Konflikten. Vielleicht könnte das chilenische Modell der Lehrerfortbildung im ausländischen Bildungskontext sowie das hieraus entwickelte ‚Lernen im gegenseitigen Austausch' zum Ausgangspunkt für Selbstreflexion und Urteilsfähigkeit werden.

Literatur:

1. Overwien, Bernd (Hg.): *Handeln im globalen Kontext.* Frankfurt 2000.
2. Hausmann, Gottfried: *Didaktik als Dramaturgie des Unterrichts.* Heidelberg 1959.
3. Rommelspacher, Birgit: *Dominanzkultur.* Berlin 1995.
4. Illich, Ivan: *Entschulung der Gesellschaft.* München 1971.
5. Tangermann, Klaus Dieter: *Demokratisierung in Mittelamerika. Demokratische Konsolidierung unter Ausschluss der Bevölkerung.* Münster 1998.
6. Römczyk, Elmar: *Chile – Modell auf Ton.* Unkel 1994.
7. MINEDUC: *Rede zur Eröffnung des Schuljahres.* Concepción 1991
8. Garcia Huidobro, Juna Eduardo: *La reforma educacional chilena.* Santiago 1999.
9. Munin, Elena: *Schulautonomie und Bildungsgleichheit in Lateinamerika.* Unveröffentlichtes Manuskript, Berlin 1996.
10. Espinola, Viola: „Descentralización de la educación en Chile: continuidad y cambio de un proceso de modernización", in: Espinola, Viola (Hg.): *La construcción de lo local en los sistemas educativos descentralizados: los casos de Argentina, Brasil, Chile y Colombia.* Santiago de Chile CIDE 1994.
11. Schimpf-Herken, Ilse: *Erziehung zur Befreiung?* München 1978.
12. Undurraga, Gonzalo: „Programas de Becas al Exterior para profesores en servicio", in: Garcia Huidobro, J. E.: *La reforma educacional chilena.* Santiago 1999.
13. Freire, Paulo: *Die Pädagogik der Unterdrückten.* Reinbek 1973.

Seminar im staatlichen Lehrerfortbildungszentrum (CPEIP) Santiago
»Schule an sozialen Brennpunkten«

Javier Báez Alcaíno

Die Pasantía „Integration von sozialen Konflikten in Curriculum und Unterricht in der Grundschule" – Versuch einer Evaluation

1. Einleitung

Das Ziel dieser Arbeit ist es, einige Daten und Analogien zu präsentieren, die an Hand einer - Befragung der ehemaligen Stipendiaten des Auslandsstipendienprogrammes der Jahre 1997, 1998 und 1999 für Mitarbeiter des Erziehungswesens in Chile erhoben wurden. Von den 1 265 ehemaligen Stipendiaten, die den Fragebogen beantwortet haben, waren 31 Stipendiaten der Pasantía „Die Integration von sozialen Konflikten in Curriculum und Unterricht in der Grundschule" (insgesamt 60 Teilnehmer), die von der Deutschen Stiftung für Internationale Entwicklung (DSE) durchgeführt wurde. Wir wurden gebeten, einige Bemerkungen zu den Ergebnissen dieser Pasantía zu formulieren.

2. Inhalte und Reichweite des Stipendienprogrammes

Das Stipendienprogramm entstand im Jahre 1996 im Rahmen einer parlamentarischen Initiative mit dem Ziel, die pädagogische Fortbildung der Lehrer zu verstärken und die Qualität und Gerechtigkeit in der Erziehung zu verbessern. Seit Beginn orientiert sich das Programm der „Pasantías" an innovativen Bildungsansätzen und pädagogischen Modellen anderer Länder mit dem Ziel, berufserfahrenen Lehrern Gelegenheit zu geben, diese in den betreffenden Ländern kennenzulernen und die dabei gewonnenen Erfahrungen auf die chilenische Realität zu übertragen. Seit 1997 gibt es außerdem ein Programm von „Diplomstudiengängen", die eine fachorientierte Spezialisierung mit theoretisch-praktischem Charakter zum Inhalt haben. In diesem Zusammenhang wurden seit 1996 insgesamt 184 Programme zur Weiterbildung im Ausland durchgeführt; davon waren 165 Pasantías und 19 Diplomstudiengänge.

Von 1997 bis 2000 fanden in Deutschland insgesamt neun Pasantías zu den folgenden Themen statt: „Die Integration von sozialen Konflikten in Curriculum und Unterricht in der Grundschule" (1997, 1998, 1999 und 2000), „Ein Anfang mit Musik – Didaktik und Methodik ganzheitlicher Musikerziehung" (1998, 1999 und 2000) und „Umwelterziehung und partizipative Methoden" (1999 und 2000). Die beiden erstgenannten wurden von der Deutschen Stiftung für Internationale Entwicklung (DSE), die dritte von der Carl-Duisberg-Gesellschaft (CDG) durchgeführt. Insgesamt nahmen an diesen wichtigen Erfahrungen der Weiterbildung in Deutschland 185 Lehrer und neun Koordinatoren unseres Landes teil. Es ist offenkundig, dass die Verbindung, die so zwischen Deutschland und Chile entstanden ist, durch die Nachkontaktveranstaltungen, die die genannten deutschen Institutionen im Zusammenhang mit unserem Stipendienprogramm angeboten und finanziert haben, weiter gestärkt wurde.

Javier Báez Alcaíno ist Mitarbeiter des Auslandsstipendienprogrammes im chilenischen Erziehungsministerium.
Kontakt: jbaez@mineduc.cl oder jbaez@puc.cl

3. Ergebnisse und ergänzende Bemerkungen

Die Evaluation der von der DSE in Deutschland durchgeführten Pasantía „Die Integration von sozialen Konflikten in Curriculum und Unterricht in der Grundschule" durch die ehemaligen Stipendiaten ergab eine deutliche Hierarchie: An erster Stelle wurden die kulturellen Aktivitäten sowie die Schulbesuche und Ortstermine genannt, danach das Zusammentreffen mit Mitgliedern der Gesellschaft und zum Schluss die theoretischen Unterrichtseinheiten und wissenschaftlichen Vorträge. Dabei erfährt der letztgenannte Bereich zwar eine durchaus positive Bewertung, die allerdings unterhalb der Einschätzung durch die Teilnehmer der anderen Pasantías liegt. Anders ist es im Hinblick auf die Versammlungen mit verschiedenen gesellschaftlichen Gruppierungen – hier wurde der von der DSE realisierten Pasantía eine weit bessere Bewertung gegeben, als es bei den anderen Pasantías der Fall war. Das ist vor allem deshalb bedeutsam, weil die ehemaligen Stipendiaten in ihrer Gesamtheit diesen Aspekt nur sehr gering bewerten.

Die hier dargestellten unterschiedlichen Bewertungen lassen sich aus den Ergebnissen der Befragung allein nicht erklären. Vielmehr ist zu vermuten, dass die starke positive Bewertung der kulturellen Aktivitäten auf das Kennenlernen neuer Kulturen durch die Lehrer zurückzuführen ist –nicht zuletzt auch deshalb, weil viele Lehrer bis zu diesem Zeitpunkt noch nie weiter als in ihre jeweilige Provinzhauptstadt gereist waren. Auf der anderen Seite ließe sich die positive Bewertung der Schulbesichtigungen und Ortstermine wohl damit erklären, dass sich die chilenischen Lehrer in diesen Situationen auf mehr oder weniger gleicher beruflicher Ebene mit deutschen Kollegen austauschen konnten. In diesem Zusammenhang sei daran erinnert, dass das Stipendienprogramm ein Teil der Lehrerfortbildung im Rahmen unserer Bildungsreform ist. Deshalb ist die hohe Bewertung der akademischen Aktivitäten durch die Lehrer ein positives Element, das den Wert dieser Erfahrung für die professionelle Entwicklung bestätigt.

Die theoretischen wie praktischen Inhalte der von der DSE durchgeführten Pasantías wurden insgesamt sehr positiv bewertet, besonders im Hinblick auf die gelungene Verknüpfung beider Aspekte. Trotzdem ist es beunruhigend, dass sowohl bei den Ex-Pasantes der DSE als auch bei den übrigen Befragten ein großes Ungleichgewicht zwischen der theoretischen und der praktischen Wirkung konstatiert wird. Wir glauben, dass sich hier eine Diskrepanz zwischen der theoretischen Erkenntnis und ihrer Umsetzung in die praktische Arbeit in der Schule feststellen lässt. In dieser Hinsicht bilden die theoretische Ausbildung und die Orientierung an der Theorie einen wichtigen Aspekt in der Weiterbildung der Lehrer. Wir denken aber auch, dass es notwendig ist, den Prozess der schulischen Umsetzung von theoretischen Erkenntnissen in pädagogische Praxis kontinuierlich zu begleiten und zu vertiefen. So könnte man eine dialektische Arbeitsweise anregen, in der sich Theorie und Praxis ergänzen und ständig erneuern, und auf diese Weise die erzieherische Realität transformieren.

In der Frage der Umsetzung der Auslandserfahrung nach der Rückkehr der Stipendiaten in ihre jeweiligen Schulen sind gewisse Mängel dieses Programms nicht zu übersehen. Die Stipendiaten der DSE bewerteten die Umsetzung sogar noch ungünstiger als die übrigen Stipendiaten. Das ist eine beunruhigende Feststellung im Hinblick auf mögliche Folgewirkungen der Auslandsweiterbildung für die Schüler und andere Mitwirkende. Diese Beurteilung hat jedoch nichts mit der Durchführung der Pasantía in Deutschland zu tun, sondern vielmehr mit der Verantwortlichkeit des Erziehungsministeriums für die Lehrer nach deren Wiedereingliederung in die professionelle Praxis.

Diese und andere Erkenntnisse verweisen auf die Notwendigkeit einer verstärkten Einbindung der Ergebnisse der Pasantías in die Arbeit der Provinzbehörden des Erziehungswesens. Darin ist eine der Hauptursachen der von den Lehrern geltend gemachten Schwierigkeiten bei der Umsetzung des Gelernten zu sehen. So müssten die notwendigen Räume dafür geschaffen werden, dass jeder Pasante, sobald er von seiner Erfahrung im Ausland zurück gekehrt ist, die Möglichkeit erhält, einen Erkenntnistransfer in die Wege zu leiten und sein Projekt der Erneuerung mit der höchstmöglichen Unterstützung durch die Institution zu entwickeln.

Im Hinblick auf das oben Gesagte entwickelt das Stipendienprogramm gerade ein Projekt der Nachbetreuung, das darauf abzielt, sowohl den Erfahrungstransfer als auch die Entwicklung von innovativen Projekten, mit denen die Stipendiaten aus dem Ausland zurückkehren, zu unterstützen und zu erleichtern. Zur gleichen Zeit ist zu wünschen, dass die Nachbetreuung der Stipendiaten nach der Rückkehr in ihr Land durch die lokalen und regionalen Institutionen intensiviert wird. Hierbei bietet sich an, auf die Erfahrungen der von der DSE entwickelten Programme für alle ehemaligen Stipendiaten zurückzugreifen.

Ungeachtet der negativen Einschätzung der Stipendiaten hinsichtlich der Umsetzung ihrer Weiterbildung an ihrem jeweiligen Arbeitsplatz kommt die Mehrzahl von ihnen zu der Einschätzung, dass sie innovative Aktivitäten in ihrer Schule durchführen konnten. Dabei könnten zwei wichtige Aspekte eine Rolle spielen – zum einen die Tatsache, dass die Lehrer dank der Erziehungsreform den Unterricht in ihren Klassen inzwischen weitgehend autonom gestalten können, und zum anderen die Tatsache, dass von der ausländischen Institution eine systematische projektbezogene Nachbetreuung durchgeführt wird. Insgesamt lässt sich sagen, dass die Verbesserung der pädagogischen Arbeit im Klassenzimmer von den Teilnehmern der DSE-Pasantía wie auch den Stipendiaten der anderen Pasantías als Haupterfolg dieses Programms gewertet wird.

Im Hinblick auf die Einschätzung der Pasantías ist es für uns befriedigend, dass die Verbesserung der pädagogischen Arbeit im Klassenzimmer und die positive Wirkung auf das Selbstwertgefühl deutlich zum Ausdruck kommen. Das entspricht auch den grundsätzlichen Zielvorstellungen für unser Stipendienprogramm.

Zum Schluss ist noch die ausgezeichnete Einschätzung durch die ehemaligen Stipendiaten in bezug auf die verschiedenen Pasantíaprogramme und besonders in bezug auf die Pasantía der DSE hervorzuheben. Diese Situation ist für uns ein deutliches und genaues Zeichen dafür, dass die Investitionen und die großen Anstrengungen der letzten fünf Jahre nicht umsonst waren. Jetzt muss es darum gehen, die Auswirkungen der Auslandsweiterbildung auch auf die Schüler und andere Betroffene genauer zu klären. Damit eröffnet sich ein interessantes thematisches Feld für spätere Untersuchungen.

Die Einschätzung, die die ehemaligen Stipendiaten in bezug auf die Pasantías abgeben, ist sehr positiv, aber das darf kein Grund sein, auf die ständige qualitative Verbesserung in den Angeboten der Programme zu verzichten. Im Gegenteil, sie sollte uns als eine weitere Anregung für die ständige kritische Reflexion unserer Arbeit dienen. Dies ist eine Herausforderung sowohl für die ausführenden Institutionen wie auch für uns als Vertreter des Erziehungsministerium Chiles.

Wir hoffen in diesem Sinn, dass die bisher unternommenen Schritte im Rahmen der Nachbetreuung durch die DSE auch weiterhin ein Ansporn und eine Quelle der Erneuerung und Verbesserung des Auslandsstipendienprogrammes für Mitarbeiter des Erziehungswesens sein werden.

Nachbemerkung: Dieser Text ist eine stark gekürzte Zusammenfassung des mit zahlreichen Tabellen versehenen Originals.

Teil I

Die Pasantías
als persönliche und berufliche Erfahrung

40

Lehrer aus ganz Chile – Pasantía 2000

Marianella Matus González

Die Erfahrungen einer Stipendiatin aus Antofagasta:
Begeisterung, aber auch Enttäuschungen

Es sind jetzt vier Jahre vergangen, seit ich als Stipendiatin in Deutschland an einer Pasantía teilgenommen habe. Wenn ich mich daran zurückerinnere, dann kommt mir eine Vielzahl von Erlebnissen und Gefühlen in den Sinn, die mein Leben – sowohl das private als auch das berufliche – nachhaltig verändert haben.

Die Tatsache, dass wir – 21 Lehrer aus verschiedenen Gegenden unseres Landes mit jeweils unterschiedlichen Erlebnissen und Hoffnungen – uns treffen konnten und zwei Monate miteinander geteilt haben, war eine entscheidende Erfahrungen in bezug auf Toleranz und Respekt für den anderen. Deutschland, welch ferne Realität ... Was kann dieses Land mit uns gemeinsam haben? Diese Frage haben wir uns alle zu Anfang gestellt, aber wir sind zusammen diesen Weg gegangen, und die Frage wurde beantwortet. In den Lehrseminaren an den Universitäten konnten wir alle unsere Kenntnisse, die wir theoretisch besaßen, praktisch umsetzen. Wie wundervoll war es, dies zu erleben! Aber wir fragten uns: Könnte man das nicht auch in Chile realisieren? Und wieder landeten wir unsanft auf dem Boden der Tatsachen.

Die Schulbesuche in Deutschland zeigten uns die Vielfältigkeit dieser Institution und die Art, wie hier gearbeitet wurde: die Schülerzahl pro Klasse, die Kleidung der Schüler (sie trugen keine Uniformen und man warf ihnen das auch nicht vor), die Interaktion und den Dialog zwischen Schülern und Lehrern. Wie wäre etwas ähnliches in Chile zu erreichen? Interkulturalität war ein Wort in meinem Vokabular, aber nicht in meinem Erleben, und erst durch das Erleben am eigenen Leibe – nicht zuletzt auch dadurch, dass ich die fremde Sprache nicht beherrschte – begann ich, das Problem der Diskriminierung wirklich zu verinnerlichen. Ich sah und spürte, und ich bemerkte, dass ich selbst ebenfalls diskriminierte. Auch wenn es schmerzhaft war, das zu erkennen – ich tat es.

Als ich die Möglichkeit hatte, das Pädagogische Landesinstitut Brandenburg (PLIB) zu besuchen, und dort dank Christian Lange neue pädagogische Ansätze zur Werteerziehung kennenlernte, begann ich die »Querschnittsaufgaben« (OFT – siehe Anmerkung am Ende des Beitrags) der chilenischen Bildungsreform in ihrer Komplexität allmählich besser zu verstehen. Besonders die Autonomie, die den deutschen Schülern zugestanden wird, beeindruckte mich zutiefst. Man muss so etwas erlebt haben und verinnerlichen (und nicht nur in der Theorie erfahren), und ich dachte: „Das werde ich nach Chile mitnehmen".

Als wir das Konzentrationslager Buchenwald besuchten und in der Wirklichkeit kennenlernten, was ein Konzentrationslager der Nazis gewesen ist, kam mir die Geschichte in den Sinn, und ich fragte mich, was ich eigentlich bisher über den Zweiten Weltkrieg unterrichtet hatte.

Marianella Matus González ist verantwortlich für die Lehrerfortbildung und die Freizeitberatung der Schüler am polytechnischen Lyzeum A–33 (öffentliche Oberstufenschule der Stadtverwaltung) der Städtischen Kooperation für Sozialentwicklung, Antofagasta, II. Region, und Ex-Pasante 1997. Kontakt: mmatus71@latinmail.com

Es waren nur immer Daten gewesen, und in diesem Moment erlebte ich plötzlich historische Erinnerung … Und ich fragte mich: Was passiert eigentlich in Chile?

Als ich verschiedene kulturelle Einrichtungen besuchte und an einer Reihe von Veranstaltungen teilnahm, bemerkte ich, wie weit entfernt wir von dieser Art Schönheit waren, die Ballett, Theater, Oper, Konzerte usw. bieten.

Die Reisen, die wir durchführten, zeigten uns eine neue Perspektive auf die Welt … und wie weit entfernt von all dem wir in Chile waren. Die freundschaftlichen Beziehungen, die zwischen uns und all den Menschen entstanden, die uns in Deutschland aufnahmen und betreuten, zeigten uns, dass die Menschen sich trotz der Entfernung zwischen den Ländern und trotz der Grenzen verständigen: sie können sich nicht nur gegenseitig unterstützen, sondern auch Erfahrungen und Gefühle austauschen. Seit dieser Zeit sind vier Jahre vergangen, und ich werde versuchen zu erzählen, was diese Erfahrung für mich sowohl im privaten als auch im beruflichen Bereich bedeutet hat.

Als wir Deutschland verließen, fühlte ich eine große Traurigkeit, weil ich Freunde verließ und meine Augen und mein Herz nicht wussten, ob sie diese wundervollen Landschaften, die ich kennengelernt hatte, je wiedersehen würden. Aber zur gleichen Zeit fühlte ich mich voll von Emotionen, weil ich nach zwei Monaten meinen Mann wiedersehen würde, meine Kinder, meine Eltern, meine Freundinnen und meinen wüstenhaften Norden, das Meer und die Sonne, die ich so auf meiner Haut vermisste, als mir kalt war und ich mich in viele Kleidungsschichten einpacken musste – etwas, das ich nicht gewohnt gewesen war.

Als wir in Chile ankamen, verabschiedeten wir 21 Kameraden uns voneinander. Es war nicht ein Abschied von Kollegen, sondern von Freunden und Freundinnen, verbunden mit dem Gefühl und dem Versprechen, uns wiederzusehen. Jeder von uns nahm eine andere Richtung … Und so blieb ich allein am Flughafen, mit Koffern bepackt und den Kopf voll mit Ideen, die ich realisieren wollte. Als ich das Flugzeug nach Antofagasta bestieg, landeten endlich auch meine Füße in der Heimat nach dieser großen Reise, die sie unternommen hatten.

Als wir auf dem Flughafen „Cerro Moreno" landeten, konnte ich meine Schule sehen, die in den Luftwaffenstützpunkt „Cerro Moreno" eingegliedert ist, welcher direkt am Flughafen liegt. Mein Mann, mein Sohn und mein Vater erwarteten mich. Welch eine Freude, sie zu sehen und meine Erfahrungen mit ihnen zu teilen, nach Hause zurückzukehren, mich mit meinen Töchtern zu treffen … all das, was ich zurückgelassen hatte.

Drei Tage nach meiner Ankunft musste ich in meiner Schule vorstellig werden. Das bedeutete, um sechs Uhr aufzustehen und auf den Bus zu warten, der mich hinbrachte, um pünktlich um sieben Uhr dort anzukommen, wieder die zwanzig Kilometer zur Luftwaffenbasis zurückzulegen und die Schüler und meine Kollegen wiederzusehen, die mich mit großer Herzlichkeit empfingen (die bloße Erinnerung daran bewegt mich), und ich fühlte mich zu Hause.

Einige Wochen später rief man mich aus der Provinzverwaltung der Erziehungsbehörde an, um uns – das heißt alle ehemaligen Pasantía-Teilnehmer aus Antofagasta und Tocopilla – willkommen zu heißen. Während des Jahres 1998 musste ich auf einem Treffen für die Lehrer der gesamten Region von Antofagasta in der Provinzverwaltung der Erziehungsbehörde von meinen Erfahrungen und Erlebnissen in Deutschland berichten. Es war zwar interessant, aber etwas fehlte … Danach wurde ich eingeladen, Seminare in Taltal und Tocopilla zu halten, aber ich war nicht zufrieden. Ich wünschte mir eine geplante, kontinuierliche Arbeit, aber nichts von dem geschah.

Persönlich bemerkte ich, dass ich toleranter und vermittelnder geworden war, und zwar sowohl in meinem familiären als auch im beruflichen Umfeld. In diesem gleichen Jahr hatte ich die Möglichkeit, mit meinem Mann in die alte Salpetermine „Chacabuco" zu fahren, welche in den Zeiten der Diktatur als Konzentrationslager gedient hatte. Meine Überraschung war groß, als wir ankamen: In der ehemaligen Salpetermine fand gerade eine große private Hochzeitsfeier statt. Es wurde fröhlich getanzt und gegrillt. Und das andere, was dort geschehen war, was war damit? Ich begann die staubigen Straßen der „Minensiedlung" abzulaufen und dachte an Buchenwald und an die Leiden der Menschen, die dort gefoltert und „festgehalten" wurden. All das war hier offenbar in Vergessenheit geraten. Wo war unsere „historische Erinnerung" geblieben? Warum wollte Chile sich nicht erinnern? Hatten wir immer noch Angst? Es fehlte eine Elke Gryglewski, die uns hätte zeigen können, wie man sich an die Geschichte erinnert, ohne sie zu fürchten. Meine Art, Geschichte zu unterrichten und zu leben, hatte sich verändert – und das verdanke ich der Pasantía.

Im Jahre 1998 trafen wir uns alle wieder, alle Freunde von der Reise und auch Ilse Schimpf-Herken, Christopher Oberle und María Elena Ahumada, die unsere Kenntnisse in bezug auf die Konfliktmediation erweiterte. Danach nahm ich in meiner Schule an der Ausarbeitung eines Projektes zur Verbesserung der Erziehung teil, das aber am Ende nicht genehmigt wurde. In diesem Moment keimte in meinem Inneren die Idee, die Schule zu wechseln, was ich ab 1999 auch tat, als ich mich in eine Schule mit vielen sozialen Problemen versetzen ließ. So war es notwendig, mich auch weiterhin fortzubilden, und deshalb schrieb ich mich für einen Diplomstudiengang über Verhaltensführung für Kinder und Jugendliche an der „Universidad del Norte" ein. Damit war ich besser qualifiziert, mit diesem Typ Schüler zu arbeiten, den ich bisher noch nicht kannte (in der Luftwaffenbasis verhielten die Schüler sich nicht so). Im selben Jahr wurde ein Austausch mit deutschen Lehrern durchgeführt, was mich noch mehr motivierte, weil diese Lehrer sich auch mit sozialen Problemen konfrontiert sehen und uns zeigten, wie sie damit umgingen. Außerdem reiste ich nach Taltal, um ein Seminar zum Thema Konfliktmediation durchzuführen – auch wenn ich immer noch dachte, dass das nur geschah, um ein Zeremoniell zu erfüllen.

Im September dieses Jahres [1999] trafen sich die Ex-Stipendiaten der Jahre 1997 und 1998 in El Canelo de Nos, um Erfahrungen auszutauschen und das Thema der historischen Erinnerung zu bearbeiten. Ich erschauderte wieder, als ich die Aussagen von Kindern der Verschwundenen hörte, und fragte mich: Was ist mit der Erinnerung der Chilenen passiert? Im Verlauf dieses Treffens wurde auch die Versammlung für das Jahr 2000 organisiert.

Im Jahr 2000 versammelten sich die Stipendiaten der Jahre 1997, 1998 und 1999 in Talca. Auf diesem bis heute größten Treffen dieser Art wurden die Unterschiede und Ähnlichkeiten zwischen den Teilnehmern deutlich. Wir alle hatten bei der Rückkehr nach Chile nach dem Aufenthalt in Deutschland große Projekte, von denen sich allerdings viele im Laufe der Zeit auflösten. Einige von uns setzten an ihren Schulen ihre Routine fort und arbeiteten von den Klassenzimmern aus auf einen Wandel hin; andere wiederum glaubten an ihre Projekte, setzten sie als persönliche Herausforderung um und übersprangen viele Hürden in dem Bemühen, sie zu realisieren.

In meinem Fall geschah das letztere; ich musste zahlreiche Hürden überwinden, aber ich bin davon überzeugt, dass das, was schließlich realisiert worden ist, deshalb geschafft wurde, weil die sozialen Probleme der Schüler sich meiner Überzeugung nach nicht durch Anordnungen regeln lassen – man muss vielmehr mit diesen Problemen arbeiten. Daher – und angesichts der unglaublich großen Zahl von Verhaltensproblemen – präsentierte ich im Jahre 2000 ein Projekt zur Persönlichkeitsentwicklung, dessen Ziel es war, die Aggressivität unter den Schülern der

8. Klasse zu verringern. Das Projekt wurde zur Durchführung in meiner Schule genehmigt. Ich entwickelte es mit viel Hingabe und mit einem Minimum an finanziellen Mitteln. Die Früchte dieser Arbeit zeigten sich naturgemäß nur langsam, da Verhaltensänderungen nicht sofort wirksam werden. Das Projekt und seine Ergebnisse wurden vom Komitee zur Verteidigung der Rechte des Volkes (CODEPU) veröffentlicht.

Im Jahre 2001 wurde ich zu einer Weiterbildung über das Thema Menschenrechte in Buin eingeladen, wo ich über Fragen der Persönlichkeitsentwicklung in der Schule referierte. Außerdem veranstaltete ich ein Seminar zum Thema „Persönlichkeitsentwicklung und Affektivität". Nach der Rückkehr wurde ich im März in meiner Stadt zur Verantwortlichen für die Lehrerfortbildung an einer neuen Schule berufen, einem polytechnischen Lyzeum mit technischer Ausrichtung. Geplant war, in den Klassen 1 und 2 der Abiturstufe eine allgemeine Bildung anzubieten und in den beiden folgenden Klassen berufliche Spezialisierungen zu ermöglichen.

Als wir die pädagogischen Aktivitäten begannen, mussten wir mit einem Minimum an Unterrichtsmitteln und Räumlichkeiten auskommen, die uns von einer Grundschule zur Verfügung gestellt wurden. Durch diese Situation war es notwendig, verschiedene Arbeitsgruppen zu bilden, die bereit waren, das pädagogische Tun als persönliche Herausforderung zu betrachten. Auf diese Weise entstand eine Atmosphäre, in der das Gewicht verstärkt auf geistigen und nicht auf materiellen Werten lag. Dabei entwickelten sich große Erwartungen an die Einführung der beruflichen Spezialisierungen, die durch hohe soziale Attraktivität und wirklichen Wert am Arbeitsmarkt charakterisiert waren.

Die kurzfristige Gründung – ohne umfassende vorherige Planung – einer Schule für die Schüler, die in den in der Stadt existierenden Lyzeen keinen Platz gefunden hatten, führte für das Arbeitskollektiv zu der Verpflichtung, eine nicht genau definierte Situation umzukehren: in einer dynamischen und modernen Einrichtung ohne rigide Paradigmen sollte ein organisches, von gegenseitigem Respekt bestimmtes Klima der Menschenrechte geschaffen werden, in dem die Schüler in allen Situationen als „Personen" betrachtet und behandelt werden. Die Pläne und Studienprogramme orientieren sich dabei an denen der Berufsfachoberschulen im dualen System, da der Direktor des Lyzeums Referent für das ‚duale System' ist und eine Weiterbildung bei der Deutschen Gesellschaft für technische Zusammenarbeit absolviert hatte.

Im Lyzeum halte ich einmal pro Woche für die Lehrer des Lyzeums ein Seminar zum Thema Persönlichkeitsentwicklung mit dem Ziel, dass die betreffenden Lehrer die dabei gemachten Erfahrungen in ihren Klassenzimmern umsetzen. Durch die Charakteristiken der Schüler entwickeln wir eine Neuerung für die Leitung der Klassen, die darin besteht, dass jeweils zwei Lehrer – eine Lehrerin und ein Lehrer – Klassenlehrer sind. Damit verfolgen wir das Ziel, dass sich die Schüler mit dem Bild der Familie in der Schule identifizieren und sich auf diese Weise die Affektivität jedes einzelnen verbessert. Aus der Perspektive der Geschlechtsspezifität habe ich die Kurse nach Frauen und Männern getrennt, um mit ihnen entsprechende geschlechtsspezifische Themen zu entwickeln. Die Herausforderung des polytechnischen Lyzeums ist die Ausbildung eines menschlichen Wesens, das fähig ist, sich der Welt mit einer persönlichen, seinem Alter entsprechenden Entwicklung zu stellen – mit Fähigkeiten und Geschicklichkeiten, die für den Arbeitsmarkt nützlich sind.

Die Reise nach Deutschland hat mir eine ganz neue Perspektive auf die Welt eröffnet, und dafür danke ich dem chilenischen Erziehungsministerium und dem Land, das uns aufgenommen hat. Aber ich möchte auch die unermüdliche Arbeit unserer Lehrerin und Freundin Ilse Schimpf-Herken hervorheben, die uns mit ihrer Kraft und ihren Ermutigungen die notwendige

Orientierung vermittelt hat, den Weg zur friedlichen Lösung sozialer Konflikte weiterzugehen. Im folgenden wird der Arbeitsplan zum Thema Affektivität im Rahmen des Seminars zur Persönlichkeitsentwicklung graphisch dargestellt.

„DIE AFFEKTIVITÄT"– SEMINAR ZUR PERSÖNLICHKEITSENTWICKLUNG
Lehrerin: Marianella Matus González

Beschreibung:
Theoretische Einführung und praktische Einzel- und Gruppenarbeit

Ziel:
Ausdenken eines Märchens auf Grundlage der Erlebnisse der Schüler und ihrer Haustiere.

Methodologie:
Seminare, Spiele, gestalterisches Arbeiten. Die Schüler nehmen an dieser Übung teil und bringen Sensibilität, Affektivität, Kreativität, Sozialkompetenz, Wissen und Vertrauen ein.

Aktivitäten:
Die Schüler:
• spielen und üben,
• bilden Gruppen,
• schreiben auf das ausgegebene Papier den Namen eines Haustieres,
• modellieren oder zeichnen auf dem Blatt das genannte Haustier,
• schreiben auf das Blatt ein Gefühl oder Erlebnis mit Bezug auf das Haustier,
• lesen ihrer Gruppe das Geschriebene vor und
• übergeben das Blatt mit der durchgeführten Arbeit dem Seminarleiter.

Inhalte:
Affektivität

Zeitdauer:
90 Minuten

Vorschläge zur Auswertung:
Die Arbeit wird nicht nach der künstlerischen Umsetzung bewertet, sondern nach ihrer Durchführung und Vorstellung. Das Wichtige ist nicht die korrekte Rechtschreibung, sondern der Ausdruck von Gefühlen mit Hilfe des geschriebenen Wortes.

Benötigte Materialien:
weißes Schreibpapier (ein Blatt pro Teilnehmer), Farbstifte (einer pro Teilnehmer), 3 Kästen mit Knetmasse in jeweils 10 Farben, Hörkassette, Overheadprojektor

---

Anm.: Diese sog. Querschnittsaufgaben (OFT: »objectivos fundamentales transversales«) bilden das Herzstück der chilenischen Erziehungsreform. Danach sollen die Schüler nicht nur fächerorientiert unterrichtet, sondern in die Lage versetzt werden, sich den Lehrstoff inhaltlich wie pädagogisch individuell und autonom zu erarbeiten.

Chile in Berlin – Pasantia 1999

Verónica Pustela Navarro

Mein ganzes Leben war mit der Erziehung verwoben

Bei uns zu Hause waren wir neun Geschwister. Ich erinnere mich, dass drei schon verheiratet waren. Ariela, die älteste der im Haus verbliebenen Schwestern, unterrichtete uns. Sie hatte ein großes Heft, in das sie uns fünf verbleibenden Geschwister eingetragen hatte. Sie kontrollierte unsere Anwesenheit und gab uns Hausaufgaben. Zu dieser Zeit war ich etwa sieben oder acht Jahre alt. Wenn der Unterricht beendet war, gingen wir mit meiner anderen Schwester Marcia (sie wurde später Lehrerin und ist heute Ordensschwester) aufs Feld. Dort spielten wir in einem Wagen zusammen mit einer Cousine weiter Schule, wobei die Tiere unsere Schüler waren.

Endgültiger Zugang zur Erziehung
So vergingen die Jahre. Ich machte mein Abitur und bestand die Aufnahmeprüfung für die Universität. An der „Universidad Austral de Chile" in Valdivia studierte ich vier Jahre lang Pädagogik für die Grundschule. Danach arbeitete ich in verschiedenen Orten auf dem Land. Während dieser Zeit beendete ich auch meine Spezialisierung für Mathematik in Santiago. Schließlich kam ich durch die Umstände des Lebens nach Crucero.

Ankunft in Crucero
Crucero ist eine ländliche Gemeinde, 20 km von Rio Bueno entfernt, mit ungefähr 2000 Einwohnern. In diesem Ort gibt es zwölf Gaststätten mit Alkoholausschank und außerdem noch eine Reihe nicht-öffentlicher Lokale. Es gibt keine Arbeit. Entsprechend verbreitet ist der Alkoholismus. Viele unserer Schüler kommen aus entlegenen Gegenden zu uns, und erst seit kurzer Zeit gibt es am Nachmittag eine Transportmöglichkeit. Angesichts der Tatsache, dass der Unterricht um 13.00 Uhr beendet ist, stellen die besonderen Verhältnisse dieses Ortes ein großes Risiko für die Schüler dar. Unsere Einrichtung hat ungefähr 500 Schüler, die von 24 Lehrern betreut werden. Es gibt 19 Klassen, darunter zwei Sonderklassen für körperlich und geistig behinderte Kinder und eine Differenzierungsgruppe.

Die Einführung der Pasantías
Im Jahre 1996 wurden zum ersten Mal Stipendien für eine Weiterbildung im Ausland vergeben. Meine Schwester Ariela bewarb sich zweimal. Im Jahre 1997 erhielt sie ein Stipendium für Montpellier in Frankreich. Sie spornte mich an und half mir, mich 1998 ebenfalls zu bewerben.

Angesichts der Situation in der Gemeinde, in der ich tätig bin, sprach mich besonders ein Kurs an, der in Deutschland, in Berlin, realisiert wurde und den Titel hatte: „Strategien für die Einbeziehung sozialer Probleme in den schulischen Lehrplan". Ich beschloss, mich für diesen Kurs zu bewerben, und zwar aus folgenden Gründen:

Verónica Pustela Navarro ist Lehrerin an der Landschule „Crucero", Gemeinde Río Bueno, X. Region, und Pasantía-Teilnehmerin 1998.

- um das deutsche Erziehungswesen kennenzulernen, es mit dem chilenischen Erziehungswesen zu vergleichen und das Übertragenswerte für unsere erzieherische Realität zu übernehmen;
- um das deutsche Erziehungsprojekt im Hinblick auf die Behandlung von sozialen Problemen im Klassenzimmer und ihre Anpassung an die Entwicklung der »Querschnittsaufgaben« im Einklang mit der chilenischen Bildungsreform kennenzulernen;
- um neue Methoden und Strategien für die Einarbeitung sozialer Probleme der Gemeinschaft in den schulischen Lehrplan (,Dekret 40') und die Übertragung dieser Kenntnisse auf die Schule zu erwerben; und schließlich
- um einige Aspekte der Kultur des deutschen Volkes kennenzulernen und zu erleben und - Erfahrungen auszutauschen.

Ein Wunder Gottes

Den Lehrern in ländlichen Gebieten steht im Monat ein Arbeitstag zu (den sie natürlich am vorhergehenden Samstag vorarbeiten müssen), um ihren Lohn abzuholen. An einem dieser Tage trafen wir uns mit meiner Kollegin Rose Marie Muñoz in der Stadt Osorno, um unsere Schulden zu bezahlen. Eine andere Kollegin kam dazu, um mich zu meinem Stipendium nach Deutschland zu beglückwünschen. Ich konnte es nicht glauben. Wir gingen an die Ecke, um eine Tageszeitung zu kaufen: Da stand zusammen mit 20 anderen mein Name und der Ort. Es fällt mir schwer, zu beschreiben, was ich in diesem Moment fühlte. Gott gab mir die Möglichkeit, eine völlig andere Welt kennenzulernen und vielleicht meine Vision von der Welt vollkommen zu verändern, da ich bis jetzt noch nie mein Land verlassen hatte.

Die Reise nach Deutschland

Das Wunder wurde Wirklichkeit, und ich saß im Flugzeug auf der Reise nach Deutschland – mit dem Ziel Berlin und mit vielen auf mich einströmenden Gefühlen. Als wir 22 Chilenen am Flughafen ankamen, wurden wir von den deutschen Veranstaltern, mit denen wir die folgenden zwei Monate verbringen sollten, sehr warmherzig empfangen.

Das Programm in Deutschland

Das Programm unseres Aufenthaltes war in den erzieherischen, sozialen, kulturellen und persönlichen Anteilen überaus vielfältig. Besonders hervorzuheben sind:
- der Besuch der historischen Gedenkstätte der Wannsee-Konferenz sowie des ehemaligen Konzentrationslagers Buchenwald, wo man lernen kann, wohin Diskriminierung und menschliche Schlechtigkeit führen können;
- die Exkursionen in Berlin, wo wir wichtige Orte aus der deutschen Pädagogik-Geschichte kennenlernten (Museen, historische Gebäude, Kirchen etc.), und
- die verschiedenen Unterrichtseinheiten über Themen wie z. B. die historische Erinnerung, die Erziehungsreform der 20er Jahre, das Erziehungssystem der ehemaligen DDR, das Erziehungssystem vor der deutschen Vereinigung, die integrierte Erziehung, zweisprachige und geschlechtsspezifische Erziehung, die Erziehung für eine Pädagogik in Freiheit und die Sexualerziehung einschließlich solcher Probleme wie Aids und Prostitution.

Mit all diesen Erfahrungen und den neu erworbenen Kenntnissen fühlten wir uns vorbereitet, um unsere eigenen Projekte auszuarbeiten, in Chile durchzuführen und einen Teil der sozialen Probleme zu lösen.

Im Hinblick auf die Gegebenheiten der Gemeinde, in der ich arbeite, dachte ich an die Gründung einer Theatergruppe mit dem Ziel, dass die Schülerinnen und Schüler ihre Persönlichkeit und ihr Selbstwertgefühl entwickeln und so verhindern, durch die Probleme, die sie umgeben, aufgesogen zu werden. Um das zu erreichen, denke ich, sei folgendes notwendig:

– Schaffung eines geeigneten Ambientes, das die Gruppenzugehörigkeit anregt und es dem Schüler erlaubt, sich auszudrücken und seine Meinungen, Ideen, Gefühle und Überzeugungen mit Klarheit und Wirksamkeit kundzutun;

– die Orientierung und Stärkung eines entsprechenden Selbstwertgefühls, eine positive Lebenseinstellung und Selbstvertrauen bei den Schülerinnen und Schülern, und somit ein Beitrag zum Wohl der Gemeinschaft und zum persönlichen Wachstum;

– die Intensivierung der Kreativität der Schülerin und des Schülers.

Beginn des Projektes in Chile

Ich kam in Chile an mit der Lust, viele neue Dinge zu tun und vor allem die Theatergruppe einzurichten. Ich erzählte meiner Kollegin Rose Marie Muñoz von meiner Idee, und sie wollte sofort mitmachen. Wir beschlossen, mit neun Jungen und Mädchen aus dem sechsten Schuljahr zu beginnen. Die Idee gefiel ihnen, sie begeisterten sich und machten mit. Es bleibt zu erwähnen, dass diese Kinder vielleicht nicht besondere Fähigkeiten für das Theater haben, aber Begeisterung und eine große Bereitschaft mitbringen. Ein Großteil hat gravierende soziale Probleme.

Zum Beispiel Camilo: Er ist ein Kind, das nicht bei seinen biologischen Eltern lebt; er hat viele unbefriedigte Bedürfnisse im affektiven und materiellen Bereich und nur geringe schulische Erfolge. Außerdem hat er viele gesundheitliche Probleme. Carolina ist ein Mädchen, das auch nicht bei ihrer Herkunftsfamilie lebt. Sie hat Fehlerscheinungen auf soziokulturellem und affektivem Gebiet und eine leichte geistige Behinderung, weshalb sie die Sonderschulklasse besucht. Alberto ist ein sehr schüchterner Schüler mit Lernschwierigkeiten, Taubstummheit und chronischen Gesundheitsproblemen. Omar ist ein Kind mit Lernstörungen und Verhaltensauffälligkeiten.

Mit diesen und anderen Kindern wurden Arbeitsgruppen gebildet, um sie zu motivieren, an einer Theatergruppe teilzunehmen. Zu diesem Schritt trug Rose Marie entscheidend bei. Im folgenden wird sie uns ihre Erfahrung schildern:

„Im Jahre 1999 lud mich Verónica ein, bei der Theatergruppe mit zu machen. Ich unterstützte sie bei den Entspannungsübungen als Weg, uns den Kindern zu nähern, da wir sie nicht sehr gut kannten. Wir arbeiteten mit Entspannungsübungen für verschiedene Körperteile, mit Phantasiereisen, Gruppenspielen etc. So fingen die Kinder langsam an sich zu öffnen und erzählten ihre Erfahrungen, und wir bemerkten, dass sie viele versteckt gehaltene Gefühle hatten, die nach und nach zum Vorschein kamen. Mit dem Theater gewannen die Jungen und Mädchen ganz langsam Vertrauen in die Gruppe. Am Ende des Schuljahres hatten wir ein wunderschönes Treffen auf dem Hof von einem der Schüler, wo sich die Einigkeit der Gruppe zeigte und sie selbst die kleinen Veränderungen bemerkten, die während dieses Jahres passiert waren."

Im Monat Juli des Jahres 1999 nahm ich an einem Treffen der Ex-Stipendiaten und deutscher Lehrer in Santiago teil, organisiert durch die DSE und das chilenische Erziehungsministerium. Persönlich erzählte ich von den Aktivitäten, die wir mit den Kindern der Theatergruppe einwickelt hatten, und auch davon, dass wir nicht mit ökonomischen Mitteln rechnen konnten und auch nicht mit einer entsprechenden Infrastruktur, um das Projekt durchzuführen. Die Kinder realisierten zusammenhängende Kreationen unter dem freien Himmel. Zu diesen Aktivitäten gehörte unter anderem, dass die Kinder folgende Aufgaben lösen sollten:

- verschiedene Gemütszustände darstellen (Trauer, Freude, Angst etc.);
- sich Szenen aus dem Straßenverkehr ausdenken und darstellen;
- sich von den Bäumen und der Sonne der Pampa inspirieren lassen und das dramatisieren;
- an eine Begebenheit denken und darüber ein kleines Theaterstück spielen.

Alle diese Aktivitäten und noch viele andere zeigten ihnen, dass sie selbst eine große Kreativität besaßen, die sie bisher ignoriert hatten. Ihre Kreationen hatten einen großen Realismus. Besondere Beachtung fand ein Stück, das sie für den Tag des Friedens und der Gewaltfreiheit vorbereitet hatten. Die Gruppe stellte das Thema des Alkohols in der Familie dar und analysierte die Folgen. Ähnlich griffen sie viele andere soziale Themen auf, die sich spontan ergaben.

Die hier genannten Aktivitäten wurden später auf einem Schultheatertreffen der Gemeinde Rio Bueno gezeigt. Hier wurden die Kinder vom Publikum und von den anwesenden Autoritäten besonders gelobt, da wir die einzigen Teilnehmer aus einer Landschule waren.

All das führte dazu, dass die deutsche Koordinatorin der Pasantías, Ilse Schimpf-Herken, die Gemeinde und vor allem die Theatergruppe persönlich kennenlernen wollte.

Im Jahre 2000 integrierte sich die Kollegin Ximena Uribe in die Theatergruppe, und gemeinsam mit ihr wurde ein Jahresplan für die Arbeit erstellt. Die Gruppe war auf 19 Teilnehmer angewachsen. Bearbeitet wurde das Thema des Selbstwertgefühles, wie die Kollegin Ximena schildert:

„Als Verónica mich einlud, an der Theatergruppe teilzunehmen, war ich sehr begeistert. Wir machten es uns zur Aufgabe, eine Veränderung im Selbstwertgefühl der Schüler zu erreichen, als deren Folge die Mädchen und Jungen zu einer kooperativen und selbständigen Arbeitsweise finden sollten. Um dieses zu erreichen, erarbeiteten wir mit den SchülerInnen kleine Theaterstücke und führten nicht nur Rollenspiele zur Wissens- und Motivationsbildung durch, sondern gleichzeitig auch Teil- und Ganzkörperentspannungsübungen, Übungen zum sozialen Lernen sowie zur Körperbeherrschung und -entspannung durch.

Wir vertieften die Arbeit zur „inneren Stimme", wobei wertvolle Ideen entstanden, die wir immer weiter verdichteten. Die Gruppe wuchs, fast ohne dass wir es bemerkten, und jedes Kind erkannte seine Fähigkeiten, die es ihm erlaubten, verschiedene Rollen in der Gruppe einzunehmen. So fanden sich Verantwortliche für die Bühnengestaltung, die Beleuchtung, Maske, Kostüme und den Bühnenaufbau, die den Schauspielern halfen – alles Aufgaben, die die Kinder mit großem Ernst und Verantwortungsbewusstsein übernahmen.

In dem Moment, als Verónica mir mitteilte, dass eine deutsche Lehrergruppe unsere Schule besuchen würde, kam uns die Idee, eine neuartige Präsentation zu machen. Wir nahmen die Ideen aus meiner Diplomarbeit, und erweiterten sie um Ideen, die die Jungen und Mädchen in der Gruppe selbst entwickelt hatten. Dabei entwickelten wir Rollen und stellten Personen dar, die im Alltag unser Selbstwertgefühl immer wieder in Frage stellen, und gleichzeitig versuchten wir zu zeigen, wie wir uns gegen diese Personen verteidigen. Bei der Gestaltung dieser Figuren wurden wir durch konkrete Menschen angeregt, die wir auf didaktische und unterhaltsame Weise karikierten und für die wir uns fiktive Namen ausdachten. So entwickelten wir eine dramatische Spielvorlage sowie eine Reihe von weiteren Aktivitäten, die wir der deutschen Gruppe präsentieren wollten.

Das Resultat war unglaublich. Es war wunderschön, die Emotionalität, die Hingabe und die Freude der deutschen Lehrern über dieses Präsentation zu sehen, die die Freude und Befriedigung unserer Kinder noch verstärkten. Da wusste ich, dass wir mit diesen schüchternen, manchmal traurigen und mit so vielen Problemen beladenen Kindern gute Arbeit geleistet hatten."

Wir beschlossen das Jahr mit der Aufführung des Stückes „Eine Handvoll Kräuter" in Rio Bueno, wo jeder seine Rolle bis zur Perfektion ausfüllte, sowohl die Schauspieler als auch die Maskenbildner und die Verantwortlichen für den Bühnenumbau, die Kostüme und die Musik.

Es bleibt hervorzuheben, dass diese Gruppe das folgende erreicht hat:
- Sie gab den Kindern eine vollkommen veränderte Vision ihres Lebens und der Welt, die sie umgibt: ihr Selbstwertgefühl hat sich verbessert und ihre Persönlichkeit verändert.
- Die Klasse hat sich in eine sich selbst genügende Gruppe verwandelt, gut organisiert und vereint, die sich in der Arbeit mit einem Geist der Unterstützung hilft: für sie kann man alles gemeinsam tun.

Mit dem Besuch der deutschen Lehrer haben wir bemerkt, dass wir als Lehrer erreicht haben, dass alle von uns durchgeführten Aktivitäten dank der Gemeinschaft und der Unterstützung der Gruppe ein Erfolg waren. Das gleiche geschah auch mit den Elternvertretern der Schule. Das wichtigste war, dass zwischen Schülern, Eltern und Lehrern eine Gemeinschaft entstand. Ich danke Gott, dass er die Arbeit mit dieser Gruppe möglich gemacht hat, die nicht nur den Schülern selbst, sondern auch vielen anderen Menschen in der Gemeinde geholfen hat.

Zum Schluss möchte ich den deutschen Freunden dafür danken, dass dieser Traum wahr wurde.

Begrüßung der deutschen »Lehrerinnen ohne Grenzen« in Chépica

Caren Morales Salas

Ein Sandkörnchen

Diese kurzen Bemerkungen sollen wie ein Sandkörnchen zu dem wichtigen Buch beitragen, von dem ich hoffe, es eines Tages in meinen Händen zu halten.

Für mich hatte die Pasantía in Berlin eine ganz besondere Bedeutung und war mir überaus nützlich, denn sie hat mich sowohl in persönlicher als auch in beruflicher Hinsicht wachsen lassen, sie hat in mir neue Erwartungen eröffnet, und ich habe in meinem pädagogischen Tun einen grundlegenden Wandel erfahren. Nach meiner Rückkehr habe ich einige Seminare über Mediation als Mittel der gewaltlosen Konfliktlösung mit meinen Arbeitskollegen in der Schule durchgeführt (im dem einen Fall unterstützte mich María Elena Ahumada dabei, und im anderen arbeitete ich allein). Auf kommunaler Ebene habe ich ein Projekt präsentiert, um eine Gruppe deutscher Lehrer zu empfangen mit dem Ziel, einen Erfahrungsaustausch herbeizuführen und ihnen die Möglichkeit zu geben, unsere Realität kennenzulernen. Dieses Projekt, das mit der vollen Unterstützung der zuständigen Behörden durchgeführt wurde, war sehr wichtig und wertvoll für die Gemeinde, aber leider nur von sehr kurzer Dauer. Zur Zeit bin ich als Koordinatorin des Enlace-Projektes und eines Projektes zur Verbesserung der Erziehung (PME) tätig.

Was mich persönlich betrifft, so hat Deutschland meine Kenntnisse von der Welt, aber ganz besonders auch über Chile erweitert. Mit Bestürzung und Trauer habe ich von den schrecklichen Dingen erfahren, die sich während der Diktatur in unserem Land ereignet haben – in einer Zeit, als ich die Abiturstufe besuchte und alle Unterrichtspläne und –programme geändert wurden.

Dazu kommt, dass alles in Schweigen gehüllt war – um so mehr in einem so kleinen Dorf wie dem, in dem ich wohne. Ich denke, dass sich solche Greueltaten in keinem Teil der Welt zutragen dürfen.

Zum Schluss noch eine persönliche Anekdote: Nach meinem leichten Sturz während des Aufenthalts im ehemaligen Konzentrationslager Buchenwald, bei dem ich mir den linken Knöchel verrenkte, wurde ich in bewundernswerter Weise gepflegt und umsorgt und in alle Aktivitäten integriert, sogar beim Tanz. Ich glaube, damit habe ich gleichsam am eigenen Leibe gespürt, was das Thema der Integration von behinderten Menschen beinhaltet.

Caren Morales Salas ist Lehrerin an der staatlichen Grundschule „Luz María Crespo Ureta de Kerestegian" von Las Arañas in der Gemeinde Chépica, VI. Region, und Kursteilnehmerin 1998.
Kontakt: carmargot@hotmail.com

Sandra Fabiola Caipillán Leal

Eine weite Reise zum Nachdenken über sich selbst

Es war im Jahre 1997, als ich von der Pasantía „Strategien für die Einbeziehung sozialer Probleme in den schulischen Lehrplan" erfuhr, die in Berlin, Deutschland, stattfinden würde. Das Thema interessierte mich, da ich mit Kindern und Jugendlichen arbeitete, die sich in einer Realität mit hohen sozialen Risiken bewegten wie Verlassenwerden, Armut, Alkoholismus, Delinquenz, Drogensucht etc. Ich war Lehrerin an der Schule „18. September D-24", wo ich am Projekt der FOSIS (Solidaritätsstiftung für soziale Investitionen) für Schüler mit hohem Verhaltensrisiko teilnahm; außerdem wirkte ich mit an dem in Kooperation mit der Stadt entstandenen Programm „Wege der Freiheit" für Jugendliche, die aus dem Schulsystem ausgestiegen waren. So bewarb ich mich für die Pasantía, und es war eine große Freude, als ich ausgewählt wurde.

Was wollte ich bei meiner Rückkehr mit den Erfahrungen der Weiterbildung verbessern? Ich wollte eventuelle soziale Probleme der Kinder und Jugendlichen möglichst schon in jüngerem Alter erkennen und behandeln, um so ihre normale Entwicklung sichern und sie zu einer besseren Mitarbeit im persönlichen, sozialen und erzieherischen Bereich führen. Gleichzeitig wollte ich ihnen helfen, ihre verlorenen oder brachliegenden Fähigkeiten wiederzufinden, damit sie zu einem normalen Funktionieren zurückkehren und die Fähigkeit entwickeln und/oder stärken können, auch schwierigen Situationen zu begegnen.

Ich wollte innovative Strategien erlernen, um sie in mein erzieherisches Projekt für die Bereicherung das Persönlichkeitswachstums und die gute Anpassung dieser Minderjährigen an unsere chilenische Gesellschaft einzuarbeiten.

Dann kam der Tag, an dem sich die 21 Teilnehmer, alle aus verschiedenen Teilen Chiles, in Santiago versammelten. Wir bildeten eine Gruppe, die von Anfang an zusammenhielt und an den Freuden und Kümmernissen jedes einzelnen teilnahm. Uns einte der Wunsch, um neue pädagogische Erfahrungen bereichert in unser Chile zurückzukehren.

Wir wurden empfangen von einer Gruppe von Deutschen und in Deutschland lebenden Chilenen, die immer darum besorgt waren, dass unser Aufenthalt angenehm war, und alles, was sie besaßen, mit uns teilten und uns alles zeigten. Diese Erfahrung zu machen, war wie ein Traum. Wenn viele bei der Rückkehr sagten, es sei nur eine „Pasantía" gewesen, so kann ich versichern, dass es sehr viel mehr war, denn das Programm bot verschiedenste Aktivitäten an, zwischen denen kaum Zeit zum Ausruhen blieb. Auf alle Fälle war es eine wundervolle Erfahrung. Und es war dort, im weit entfernten Berlin, wo ich zum erstenmal mir selbst begegnete.

Sandra Fabiola Caipillán Leal, Teilnehmerin der Pasantía 1997, ist Lehrerin an der städtischen Grundschule *Pedro Pablo Lemaitre* E-23 und im Rehabilitationszentrum für Verhalten *Residencia „Emaús"* in Punta Arenas, XII. Region (Magallanes und chilenische Antarktis). Kontakt: safacale@entelchile.net

Nun könnte man fragen: Warum so weit weg fahren, um über sich selbst nachzudenken, über das eigene Leben und Tun? Ich erinnere mich an die Situation, als wir eine Reihe von verschiedenen Gruppenspielen durchführten, in denen jeder sich öffnen und all das hervorholen konnte, was er in seinem Innersten versteckt hielt – Lachen, Tränen, aber auch die Frage, warum sich der Mensch so leicht in eine Maschine verwandelt. Hier war es, wo ich bemerkte, dass ich seit langer Zeit morgens aufstand, arbeitete, hier und dort präsent war, ohne mich je zu fragen, wie es mir, Sandra, ging und wie ich mich fühlte.

Wenn wir uns analysieren, bemerken wir, dass wir uns manchmal selbst nicht den nötigen Raum geben, damit die, die wir täglich sehen, uns etwas so wichtiges wie ihr eigenes Ich zeigen. Vielleicht ist es die Angst, in etwas verwickelt zu werden, das „nicht mit uns übereinstimmt". Ist es Egoismus? Bequemlichkeit? Unsere Tätigkeit wird Dienen genannt, und Dienen bedeutet Lieben – und Lieben heißt Akzeptieren. Fühle ich mich gut bei dem, was ich mache? Möchte ich wiederholen, was mich als Schülerin geprägt hat, oder möchte ich die Kette durchtrennen?

Nach meinen Dienstjahren weiß ich, dass ich die Kette durchschnitten habe. Auch wenn ich mich als Schülerin ein Jahr lang von einer Nonne diskriminiert gefühlt habe, die mich aus irgendeinem Grund nicht mochte und dafür sorgte, dass ich mich in meiner Schule nicht wohl fühlte, kann ich sagen: Ja, es gab auch andere, die dafür gesorgt haben, dass ich mich elf Jahre in der Schule wohlfühlte. Von dieser „Schwester" lernte ich, dass ich mit meinen Schülern nicht dasselbe machen darf, was sie mit mir getan hat. Von den anderen kann ich sagen, dass sie in meinem Leben wunderschöne Erinnerungen zurückgelassen haben. Hier habe ich den Wunsch, besser zu sein, auch wenn uns in unseren Leben unangenehme Dinge passieren, und in allem Schlechten das Gute herauszufinden.

Zurück zu meiner Erfahrung in Deutschland. Was bei den meisten von uns große Betroffenheit auslöste, war der Besuch des Hauses der Wannsee-Konferenz und des ehemaligen Konzentrationslagers Buchenwald. In die Geschichte zurückzugehen und sich in diese grausame Zeit hineinzuversetzen, in der Menschen Leben und Familien so vieler anderer zerstörten, bedeutete auch, sich in die Geschehnisse des historischen Lebens in unserem eigenen Land Chile zurückzuversetzen und danach gemeinsam all das Erlittene zu analysieren – Gefühle, Erinnerungen, Gedanken, Schuldzuweisungen. Allgemeine Aussage war: Man vermeidet es, über dieses Thema zu sprechen. Natürlich trägt dieses Schweigen die Angst in sich und die Frage: Wie es tun? Und: Ist das erlaubt? Reden bedeutet, in Konflikt zu geraten. Deshalb haben wir die Aufgabe, eine humanere Welt um die Opfer herum zu errichten und ihr Schweigen in eine Kultur des Dialogs zu verwandeln, um die zerbrochenen Beziehungen wieder anzuknüpfen.

Aktuell arbeite ich in der Schule *Pedro Pablo Lemaitre*, wo in die Klassen auch taube oder autistische Jungen und Mädchen und solche mit motorischen Problemen integriert und in den entsprechenden Pavillons von den Differenzierungslehrern der Einrichtung unterstützt werden.

Ich möchte die Geschichte von Paulina erzählen, einem fast tauben Mädchen von elf Jahren. Sie kam in die vierte Grundschulklasse, in der ich im Jahre 1999 die Rolle der Klassenleiterin übernahm. Ich konnte die Gebärdensprache nicht, ihre Mitschüler und Mitschülerinnen auch nicht. So bat ich sie, uns selbst zu unterrichten, und gab ihr am Anfang jedes Tages Zeit, unsere Lehrerin der Gebärden zu sein. Später half ihr Luz, ihre Mutter. Im Laufe der Zeit beobachtete ich, dass Paulina durchaus keine eine abwesende Schülerin war, die nur einen Platz im Raum besetzte. Sie begann sich auszudrücken, zu lachen und auch an den Streichen teilzunehmen. Auch ihre Mitschüler waren glücklich. Uns allen blieb die Lehre, dass die entscheidende Charakteristik, von der die Integration abhängt, nicht die Art der Behinderung ist, sondern die Haltung der schulischen Gemeinschaft gegenüber diesen Kindern.

Seit Dezember 1998 arbeite ich außerdem im Zentrum für Verhaltensrehabilitation *Residencia „Emaús"*. Meine Arbeit besteht darin, Kinder, die das Schulsystem verlassen haben, auf freie Prüfungen vorzubereiten, mit denen sie den Grundschulabschluss erwerben können, und daneben auch die zu unterstützen, die dem formellen Erziehungssystem angehören. So habe ich unter diesen Kindern Patricio, Alexis und Néstor kennen gelernt.

Ich möchte von Patricio erzählen. Er kam im Mai 1998 ins Zentrum, als er 14 Jahre alt war. Der Grund für seinen Eintritt war „Raub und Schutzzollerpressung". Er hatte die Schule nur bis zur fünften Klasse besucht, und über freie Prüfungen schaffte er es, bis März 1999 seine Grundschulerziehung abzuschließen. Im März 2000 bewarb er sich erfolgreich für ein Sonderprogramm Technische Grundausbildung für Erwachsene (E.T.E.A.) im Technischen Lyzeum. Er hat sich gut in die Klasse integriert, und die Lehrer beschreiben ihn als einen Menschen mit Führungsqualitäten, weil er fröhlich, beredsam und respektvoll ist. Patricio bekräftigt, dass ihm sein Lyzeum gefällt, dass die „Wellenlänge" mit den Klassenkameraden stimmt und dass er zufrieden ist, an einem Ort zu lernen, wo die Lehrer einen mögen und respektieren. In einem Seminar zur Persönlichkeitsentwicklung, an dem er teilnahm, fragte man ihn: „Welche großen Veränderungen möchtest du in deinem Leben machen?" Er antwortete sofort: „Ich möchte lernen, arbeiten, eine Familie und ein eigenes Haus haben." Dann fragte man ihn: „Wovor hast du Angst?" Und er antwortete: „Drei Dinge: dass ich drogenabhängig werde, dass meine Eltern sich trennen, dass ich überfahren werde."

Ein anderes Kind, von dem ich erzählen möchte, ist Alexis, den wir Chiki rufen. Er kam 1998 mit 13 Jahren ins Zentrum. Seine Probleme waren Alkoholkonsum und das Schnüffeln von Lösungsmitteln, Vernachlässigung, Betteln, Herumtreiben und Diebstahl. Er kam aus einer Familie, in der beide Elternteile eine Vorgeschichte von Alkoholmissbrauch hatten. Er hatte die fünfte Grundschulklasse abgeschlossen, und im März 1999 beendete er die Grundschulerziehung, um sich im März 2000 in das Programm der technischen Grundausbildung für Erwachsene zu integrieren. Er erkannte schnell, dass er zwar leicht wütend wird und sich ärgert, dass er aber auch fröhlich, herzlich, freundschaftlich, sympathisch, strebsam und ein guter Läufer, Sänger und Tänzer ist. Am 5. Mai wurde der Körper von Alexis leblos aufgefunden … Todesursache war Insuffizienz des Atemapparates durch Einatmung von Lösungsmitteln. Auch ihn hatten wir gefragt: Welche wichtigen Veränderungen möchtest du in deinem Leben vornehmen? Alexis hatte geantwortet: „Viel Lernen, die Abiturstufe beenden, in die Universität eintreten und ein Computerfachmann werden …" Auch von ihm wollten wir wissen: „Wovor hast du Angst?" Chiki hatte geantwortet: „Krank werden; scheitern mit dem, was ich mir vorgenommen habe; nicht erreichen, im Leben jemand zu sein; und dass meine Eltern sterben …" Wir fragten ihn: „Möchtest Du einen Gedanken mitteilen?" Er sagte: „Ich möchte lernen, nein zu sagen, wenn es notwendig ist, zum Beispiel, wenn sie mich einladen, Drogen zu nehmen, zu trinken, schlechte Dinge zu tun …" Was bleibt, sind die Erinnerung und der Schmerz.

Néstor (14) kam im Oktober 1999 ins Zentrum wegen Herumtreibens, Schulverweigerung, Alkoholmissbrauch, Schnüffeln von Lösungsmitteln, Diebstahl und Ausreißens von Zuhause. Er hatte das erste Jahr der Abiturstufe in einem Lyzeum in der Stadt absolviert und es nach dem Urteil der Lehrerschaft nicht geschafft, sich an die Normen und Forderungen der Institution anzupassen – er zeigte autoritätsverachtende Verhaltensweisen wie Nichttragen der Schuluniform, unerlaubtes Verlassen der Klasse und ungebührliches Verhalten gegenüber den Lehrern.

Der Junge war von seiner Mutter verlassen worden und lebte seine ersten Lebensjahre in Pensionen, dann acht Jahre in einem Heim. 1998 beendete er endlich die Grundschulausbildung in einer Heimschule. Erst 1999 lebte er erstmals eine längere stabile Periode zusammen mit seiner Mutter, die jedoch ohne jeden Versuch, ihn verstehen zu wollen, ihre Vorstellungen und Normen sofort autoritär durchzusetzen versuchte und auf Konflikte mit körperlicher Bestrafung reagierte. Im März 2000 kam er in ein anderes Gymnasium, dessen Vertrauenslehrer einen begleitenden Bericht zur Unterstützung und Nachbetreuung erhielt. Seit seinem Eintritt in die Klasse wurde Néstor mindestens zehnmal vom Unterricht ausgeschlossen. Am 31. Mai teilte das Gymnasium mit, er werde der Schule verwiesen. Obwohl die Schule gebeten worden war, uns vorzeitig solche Maßregelungen zu melden, informierte man uns erst im Monat Juli darüber und schlug vor, Néstor solle, um Probleme zu vermeiden, am besten eine andere Schule besuchen.

Situationen wie diese erleben wir immer wieder. Bei den Aufnahmen für das Schuljahr 2001 weigern sich immer noch einige Schulen, diese Kinder in das formelle Erziehungssystem zu integrieren, und nehmen manche nur „unter Vorbehalt" auf. Es muß betont werden, dass es keine Reform geben wird, wenn sich diese diskriminierende Einstellung nicht ändert.

Im Januar dieses Jahres nahm ich in Buin (Region Metropolitana) mit anderen Kollegen an einem Weiterbildungsseminar für Lehrer über Werte und Haltung der Lehrer in der Bildungsreform teil, das vom Komitee zur Verteidigung der Rechte des Volkes (CODEPU) unterstützt wurde. In diesem Seminar wurden die Veränderung der Paradigmen in der Bildungsreform angesprochen und pädagogische Methoden zur Entwicklung sozialer und kognitiver Fähigkeiten sowie die Beziehung zwischen Erziehung und Entwicklung vertieft. Unter anderem wurde über verschiedene Ansichten zu Gewalt und Disziplin, zur historischen und sozialen Erinnerung und zur Arbeit mit Kindern mit besonderen pädagogischen Bedürfnissen diskutiert.

Wenn man mich fragt, welche Gedanken mein Sein und Tun untermauern, so sage ich folgendes: ich habe die Gewissheit, dass Lernen auf die Entwicklung der ganzen Person abzielt, nicht nur auf seine intellektuellen, sondern auf alle seine Fähigkeiten. Wir alle sollten anerkennen, dass die integrale Entwicklung von Männern und Frauen nichts zu tun hat mit einer Anhäufung von Wissensinhalten, sondern mit der Schaffung von Möglichkeiten und Anreizen zur Entwicklung der verschiedenen menschlichen Fähigkeiten.

Erziehung kann die menschliche Entwicklung erleichtern, und daran sollte sie sich orientieren. Wenn wir durch die Jahre unseres Schuldienstes hindurch unser Leben und das der anderen lieben, wenn wir die Kinder schätzen, wie sie sind, auch unter widrigen Bedingungen, wenn wir an den Wert guter zwischenmenschlicher Beziehungen glauben und versuchen, eine positive Einstellung zum Leben entstehen zu lassen, dann wird unsere Schule so werden, wie sie von allen ersehnt wird.

Ich glaube, man muss lernen, sein Leben besser zu leben, um alle Formen von Demütigung und Missachtung auszurotten und eine Gesellschaft aufzubauen, in der jeder Mann und jede Frau sich nach ihren speziellen Begabungen entwickeln können.

Dafür, dass ich an dieser Pasantía teilnehmen konnte, bin ich unendlich dankbar: der chilenischen Regierung, dass sie uns die Möglichkeit gegeben hat, uns außerhalb unseres Landes weiterzubilden, der deutschen Regierung dafür, dass sie ihre Erfahrungen mit uns teilen und sich seit 1997 jedes Jahr um uns kümmern, so dass wir uns versammeln, um eine Nachbereitung in Calama, San Bernardo und Vilches durchzuführen.

Pedro Salazar Pino

Gedanken nach der Weiterbildung

Es ist ein Jahr verstrichen, seit ich das Privileg hatte, für die Teilnahme an der Weiterbildung „Die Integration sozialer Konflikte in Curriculum und Unterricht in der Grundschule" ausgewählt zu werden. Dieser Kurs wurde von der DSE in Deutschland organisiert, und zwar in Berlin. Ich möchte betonen, dass diese pädagogische Erfahrung mein Leben sehr verändert hat, nicht nur im pädagogischen Sinne, sondern auch im persönlichen. Jeder Moment, jeder Tag, den ich auf dem europäischen Kontinent erlebt habe, hat mein Wissen und meine Fragen erweitert und bereichert.

Zu Beginn der Besuche der verschiedenen pädagogischen Einrichtungen, die die DSE bewusst für uns ausgewählt hatte, um unsere Schulpraktika durchzuführen, war das erste, was mich beeindruckte, dass von den Schülern keine Schuluniformen getragen wurden. Das verwunderte mich besonders deshalb, weil ich wenige Monate vor meiner Reise nach Deutschland für die Einführung einer neuen Schuluniform für unsere Schülerinnen verantwortlich war. Ich tat das, ohne darüber nachzudenken, dass sie es vielleicht vorgezogen hätten, keine Schuluniform zu tragen. Heute frage ich mich: Hätten die Schülerinnen es vorgezogen, keine Schuluniform zu haben? Wo blieb das eine der vielen Rechte der Kinder, das besagt: „Uns wird zugesichert, dass unsere Meinungen gehört und respektiert werden"?

Beim Vergleich der für den Zugang zum deutschen Bildungswesen notwendigen Studienabschlüsse und der Feststellung, dass die Mehrheit der deutschen Lehrer älter ist als die Lehrer in meinem Land, begann mir bewusst zu werden, mit welcher Tiefe und Ernsthaftigkeit die deutsche Gesellschaft diejenigen vorbereitet, die die Verantwortung für die Erziehung der zukünftigen Bevölkerung, der Schüler, übernehmen sollen.

Während der Tage, die ich in Berlin verbrachte, analysierte und verglich ich meine Realität, mein kleines Dorf Curacautín, meine kleine Schule „Santa Elena" und träumte ... Wie wundervoll wäre es, wenn meine kleine Gemeinde diese kleinen Gesten und Gewohnheiten, Einstellungen und Lebensformen der Deutschen – z. B. den Respekt für Zeitpläne und für die Verkehrsregeln und die Ehrlichkeit beim Bezahlen im Supermarkt und in der U-Bahn – übernehmen und in sich aufnehmen würden. Wie beeindruckend war es, in einem Klassenraum Kinder verschiedener Nationalitäten zu sehen, die alles miteinander teilten und von gleich zu gleich kommunizierten, und dass jedes Kind die Möglichkeit hatte, von einem Spezialisten (Psychologen, Mediatoren etc.) unterstützt zu werden, wenn es dies benötigte.

Der Vergleich des erzieherischen Niveaus der Klassen erlaubte mir, große Unterschiede festzustellen. Das brachte mich zum Nachdenken: wir irren uns, wenn wir uns beim Unterrichten unserer Schülerinnen nicht trauen, mehr schlussfolgerndes Handeln einzubeziehen, da wir der

Pedro Salazar Pino ist stellvertretender Direktor der privaten Grundschule Nr. 29 „Santa Elena" in Curacautín, IX. Region, und Kursteilnehmer 1999.
Kontakt: Pesalaza@hotmail.com

Meinung sind, sie seien nicht fähig, dies zu lernen. Ganz im Gegenteil. In Berlin konnte ich erleben, wie in 45 Minuten lang in einer 5. Klasse die Winkel, die Benutzung des Winkelmessers und die Einteilung der Winkel nach ihrer Größe behandelt wurden. In meiner Welt, in einer ähnlichen Klasse, hätten wir diese Inhalte wahrscheinlich in einer vollen Unterrichtswoche bearbeitet. Diese Erfahrung regte mich dazu an, im Unterrichten über das hinauszugehen, von dem ich glaube, dass es meine Schülerinnen verstehen. Dies hat mir schon große Befriedigung gebracht. Das Interesse, mit dem die Schüler am Unterricht teilnehmen, ist offenkundig und erlaubt eine effizientere Arbeit und befriedigendere Resultate. Allgemein kann man die Resultate der Klasse daran ablesen, wie sie die Arbeitsblätter mit Übungen zu dem behandelten Stoff ausfüllen.

Auch möchte ich die menschliche und professionelle Qualität der Lehrer herausstellen, die wir bei ihrer Arbeit in der Klasse beobachtet haben oder die uns bei dieser wundervollen Erfahrung anleiteten. Die menschliche Wärme ermöglichte, dass die Gruppe der Kursteilnehmer des Jahres 1999 in Berlin zu einer kleinen Familie wurden und damit letztlich zu einer großen Familie, die bis heute in einem ständigen Austausch über Telefon oder Internet steht.

Wenn ich über den Einfluss des Kurses auf mein persönliches und professionelles Leben nachdenke, so kommen mir die unzähligen Gelegenheiten in den Sinn, bei denen ich den Respekt für die Äußerungen jeder Person beobachten konnte. Zum Beispiel die Tatsache, dass die Schüler jährlich ihre Meinung von den Lehrern mit einer schriftlichen Evaluation ihrer Arbeit äußern. Diese Evaluationen werden danach analysiert und den Interessierten übergeben. Das ermöglicht eine persönliche Neuorientierung und eine Verbesserung für die Lehrer.

Die Geschichte Deutschlands, die Analyse der Geschehnisse, der Zeugnisse, das Bestehen von Erinnerungsstätten, die Art diese Geschichte zu bearbeiten etc. – all das hat mir erlaubt, einen Vergleich mit der chilenischen Realität zu ziehen: über unsere Gegenwart und Vergangenheit und über die Angst nachzudenken, die beim Behandeln des Themas der Menschenrechte während des Militärregimes unter Pinochet mit den neuen Generationen herrscht. Ich konnte die positiven Folgen beobachten, die das Kennen, Analysieren und Diskutieren der eigenen Geschichte in der deutschen Gesellschaft und besonders in der jungen Generation hat.

Meine neue Einstellung zu diesem Thema begrenzt sich nicht mehr nur darauf, die zu beobachten, die dafür kämpfen, dass so etwas nie wieder geschieht, sondern ich beziehe Stellung und nutze die nicht wiederkehrende Gelegenheit, die ich als Lehrer habe. Diese erlaubt mir, die Personen, die die zukünftigen Bürger meiner Heimat sein werden, zu formen. Sie sind es, denen ich die Werte vermittle, die es ihnen erlauben, gute Bürger zu sein, welche Respekt vor den Rechten der Person haben und vor allen Dingen „das Leben" verteidigen.

In der Geschichte zu erziehen heißt, von ihr zu lernen, aus ihren Fehlern und Folgen. Dies war für mich der Besuch im ehemaligen Konzentrationslager Buchenwald, in welchem wir uns bestürzt gegenüber den schmerzvollen Lebensgeschichten dieses Ortes wiederfanden. Die Vergangenheit löste in uns allen, die wir dort waren, ein tiefes Nachdenken aus und erlaubte eine innere Veränderung, in der Hoffnung, dass sich so etwas nie wiederholen wird. Wir nahmen uns vor, für den Frieden zu arbeiten und unsere Verpflichtung für die Menschenrechte und den Respekt für die Personen anzunehmen.

Vor meiner Weiterbildungserfahrung war ich der Auffassung, dass es als Pädagoge vorzuziehen sei, einen „billigen Frieden" zu erhalten, indem wir unseren Schülern die wirkliche Geschichte, die unser Land durchlebt hatte, verschwiegen und nichts von dem Wert wussten, den die Arbeit mit unserer wirklichen Geschichte darstellt. Wir hatten keine Ahnung, was es heißt, aus historischen Fehlern und Erfolgen zu lernen, zum Beispiel die schwierige Situation, die heute die Familien der Verschwundenen erleben, zu analysieren und in ihren Schrei nach Gerechtigkeit und Wahrheit einzustimmen, den heute nur wenige hören wollen.

Während der 56 Tage im fernen Deutschland lernte ich viel vom bloßen alltäglichen Zusammenleben in einer Gesellschaft mit den Werten, die ich hoffe, eines Tages auch in meiner geliebten Heimat zu leben. Ich träumte davon, dass alle Lehrer die Möglichkeit hätten, zu sehen, dass eine Nation Einstellungen haben kann, die aus ihrem Leben eine saubere und ordentliche Gesellschaft machen, die den Schutz der Umwelt beachten und die uns für ein System formen, das ein besseres Leben als das unsere garantiert. So könnten wir unsere Schüler zu „kleinen Europäern" erziehen, die zusammen unsere ungeordnete Gesellschaft verändern könnten, der grundlegende Werte wie die Ehrlichkeit abhanden gekommen sind. Das konnten wir täglich genießen, wenn wir mit einem der vielen öffentlichen Verkehrsmittel fuhren, in denen jeder Fahrgast verantwortungsvoll seine Fahrkarte an einem Automat kaufte, ohne dass ihn jemand dazu zwang, oder wenn wir vor den Läden Produkte in den Außenauslagen sahen, ohne dass ein Wächter diese beaufsichtigen musste. In Chile werden viele Jahre vergehen, ehe wir diesen Grad von Ehrlichkeit erleben können.

Jedes Thema, dass während des Kurses behandelt wurde, stellte für mich eine Gelegenheit dar, meine Arbeit als Lehrer zu vergleichen und zu analysieren und über die Verantwortung nachzudenken, die ich meiner Familie, meine Schule und der DSE gegenüber übernommen habe. Heute bin ich überzeugt und spüre die Notwendigkeit, das Thema der Mediation in unserer Gesellschaft zu bearbeiten, sei es in der Schule, in der ich arbeite, oder in jedweder Organisation, in der man integriert ist. Dies ist die Grundlage, damit wir in der Zukunft in unseren Gesellschaften in einem System zusammenleben können, das sich unterscheidet von dem jetzigen, welches an einem Fehlen von Vorbildern für den Dialog leidet. Um das zu erreichen, entwickle ich zusammen mit Lehrern der Schule, in der ich arbeite, Seminare zum Thema der Mediation, und zur gleichen Zeit bilden wir eine Gruppe von ausgewählten Schülerinnen aus verschiedenen Klassen der Stufen 5 bis 8 als zukünftige Mediatoren aus.

Tag für Tag kämpfe ich dafür, die Freiheiten der Schüler zu respektieren. Mir ist bewusst, dass ich das zeigen kann, indem ich ihre individuellen Unterschiede respektiere, ihnen mehr Freiheiten gebe, ihren Lernrhythmus beachte und das mit einbeziehe, was sie lernen wollen. Ich versuche, dass meine Schüler selbst darüber bestimmen können, was sie lernen, entwickeln und kreieren wollen.

Ich wünsche und hoffe, dass die während der Weiterbildung gesammelten Erfahrungen und die Nachbetreuung, die die DSE für ihre ehemaligen Kursteilnehmer durchführt, meiner Heimat, meiner Schule und hauptsächlich mir als Person helfen, zu wachsen und immer im Dienste derer zu stehen, die mich brauchen und denen ich mit dem Erlernten helfen kann.

Ulises Rojas Muñoz

Nach Berlin zu einem „Fest der Pädagogik"

Im Jahre 1999 Vom 16. Oktober bis zum 10. Dezember 1999 hatte ich die Gelegenheit – Gott und auch dem chilenischen Erziehungsministerium sei dafür gedankt – nach Berlin zu reisen, um an einer Weiterbildung im Ausland für Mitarbeiter des Erziehungswesens teilzunehmen. In Berlin erwartete uns das Team der DSE: Lutz Hüttemann, Ilse Schimpf-Herken, Alejandra Maas-Cruzat, Luis Yeldres und Iván de la Fuente. Sie opferten sich geradezu auf, damit wir uns, die wir so weit von unserem geliebten Chile entfernt waren, wie zu Hause fühlten. Aus unserem Land nahmen insgesamt 22 Kollegen an dieser Weiterbildung teil.

Wir konnten viele prägende Erfahrungen aufnehmen, die Teil unserer Arbeit als Lehrer sind. Ganz besondere Bedeutung hatte für mich der zweiwöchige Aufenthalt an der „Lina-Morgenstern-Schule", wo die Direktorin Frau Lammers und ihr Kollegium uns bei unserer „Expedition" durch die pädagogische Arbeit an einer deutschen Schule führten.

Neben dem, was ich in Deutschland erlebte, konnte ich mein persönliches Wachstum durch Reisen nach Paris, Rom, Prag und in andere europäische Städte bereichern. Es waren für mich wichtige Lebenserfahrungen, die meinen kulturellen Horizont erweitert haben.

All dies habe ich in meinem Tagebuch notiert. Die Organisatoren bestanden darauf, dass wir ausführlich und sorgfältig Tagebuch führten, und das tat ich. Heute verstehe ich ihr Drängen, da auf diese Weise wichtige pädagogische Inhalte festgehalten werden konnten.

Bei meiner Rückkehr an meine Schule war ich noch tief bewegt von diesem Ereignis. Die Kommentare der anderen zu meinen Erfahrungen oder Vorschlägen waren allerdings immer die gleichen: „Das ist eine andere Welt" oder „Werde dir bewusst, wir sind hier in Chile".

Das brachte mich dazu, eine andere Strategie zu suchen: das Schweigen. Denn diese Sätze waren kontraproduktiv: sie tauchten immer dann auf, wenn es darum ging, gemeinsame Parallelen zu suchen, um unsere pädagogische Arbeit zu verbessern, und ich dann erzählte, wie die Dinge in Deutschland funktionieren würden.

In einem ersten Seminar mit den Kollegen analysierten wir das Video „Die Schule der Frau Olga". Wir kamen zu der Einsicht, dass wir in die Formulierung unseres Projekts zur Verbesserung der pädagogischen Arbeit auch die Werte der Kinder und unserer Umwelt einbeziehen müssen. So beschlossen wir, zweimal im Jahr eine Zeitschrift herauszugeben. Dieses Projekt trägt den Titel: „Durch die Seiten einer Zeitung treten wir ins dritte Jahrtausend ein." In der Realität arbeiten wir schon in ihm. Als Unterstützung erhielten wir vom Ministerium 3 Millionen Peso (ca. 500 US$). Das ermöglichte nicht nur die Einführung neuer technischer und methodologischer Elemente, sondern auch die ständige Weiterbildung unserer Kollegen.

Das Treffen aller ehemaligen Pasantes mit Ilse Schimpf-Herken und Lutz Hüttemann in Santiago war sehr wichtig, um für eine neue Etappe nach Berlin Kräfte zu sammeln. Auch der Besuch von Ilse Schimpf-Herken und zwölf deutschen Kollegen war für unsere Schule und unsere Gemeinde prägend. Die Gäste gewannen einen Eindruck von der Erziehung im ländlichen und städtischen Raum unserer Gemeinde und erfuhren außerdem die Herzlichkeit, die uns Chilenen charakterisiert und die das Lied „Cuando el amigo es forastrero" (wenn der Freund ein Fremder ist) beschreibt.

Meine Erfahrung und mein Wunsch, an diesem neuen Projekt mitzuwirken, haben mich bewogen, gemeinsam mit einer Gruppe von Kollegen eine Untersuchung über unsere Provinz mit dem Titel „Haltungen zur Werteerziehung verschiedener Beteiligter des Erziehungsprozesses" durchzuführen. Nachdem diese Untersuchung verschiedene Revisionsgremien durchlaufen hatte, wurde sie ausgewählt, um auf dem Kongress „Pädagogik 2001: Treffen für die Einheit der lateinamerikanischen Lehrer" in Kuba im letzten Februar unser Land zu repräsentieren.

Natürlich muss ich angesichts der Vielfalt der bei diesem Ereignis angesprochenen Realitäten lateinamerikanischer Pädagogik auch kurz auf das „Fest der Pädagogik" zu sprechen kommen. Ich hatte die Möglichkeit, Kuba in seiner Rolle als Vorreiter in der pädagogischen Arbeit kennenzulernen. Diese Rolle zeigt sich zum Beispiel an der Zahl von 184 Bildungszentren, die Teil der „Schule der Pioniere Ernesto Che Guevara" sind und Kinder und Jugendliche in den verschiedensten Disziplinen ausbilden, sich gleichzeitig aber auch um die ständige Weiterbildung der Lehrer bemühen und sich entschlossen den Herausforderungen jenes Prozesses der Lehrerqualifikation stellen, der uns in Chile noch so erschreckt.

Die Zeitschrift *Docencia*, das offizielle Organ der pädagogischen Bewegung der Lehrergewerkschaft, veröffentlichte als Anspielung auf die Bedeutung unserer Arbeit einen Artikel mit der Überschrift: „Eine Gruppe die sich vorwagt. Lehrer aus Lima in Kuba." Mit Befriedigung nahmen wir auch die Möglichkeit wahr, unsere Untersuchung auf dem Symposium „Gesellschaft und Familie" vorzustellen.

Darüber hinaus haben die Nationale Stiftung für Buch und Lesen und die pädagogische Bewegung der Lehrergewerkschaft unsere Gruppe am 14. Juni 2001 für ihre Arbeit durch die Übergabe einer pädagogischen Bibliothek für unsere Provinz Limarí ausgezeichnet. Diese Bibliothek enthält 100 Bände von Autoren wie Piaget, Wygotski und Paulo Freire zu verschiedenen Themen und steht allen Lehrern auf Wunsch zur Verfügung.

Clara Morales Neyra

Meine Erinnerung an Deutschland

Für mich war die Reise nach Deutschland eine großartige Erfahrung, da es sich um ein ent-wickeltes Land handelt, das reich an Kultur, Musik, Kunst und Architektur ist und eine reiche Geschichte hat. Der Besuch von Museen von Weltruhm mit Kunstwerken von tausendjährigen Kulturen und von historischen Städten mit einer wunderschönen Architektur war unglaublich, genauso wie der Besuch von Prag und Paris, von denen ich niemals auch nur geträumt hätte, sie zu sehen. Ich glaube, dass dies alles nur durch die Unterstützung und die Herzlichkeit der Organisationsgruppe des Kurses in Berlin möglich war. Sie gaben uns das Gefühl, beinahe zu Hause zu sein. Dank ihrer unermüdlichen Sorge um uns wurde der Aufenthalt zu einem wun-dervollen Traum, weil es sehr schwierig ist, sich in einem von unserem Land so weit entfernten und in allen Aspekten so anderen Land zu behaupten, besonders durch die Sprachbarriere.

Es ist schwierig, sich nicht alleine bewegen zu können und so einfache Dinge zu tun wie Einkaufen oder Telefonieren. Manchmal ist es auch schwierig, die diskriminierenden Blicke von Menschen auf der Straße oder in der U-Bahn zu spüren. All das lässt einen sehr unsicher wer-den. Aber diese Verhaltensweisen ermöglichen einem gleichzeitig ein wichtiges persönliches Wachstum und zeigen einem soviel Neues. Man bemerkt, wie wichtig es ist, Menschen Unter-stützung, Aufnahme und Herzlichkeit zu geben, und was es heißt, sich als Person für das ge-schätzt zu fühlen, was man ist, mit all seiner Diversität. Das gibt Sicherheit und lässt einen jede Schwierigkeit überwinden, wie groß sie auch sein mag.

Ein anderer Aspekt, der mich beeindruckte, war, dass die Schulen die wir kennenlernten, von Schülern aus verschiedenen Nationalitäten besucht wurden, und das bedeutete vor allem Sprachen- und Glaubensvielfalt und verschiedenste Gewohnheiten. Die Lehrer und die Schu-len versuchen, alle zu integrieren und ihren Glauben, ihre Gewohnheiten und ihre Sprachen zu respektieren. Das ist sehr schwierig, vor allem, wenn von den Familien aus verschiedenen Grün-den keine Unterstützung kommt. Aber sie erreichen ihre Ziele im Großen und Ganzen oder ver-suchen es zumindestens, und das ist das Ziel der Schule und ihrer Lehrer.

Niemals werde ich die Gefühle vergessen, die ich beim Hören der Lebenserinnerungen von Herrn Willy Frohwein, einem Überlebenden der Konzentrationslager der Nazis, verspürte. Sein ganzer Vortrag war überwältigend. Es überraschte mich, als er berichtete, dass er viele Jahre lang seiner Familie nie etwas von dem erzählt hatte, was dort geschehen war. So war seine Frau ge-storben, ohne dass er ihr jemals etwas davon erzählt hatte. Es war beeindruckend, als er sagte, er fühle keinen Hass denen gegenüber, die ihn festnahmen und einsperrten, und wenn er die Herzlichkeit besonders der jungen Menschen beim Zuhören spürt, dann fühle er sich unheim-lich glücklich. Das ließe ihn den Hass und die erlebten Schmerzen vergessen.

Clara Morales Neyra ist Lehrerin an der Schule „Bernardo O'Higgins" in Copiapó und war Kursteilnehmerin 2000.

Wie könnte ich mich nicht an den Besuch des ehemaligen Konzentrationslagers Buchenwald erinnern, das heute eine Gedenkstätte ist mit einem Museum über die jüngste Geschichte. Es ist ein beeindruckendes Gefühl, dort zu stehen, wo so viele Unschuldige ihr Leben verloren, sowohl Juden als auch die vielen anderen Opfer anderer Glaubensrichtungen und Nationalitäten. Das hinterlässt eine tiefe Spur. Es bringt einem zum Nachdenken darüber, wie entsetzlich die totalitären Regimes und wie wichtig die Zärtlichkeit und das Verständnis in dieser Welt sind. Was die Seminare betrifft, so waren sie alle sehr interessant und durch ihre aktiv-partizipative Methodologie auch sehr ansprechend. Besonders eingeprägt hat sich mir das Seminar über die Mediation, da in den Schulen diese Seminare eine Möglichkeit darstellen, Werte- und Friedenserziehung durchzuführen: denn beide Seiten müssen sich in die Lage des anderen versetzen und versuchen, die Dinge aus der Perspektive ihres Gegenübers zu betrachten, ihren eigenen Standpunkt zurückstellen und sich untereinander auf ein Einvernehmen einigen. Es ist eine andere Art, Konflikte zu lösen. Das motivierte mich, mein eigenes Projekt über dieses Thema zu formulieren.

Ich glaube, so bereichernd wie für mich war auch für all die anderen Teilnehmer die Tatsache, diese Erfahrung mit Kollegen aus verschiedenen Teilen unseres Landes zu teilen. Nicht immer haben wir diese wundervolle Möglichkeit, etwas über die Schwierigkeiten zu erfahren, denen sie bei ihrer Arbeit begegnen, und darüber, wie sie diese lösen oder dafür kämpfen, eine Lösung zu finden – und natürlich die schönen und positiven Dinge kennenzulernen, die sie in ihren Schule durchführen. Es war sehr angenehm, mit ihnen diese zwei bereichernden Monate zu verbringen, voll von Freude, Enthusiasmus, Anspannung, Überraschungen, Sehnsüchten und Anekdoten.

Nancy Cristina Tapia Williamson

Meine persönlichen Ansichten zur Bildungsreform

Im Jahre 1989, ich besuchte gerade einen Aufbaustudiengang für den Informatikunterricht, hörte ich einen der Lehrer – es war Álvaro Yanes – sagen: „Die Erziehung in Chile ist Betrügerei." Außer mir waren 49 andere Lehrer im Raum. Es gab befremdete Reaktionen, aber ich wurde nicht wütend, sondern blieb, um weiter zuzuhören, was dieser Mann sagen wollte.

Ich arbeitete gerade zwei Jahre als Lehrerin (genau die Zeit, die man benötigte, um sich um ein Stipendium für einen Aufbaustudiengang zu bewerben, deshalb erinnere ich mich). In diesem Moment war ich noch zu unsicher, um meine eigene Art von Erziehung zu entwerfen. Denn das, was ich um mich herum sah, war nicht mit dem in Bezug zu setzen, was die anderen taten.

Angefangen hatte alles am ersten Tag meines Berufspraktikums in einer Schule des Viertels „Cerro Barón" in Valparaíso. An diesem Tag stieg ich den Berg hinauf, um zur Schule zu gelangen, und fragte mich, wie ich meinen zukünftigen Schülern gegenübertreten sollte. Bei dem Versuch, mir diese Frage zu beantworten, stellte ich fest, dass der größte Teil meines Vorgehens durch das Kopieren von Modellen anderer bestimmt war. Die Logik meines Arbeitens orientierte sich an den Modellen der Lehrer, die mich in meinem Leben unterrichtet hatten. Ich bewegte den Gedanken weiter in mir und stellte fest, dass mir diese Vorbilder nicht gefielen, und ich beschloss, mein eigenes Modell zu schaffen. Was für ein Abenteuer für mich! Ich würde nichts kopieren, ich würde mich an mir selbst orientieren, an meiner eigenen Intuition und meinem eigenen Wissen, meinen Erfahrungen und dem, was ich bisher erlebt hatte. Ich würde mit meinen Schülern das machen, was mir damals gefallen hätte, und würde aus meinem Beruf meine eigene Konstruktion machen, ohne Vorbilder aus der Vergangenheit mitzunehmen und auch ohne die Modelle aus meiner Umgebung zu kopieren, außer wenn sie mir gefielen.

Zurück zum Unterricht von Herrn Yanes. Die Wahrheit war, dass ich dem, was dieser Mann sagte, aus meinem Innersten zustimmte. Trotz meiner nicht vorhandenen Erfahrungen sah ich und fühlte ich, dass es in der Erziehung nicht gut voranging.

Wir waren nicht die einzigen, die so dachten, denn der chilenische Staat bat die UNESCO, UNICEF und CEPAL (Ökonomische Kommission der Vereinten Nationen für Lateinamerika), eine Studie zur Qualität der Erziehung in unserem Land durchzuführen. Man kam zu dem Schluss, dass unsere Erziehung ein Fiasko sei. Von da an wurde begonnen, an der Reform zu arbeiten, die unser Land nun auf den Weg gebracht hat.

Im Jahre 1987 sagte Cristian Cox folgendes: „Die gegenwärtige Erziehung ist in unserem Land noch nach antiquierten Vorstellungen organisiert; sie bereitet die Bevölkerung auf eine Gesellschaft mit wenig Veränderungen vor und versucht, ein ‚Gedächtnis der Wissensinhalte' nach dem Prinzip der Enzyklopädisten zu entwickeln und sie damit auf das ganze Leben vor-

---

Nancy Cristina Tapia Williamson ist Lehrerin an der Grundschule „Jorge Prieto Letelier" in Llay-Llay und Ex-Diplomstipendiatin 1998–1999.

zubereiten. Wenn vielleicht die Beweggründe auch andere sind, so sind doch die Ergebnisse dieser Erziehung mehr als ungleich und verbunden mit Ungerechtigkeiten und dem daraus resultierenden Verlust von Talenten. Heute ist ein radikaler Wandel in der Erziehung gefordert, wenn unser Land wirklich in Gleichheit wachsen und sich in die Prozesse, die die Welt verändern, integrieren möchte. Und dieser Wandel schließt ein, dass die Mehrheit der Kinder und Jugendlichen wie auch die Erwachsenen mit Fähigkeiten ausgestattet werden, die es erlauben, sich permanent neues Wissen anzueignen, sich kreativ anzupassen, ohne Angst vor der Veränderung zu haben, effektiv in der Kontrolle der *polis* mitzuwirken und Unsicherheiten – soziale ebenso wie ökonomische – zu überwinden."

Die größte Herausforderung, der sich unser Land im Rahmen der Erziehung stellt, ist die Frage, wie man die Jugend ausbildet, um sie auf eine Zukunft vorzubereiten, in der der globale Prozess der Modernisierung die verschiedensten Phänomene mit sich bringt:

Auf dem Gebiet der Produktivbeziehungen kommt es zu einer Beschleunigung des Rhythmus der technologischen Veränderungen, und dies erfordert flexiblere Menschen mit einer erweiterten Fertigkeit, sich neuen Situationen anzupassen. Die Globalisierung der Ökonomie und der internationale Wettbewerb fordern, die Wettbewerbsfähigkeit des Landes zu erhöhen durch Menschen, die fähig sind, die Qualität unserer Produkte zu verbessern.

Auf dem Gebiet der Kultur und der Sozialbeziehungen kann man eine Globalisierung der Kommunikation beobachten, eine Sättigung mit Informationen und eine massive Invasion der verbalen Welt durch die Kommunikationsmedien. Alles zielt darauf hin, Traditionen und Bindungen zu schwächen, Identitäten und gemeinsame Symbole zu verwischen. In diesem Sinne, vom Standpunkt der Erziehung aus betrachtet, ist es mehr als früher notwendig, zur Bildung von Menschen beizutragen, die feste moralische Grundsätze haben, mit der Fähigkeit zu differenzieren und Unterschiede zu machen.

Im Politischen zeigt sich die Notwendigkeit einer Demokratie, die auf einer integrierten und partizipativen Sozialordnung basiert. Dies fordert vom Erziehungssystem eine gleichberechtigte Verteilung des Wissens und relevanten Fähigkeiten für die Teilnahme an einer reellen Demokratie.

Die Ausweitung von Wissen und Informationen ohne Grenzen betrifft jeden Aspekt unseres Lebens; so erfordert zum Beispiel die Benutzung eines modernen Telefons das Verständnis einer 15-seitigen Bedienungsanleitung. Die Anforderungen an das Wissen und die Fähigkeiten des modernen Lebens werden immer allgemeiner und abstrakter. Was man von der Erziehung verlangt, ist nicht das Beherrschen von spezifischer Information und Fähigkeiten, die man sich im Arbeitsalltag aneignet, die aber durch den ständigen Technologiewechsel schnell überflüssig werden, sondern unter anderem die Entwicklung von allgemeinen Fähigkeiten der Kommunikation, der Suche und des Verständnisses von Informationen und Problemlösungen, die Lösung von Konflikten und die Anpassung an Veränderungen.

Widmen wir unsere Aufmerksamkeit der Welt der Produktion, so ist immer die Rede von der Beschleunigung des Tempos der technologischen Neuerungen, von Prozessen der Wertsteigerung, die jeweils durch qualifiziertere Menschen (und nicht durch natürliche Ressourcen oder Vorteile durch die geographische Lage) erreicht wird und von der Flexibilität der Organisationen in bezug darauf, dass alles veränderlich ist und zunehmend komplexer wird.

Die Wissensgesellschaft fordert von der Schule, dass sie neue Fähigkeiten entwickelt, was wiederum von ihr auch eine Neukonzeptionierung und Neuorganisation ihres Tuns erfordert.

Das bedeutet, dass man folgendes anerkennt:

a) Enzyklopädismus ist nicht mehr möglich, weil es die Hauptsache ist, auszuwählen und Verständnisschemen zu entwickeln, Investigationsmethoden zu handhaben und unterscheiden und aussondern zu können.

b) Das Gedächtnis ist nicht mehr die Grundfähigkeit, die kultiviert werden muss.

c) Was von der schulischen Erziehung verlangt wird, ist nicht mehr die Handhabung von spezifischen Kenntnissen und Fähigkeiten in bezug auf Berufsbilder.

Die Anforderungen der Bildungsreform

Cristian Cox sagt, „die Arbeit im Klassenraum und die Schulkultur müssen in Richtung der Stärkung des Prozesses laufen, der es jedem Schüler erlaubt, von der Realität, in der er lebt, zu lernen, diese Realität mit neuen Formen zu konstruieren und anzuerkennen, dass sein ganzes Leben eine andauernde Beanspruchung durch das ‚Wachsen an Weisheit‘ (Lernen zu lernen) darstellt. Das wird aber, auch wenn es allgemeine Anforderung im erzieherischen Tun ist, nicht praktiziert. Und ohne Zweifel sind es diese intellektuellen Grundfähigkeiten, die eine effektive Pflichterfüllung in jedem Bereich ebenso sichern wie die Fähigkeit, sich an die durch technologische Veränderungen schnell überflüssig werdenden Kontexte der Arbeitswelt anzupassen." (Cox 2000)

Die Wissensgesellschaft verlangt von der Schule die Entwicklung neuer Fertigkeiten. Was man von der Erziehung fordert, begründet sich in den neuen Produktions-, Kommunikations- und Organisationsformen der Gesellschaft. Es handelt sich somit um die Entwicklung von sehr viel ehrgeizigeren Prozessen als in der Vergangenheit, die schwierig zu vollenden sind, deren Charakter man aber erahnen kann. Sprechen wir beispielhaft vom Ergebnis der Erziehung von Personen mit erweiterten Fähigkeiten wie

- der Abstraktion und dem Aufbau von Wissen,
- einer systemischen Denkweise,
- Experimentieren und Lernen zu lernen,
- zu kommunizieren und gemeinschaftlich zu arbeiten,
- Probleme zu lösen und
- Zweifel auszuhalten und sich an Veränderungen anzupassen.

Diese Fähigkeiten in unseren Schülern zu entwickeln bedeutet, ihnen die Möglichkeit zu geben, in der Zukunft Zugang zu einem besseren Leben zu haben, und zwar immer dann, wenn sie beschließen, ihr eigenes Leben selbst in die Hand zu nehmen. Es bedeutet, ihnen die dafür notwendigen Werkzeuge an die Hand zu geben. In der Tat glaube ich, dass die Entwicklung dieser Fertigkeiten auf allen Niveaus einen Fortschritt auf dem Weg zu jener Gleichheit, die unser Land zum Leben benötigt, darstellen wird.

Das macht es notwendig, dass wir als Lehrer uns mit der Lehre als Anfangspunkt der Entwicklung dieser Fertigkeiten auseinandersetzen und dass uns dies bei der Arbeit in den Klassen zur Gewohnheit wird.

Im Folgenden werde ich diese Fertigkeiten vorstellen und einige meiner Erfahrungen bei ihrer Entwicklung in den Klassen anfügen.

Systemisches Denken

Diese Fertigkeit bezieht sich auf das wachsende Bewusstsein vom systemischen Charakter aller menschlichen Phänomene; es geht darum, das geradlinige Denken (Ursache/Wirkung) zu überwinden und mehr zu einem globaleren Betrachten multikausaler Prozesse und Beziehungen zu gelangen. Es bedeutet, alles in seinem Zusammenhang zu betrachten, ohne Teile davon zu isolieren. Wir können nicht weiter in getrennten Abschnitten denken, in voneinander isolierten Inhalten in dem Sinne, dass man heute das eine Fach lehrt und morgen das andere. Die Realität ist nicht geradlinig, und unsere Erziehung sollte darauf basieren, was die Realität ist. Die ganze Realität ist miteinander verbunden: ein bestimmtes Phänomen ist einmal Ursache und ein anderes Mal Wirkung.

Die Methodologie der Projektarbeit in der Klasse ist besonders geeignet, um die Fertigkeit des systemischen Denkens zu erlernen. Denn diese Methodologie akzeptiert die Realität, wie sie ist – sie führt in sie ein und beginnt sie aus sich selbst heraus kennenzulernen, ohne zu unterteilen oder zu untergliedern.

Ich möchte die Erfahrung mitteilen, die wir im Jahr 2000 in der Arbeit mit dem vierten Grundschuljahr gemacht haben. Das Thema war: „Die Organe unseres Körpers: die Atmungsorgane, die Verdauungsorgane, die Ausscheidungsorgane, der Kreislauf und die Fortpflanzung." Früher lehrte ich jedes Organ wie ein anderes Fach – jetzt, mehr in Zusammenhängen denkend, benutzte ich die Realität, wie sie war. Und wie wir wissen, sind alle Organe miteinander verbunden. Unser Organismus ist ein Ganzes. Jedes Organ hat Einfluss darauf, was in anderen Teilen unseres Körpers geschieht.

Ich beschloss, dass die Schüler alle Organe gleichzeitig bearbeiten sollten und wies jeder Gruppe ein Organ zu. Jede Gruppe musste das ihr zugeteilte Organ studieren, die Informationen lesen, kommentieren, einen Vortrag vorbereiten, Materialien für den Vortrag ausarbeiten und aufzeichnen und schließlich ihre Arbeit der ganzen Klasse vorstellen.

Danach arbeitete die Gruppe wie folgt an der Erstellung von Arbeitsblättern: jede Gruppe erarbeitete Fragen zu ihrem Thema, nach denen sie das Arbeitsblatt zusammenstellten; dieses schrieben sie in den Computer, druckten es aus und verteilten es an alle Mitschüler. Das Arbeitsblatt sollte durch die Gruppen nach folgendem Muster beantwortet werden: zuerst sollten die Fragen und die dazugehörigen Informationen gelesen werden, daraufhin erarbeitet die ganze Gruppe die entsprechende Antwort zuerst mündlich und dann schriftlich. Zum Abschluss wurden die Antworten mit der ganzen Klasse ausgewertet, indem zuerst die Frage und danach die zugehörige Antwort vorgelesen wurde. Hielt man diese nicht für korrekt, so hörten alle die Kommentare, um zur korrekten Antwort zu gelangen. Durch die Arbeit mit den Arbeitsblättern teilten alle die Ergebnisse des Wissens, das in der Gruppenarbeit erarbeitet wurde. So realisierte sich die Arbeit des Wissenserwerbs von allen Teilen des Systems aus, den einzelnen Organen entsprechend, die erst in ihrer Gesamtheit unseren Körper ergeben.

Experimentieren und Lernen zu lernen

Man fordert nicht mehr, nur Informationen weiterzugeben. Der Prozess des Lernens als eine Übertragung von Informationen von einer Person zu einer anderen ist kein erzieherischer Prozess im Dienste der Bedürfnisse der aktuellen Gesellschaft.

Zum ersten hat sich der Zugang zu Informationen durch die modernen Technologien zu einer Selbstverständlichkeit entwickelt, und deshalb ist die Fragestellung eigentlich folgende: Warum investieren wir Jahre um Jahre der Leben der Menschen, die durch unsere Klassen ziehen, darauf, dass sie Information für Information, Inhalt für Inhalt, Fach für Fach auswendig lernen, wenn man mit einigen wenigen „Klicks" im Computer alles abrufen kann, was man benötigt? Die Wahrheit ist natürlich auch, dass wir nicht ins andere Extrem verfallen dürfen und nun nichts Fertiges mehr übergeben: „Wenn man eine Fertigkeit entwickeln will, so geschieht dies auf Grund eines Inhaltes" (Rogers, 1999). Aber es ist notwendig, dass die Grundidee weiterhin die Entwicklung von Fähigkeiten, Kompetenzen und Fertigkeiten ist: dahinein muss die größtmögliche Menge der zur Verfügung stehenden Zeit investiert werden.

Zum zweiten müssen wir uns bewusst machen, dass in der Aktualität der Prozess der Globalisierung und die Entwicklung der Informatik eine Unmenge an Informationen bereitstellen, die ein Lehrer niemals im Klassenzimmer vermitteln könnte.

Zum dritten, vom pädagogischen Standpunkt aus, ist in einer Person, wenn sie nur zum Aufbewahrungsgefäß für Informationen oder verschiedene Inhalte wird, kein wirkliches Lernen erfolgt. Wann aber erfolgt Lernen? Wenn die Person ein aktives Partizip im Aufbau des Wissens ist. Wir könnten auch fragen: Ist Lernen gleich Auswendiglernen? Ich persönlich denke, dass es viel mehr als das ist. Weiter unten werde ich auf mit Hilfe der Theorien und der persönlichen Erfahrungen und Beobachtungen mit meinen Schülern meine eigene Analyse zu diesem so interessanten und für mich leidenschaftlichen Themas „Lernen" vorstellen.

Wenn wir über die Fähigkeit des Experimentierens und des Erlernen des Lernens nachdenken, stellen wir fest, welch großer Unterschied zwischen der Aufnahme eines Konzeptes durch Experimentieren oder durch das einfache Auswendiglernen von Worten besteht. Zum Beispiel die Rotation der Erde: Wir können eine Definition diktieren, die einem Lehrbuch oder auch dem Internet oder einem interaktiven Lexikon entstammt. Wir können aber auch, wie wir es im Jahre 1999 mit den Schülern des dritten Grundschuljahres durchgeführt haben, das ganze mit einer Kugel und einer Taschenlampe darstellen: An einem abgedunkelten Ort befestigen wir die Kugel an einem Faden, wir lassen sie kreisen und beleuchten sie mit der Taschenlampe und bitten die Kinder zu beobachten, was passiert. Durch ihre Beobachtungen erkennen sie zum Beispiel, dass eine Seite der Kugel erleuchtet ist, die andere jedoch nicht. Die Kinder wissen schon, dass der Globus die Erde repräsentiert, also verstehen sie die Dunkelheit als Nacht und das Licht als Tag. Dies ist ein persönliches Experiment. Mit der Unterstützung des Lehrers und durch das Experiment schaffen es die Kinder, das Konzept der Erdrotation zu verstehen.

Kommunikation und gemeinschaftliches Arbeiten

Diese Fertigkeit zielt auf den Erwerb von Wissen durch Gruppenarbeit und soziale Beziehungen ab. Die Entwicklung dieser Fertigkeit im Klassenzimmer ist von verschiedenen Standpunkten aus notwendig.

Erstens ist es heute in der Arbeitswelt eine Grundanforderung für die Produktivität jedes Unternehmens, fähig zu sein, in Teams zu arbeiten und sich effektiv zu verständigen. Die Person, die diese Fertigkeiten entwickelt hat, besitzt somit bessere Voraussetzungen, eine Beschäftigung zu er- und behalten, weil sie selbst einfach eine produktivere menschliche Größe darstellt. Die zugrunde liegende Idee ist die, dass man alleine arbeitend nicht viel erreicht, wenn man aber im Team arbeitet, so kommen von allen anderen auch die Ideen zusammen, was die erwartete Produktion anreichert. Jeder einzelne muss die Fähigkeit besitzen, vom anderen zu lernen. Ein Beispiel dafür ist ein Plakat der Modefirma Falabella: „Wir wollen weniger Ich und mehr Wir."

Zum zweiten zeigen uns in diesem Moment die Lerntheorien, dass im Prozess des Lehrens und Lernens die soziale Interaktion eine zentrale Rolle spielt, sowohl zwischen den Schülern als auch zwischen Lehrer und Schüler: „Wir glauben, dass es nicht möglich ist, das Lernen an Hand dieser Prozesse zu erklären." Es existiert eine Struktur des Lernens, des kooperativen Lernens, die es erlaubt, die interaktiven Prozesse zum Nutzen der Schüler auszubauen. Die Interaktion schafft den Kern der Aktivität, und so konstruiert sich das entstehende Wissen – oder besser gesagt, es ko-konstruiert sich; das bedeutet: es entsteht in der Gemeinschaft, weil es eine Interaktion zwischen zwei oder mehr Personen gibt, die an diesem Prozess teilnehmen.

Die Personen lösen, wenn sie mit den typisch Piagetschen Aufgaben konfrontiert werden, die operativen Aufgaben besser, wenn man sie ihnen als Gruppenaufgabe stellt– allerdings nur dann, wenn im Falle, dass nicht alle Mitglieder der Gruppe die gleiche Meinung haben, es nicht zu einer Situation der Unterordnung der Angehörigen des Teams unter einen einzelnen kommt, der seine Meinung dann durchsetzt. Außer in diesen zwei Situationen provozieren die Gemeinschaftsarbeiten die Notwendigkeit, sich mit divergierenden Ansichten zu ein und demselben Thema kooperativ auseinanderzusetzen, was natürlich auch abweichende Denkmuster ermöglicht. Dies übersetzt sich in einen soziokognitiven Konflikt, welcher die existierenden intellektuellen Strukturen und Kräfte zu einer Umstrukturierung anregt und so einem intellektuellen Prozess Raum gibt.

In den Arbeiten Wygotskis (1934–1935) und seiner Anhänger geht es um den sozialen Ursprung der Intelligenz. Sie bestätigen, dass jede übergeordnete Funktion sich immer im interpersonellen und danach im intrapersonellen manifestiert. Dies geschieht durch den Prozess der Internalisierung, in welchem die Sprache eine fundamentale Rolle einnimmt.

Zu Beginn der individuellen Entwicklung sind das Verhalten und die kognitiven Prozesse des Kindes durch einen Erwachsenen oder eine kompetentere Person bestimmt, doch nach und nach erwirbt das Kind die Fähigkeit, die Funktion, die dieser Erwachsene ausübt, selbst einzunehmen und das eigene Verhalten selbst zu regulieren. So ist es zum Beispiel normal, in einem Klassenraum der Vorschulerziehung eine Aktivität mit folgenden Anweisungen zu erleben. Der Erzieher dirigiert die Schüler wie folgt: „um ein schönes Bild zu malen, musst du zuerst das Papier richtig hinlegen; denke darüber nach, was Du malen wirst, wähle den Stift aus, den Du benötigst …" Beobachten wir eine höhere Klasse der Grundschule, dann ist es sehr einfach, den Unterschied im Niveau der Autonomie herauszufinden, die die Schüler in ihrem Arbeiten haben. Es scheint, als ob all das, was vorher der Lehrer zu ihnen sagte, sie sich jetzt selbst durch eine innere Stimme vermitteln.

Genau aus dem Rahmen dieser soziohistorischen Konzeption kommt die Idee der „Zone der nächsten Entwicklung" im Bezug auf die Unterschiede im Anforderungsgrad der Aufgaben, die das Kind mit Hilfe der Erwachsenen oder anderen kompetenten Personen (Klassenkameraden) realisieren kann, und dem Anforderungsgrad der Aufgaben, die es unabhängig realisieren kann. So realisiert das Kind in einem Moment bestimmte Aufgaben unter Mitwirkung des Erwachsenen. Danach hat es sich dessen Verhalten in einem interpsychologischen Kontext eingeprägt und erreicht so eine Selbstregulierung im intrapsychologischen Kontext. Vom Standpunkt dieser Theorie aus bedeutet das, dass sich der Schritt der Fremdsteuerung in momentanen Prozessen der Interaktion in Lernsituationen zur Selbststeuerung durch die innere Sprache vollzieht, welches einen Fortschritt in der Entwicklung darstellt.

Seinen Mitschülern etwas zu erklären, ist ein wichtiger Zwischenschritt zwischen der Situation, in der man durch die Aufnahme der Sprache eines anderen dirigiert wird, und dem Dirigieren des eigenen produktiven Prozesses durch die eigene innere Stimme. Für den Schüler, der als Tutor andere unterstützt, besteht der Fortschritt in der Tatsache, dass er seine Gedanken ordnen muss, um entsprechende Anweisungen geben zu können. Nach der Wygotskischen Theorie werden durch den Schritt vom Denken zur Sprache Schlussfolgerungsvermögen und Verständnis verbessert.

Problemlösung

Diese Fertigkeit bedeutet, sich den Herausforderungen, welche die Welt an uns stellt, zu öffnen und vorbereitet zu sein, persönliche und soziale Veränderungen anzunehmen. Diese Fertigkeit in der Schule zu entwickeln bedeutet, jede Situation, die die Realität bietet, zu nutzen. So zum Beispiel haben im Jahr 2000 die Schuler des vierten Grundschuljahres beschlossen, eine Studienfahrt zu unternehmen. Dafür mussten sie Geld beschaffen. Die Eltern beschlossen, Empanadas [Teigtaschen] zu verkaufen. Eines Tages kam die Mutter von Diego Morales mit einem Karton voll Empanadas. Sie brachte 157 Empanadas. Die Schüler anderer Kurse hatten 67 bestellt, die Lehrer 35, die Frau von gegenüber 5 und die Eltern derselben Klasse 42.

Die Realität dieser Zahlen verwandelte die Klasse in eine Quelle mathematischer Probleme, mit einer hundertprozentigen Wirklichkeitsnähe – und mit einem Sinn für die Schüler.

Jede Empanada wurde für 250 Pesos (ca. 0,5 Euro) verkauft. Einige der Fragen, die auftauchten, waren folgende: Wieviel Geld musste jeder der Verantwortlichen erhalten? Wieviel Geld mussten alle Verantwortlichen zusammen erhalten? Wieviele Empanadas mussten übrig bleiben? Und was würden wir mit diesen tun? Die Antworten darauf suchten wir in einem Brainstorming, woraus dann die Lösungen ausgewählt wurden.

Jede noch so alltägliche Situation in der Schule kann als Möglichkeit zum Entwickeln der Fertigkeit der Problemlösung genutzt werden. Es können Situationen sein, in denen alle vier Rechenoperationen genutzt werden, oder aber auch so einfache Situationen wie die aus dem Jahre 2001 mit dem ersten Grundschuljahr. Sie hatten die Aufgabe erhalten, aus der Zeitung zehnmal den Buchstagen „e" auszuschneiden. Die Kinder kamen mit einem Teil der geforderten Aufgabe zur Lehrerin und es galt herauszufinden, wieviele man schon ausgeschnitten hatte und wieviele noch fehlten. Für Kinder in der ersten Woche der ersten Klasse handelt es sich hierbei durchaus um ein adäquates Problem. Die Lösung des Problems fördert die Entwicklung der Fertigkeit zu addieren und zu substrahieren.

Zweifel beherrschen und sich Veränderungen anpassen

Dies bezieht sich auf die Fähigkeit, sich zu orientieren und sich den Zweifeln in einer sich ständig verändernden Welt zu stellen.

Ich persönlich bin mit dem Begriff der „Adaption" nicht einverstanden. Ich finde, dass dieses Wort genau das Gegenteil vom Hintergrund dieser Fähigkeit aussagt. Wenn ich mich an etwas Neues anpasse, so bedeutet dies, dass dieses Neue keine weiteren Veränderungen erfährt, d. h. ich habe mich angepasst, alles ist in Ordnung, nichts ändert sich mehr. Es ist, als ob sich eine Struktur bilden würde und so bliebe, unbeweglich und ohne die Möglichkeit oder auch nur die Notwendigkeit, sich zu verändern. Ohne Zweifel ist das Konzept, das sich dahinter verbirgt, dass wir trotz ständiger Wechsel immer in einem Prozessen der Gleichgewichtsfindung sind. Ich würde diese Fähigkeit lieber anders nennen: „sich den Zweifeln stellen und die Veränderungen zu leben".

Es ist notwendig, dass wir in unserer Arbeit als Dozenten immer die Probleme, der sich unsere Gesellschaft und unser Planet stellen müssen, wie z. B. die Umweltverschmutzung, das Wasser als Rohstoff oder die Überbevölkerung etc., mit einbeziehen.

Wenn die Schüler an den Entscheidungen, die in der Klasse getroffen werden teilnehmen, entwickeln wir die Fähigkeit, uns Zweifeln zu stellen. Wie entwickelt man diese Fähigkeit in der Klasse? Ich empfehle dafür folgende Aktivitäten: den Unterricht von Fremdsprachen, die pädagogische Arbeit mit der Informatik und Klassenprojekte als Arbeitsmethodologie.

Die Arbeit mit dem Computer zeigt am deutlichsten die Veränderungen, die wir in unserer Arbeit bewältigen müssen. Wenn man z. B. mit dem Internet arbeitet, so surfen die Schüler buchstäblich durch das Wissen. Mit einem „Mausklick" springen sie von einem Inhalt zum nächsten. Der Computer bedeutet einen technologischen Fortschritt, an welchem man sehr deutlich die Geschwindigkeit der Veränderungen sieht. Ein Computer der neusten Generation hört bereits auf, neu zu sein, wenn er gerade erst in die Schaufenster gekommen ist. Die Geschwindigkeit der Fortschritte ist beeindruckend. Unseren Jungen und Mädchen müssen wir nur das Grundwissen der Informatik vermitteln, und den Rest erwerben sie selbständig.

Im Bezug dazu möchte ich die Erfahrung stellen, die ich mit der Klasse gemacht habe, mit der ich vier Jahre arbeitete. Im ersten Jahr gingen wir zusammen in unser einfaches Computerkabinett, wo es nicht einmal drei Computer mit einer eigenen Festplatte gab, später schenkte man uns modernere Computer, aber ohne Multimedia-Bausteine, und zuletzt, im August 2000, bekamen wir Computer durch das Projekt Enlaces. Die Klasse arbeitete mit allen diesen Computern. Es wurde Dezember 2000, und noch immer arbeiteten wir nicht mit dem Internet, da wir uns intensiv mit dem Herausgeben einer Zeitschrift mit Texten der Schüler beschäftigten. In den letzten Unterrichtsstunden der vierten Klasse sagten mir die Kleinen, dass ich ihnen zeigen sollte, wie man mit dem Internet arbeitet. Im Stundenplan gab es nur sehr wenig Zeit, deshalb mussten sie außerhalb des regulären Unterrichts kommen. Es bedurfte nur einer Unterrichtsstunde und die ganze Klasse begann zu surfen. Von nun an war es kaum möglich, sie zu bremsen. Sie begannen Websites über die Inhalte zu suchen, die sie in der Schule behandelt hatten, sowie erweiternde Informationen. Ich beobachtete sie und sah mit meinen eigenen Augen, dass diese Kinder keiner Lehrerin mehr bedurften, die ihnen Wissensinhalte vermittelte, sie fanden diese jetzt selbst. Und wenn sie ein Thema fanden, das sie interessierte, so konnte man die Kommentare und Wertschätzungen über das hören, was sie gerade sahen und lasen. Als ich sie so sah, dachte ich, wie fundamental ist die Entwicklung von Fertigkeiten, ohne die Zeit überzugewichten, der ihre Vermittlung bedarf. Wenn ein Kind eine ausgebildete Fertigkeit besitzt, so wird diese zu seinem oder ihrem Kapital und führt so zu Veränderungen in seinem oder ihrem Leben.

Ich erinnere mich, als die zweite Generation der Computer an unsere Schule kam, saßen die Schüler ihnen gegenüber, und ohne jemals mit einer Maus gearbeitet zu haben, nahmen sie diese in die Hand und benutzten sie. Die Unternehmer, die uns die Computer geschenkt hatten, waren beeindruckt von diesem Geschehen, und ich war sehr glücklich.

Wie ich schon erwähnte, ist die Methodologie des Klassenprojektes eine Möglichkeit, die Fähigkeit, „sich Zweifeln zu stellen und Veränderungen zu leben", entscheidend weiterzuentwickeln. Diese sieht den Schüler nicht als ein leeres Wesen, das in die Schule geht, sondern im Gegenteil: sie sieht ihn als Subjekt mit einer Gesamtheit an kognitiven Strukturen und Erfahrungen in allen Bereichen. Diese Methodologie erlaubt es ebenso, den Schülern Möglichkeiten anzubieten, um sich mit verschiedenen Erfahrungen, Realitäten, Situationen in Verbindung zu bringen. Daneben arbeitet man im Klassenzimmer, um diese Erfahrungen zu strukturieren und die Lernerfahrung zu ordnen.
Ideal ist es, wenn das Klassenprojekt aus den Interessen der Schüler geboren wird. Dies bedeutet, dass der kognitive Konflikt, der bearbeitet wird, für sie von Bedeutung ist und die Aktivität bei den Schülern deshalb viel Interesse und eine hohe Motivation hervorruft. Diese Methodologie erlaubt auch eine größere Flexibilität, da das Geplante durchaus Veränderungen unterliegen kann, je nachdem, was während der Umsetzung der Ideen geschieht.

Deshalb ist es bei den Klassenprojekten die aktive Teilnahme der Schüler sehr wichtig, d. h. zu beachten, was sie wollen. Man spricht mit ihnen, und sie sind die Hauptakteure, wenn Entscheidungen getroffen werden müssen. Außerdem fördert diese Methodologie die gemeinschaftliche Arbeit und die Erstellung eines Ergebnisses. So begünstigt es auch den Lernprozess durch die Wertschätzung des soziokognitiven Konflikten unter Peers (Konfrontation, Hilfen, Meinungsverschiedenheiten).

Einblicke in den Lerntheorien

Als ich in einer Landschule in der Gemeinde Hijuelas arbeite, begann ich intensiver darüber nachzudenken, was Lernen bedeutet. Es gab dort viel Wasser und grüne Vegetation. In der Nähe der Schule floss der Fluss Aconcagua, und es gab auch viele Gräben und Kanäle. In dieser wundervollen Landschaft trafen sich oft meine Schüler und ich.

Als ich die Unterschiede in der Qualität und Schnelligkeit des Lernens zwischen den Jungen und Mädchen in meinem Kurs beobachtete, kam mir ein Bild vor Augen, welches mir half, zu verstehen, was mit meinen Schülern passierte.

Ich sah mich mit meinen Schülern auf dem Land und uns gegenüber einen mit Wasser gefüllten Kanal, welchen wir überqueren mussten. Unter den Kindern gabe es viele, die sich an das Ufer des Kanals stellten und ruhig über ihn hinüber sprangen, andere mussten zurück gehen, um genügend Schwung zu haben und sprangen schließlich mit Anlauf über den Kanal. Andere rannten und sprangen, als ich sie auf der anderen Seite des Kanales erwartete und ihnen helfend die Hand reichen konnte. Andere wiederum standen am Ufer und streckten ihre Hände aus, ich streckte meine ihnen entgegen, nahm ihre Hände, und die Kinder sprangen, meine Hand sehr fest haltend, und erreichten das andere Ufer. Und bei einer anderen Gruppe stellte ich mich neben das Kind, nahm seine Hand, suchte seine Mutter, damit sie die andere Hand nähme, und wir sprangen zu dritt. Andere Male sprangen das Kind und ich Hand in Hand. Wenn wir mehr Hilfe brauchten und die Mutter war nicht erreichbar, so stellte sich ein Klassenkamerad oder eine Klassenkameradin auf die andere Seite, und wir fassten uns an, um am Ende springen zu können.

Das wichtige war, dass es allen Mädchen und Jungen gelang, den Kanal zu überqueren, weil alle es konnten – alle konnten lernen. Über den Kanal zu springen bedeutete für mich, fähig zu sein zu lernen. Und so dachte ich weiter, dass nicht die Charakteristiken der Entwicklung oder das Intelligenzniveaus entscheidend waren oder auch Schwierigkeiten beim Lernen. Ich wusste, dass wenn der Junge oder das Mädchen mit der notwendigen Unterstützung rechnen konnten und motiviert waren, dann konnten sie springen, d. h. sie konnten lernen.

Bei dieser Vorstellung ignorierte ich alle Lerntheorien. Ich hatte noch niemals von Wygotskis „Zone der nächstliegenden Entwicklung" sprechen hören. Es waren meine Ideen und Intuitionen, auf meinen Beobachtungen der Realität basierend, nicht mehr und nicht weniger.

Lernen: Welch ein Wort! Wieviel Zeit habe ich wohl damit verbracht, meine Schüler zu betrachten und mich zu fragen, was wohl in ihren kleinen Köpfen vor sich geht? Was geschah bei den Schülern, die fähig waren, sehr schnell zu lernen, ebenso wie diese Kinder, die sich an das Kanalufer stellten und mit einem Satz und Spaß dabei den Kanal übersprangen? Und was geschah bei denen, die sich noch so sehr anstrengen konnten, es aber nicht schafften zu lernen, als wäre ihr Geist blockiert? Was müsste geschehen, damit sich ihr Geist öffnete und sie das Gewünschte lernen könnten? Immer betrachtete ich sie, immer beobachtete ich sie und wollte wissen, was sie dachten, weil ich ihnen helfen wollte.

Im Jahre 1999 machte ich folgende Reflexion: seit 10 Jahren unterrichte ich, ohne zu bemerken, dass ich immer versuchte, diese Bedeutung zu erkennen. Immer waren in meinem Kopf folgende Fragen: was geht im Kopf dieser Jungen und Mädchen vor? Und warum lernen einige so schnell und andere nicht?

Neun der zehn Jahre, die ich unterrichte, habe ich in Landschulen gearbeitet. Dort sind die Bedingungen nicht die besten, damit es zu „Veränderungen und Neuschaffung von Strukturen" kommt. Aus diesem Grund fühlte ich mich für das Wissen, das meine Schüler sich aneigneten oder auch nicht, verantwortlich. Es war notwendig, die Bedingungen zu schaffen, die ihnen ihre Umwelt verweigerte. Aber für mich war nicht alles klar, und die Frage bestand weiter: Was geht in diesem Kopf vor? Wenn ich heute an die Lerntheorie von Piaget denke, an den kognitiven Konflikt oder die „Zone der nächstliegenden Entwicklung" von Wygotski oder Ausubel, dann haben diese Konzepte jetzt für mich einem Sinn bekommen.

Der Konstruktivismus Piagets

Meine Suche trieb mich an, eine Antwort auf die Frage zu finden, wie meine Schüler lernen. Was darüber an Theorien existiert, ist meinen eigenen Erfahrungen als Lernende und Vermittlerin von Lernprozessen an meine Schüler sehr nahe. Ich gehe von den Theorien Piagets aus, wie er erklärt, was im Kopf eines lernenden Subjektes vor sich geht.

Der Prozess des Lernens im Konstruktivismus Piagets artikuliert sich durch zwei untrennbare Mechanismen: die Assimilation und die Akkommodation. Was bedeutet die Assimilation in der Theorie Piagets? Es ist der Prozess, durch den ein Objekt, d. h. eine neue Information, in eine schon existierende kognitive Struktur aufgenommen wird, der im Moment der Konfrontation des Subjektes mit dieser Information ausgelöst wird und sich durch die Aufnahme verändert. Eine neue Information kann über eine aufnehmende Struktur „eingearbeitet" werden, aber nur wenn die aufnehmende Struktur bereit ist, sie anzunehmen.

Jetzt kann es aber vorkommen, dass die auf die Schnelle mobilisierten Strukturen nicht die adäquaten sind, um die Information zu bearbeiten. In diesem Fall gibt es das, was Piaget einen „kognitiven Konflikt" nennt, eine Störung der angesprochenen Strukturen, welche das Subjekt versuchen wird zu lösen. Dies kann auf zwei Wegen geschehen: durch die Nutzung von Strategien, die es am Ende erlauben, den Konflikt unter Intakthaltung der Anfangsstrukturen zu lösen, oder durch Umstrukturierung der Anfangsstrukturen in Strukturen, die es erlauben, die zu Anfang inkompatible Information aufzunehmen. Das letztere nennt man „Akkommodation". Geschieht dies, kann man von Lernen sprechen.

Für Piaget sind die Akkommodation und die Assimilation zwei untrennbare Aspekte des Gleichgewichtes, ein dynamischer Prozess der Anpassung des Subjektes an seine Umwelt. Wir Verstehen unter der Schaffung des Gleichgewichts, dass die Anpassung notwendigerweise durch ein Gleichgewicht zwischen diesen beiden Subprozessen der Akkommodation und der Assimilation erfolgt. Es kann keine Anpassung geben, wenn einer dieser beiden Prozesse abwesend ist. Der Prozess des Lernens ist nicht nur, was im Kopf der Person geschieht, ohne Verbindung mit der Umwelt. Im Gegenteil, erst das Subjekt in seinen Beziehungen zu seiner sozialen und kulturellen Umwelt wird zu einem lernenden Subjekt. In diesem Punkt hat das soziohistorischen Paradigma einen wichtigen Stellenwert in meinem Verständnis des Lernens.

Vom soziohistorischen Paradigma aus betrachtet, vertritt Wygotski die Auffassung, dass man die kognitive Entwicklung nicht wirklich ohne die Beachtung des sozialen Umfeldes des Lernenden verstehen kann. Die Entwicklung ist stark durch die sozialen Institutionen beeinflusst, welche die Kultur produzieren (Schule, Staat etc.) und die Werkzeuge, derer diese sich bedienen, wie z. B. die Sprache oder die Technologie. Das Wissen, einmal als Produkt und zum anderen als Prozess, ist vor allem sozialer Natur. Zum einen sind seine Inhalte sozial entstanden, zum anderen trägt es zur Beziehungsaufnahme des Subjektes mit anderen bei, d. h. lässt es Teil der Gesellschaft werden.

Den Mechanismus der kognitiven Entwicklung respektierend, unterstreicht Wygotski die zentrale Rolle der anderen, die mit dem Subjekt in Interaktion stehen (im Fall der Kinder z. B. die Eltern oder die Lehrer) und die Rolle dessen, was er als „Zone der nächstliegenden Entwicklung" bezeichnet. Diese ist begrenzt auf der einen Seite durch die schwierigste Aufgabe, die das Subjekt alleine ohne Hilfe ausführen kann, und auf der anderen Seite durch die schwierigste Aufgabe, die das Subjekt mit der Hilfe anderer ausführen kann. Mit anderen Worten, die Intelligenz kann sich entwickeln, wenn zum einen das Subjekt in Kontakt mit seinem sozialen Umfeld steht, das ihm die Hilfe zukommen lassen kann, die es benötigt, und zum anderen, wenn das Subjekt bereit ist, diese Hilfe anzunehmen (Bourgeois 1999).

Das Paradigma des soziokognitiven Konfliktes
Das Paradigma des soziokognitiven Konfliktes stellt das wesentliche der Stadien der kognitiven Entwicklung dar. Er gewährt dem kognitiven Konflikt und den Mechanismen der Assimilation und der Akkommodation die zentrale Bedeutung, um die Transformationen der kognitiven Strukturen von einem Stadium zum anderen zu erklären.

Wygotski weist den sozialen Interaktionen eine zentrale Funktion als Motor der kognitiven Entwicklung zu. Die Grundfrage dieses Paradigmas lautet: welches sind die Bedingungen und welche Modalitäten begünstigen die sozialen Interaktionen des Lernens als Beherrschung der kognitiven Entwicklung, d. h. als Aufbau eigener, höher entwickelter kognitiver Strukturen. Dieses Paradigma bezieht sich besonders auf die Notsituationen des kognitiven Konfliktes in der sozialen Interaktion und die Modalitäten der Konfliktregulierung in diesem Rahmen.

Das sinnstiftende Lernen
Davon ausgehend, dass Lernen sinnstiftend ist, möchte ich sagen, dass dieser Prozess es nur ist, wenn er für das Subjekt, welches lernt, durchführbar ist, oder wenn es ihm gelingt, über die Aktivitäten, die man ihm anbietet, kognitive Strukturen zu aktivieren und eine Verbindung mit schon erfahrenem Wissen, Erfahrungen, Fähigkeiten, Fertigkeiten etc. herzustellen. Damit dies möglich ist, muss die Aktivität einen Sinn haben, d. h. eine Bedeutung und einen klaren und deutlichen Zweck für das lernende Subjekt. Außerdem muss die Aktivität in Beziehung zu authentischen Situationen stehen.

So besitzt die Entwicklung von Fähig- und Fertigkeiten durch den Schüler einen Sinn für ihn. Die Fähigkeit definiert sich als: eine Sache machen können, d. h. die Eignung zu haben, sie zu tun. Die Begriffe „Eignung" und „Geschicklichkeit" sind dem Begriff der Fähigkeit verwandt. Es ist ein Kapital, das man schon mit seiner Geburt besitzt, aber das sich auch von einer Form zur anderen durch die Interaktionen mit der Umwelt weiterentwickelt. Die beste Art, eine Fähigkeit zu stärken, ist zu erlernen, sie in den verschiedensten Zusammenhängen auszuüben. Die Charakteristiken einer Fähigkeit sind ihre Transversalität, sich weiter entwickeln zu können und sich zu verändern, und ihre nicht-Bewertbarkeit.
Die Kompetenz bringt für den Schüler den Sinn. D. h. verschiedene Standpunkte, Weisheiten, Erfahrungen, Schemata, Automatismen, Fähigkeiten des „Gewusst wie" verschiedenster Arten

etc. – werden durch den Schüler in bezug auf einen Wissenserwerb, eine Aktion, die Lösung eines Problemes mobilisiert, das sich im Schulalltag oder im Alltagsleben präsentiert hat, was aber auf jeden Fall für den Schüler eine Bedeutung hat. Die Kompetenzen sind wiederum eine andere Art, Wissen und Fähigkeiten in einem bestimmten, gegebenen Moment zu integrieren. Die Entwicklung von Kompetenzen hat als Grundgedanken, den Schüler zum „wiederholten Investieren" durch Wissenserwerb in bedeutsamen Situationen zu bewegen.

Definition des Lernens
In bezug auf die dargestellten Reflexionen und im Rahmen der dargestellten Theorien würde ich den Lernprozess wie folgt definieren: „Ein attribuierbarer Prozess der Gestaltung und Transformation von kognitiven Strukturen, die die Repräsentation und das persönliche Verständnis der Realität von erlebten Erfahrungen im Kontakt mit dem Konkreten und Reellen, in Interaktionen mit Orten, Personen, Mitteln, Materialien, Diskursen etc. erlauben, d. h. durch Erfahrungen im direkten und konkreten Kontakt mit verschiedenen existierenden Realitäten.

Im Prozess der Transformation spielt die Aktivierung von Strukturen eine Schlüsselrolle. Eine Struktur wird dann aktiviert, wenn eine Verbindung zu dem neu Erlernten hergestellt werden kann. Um z. B. eine neue Kompetenz zu entwickeln, muss man eine Verbindung zu schon existierendem Wissen, Fähigkeiten und anderen Kompetenzen etablieren. In der Praxis wird eine Struktur dann aktiviert, wenn die Aktivität für das Kind einen Sinn ergibt." (Tapia 1999)

Literatur:

1. Bourgeois, E. (o.J.), „Breve resumen de las teorías del aprendizaje" [Kurze Zusammenfassung der Lerntheorien] (Freie Übersetzung von Juana Suárez und María Angélica Rodríguez aus „L'apprentissage de adultos en formation. Résumé des théories de l'apprentissage"), Université Catolique de Louvain, Belgique (vervielf. Manuskript).
2. Bourgeois, E. (1999), „Los modelos teóricos del aprendizaje" [Die theoretischen Modelle des Lernens], ein Text des Seminario sobre Psicologia del Aprendizaje, Santiago de Chile, CIDE (vervielf. Manuskript).
3. Cox, Cristian (1997) und (2000)
4. Roegiers, Xavier (1998), „Saberes, capacidades, y competencias en la escuela: una búsqueda de sentido" [Wissen, Kapazitäten und Kompetenzen in der Schule: eine Sinnsuche], (freie Übersetzung durch Magdalena Paz aus „Savoirs, capacités et compétences l'école: une quéte de sens"), Article Forum, BIEF/Départament des Sciences de l'Education de l'Universitá Catholique de Louvain (vervielf. Manuskript)).
5. Tapia, Nancy (1999), Louvain, Bélgica.
6. Walqui, A. und Galdames, V., (1997), „Algunos aportes sobre la enseñanza y el aprendizaje del lenguaje y la comunicació" [Einige Bemerkungen über das Unterrichten und Erlernen von Sprache und Kommunikation].

Abschließende Evaluierung der Pasantía 2002

Helga Patricia Concha Guaitiao

„Sentipensante" – Protokoll des Tages danach

Gerade jetzt, wo mein Land eine große Polemik zur Legalisierung der „Pille danach" erlebt, in diesem Winkel der Welt, wo die Zensur Hand in Hand mit der „Selbstzensur" geht, wo es noch immer keine klare Rechtsprechung zum Thema Ehescheidung und Abtreibung gibt, wo Sexualität noch ein Tabuthema ist – gerade jetzt erscheinen mir diese und viele andere Themen unendlich fremd, kehre ich doch gerade aus einer Welt zurück, in der eher metakognitive Übungen des Nachdenkens über die eigenen Gedanken und Erfahrungen unseren Alltag erfüllt, in der wir von einer anderen Kultur her gedacht und Erlebnisse verarbeitet haben. Wir haben uns im übertragenen Sinne in Landschaften bewegt, in denen so viele Mauern gefallen sind und wir gemeinsam neue Räume konstruiert und alte Gebäude restauriert haben.

Tausende Kilometer von der Heimat entfernt, aber trotz dieser Distanz fällt es noch immer schwer, sich von den Ängsten und Bedrohungen der Vergangenheit zu lösen. „Wir sind das Ergebnis der familiären und schulischen Erziehung in einer Diktatur", sagen die einen. Und die anderen meinen: „Wir haben den Komplex, ein Entwicklungsland zu sein" oder „Wir haben keine eigene nationale Identität" – so fragwürdig dieses Konzept einer „nationalen Identität" auch sein mag, denn wir wissen, dass es ein gefährlicher Nährboden für Diskriminierung ist.

Es lässt sich nicht leugnen, dass diese Erfahrung, die schon zehn Jahre zurück liegt, uns belastet, wenn wir jeden Tag in den Klassenräumen und Begegnungsstätten mit Kindern und Jugendlichen umgehen. Sie beeinflusst unsere Fähigkeit, erhobenen Blickes unsere Meinung zu äußern, die Art und Weise, wie wir uns in offenen Räumen bewegen, die Tendenz, immer am Rande eines Ganges oder Raumes zu gehen, die Plätze in der ersten Reihe zu meiden und uns auf die hintersten Stühle zu setzen, so als würden wir vor jemandem flüchten. Sie zeigt sich auch darin, dass wir wütend reagieren, wenn jemand offen von unserer Meinung abweicht, und in dem Suchen nach schnellen Ausreden, die wir ausstreuen, um uns im nachhinein zu „rächen", da wir in der Diskussion selbst nicht fähig waren, dagegen zu argumentieren. Die Schwierigkeit, Situationen in individueller Form zu begegnen, und der Rückzug in die Anonymität der Gruppe zeigen, was uns wirklich vor der Verantwortungsübernahme gegenüber unseren Taten fliehen lässt … Das drückt sich auch in der Angst aus, dem Chef zu widersprechen, weil wir wissen, dass er uns auf Grund des Arbeitsvertrages in der Hand hat … Diese Vielzahl von bewussten oder unbewussten Taten führt ohne Zweifel zu einer kollektiven „Selbstzensur".

So viele Kilometer entfernt entdecken wir, dass unsere Geschichte uns verfolgen wird, wohin wir auch gehen, und dass nur wir selbst dafür verantwortlich sind, die Geschichte unserer Kinder und Enkel zu konstruieren … Auch die negativen Merkmale einer Gesellschaft sind nicht das Ergebnis von Zufällen, sondern werden von den Menschen gemacht. Beispiele dafür sind die Zurückweisung eines anderen, weil er eine andere Hautfarbe hat; die Flucht in den Alkohol

Helga Patricia Concha Guaitiao ist Lehrerin und nahm im Jahr 2000 an derPasantía teil.

und/oder Drogen; die fehlenden Arbeitsplätze und die großen sozialen Unterschiede; die Entscheidung, in „Kriegszeiten" auf den Gegner zu schießen, um die Heimat zu retten, anstatt die menschliche Intelligenz einzusetzen, um Konflikte oder Unterschiede zu lösen; die Ungleichheit in der Erziehung, wo die mit dem meisten Geld die besten Entwicklungsmöglichkeiten haben und die besten Resultate erzielen, um später auf die Universität zu gehen. Auf diese Weise wird der Kreislauf immer deutlicher: Hast du Geld, dann kannst du eine Ausbildung erhalten; hast du keines, dann musst du arbeiten oder wirst ein Teil der Gruppe der Arbeitslosen. Die jüngste Statistik zeigt, dass 75 % der Schüler mit den höchsten Punktzahlen, die Zugang zum höheren Bildungsweg haben, aus privaten Schulen kommen.

Es ist deshalb dringend notwendig, die Fähigkeiten der Menschen zu fördern, sich bewusst und verantwortlich für das Zusammenleben aller einzusetzen. Das hat aber nur dann einen Sinn, wenn wir realistisch und nicht pessimistisch auf unsere Umwelt schauen und bereit sind, diese Aufgaben für uns zu entdecken und zu verbessern.

Die Unternehmen suchen „kompetente und effiziente" Individuen, und das ist die Erwartung, die man an die Schule stellt – im Gegensatz zur gesellschaftlichen Wirklichkeit. Wir wissen natürlich, dass nicht alle dieses geforderte Niveau erreichen können, und zwar aus den verschiedensten Gründen: gegenüber von meinem Haus lebt ein Kind, das blind geboren wurde; weiter hinten wohnt eine Nachbarin, die schizophren ist; ein Kind aus der Klasse hat epileptische Anfälle in bestimmten Abständen und kann deshalb nicht so gut lernen. Diego zum Beispiel ist ein Kind mit Down-Syndrom, und auch wenn er unheimlich herzlich und ein guter Freund ist, so reicht das doch nicht aus, um in dieser Gesellschaft der effizienten und wettbewerbsorientierten Bürger Fuß zu fassen. Das ist die Realität, denn in einem sich globalisierenden System treten diese Merkmale immer stärker hervor und können sogar dazu führen, dass wir es vorziehen, all das nicht zu sehen oder es zu ignorieren.

Um so mehr muss die Schule eine eigene Schulkultur schaffen, in der Partizipation nicht nur auf dem Papier stehen darf, sondern wirklich gelebt wird. In der man spürt, dass Verschiedenheit etwas ganz Alltägliches ist und nichts mit dem Chaos und der Anarchie zu tun hat, die so viele fürchten. Wir müssen die Schaffung einer stimmigen Schulkultur gewährleisten, in der man lebt, was man sagt, wo Versprechen eingehalten werden, wo das ersehnte Ziel erreicht wird, dass die Schule eigentlich anstrebt: „…die umfassende Entwicklung aller Personen in dem Sinne, dass sie ihre Verschiedenheit akzeptiert und fördert und sie zur aktiven Teilnahme entsprechend ihrem Alter und ihrer Reife befähigt, zu einem Miteinander, das von Wahrheit, Gerechtigkeit und Frieden bestimmt wird" (*Revista de Educación, Ministerio de Educación* 1996).

Heute ruft die chilenische Regierung dazu auf, diese neue Kultur zu schaffen, und dieses Ziel soll mit Programmen wie den folgenden erreicht werden: „Schulen für alle", Curriculumentwicklung für Grundschule und Sekundarschule, Programm zur Verbesserung von Gleichheit und Qualität in der Erziehung, „Plan der 900 Schulen" (eine der ältesten Initiativen), Pasantías im Ausland als Bestandteil der Lehrerweiterbildung, Arbeitsgruppen (GPT) zur Studienplanreform, die auch die Erarbeitung besserer Arbeitsmethodologien gemeinsam mit den Jugendlichen in den verschiedenen Fächern einschließen, und als letzte Neuerung die Einführung von Schülerbeiräten.

Es gibt viele Alternativen, um an diesen Veränderungen der „Schulkultur" mitzuwirken, aber grundsätzlich gilt es, eine Lehrkultur der permanenten Reflexion/Aktion zu entwickeln, die ihre Stimmigkeit in ihrem erzieherischen Tun findet. Es geht um die Erfindung einer neuen Schule, einer neuen Öffentlichkeit, einer besseren Gesellschaft. Es geht um Mitwirkung bei der Entwicklung eines friedlichen Miteinanders als einer der »Querschnittsaufgaben« der Erziehung. Es gibt Beiträge, die deutlich machen, wie problematisch die Indifferenz gegenüber sozialen Themen ist – zum Beispiel gegenüber der Gewalt, die schließlich nicht einfach da ist, sondern deshalb existiert, weil es in einer Gesellschaft Elemente gibt, die ein gewalttätiges Klima begünstigen: „…es gibt immer Täter, Opfer und Komplizen. Indifferent sind diejenigen, die nicht wissen wollen oder die, die zwar wissen, aber dennoch nichts tun, um sich gegen diese Situation aufzulehnen und/oder an der Veränderung der Bedingungen mitzuwirken" (Barudy 1998).

Die Schule ist dazu aufgerufen, eine Friedenserziehung durchzuführen, in der man sich nicht nur auf Werte wie Solidarität, Toleranz, Respekt für die Vielfalt und die Fähigkeit zum Dialog und der sozialen Partizipation konzentriert, sondern auch darauf, dass diese Werte auch im schulischen Alltag gelebt werden. Das heißt, dass sie in der Form der Definition des „Disziplinreglements" gelebt werden, in der Art und Weise mit seinen Kameraden in Beziehung zu treten, in der alltäglichen Beziehung des Dialoges mit den Eltern, in der methodologischen Form eine bestimmte Schulstunde abzuhalten und zum Beispiel sowohl Mädchen als auch Jungen für die wissenschaftliche Arbeit zu interessieren.

Es handelt sich definitiv darum zu verstehen, zum Beispiel dass das Konzept des Friedens weiterreichend ist als nur die Abwesenheit von Krieg, und wir müssen sie in einer Art von Dynamisierung vertiefen und beständig machen. Man muss versuchen, eine Anstrengung zu unternehmen und anzuerkennen, dass die Gewalt mehr beinhaltet als nur die kriegerischen Konflikte; sie ist in all den Situationen präsent, in denen „…die individuellen Rechte nicht respektiert sind und die Individuen nicht frei ihre Fähigkeiten entwickeln können" (Puig Rivera & García 1998).

Konflikte gehören ganz einfach zur Gesellschaft, und es gibt keinen Grund, sie mit Gewalt in Verbindung zu bringen. Wir müssen Konflikte als eine positive Gegebenheit verstehen, denn es ist unbestreitbar, dass es ohne Konflikte keine Veränderungen geben kann. Dies ist eine Aufgabe, die man schon und vor allem in der Schule entwickeln muss: den Konflikt als natürlichen Prozess ins Bewusstsein zu rufen.

Heutzutage haben die Schule ebenso wie die Eltern die soziale Verantwortung, diese Werteerziehung zu leisten. Für die Schule heißt das, wirkliche und konkrete Räume zu öffnen und in der Erziehung Themen und Projekte anzusprechen, die für die Chancengleichheit beider Geschlechter, die Erziehung zu mündigen Verbrauchern in unserer an der freien Marktwirtschaft orientierten Gesellschaft etc. relevant sind.

Einen Tag danach hoffe ich, dass es noch nicht zu spät ist: „Ich denke, also bin ich". Die Schule muss sich neu denken und als kohärente Einrichtung neu erschaffen… Das ist eine wichtige individuelle und kollektive Anstrengung zugleich.

José hat mir eines Tages gesagt: „Mein Großvater ist von ganz weit her und außerdem ist er Schriftsteller. Er sagt, die Worte sind so wahr wie die Dinge. Er meint, wenn einer mit der Wahrheit spricht, so ist das Wort genauso wahr wie das Ding, das benannt wird. Zum Beispiel: wenn jemand dich sehr mag und wenn er sagt ‚ich mag dich sehr', so gibt er dir in diesem Moment all seine Liebe. Für eine ehrliche Person ist etwas sagen und etwas tun dasselbe. Auch erzählte mir neulich der Großvater, dass Gedanken und Gefühle verschiedene Sachen sind, aber sie vereinigen sich in den wahren Worten. Dort, sehr weit weg, wo er lebt, so erklärte er mir, existiert das Wort ‚sentipensante'. So nennt man die Art zu reden der Kinder, Frauen und Männer, die die Wahrheit sprechen. (…) Heute werde ich den Großvater fragen, warum man hier in meinem Land dieses Wort nicht benutzt. Danach werde ich meine Lehrerin fragen, ob es nicht ein

Wort gibt, das die gleich Bedeutung hat, auch wenn es nicht genauso ist. Und wenn es das nicht gibt, dann werden wir alle es erfinden, weil es uns sehr fehlt."

Literatur:

1. Barudy, Jorge: *„El dolor invisible de la infancia." Una lectura ecosistemica al maltrato infantil.* Editorial Paidos: Terapia Familiar, 1998, S. 21.
2. Objetivos Fundamentales Transversales para la educacion basica chilena. *Anexo de la Revista de Educacion*, 1996, S. 11.
3. Puig Rivera, J. M., und García, M., 1998

Die Nachdenklichen – Pasantía 1998

Paola Solange Pérez Berna

Meine Reflexion

Eine Zeitlang glaubte ich, meine Tätigkeit als Lehrerin bestünde darin, darauf zu drängen, dass meine Klasse und meine Schüler im Hinblick auf ihr Verhalten und ihre Noten ein Beispiel sein sollten. Der Gedanke, dass ein Schüler mit besonderen erzieherischen Bedürfnissen oder mit Disziplin-, Drogen- oder Gewaltproblemen sich in die Gruppe meiner wundervollen Kinder integrieren sollte, erschreckte mich.

Ich wusste, dass ich in einigen Situationen nicht strikt genug war, und fürchtete, die Schüler könnten meine Schwäche bemerken, die aus meinem Wissen darüber resultierte, dass einer nicht genügend zu Essen hatte oder zu Hause misshandelt wurde.

Zu Beginn meines Kurses hatte ich Erwartungen im bezug auf andere Themen, aber es gab eines, was mich dazu brachte, mein ganzes Tun als Lehrerin zu überdenken, so dass ich jetzt davon überzeugt bin, dass ich die doppelte Kraft aufwenden muss, um einen wichtigen Auftrag auszuführen: nämlich die Kinder mit Verhaltensschwierigkeiten zu integrieren.

Oft betrachtet man die Schüler, die nicht mit dem Lehrer einverstanden sind oder verschieden von den anderen Schülern sind, als problematisch und konfliktträchtig. Deshalb greifen wir zu Disziplinierungsmaßnahmen, deren Ziel es ist, das Kind zu besiegen oder es zu dominieren, es zu brechen und ihm die Fähigkeit zu nehmen, seine Ideen zu äußern und sich zu verteidigen. Das belastet uns allerdings mehr als es hilft.

Dieser Kurs half mir, meine Gedanken neu zu ordnen. Heute glaube ich fest daran, dass das Verhalten der Kinder immer eine Ursache hat. Kinder mit Verhaltensproblemen wurden offenbar seit ihrer Geburt in irgendeiner Form zurückgesetzt. Ich glaube, dass ich für sie vieles tun kann. Ich glaube an die Chancengleichheit für alle: unser Bildungssystem muss die Anstrengung unternehmen, alle Kinder aufzunehmen und ihnen jede Möglichkeit zu bieten.

Das ist die Idee, die mir seit Dezember 2000, seit der Beendigung des Kurses, wiederholt kam. Ich hoffe, irgend jemand denkt ebenso und schließt sich der Gruppe von Lehrern an, die Strategien zur Einbeziehung der sozialen Probleme in unser Tun suchen.

Paola Solange Pérez Berna ist Lehrerin an der städtischen Grundschule F – 818 „La Granja" und Monitorin für die Schulmediation der kommunalen Gruppe Cañete, VIII. Region; sie war Kursteilnehmerin 2000. Kontakt: paolasol@cvmail.cl

María Soledad Basulto

Die Gesellschaft und die Familie

Die moralische Erziehung der Schüler bedarf einer natürlichen Form durch das familiäre Zusammenleben. Auch ist das Aufeinandertreffen mit verschiedenen Mitgliedern der Gesellschaft nicht ohne Bedeutung. Unsere Gesellschaft ist immer mehr auf Erfolg und Luxus orientiert – Werte, die verdeckt gegen die Familie bei der Erziehung ihrer Kinder arbeiten. So erkennt die große Mehrheit der Eltern nicht die Bedeutung, die sie bei der Erziehung ihrer Kinder einnehmen sollten.

Eine Gesellschaft, in der die Mutter weniger Zeit zu Hause mit ihren Kindern verbringt, bedeutet weniger Aufsicht und Orientierung für die Kinder. Gleichzeitig werden die Familien, in denen eine Zusammenarbeit zwischen Eltern und Kindern und Geschwistern verschiedener Altersstufen zu finden ist, zur Ausnahme.

Eine Gesellschaft, die fortschreitend Symptome eines Verhaltensverfalls registriert, erschwert auch die pädagogische Arbeit der Eltern: man beobachtet einen konstanten Zuwachs bei jugendlicher Gewalt und Drogenmissbrauch, wachsende Grausamkeit unter Gleichaltrigen, Verfall der Sprache und vermehrten Gebrauch von Schimpfwörtern.

Eine Gesellschaft, in der der Fernseher zur neuen Orientierungsinstanz für die Schaffung von Verhaltensmodellen der Jugendlichen geworden ist, fördert die Verbreitung von falschen Werten und erniedrigenden Verhaltensmodellen.

Aber nicht alles ist negativ, und immer wird es auch das geben, was das stärkste ist: der gute Wille und die Entscheidung aller Eltern, ihren Kindern die beste Erziehung zukommen zu lassen.

Die Schule

Die Schule ist ein Spiegel der Gesellschaft – sie ist nach dem Zuhause der Ort, an dem die Kinder die meiste Zeit verbringen. Der positive Beitrag der Schule zur Erziehung der Kinder ist unstrittig. Eine Schule kann immer Fortschritte machen in der Art, wie sie die Werteerziehung der Schüler prägt. Ohne Zweifel sehen wir uns auch hier in einigen Fällen mit Problemen konfrontiert. Meine Idee ist es, diese Elemente aufzudecken und sie ins Bewusstsein zu rufen.

a) Der Individualismus
Wenn die Lehrer denken, dass die individuellen Fortschritte der Schüler nichts mit den allgemeinen Forstschritten der Klasse oder dem Ethos der Schule zu tun haben, dann werden sie es nicht schaffen, eine ethische Gemeinschaft aufzubauen oder bestimmte Werte zu vermitteln.

María Soledad Basulto ist Lehrerin an den Schulen „Bucalemu" in San Felipe und dem Colegio „San Francisco de Asís". Sie war Kursteilnehmerin 2000.

Auch die Schule kann den Individualismus in ihren eigenen Schülern begünstigen, ob in impliziter, expliziter oder passiver Form. Eine passive Form wäre zum Beispiel, den Schülern nicht zu zeigen, dass sie ihren Mitschülern, die in der Schule Probleme haben, helfen sollen.

b) Das Konkurrenzdenken

Die Konkurrenz ist eine Schwester des Individualismus und wird durch die Gesellschaft im allgemeinen gefördert. Es gibt eine gesunde und ethische Konkurrenz, die die höchste Vollendung in allen bedeutenden Arbeiten sucht und bemüht ist, voranzuschreiten und Missstände zu verbessern. Es gibt aber auch eine negative Konkurrenz, die versucht, den Gegner zu zerstören oder mit der kleinsten notwendigen Anstrengung bestimmte Ziele zu erreichen.

Wenn die Schule die Konkurrenz beim Fortschritt der Schüler in bezug auf sich selbst ins Blickfeld rückt, so ist sie auf dem richtigen Weg. Dieser Weg führt dazu, dass die Schüler Befriedigung durch das Lernen an sich erfahren und nicht versuchen, ihre Mitschüler zu übertreffen. So wird das Gruppengefühl und die Motivation, dem Nächsten zu helfen, gestärkt.

c) Das Fehlen von Verbindungen zur Außenwelt

Wenn die Schule keine Verbindungen zur Außenwelt herstellt, sei es durch Sammlungen, Besuche oder Hilfsprogramme, könnte es sein, dass die Schüler keine soziale Verantwortung für die Gemeinde fühlen, die weiter geht als das Befolgen gewisser Regeln.

Dies geschieht auch, wenn sich die Geschichte nur in Erzählungen von Tatsachen wiederspiegelt und dabei Zynismus, Brutalität, Führerschaft, Ehrgeiz und andere menschliche Eigenschaften bloßstellt. In diesem Fall wird der Schüler wahrscheinlich nicht verstehen, welche Beziehung zwischen den Handlungen der Personen und dem Aufbau einer Gesellschaft besteht.

d) Oberflächliches Urteilen

Die Art und Weise, wie der Wissensstandard gemessen und die Leistung der Schüler gemessen wird, kann ein negatives Element darstellen. Dies entsteht oft durch Fragen, die nur kurze Antworten erfordern, ohne die Möglichkeit eines Prozesses des Nachdenkens. Der Fehler liegt darin, dass das Vermögen des Schülers, Schlussfolgerungen über die behandelten Themen anzustellen, nur sehr wenig untersucht wird. Es wird nur die richtige Antwort gewertet, aber nicht das Warum. Es werden die guten Noten prämiert, aber nicht das Lernen.

Versucht man jedoch, die behandelten Themen mit Fragestellungen aus der Gesellschaft, in der wir leben, zu verknüpfen, dann erhöht sich die Motivation für ein wahrhaftes Lernen. Es ist notwendig, das Lernen mit Ideen und Erfahrungen zu verknüpfen.

e) Die Mittelmäßigkeit und die Suche nach der Vollkommenheit

Die Mittelmäßigkeit ist gegeben, wenn die Schule nicht versucht, sich zu verbessern, und sich einem Konformismus hingibt, der sich in den Lehrern und Schülern wiederspiegelt. Wenn sich die Suchen nach der Vollkommenheit in eine allgemeine Eigenschaft übersetzt, die die Schule charakterisiert, so beeinflusst dies alles. Man bemüht sich um Vollkommenheit als Person, und so gelangt man dahin, sich diese Tugend zu wünschen.

Eine ethische Schule

a) Autonomie

Um einen ethischen Schulunterricht aufzubauen, müsste man zum Beispiel ein Programm der Werteerziehung einbeziehen, das auf bestimmten Qualitäten beruht, zum Beispiel der Intuition zu wissen, was das Richtige in einer bestimmten Situation ist, oder die Unabhängigkeit, sich nicht dem Gruppendruck unterzuordnen, sowie die Bereitschaft, anders zu handeln, als die Gruppe es unter bestimmten Umständen täte.

Autonomie ist zum einen Unabhängigkeit in Handlungen und Beziehungen von anderen und die Wahl in Beziehung mit anderen zu handeln.

b) Verbundenheit mit der Gesellschaft

Die autonome Person kann ihre Autonomie nur im Bezug zu anderen, in der Verbindung mit anderen ausdrücken. Der einzelne muss sich als Teil der Gesellschaft fühlen, im gegenteiligen Fall könnte er sich nicht für das, was in ihr passiert, verantwortlich fühlen und wäre bereit, die Gesellschaft anzugreifen oder indifferent zum Geschehen in ihr zu handeln.

c) Transzendenz

Die Transzendenz drückt sich in Dingen wie der Suche nach Vollkommenheit aus – das heißt: weiter zu gehen als das Gewöhnliche–, aber auch in der Erkenntnis der Größe der Natur wie auch der menschlichen Vollkommenheit und in der Fähigkeit, eine offene und reiche Vorstellung von der Realität zu haben.

Abschließende Gedanken

Das Ziel ist, dass der Schüler moralische Werte entwickelt in einem Rahmen andauernder kritischer Betrachtung, der auch mit einbezieht, was er selbst fühlt und was ihn dazu bringt, ethisch, virtuos, unabhängig von Anerkennung oder Zurückweisung durch die Umwelt zu handeln, auch wenn er keine starke Empathie für die Personen empfindet, mit denen er zu tun hat.

Wenn der Schüler spürt, das die Kriterien für Gut und Schlecht immer von anderen definiert werden, so empfindet er die Tugenden als etwas, was ihm fremd ist. Die Folge ist, dass er keine Person mit einer hohen moralischen Entwicklung werden kann, dass er nicht versucht, die Tugend für sich zu erlangen, und damit wird er eine leichte Beute für negative Einflüsse aus der Umwelt.

Teil II

Pädagogische Initiativen
nach der Pasantía

Elías Jacob Reyes Díaz und Nancy Cristina Tapia Williamson

Die akademische Arbeit unseres Teams

Das Erziehungsministerium Chiles führte in den Jahren 1995–2000 ein Weiterbildungsprogramm für Lehrer durch Pasantías und Diplomkurse im Ausland durch. Im Jahre 1998 erhielten wir durch ein Stipendium die Möglichkeit, an diesem Programm teilzunehmen. Elías Jacob Reyes Díaz nahm an einer Pasantía in Deutschland teil, Nancy Cristina Tapia Williamson an einem Diplomkurs in Santiago de Chile und in Belgien. Beide arbeiten als Lehrer in der Schule „Jorge Prieteo Letelier".

Als Ergebnis des vermittelten Wissens haben wir eine Arbeitsgruppe gebildet, um verschiedene Projekte und Aktivitäten zu entwickeln. Wir haben uns die Aufgabe gestellt, Projekte zur Weiterbildung und Reflexion für die Lehrer unserer Gemeinde zu erarbeiten, zu koordinieren und auf den Weg zu bringen. Die Idee war, Räume und Gelegenheiten zu schaffen, die es dem Lehrern ermöglichen, über Erziehung nachzudenken, ihre eigene Praxis als Lehrer zu reflektieren, mit ihren Kollegen in einen Dialog zu treten, eigene Erfahrungen zu teilen, zu hinterfragen, zu untersuchen und den eigenen Standpunkt zu diskutieren. Dafür wurde als Hauptaktivität jedes Projektes ein Tag mit Seminaren für jeweils ungefähr 25 Teilnehmer durchgeführt. Am Anfang richtete sich dieses Angebot nur an die Lehrer, später nahmen auch Repräsentanten der verschiedenen kommunalen Einrichtungen teil.

Das Team begann damit, ein Projekt auszuarbeiten, das dem Schuldirektor, dem Leiter der kommunalen Erziehungsbehörde, dem Stadtrat, dem Bürgermeister, dem Direktor der übergeordneten provinzialen Erziehungsbehörde und verschiedenen privaten Unternehmen vorgelegt wurde. Durch die Hilfe des Direktors der kommunalen Erziehungsbehörde erhielten wir eine Genehmigung des Direktors der provinzialen Erziehungsbehörde dafür, dass die Schüler am Tag der Seminare unterrichtsfrei hatten.

Sehr wichtig für dieses Vorhaben war die Unterstützung durch private Unternehmen. Durch sie wurden jedes Mal für ungefähr 250 Personen Mittagessen in der Schule, Lunchpakete, Kaffee, Hefter, Faltblätter etc. bereitgestellt.

Im August 1999 fand das internationale Treffen „Deutschland – Chile – Belgien" mit 180 Lehrern aus Llay-Llay statt. Die Seminare wurden von den deutschen Lehrern, einem Lehrer des Zentrums für Erforschung und Entwicklung im Erziehungswesen (CIDE), einem Lehrer der Universität für christlichen Humanismus und der Lehrerin Nancy Tapia Williamson geleitet.

In den Monaten April und Mai des Jahres 2000 wurden zwei Reflexionstage zum Thema „Die Mediation als Möglichkeit der friedlichen Konfliktlösung" veranstaltet. Die Workshops wurden von María Elena Ahumada Munita geleitet – sie ist Mitarbeiterin des Programmes für

Elías Jacob Reyes Díaz ist Lehrer an der Schule „Jorge Prieto Letelier" in Llay-Llay und Teilnehmer der Pasantía 1998.
Nancy Cristina Tapia Williamson ist Lehrerin an der Schule „Jorge Prieto Letelier" Llay-Llay und war Stipendiatin 1998–1999

Erziehung und Aufklärung des Komitees zur Verteidigung der Rechte des Volkes (CODEPU). Darüber hinaus wurden sie von Ex-Stipendiaten der Pasantías und Diplomanden aus anderen Gemeinden unterstützt. Im Juli fand das „Internationale pädagogische Austauschseminar Deutschland – Chile" statt, an welchem 243 Lehrer aus Llay-Llay teilnahmen.

Im November desselben Jahres gab es ein kommunales Seminar für Ex-Stipendiaten der - Pasantías und Diplome. Das Seminar sollte alle Lehrer zusammenbringen, die an einer Weiterbildung im Ausland teilnehmen konnten, und wir baten sie, eine Seminareinheit zum Thema ihrer Pasantía oder Diplome vorzubereiten. Diese Seminareinheit wurden allen Lehrern der Schulen Llay-Llays angeboten. Diese Aktivität wird im April des Jahres 2001 wiederholt werden.

Auf der Grundlage der breits gemachten Erfahrungen, nämlich der Unterstützungsnetzwerke und der Gründung von Arbeitsgruppen, führen zu der Erkenntnis der Notwendigkeit, Instanzen, Räume und Gelegenheiten zu schaffen, und zwar als Voraussetzung für die Reflexion, die Analyse und den Austausch unterschiedlicher pädagogischer und menschlicher Erfahrungen. Das ist der entscheidende Schritt, wenn es darum geht, das Niveau der Qualität unserer Erziehungssysteme anzuheben und die professionelle und menschliche Verwirklichung durch die Erzieher auf dem höchstmöglichen Niveau voranzutreiben.

Die Hauptgewichtung geben wir dieser Art der Arbeit, die aus den eigenen Interessen der Erzieher als denjenigen geboren wurde, die in direkter Beziehung zu den Schülern stehen. Hier kommen die Bedürfnisse klar und deutlich zum Ausdruck, die sich aus der erzieherischen Realität ergeben.

Empfang für »Lehrerinnen ohne Grenzen« in Ovalle

María Erika Silva Rojas

Die Koordination der Pasantías deutscher Lehrer in Chile

„Pasantía" – so bezeichnen wir eine neue Art von Erfahrungsaustausch im Rahmen des Erziehungswesens. Wir chilenischen Lehrer waren durch das Zusammentreffen mit den deutschen Kollegen und das Eintauchen in ihre Welt überrascht und voller Enthusiasmus, als wir ihre Kultur, ihre Fortschritte und ihre Methoden kennenlernen durften.

So wurde die Idee der Pasantías für deutsche Lehrer in Chile geboren – mit dem Ziel, sich über die verschiedenen Formen und Arten des Unterrichts auszutauschen und vom anderen Kenntnisse vermittelt zu bekommen.

Zwischen Nachdenken und Besprechungen kam mir der Gedanke, mich mit Señora Diana Leticia Muñoz in Verbindung zu setzen, der Direktorin des Erziehungswesens in der Provinz des Ostens, zu der auch meine Schule gehört. Es gelang uns, auf Provinzebene ein Treffen mit Verantwortlichen des Erziehungswesens und dem deutschen Botschafter in Chile zu organisieren. Das Programm der Pasantía besteht aus folgenden Aktivitäten:

* Besuch verschiedener touristischer Attraktionen im ganzen Land;
* Begegnungen von deutschen und chilenischen Lehrern;
* Klassenbeobachtungen in verschiedenen Schulen mit aktiven Methoden (entsprechend der Bildungsreform) und
* Durchführung von Workshops durch die deutschen Lehrer in verschiedenen Orten über grundsätzliche Werte, vor allem zur Einbeziehung sozialer Probleme in den Unterricht (z. B. Probleme der Geschlechtsspezifität, Drogen, sexueller Missbrauch und Alkoholismus).

Das Programm hat eine Dauer von vier bis fünf Wochen. Die deutschen Lehrer besuchen zwischen 10 und 15 chilenische Städte und Dörfer, wo die Ex-Stipendiaten – gegebenenfalls mit Hilfe der örtlichen Erziehungsbehörde – jeweils den Aufenthalt der deutschen Gäste individuell planen und organisieren.

María Erika Silva Rojas nahm 1998 an der Pasantía teil.

Isabel Arroyo Yañez

Schulische Mediation in Chillán

1. Erziehung als Recht und demokratisches Zusammenleben als Ziel

Die internationale Kinderrechtskonvention markiert einen Paradigmenwechsel in den sozialen Kindheits- und Jugendkonzepten. Kinder und Jugendliche haben aufgehört, einen juristischen Status „zweiter Klasse" zu haben, und sind zu Rechtssubjekten geworden, die durch die jeweiligen Staatsorgane respektiert und geschützt werden müssen. In diesem Zusammenhang sind Grundschulen und Gymnasien ebenso wie soziale Institutionen, die ihre Aufgabe in der Bildung und der Entwicklung der neuen Generation sehen, aufgefordert, bedeutsame Veränderungen in Bezug auf Inhalte und Wesen ihrer Arbeit vorzunehmen.

Das Erziehungskonzept, welchem sich die Konvention widmet, ebenso wie andere internationale Instrumente der Menschenrechte, bestätigen das Recht auf Erziehung als Basis für die Praxis der Wahrnehmung demokratischer Bürgerrechte (UNICEF 1999). In diesem Sinne ist, auch wenn es wie eine Tautologie erscheint, das Subjekt eines Rechtes auf Erziehung immer das Kind, und das Objekt der Erziehung ist das Lernen mit dem Ziel der Entwicklung von kognitiven, sozial-affektiven, moralischen, körperlichen und emotionalen Fähigkeiten durch prägende Erfahrungen in einem demokratischen Miteinander.

In unserem Land zu Beginn der 90er Jahre durchgeführte Evaluationen zeigen eine Grundschule und ein Gymnasium, die von den Interessen und Erwartungen der Schüler ebenso weit entfernt sind wie von sozialen Fragen. Das heißt, dass Grundschulen und Gymnasien ihre praktische Arbeit aktualisieren müssen. Die Bildungsreform stützt sich in ihren ersten zehn Jahren auf vier zentrale Säulen, die eine Antwort auf die aktuellen Anforderungen der Modernisierung der Erziehung geben sollen. Von ihnen sind im Rahmen dieser Arbeit hervorzuheben:
1. die Reform der Lehrpläne einschließlich der ausdrücklichen Einarbeitung der sog. »Querschnittsaufgaben« (OFT), die Bewusstmachung des geheimen Lehrplans (Illich) im Lernprozess und für die Schüler; und das Prinzip des kleinsten gemeinsamen Nenners;
2. die Ganztagsschule: mehr Zeit zum Lernen des Lernens und zum Lernen des Lebens.

Unter Lehrplanreform müssen wir mehr als nur Unterrichtsprogramme und -pläne verstehen, nämlich einen Neuentwurf des Prozesses des Lernens und des Lehrens, in welchem der Schwerpunkt – in Übereinstimmung mit den Prinzipien, die sich aus der internationalen Kinderrechtskonvention ergeben – auf der aktiven Teilnahme beider Beteiligter des Bildungsprozesses liegt, nämlich Schüler und Lehrer: Die Schüler als aktive Subjekte im Prozess des Lernens (als vorgezogene Übung für die verantwortliche Wahrnehmung der Bürgerrechte), und die Lehrer als Unterstützer und Berater bei signifikanten Ereignissen, die das Lernen mit sich bringt. Das Erleben und die andauernde Konstruktion des Lernprozesses, der sich an dieses Muster anlehnt,

Isabel Arroyo Yañez war Teilnehmerin der Pasantía 1998.

erfordert unabdingbar einen Raum für eine demokratische und pädagogische, die Vielfalt respektierende Interaktion.

Das oben Gesagte basiert auf der Erkenntnis, dass Demokratie nicht nur ein Regierungssystem ist, sondern eine Lebenseinstellung: ein Leben, das sich aus Gemeinschaft mit einem Sinn für Kooperation und Mitarbeit mit dem anderen konstruiert und das tägliche Erleben von demokratischen Werten wie Toleranz, Wahrhaftigkeit, Gerechtigkeit, Freiheit, Solidarität und den Respekt vor dem anderen als rechtmäßigen Partner in der Gemeinschaft einschließt (Maturana).

2. *Die gewaltfreie Konfliktlösung als Objekt kultureller Veränderung und die Mediation als bedeutsamer Träger des Lernprozesses*

- Der Konflikt als Teil des Alltags, als Teil des menschlichen Zusammenlebens.
- Den Konflikt als positives Element anzuerkennen bedeutet, ihn als Möglichkeit zum Erkenntnisgewinn anzunehmen.
- Das Erlernen einer friedlichen Konfliktlösung als Teil des Sozialisationsprozesses und der menschlichen Entwicklung der Schüler.
- Die gewaltfreie Konfliktlösung stellt einen wichtigen Faktor in der Gewaltprävention dar (indem man soziale Fähigkeiten erlernt und ständig im Leben übt).
- Die Mediation in der Schule als eine mögliche Technik, um die schulischen Strategien für ihren Beitrag zum sozialen Frieden zu bereichern.

3. *„Lernen zu lernen" ist ein Recht, und Erlernen zusammen zu leben ist eine Notwendigkeit*

Die Herausforderung für den Lehrer ist es, dem Schüler oder der Schülerin zu erlauben, das zentrale Subjekt in seinem/ihrem Lernprozess zu sein – verantwortlich – durch Aktivitäten, die sich daran orientieren, „Lernen zu lernen", angelehnt am soziokonstruktivistischen Modell. Anzuerkennen, dass der Schüler oder die Schülerin die Hauptperson in der Erziehung ist, bedarf einer bisher nicht entwickelten Meisterschaft der Partizipation. Das könnte einer der andauernden Konflikte sein, den die Bildungsreform in unserem alltäglichen Tun provoziert hat.

Die Partizipation – verstanden als Gerüst des Lernens, das die eigene Erfahrung als Quelle des Wissens anerkennt und mit Nachdruck mit der Arbeit im Kollektiv oder der Gruppenarbeit verbindet – ist die Arbeitsform, an der sich die methodischen Vorschläge für die Arbeit in der Klasse in Grund- und weiterführenden Schulen orientieren. Es ist wichtig, den Unterschied zu erkennen, eine Gruppe zu bilden, in der einige wenige arbeiten, oder aber die Fähigkeit zu kollektivem Arbeiten zu fördern, in welcher jedes Kind seine Rolle innehat und diese auch ausfüllen muss und sich verantwortlich fühlt für das Erreichen des Zieles durch die ganze Gruppe. Dieses bedarf einer Interaktion, die sich auf Toleranz und Respekt des/der anderen begründet.

Auf dem individuellen Niveau ist jeder Schüler, jede Schülerin als Person anerkannt und mit seinen/ihren Fähigkeiten und Fertigkeiten teilzunehmen, mit der Möglichkeit, sich einzubringen oder herauszuhalten, mit der Fähigkeit, sich selbst in näherer oder fernerer Zukunft vorzustellen, d. h. als aktive Person, die ihre Fähigkeiten fortschrittlich ausdehnt, um bei der Veränderung der Realität mitzuwirken. Dies ist für die Lehrer eine große Herausforderung.

All diese neuen Situationen können Konflikte innerhalb der Lehrerschaft einer Schule aus-
lösen. Manche Lehrer denken, diese Bildungsreform ist unnütz; andere denken, dass die neue
Rolle den Lehrer oder die Lehrerin in seiner/ihrer beruflichen Stellung abwertet; andere wiederum fürchten, dass so viel Freiheit für Schülerinnen und Schüler sich in Undiszipliniertheit,
Zügellosigkeit und mangelndem Respekt für die Person des Lehrers niederschlägt.

Man nimmt also an, dass diese Veränderungen eine Quelle für die verschiedensten Konflikte
sind. Um diesen zu begegnen, existieren entsprechende Techniken, die sich dadurch auszeich-
nen, dass sie unparteiisch, vermittelnd und gewaltfrei sind und eben nicht den Normen der Institutionen bzw. Konfliktparteien unterliegen, deren Probleme es zu lösen gilt.

So öffnet sich der schulische Kontext seinem gesellschaftlichen Umfeld, indem er
1. Werte und Glaubenssysteme vermittelt;
2. Normen und Fertigkeiten des Zusammenlebens vermittelt;
3. Bedingungen für die Entwicklung oder Unterdrückung von Fertigkeiten schafft;
4. die ersten Ideen des eigenen Selbst stützt oder verändert;
5. das Selbstvertrauen stärkt oder schwächt;
6. solidarische oder konkurrierende Umgangsformen fördert;
7. positive Erwartungen fördert;
8. Vertrauen in die Zukunft und in andere Personen weckt, den Grad der Freiheit einschränkt
   und einem beibringt, Enttäuschung und Misstrauen hinzunehmen und zu akzeptieren.

Die folgenden Faktoren stehen im Bezug zu einem positiven schulischen Klima:
1. Ständige akademische und soziale Weiterentwicklung: als Bedingung dafür, dass die Personen ihre Fertigkeiten ebenso verbessern können wie ihre akademischen, sozialen und persönlichen Kenntnisse;
2. Respekt: eine Atmosphäre des beiderseitigen Respektes in der Schule;
3. Vertrauen: der Glauben daran, dass das, was der andere tut, das Richtige ist und das, was er
   sagt, wahr ist;
4. Hohe Moral: sich mit dem, was geschieht, gut fühlen; der Wunsch, die zugeteilten Aufgaben zu erfüllen; und Selbstdisziplin;
5. Zugehörigkeit: Niveau der Anziehungskraft, die die Schule auf ihre Mitglieder ausübt;
   körperliche und geistige Verbundenheit mit dem System;
6. Möglichkeit der Teilnahme: die Möglichkeit, an den Entscheidungen, die in der Schule getroffen werden, teilzunehmen, Ideen einbringen zu können und diese beachtet zu wissen;
7. Erneuerung: die Fähigkeit der Schule, zu wachsen, sich zu entwickeln und zu verändern;
8. Sorgfalt: familiäre Atmosphäre, in der sich die Lehrer darum kümmern, dass die Arbeit in
   den Bedürfnissen der Schüler zentriert ist und dass durch eine gute Organisation kooperra-
   tiv gearbeitet werden kann.

Einige Charakteristika des Schulklimas, die im Alltag gewalttätige Situationen begünstigen:
• ein autoritäres Erziehungskonzept;
• ein rigides und übertriebenes Hierarchienkonzept:
• Disziplinierungssysteme, die mehr an Regeln als an Personen orientiert sind;
• unzureichende Mechanismen der positiven Anerkennung;
• eine einseitige Konzeption von respektvollem Umgang;

- die Einstellung, dass Gehorsam keinen Platz für Unterschiede lässt;
- Schulsysteme, die das Austragen von Konflikten verhindern.

Das Ziel der friedlichen Konfliktmediation besteht in der Konkretisierung einer nachhaltigen Lösung, die beide Seiten des Konfliktes zufriedenstellt.

Was versteht man unter friedlicher Konfliktlösung?
- Es ist eine gerechte Art, Konflikte beizulegen.
- Die Einbeziehung eines Mediators, der es erleichtert, zu einem Einvernehmen zu gelangen.
- Der Prozess der Mediation ist freiwillig.
- Es handelt sich nicht um ein Gericht, d. h. nicht um die Frage schuldig/nicht schuldig.
- Es ist ein Akt des Vertrauens; man ruft keine Zeugen an.
- Man versucht, dass beide Konfliktparteien zu einer gleichberechtigten Lösung gelangen.

Im Prozess der schulischen Mediation regt der Mediator zwischen den Konfliktparteien einen Prozess nach folgendem Muster an:
- Identifizierung des Problems;
- Identifizierung der Gefühle, die es hinter dem Problem gibt;
- Zusammensuchen aller Informationen, die nützlich sein könnten;
- Herausarbeitung der Standpunkte beider Parteien;
- Suchen nach verschiedenen Lösungsmöglichkeiten,
- Einschätzen der Lösungsmöglichkeiten, indem man nach effektiven und weniger effektiven Strategien zur Lösung des Konfliktes ordnet;
- zu einem Einvernehmen gelangen und
- dieses schriftlich festhalten.

Ein guter Mediator ist, wer:
- uneigennützig ein Interesse daran hat, den Personen zu helfen;
- fähig ist, unparteiisch zu sein und ohne Vorurteile die Situation zu betrachten;
- gerecht ist im Umgang mit der Zeit, die jeder der Konfliktteilnehmer zur Darstellung des Konfliktes hat;
- fähig ist, respektierend beiden Konfliktparteien zu zuhören, ohne dabei zu urteilen;
- vermeidet, Ratschläge und Antworten auf die dargelegten Probleme zu geben;
- die Fähigkeit hat mitzuhelfen, kreative Lösungen zu finden;
- fähig ist, das Problem vertraulich zu behandeln;
- fähig ist, die Probleme zu analysieren, und dabei erreicht, dass sich die verschiedenen darin verwobenen Themen voneinander trennen und in der Lösung wieder aufgegriffen werden;
- eine große Sensibilität besitzt, um die Werte der Konfliktteilnehmer wahrzunehmen, einschließlich der ethischen Werte, die des jeweiligen Geschlechtes und die Unterschiede der verschiedenen Kulturen, und
- die Fähigkeit hat, die Ungleichheiten der Macht zu verstehen.

Um den Prozess der Mediation zu Ende zu führen, müssen folgende Bedingungen erfüllt sein:
- Vor dem Beginn des Prozesses müssen Aggressionen abgebaut und beide Parteien beruhigt sein.

- Beide Parteien müssen sich verpflichten, an der Mediation teilnehmen zu wollen.
- Beide müssen unter gleichen Bedingungen teilnehmen.

Die Schritte, um eine Mediation durchzuführen, sind folgende:
1. Vorbereitung des Umfeldes;
2. Begrüßung;
3. Erklären der Regeln: Was ist Mediation und welches sind die Regeln; Unparteilichkeit und Vertraulichkeit; sich nicht mit Spitznamen anreden; sich nicht beleidigen; das Gespräch nicht unterbrechen; ehrlich und respektvoll sein; kooperierend an der Lösung des Konfliktes zu arbeiten;
4. Definition des Konfliktes;
5. Aufdecken gemeinsamer Standpunkte: der Versuch, sich jeweils in die Rolle des anderen einzufühlen, um zu verstehen, wie dieser sich fühlt;
6. Suche nach verschiedenen Lösungsmöglichkeiten;
7. Einigung auf eine Lösung, die beide Seiten zufriedenstellt.

Nach der Vereinbarung werden die Schüler zur Lösung ihres Konfliktes beglückwünscht. Um Gerüchte zu vermeiden, bittet man beide Schüler, ihre Mitschüler über die erreichte Lösung des Konfliktes zu informieren.

Die Vorteile der Technik der Mediation sind folgende:
- Die Schüler lernen besser ihr Konflikte zu bewältigen, ohne sich zu prügeln, zu beleidigen, zu petzen oder einfach den Konflikt zu verlassen.
- Die Schüler stellen sich den Konflikten mit größerem Vertrauen und Unabhängigkeit; sie ergreifen mehr Verantwortlichkeit für ihre eigenen Probleme und werden unabhängiger von Erwachsenen, um diese zu lösen.
- Die Lehrer verbringen weniger Zeit damit, Disziplin zu kontrollieren, und haben mehr Zeit für das Unterrichten.
- Anhand von Informationen durch die Eltern der Schüler werden die häuslichen Konflikte effizienter gelöst.
- Ausschlüsse vom Unterricht oder Schulverweise und auch Spannungen verringern sich auffallend.
- Das Klassenzimmer wird mehr zu einem Ort des friedvollen und produktiven Lernens, was wiederum das Gesamtklima in der Schule verbessert.

Im folgenden werden einige Schülermeinungen über die Mediation wiedergegeben:

Kinder im Konflikt:

„Ich habe mich gut gefühlt, weil man mich nicht ausgeschimpft hat; man hat mich auch nicht vom Unterricht ausgeschlossen; auch weiß meine Lehrerin nichts und es wurde keine Mitteilung an meine Eltern geschrieben."

„Früher haben sie uns ausgeschimpft und aufgeschrieben; das hat überhaupt nichts genützt."

Kinder als Mediatoren:

„Wir haben uns gut verhalten; wir haben alles gut gemacht; außerdem sagen die Kinder, dass es besser ist, mit uns zu sein, als mit dem Direktor. Dieses Projekt funktioniert gut."

„Wir haben vier Konflikte gehabt; die Kinder haben uns nicht zurückgewiesen; sie haben sich sehr gut benommen."

„Wir können der Schule helfen, dass sie nicht so viele Probleme hat."

„Ich finde das gut, und wie wir die Konflikte lösen, können wir auch woanders helfen und dem Direktor ein wenig Arbeit abnehmen."

„Ich fühle mich wichtig; ich habe noch niemals so etwas gemacht; wir können anderen Kindern helfen, die Probleme haben."

„Mir hat es genützt, weil ich mich weniger mit meinem Bruder streite."

„Ich finde, dass es gut organisiert war, weil wir an allen Tagen am Seminar teilgenommen haben, und sie haben uns unterrichtet und jeden Tag haben wir uns mehr organisiert."

„Sie haben Geduld mit uns gehabt; sie konnten uns verstehen, wenn wir unruhig oder gelassen waren."

4. Die schulische Mediation in Chillán

Die schulische Mediation in Chillán ist ein Ergebnis der Pasantía, die in Deutschland in der Stadt Berlin, dank der Stipendien durch das Erziehungsministerium, im Jahre 1998 durchgeführt wurde. Nach Prüfung des aus Deutschland mitgebrachten Vorschlages befand der Direktor der lokalen Erziehungsbehörde, dass es wichtig wäre, diese Projekte auf kommunaler Ebene durchzuführen.

Im Jahre 1999 beschloss man, die Schulmediation in sieben Pilotschulen einzuführen, in welchen man feststellte, dass es zu einer Veränderung in den Gewohnheiten und im Betragen, einer größeren Toleranz zwischen den Schülern und einer besseren Kontrolle der Gefühle gekommen ist. Dies alles sind wichtige Aspekte, wenn man vom schulischen Miteinander spricht. Momentan nehmen 14 öffentliche Schulen direkt am Programm teil, und es wird ein großer Zuwachs unter den Schulen unserer Kommune erwartet, die sich dem Programm anschließen werden.

Im folgenden wird das Basisdokument der Gemeinde Chillán zu diesem Thema wiedergegeben.

KOMMUNALES KOMITEE ZUR SCHULMEDIATION IN CHILLÁN

Die Existenz zwischenmenschlicher Konflikte in sozialen Gruppen ist eine bewiesene und unvermeidbare Realität. Lange Zeit haben die Menschen versucht, als „Sieger" aus solchen Situationen hervorzugehen. Ohne Zweifel hat diese Einstellung gegenüber Konflikten dazu geführt, dass Konflikte zu Brennpunkten sich immer mehr vertiefender Zwietracht wurden, die das demokratische und teilnehmende Zusammenleben unterdrücken. In diesem Zusammenhang mussten Konflikte als Instanz für Disput und Aggression angesehen werden; deshalb versuchte man sie zu vermeiden, um so ihren negativen Konsequenzen aus dem Weg zu gehen. Es hat sich erwiesen, dass diese Flucht falsch ist, da die ungelösten Konflikte damit keineswegs verschwinden, sondern zu neuen, komplexeren Problemen aufkeimen und so noch schwieriger effektiv zu bewältigen sind. In diesem Kontext erscheint die Mediation als konstruktive Antwort auf die Konflikte, da sie diese als Möglichkeiten für Wertelernen und persönliches Wachstum nutzt.

Im schulischen Umfeld, besonders in öffentlichen Schulen, sind die Personen dem Einfluss vielfacher psychosozialer Variablen ausgesetzt, die Wirkung auf das adäquate Funktionieren der Erziehungseinrichtungen haben. Diese Störungen führen zu Disputen, Aggressionenen und Groll unter den eigenen Schülern, und dies wiederum produziert ein Ambiente von Stress, in welchem der Lehr- und Lernprozess nachhaltig behindert wird.

Aus diesem Kontext heraus hat die Lehrerin Isabel Arroyo Yañez, Grundschullehrerin, nach der Teilnahme an der Pasantía 1998 in Berlin / Deutschland zum Thema „Strategien für die Einbeziehung sozialer Probleme in den schulischen Lehrplan" ein Projekt zur Einführung in ihrer Schule mitgebracht. Dieses wurde vom Direktor der Erziehungsbehörde sehr gut aufgenommen und zur Verbesserung des schulischen Miteinanders an allen sozialen Brennpunkten eingeführt.

Heute sind die schulischen Konflikte eine landesweit und auch in hohen Regierungskreisen, besonders im Schulministerium, anerkannte Problematik. Mit dem Ziel, auf diese Situation eine Antwort zu geben, hat die Ehrenwerte Stadtverwaltung von Chillán durch die kommunale Erziehungsbehörde beschlossen, auf den Vorschlag der Lehrerin und ehemaligen „Pasante" hin ein kommunales Komitee zur Schulmediation zu gründen.

Dieses Komitee setzt sich aus folgenden Personen zusammen:
- Isabel Arroyo Yañez, Koordinierungslehrerin, Familienmediatorin;
- Paulina Herrera Lagno, Sozialassistentin, Familienmediatorin;
- Antonio Ortega Manosalva, Psychologe, Familienmediator.

Das Komitee hat mit den Schulen, die sich freiwillig zur praktischen Umsetzung angeboten haben, ein Arbeitsprogramm entwickelt. Dies führte zu einer Piloterfahrung auf nationalem Niveau im Rahmen der Grundschulerziehung, die Antwort gibt auf die Fragen des schulischen Miteinanders. Des weiteren wird das Komitee durch das Erziehungsministerium von Señora Rosita Palma Sepúlveda, Mitglied der Arbeitsgruppe „Demokratisches schulisches Miteinander" der allgemeinen Erziehungsabteilung, unterstützt.

So wurde im Jahre 1999 nach der Feststellung, dass die örtliche Situation dieses Vorgehen erforderlich machte, eine Sensibilisierung in den Schulen zum entsprechenden Thema durchgeführt, um daraufhin eine Diagnostik der Schulen zu erarbeiten. Diese Arbeit konkretisierte sich im Jahr 2000 durch einen Weiterbildungskurs von 100 Stunden zum Thema: „Schulmediation: Gewaltfreie Lösung von Konflikten" (Zulassungsnummer des C.P. E.I.P.: Nr. 00-1354, 04. Mai 2000), der in zwei Gruppen mit insgesamt 60 Lehrern von 14 Schulen stattfand, die sich entschieden hatten, am Programm teilzunehmen. Es handelt sich um folgende Schulen:

1. Schule D-201 „Diego Barros Arana"
2. Schule D-202 „Los Héroes"
3. Schule D-228 „Libertador General Bernardo O'Higgins"
4. Schule D-232 „República de Israel"
5. Schule D-239 „República Federal de Alemania"
6. Schule D-244 „Gabriela Mistral"
7. Schule D-250 „República Italia"
8. Schule E-211 „La Castilla"
9. Schule E-235 „República Arabe Unida"
10. Schule E-241 „Rosita O'Higgins"
11. Schule E-254 „Reyes de Espana"
12. Schule E-255 „Juan Madrid Azolas"
13. Schule F-224 „Quilamapú"
14. Schule F-245 „Cardenal José Maria Caro"

Es bleibt hervorzuheben, dass das Komitee zur Schulmediation eine ständige Unterstützung für die regionale Erziehungsbehörde der VII. Region Bio-Bio in ihrem Pilotprojekt für die Abiturstufe „Zusammen für ein besseres Miteinander" darstellt. Darüber hinaus gibt es bis zum heutigen Tage ungefähr 240 Jungen und Mädchen aus den Klassen 4 bis 8 der besagten Schulen, die durch das Komitee als Schulmediatoren ausgebildet wurden. Parallel zur Ausbildung wurden mit Lehrern und den Mediatorschülern die Struktur und die Durchführung des Programms der Schulmediation definiert, die sich heute im pädagogischen Projekt der einzelnen Schulen wiederfinden.

Die Evaluierung des Programms erfolgte am 25. Oktober 2000 unter Teilnahme der MediatorenschülerInnen, weitergebildeter Lehrer, Direktoren der Schulen, Rosita Palma Sepúlveda vom Erziehungsministerium, Pablo Varas Fuenzalida (Regionalkoordinator des Programmes zur Vermeidung von innerfamiliärer Gewalt des SERNAM der VIII. Region) und Elizabeth Chávez Bravo (Koordinatorin der Weiterbildungsprogramme des Erziehungsministeriums der VIII. Region).

Bei dieser Gelegenheit wurde durch das Urteil der MediatorenschülerInnen festgestellt, dass die hauptsächlichen Konflikte, die die Kinder betreffen, folgende sind:

- Abwertung (Spitznamen);
- verbale Attacken;
- physische Aggression;
- Einfluss Dritter;
- Diebstahl innerhalb der Schule;
- Vorurteile und Gerüchte;
- Problematiken als Nebenprodukte der Spiele.

Die SchülerInnen betonten mit Nachdruck, dass das Programm eine Reihe von Elementen besitzt, die positiv auf ihre Schulen wirken, nämlich im Hinblick auf größere Toleranz, Respekt und Verbesserung des Betragens und das Erlernen der Fähigkeit, in Harmonie Beziehungen einzugehen und Unterschiede zu verstehen und zu akzeptieren.

Besondere Erwähnung und Anerkennung verdient die Anwendung der Techniken in ihren Elternhäusern, die die Brauchbarkeit des Programmes in den verschiedensten sozialen Kontexten unterstreicht.

Der momentane Stand des Projektes ist das Auf-den-Weg-Bringen der Mediationsteams in den Schulen und die Anwendung der Techniken durch die beteiligten Hauptakteure: die Mediatorenschülerlnnen, die Gruppen innerhalb der Schulen, die weitergebildeten Lehrer und das kommunale Schulmediationskomitee.

Eine Form, an der Entwicklung des Programmes zur Schulmediation in unserem Land mitzuwirken, ist, dass die Lehrerinnen María Elena Ahumada Munita und Isabel Arroyo Yañez ein Buch mit dem Titel: „Schulische Mediation: eine Strategie der Konfliktlösung" herausgebracht haben. Es ist in drei Kapitel und die entsprechenden praktischen Teile aufgegliedert, um diese mit SchülerInnen oder LehrerInnen durchführen zu können. Die Themen sind: Mediation von Konflikten – friedliche Lösung, integrale Erziehung und Entwicklung von Kindern, Bildungsreform und die Mediation unter Schülern und 12 Einheiten zur praktischen Weiterbildung von Mediatoren, in Zusammenhang mit den praktischen Erfahrungen in der Gemeinde Chillán.

Dieser Beitrag war möglich dank der Hilfe unserer Freundin, Frau Dr. Ilse Schimpf-Herken, die unser Projekt vertiefte und unterstützte, der DSE, die die Herausgabe von 1000 Büchern finanzierte, und unserer Kollegen, die unsere Unruhe und das Auf-den-Weg-Bringen dieses Projektes anregten.

Literatur:

UNICEF, *Estado mundial de la Infancia.* Santiago 1999 [Weltkinderbericht].

María de la Luz Pimentel Valencia

Ich bearbeite das Thema des behutsamen Umgangs

Für mich war die Pasantía in Berlin als Lehrerin und als Person ein sehr wichtiges Ereignis. Als Lehrerin entdeckte ich neue Lehrstrategien für meine Schüler, und als Person konnte ich viele Ideen zu Toleranz, Respekt gegenüber anderen, Lernen von anderen, Vorurteilen und Diskriminierung sowie Fragen der Geschlechtsspezifität und der Interkulturalität vertiefen. Darüber hinaus lernte ich neue Themen wie die Mediation zur Konfliktlösung, Theater gegen Gewalt und historische Erinnerung kennen. All dies sind Themen, die wir in Chile bisher nicht beachtet und entwickelt haben, weder zwischen Schülern noch zwischen Erwachsenen. Für mich wird diese Reise unvergesslich bleiben. Ich hatte die Möglichkeit, andere Länder und Städte kennenzulernen, Museen zu besuchen, Konzerte, Theater, Oper und Ballett zu genießen – alles Dinge, die für Bewohner der chilenischen Provinz durch die Entfernung zur Hauptstadt und auch durch das Fehlen der nötigen finanziellen Mittel meist mehr als schwierig sind.

Ich denke, dass alle Lehrer andere Länder, andere Realitäten und andere Menschen kennenlernen sollten, damit wir unsere Kriterien als Erzieher und Personen erweitern und unseren Schülern dieses geistige Rüstzeug vermitteln können. Es würde zuviel Raum einnehmen, hier all das Wunderbare zu erzählen, das ich sah.

Im folgenden möchte ich mich auf drei Projekte beziehen, die in der Schule als Ergebnis der Pasantía verwirklicht wurden. Als erstes haben wir seit 1999 bis zum heutigen Tag ein Projekt mit dem Titel: „Harmonie und Ruhe – ohne Gewalt verstehen wir uns besser" verwirklicht. Es wurde in meiner Schule (G 168 Cristina Durán de Rauten, Quillota) durchgeführt, in der wir alle – Schüler, Lehrer, pädagogische Unterstützungskräfte, Eltern und Freunde – daran gearbeitet haben, dass ein Klima frei von Gewalt, behutsam im sprachlichen Umgang, von Gefühl, Herzlichkeit und Ruhe einzog, auch wenn es sich um Kinder handelt, die aus ökonomisch schwierigen Situationen kommen und zu Hause sehr wenig Herzlichkeit erfahren.

Zum zweiten haben wir ein Projekt zur Konfliktlösung eingebracht mit dem Titel: „Lösen wir unsere Konflikte durch Mediation". Wir haben die Mediation, wie wir sie in Berlin kennengelernt haben, praktisch umgesetzt. Auch wenn wir nicht über einen Ruheraum und einen Bewegungsraum wie in Berlin verfügen, lösen die Schüler heute ihre Meinungsverschiedenheiten im Dialog und erarbeiten selbst ihre eigenen Kompromisse.

Das dritte Projekt heißt: „Lese- und Ruheräume in unseren Klassenzimmern". Mit Hilfe der Subzentren richtete jede Klasse eine Leseecke mit Sofa, Teppich und Büchern ein, ähnlich wie in der Integrationsschule Uckermark und in der Klasse von Christina Erk. Schüler, die ihre Aufgaben beendet haben, setzen sich dort hin und lesen ein Buch, bearbeiten ein Arbeitsblatt oder ruhen sich aus, ohne die anderen zu stören. Die Eltern aus schwierigen ökonomischen Verhältnissen haben hart gearbeitet, um das zu verwirklichen. Wir sind die einzige Schule in Quillota,

María de la Luz Pimentel Valencia war Teilnehmerin der Pasantía 1997.

die diese Neuerung im Unterricht verwirklicht hat. Die Schüler haben in jedem Klassenraum Kunststoffbehälter, in denen sie ihre Bücher und Schreibsachen verstauen können.

Alle diese Projekte wurden gut ausgewertet. Darüber hinaus habe ich auch das Thema der Beendigung des Autoritarismus zwischen Lehrern und Schülern in der Schule angesprochen und erfolgreich durchgesetzt; denn ich habe erfahren, dass auch „laut sprechen" eine Form des Autoritarismus ist. So widme ich mich dem Thema des „behutsamen Umganges" zur Unterstützung der Gefühle und des Respektes allen Personen gegenüber, der positiven Einstellung, des Dialoges, des Respekts für Vielfalt und gegen Diskriminierung.

Es hat alles sehr gut funktioniert: jede Evaluierung war sehr positiv, und heute arbeite ich in einer wundervollen Schule, die fröhlich ist – mit glücklichen Kindern, zufriedenen Eltern und arbeitsfreudigen Kollegen, die die Arbeit, die sie jeden Tag verrichten, zufrieden macht. Jetzt bin ich Direktorin dieser Schule, unterrichte aber weiterhin.

Auch habe ich die Mediation in mein Privatleben mit meinen Söhnen und meinem Mann einfließen lassen. Ich habe keine Angst mehr und flüchte nicht vor den Konflikten.

Außerdem habe ich mich damit beschäftigt, meine Pasantía und alle ihre Themen mit meinen Kollegen im Mikrozentrum „Pucará" des Programms MECE-Rural (Programm zur Verbesserung der Gerechtigkeit und der Qualität in der Erziehung) sowie meinen Kollegen in anderen Schulen in Quillota und mit Kollegen von Schulen aus dem Stadtzentrum zu besprechen.

Aber das allerwichtigste ist, dass sich mein Leben durch das, was ich in Berlin erfahren habe, verändert hat. Mein Leben hat sich verbessert, ich bin toleranter und respektvoller geworden, habe weniger Vorurteile, bin demokratischer, frei von Gewalt, ruhiger, herzlicher etc. All dies bereichert mein Familienleben, das Leben meiner Eltern und vor allem das meiner Kinder. Meine Schüler haben heute eine Lehrerin mit erweitertem Horizont, die immer offen ist für ihre Sehnsüchte und ihre Beunruhigungen und die fähig ist, zuzuhören.

Gustavo Alejo Ahumada Munita

Das Radioprogramm *Vagamundos*

Das Radioprogramm *Vagamundos* entstand auf Initiative einer Gruppe von Lehrern, die alle im Januar des Jahres 2001 am Weiterbildungsseminar über „Werte und Haltung der Lehrer in der Bildungsreform" in Buin, in der Nähe der Hauptstadt unseres Landes, teilgenommen haben. Die Hauptmotivation hinter dieser Initiative war, durch ein Medium – in diesem Fall das Radio – die Gedanken, Berichte und Schlussfolgerungen zu verbreiten, die das ideologische und reflektorische Gerüst dieses Seminars darstellten. Man dachte bei diesem Programm hauptsächlich an eine sinnvolle Unterstützung im Hinblick auf die neuen Herausforderungen, die die pädagogische Arbeit in unserem Land aufwirft.

Einer der grundlegenden Gedanken besteht darin, dass die verschiedenen Teile der Gesellschaft, die in die Erziehung eingebunden sind, wie Lehrer, Schüler und Eltern, sich in einer integrativen und nicht einander ausschließenden Art und Weise an der Reflexion darüber beteiligen, was das Ziel unserer pädagogischen Arbeit sein soll, und zwar entsprechend den neuen und verschiedenen, nebeneinander existierenden Realitäten der Erziehung in Chile.

Aus dieser Perspektive stellte das Seminar in Buin eine neuartige Unterstützung für viele der dort Anwesenden dar. Es half ihnen, ihre pädagogische Praxis aus anderen Blickwinkeln zu betrachten und so zu bereichern. Ohne Zweifel ist das Klassenzimmer ein begrenzter und begrenzender Raum des erzieherischen Prozesses, und so war es notwendig geworden, über ihn hinaus zu gehen, um sich in die Gemeinschaft zu begeben, die praktisch völlig in die Alltagsbeschäftigungen der Erziehung einbezogen ist und so einen anderen und, wenn man so will, einen entgegengesetzten Blick auf den erzieherischen Alltag hat. Dies geschieht dadurch, dass wir uns der Schlüsselthemen unserer alltäglichen Realität annehmen. Wir folgen der Perspektive Freires und beziehen die ganze Gemeinschaft in einen Prozess ein, den wir als „Entschweigung" der gemeinsamen Themen bezeichnen können, die in der einen oder anderen Weise unsere sozioerzieherische Realität berühren. Konkret übersetzt und zeigt sich das in der Kommunikation mit den Hörern des Programms über das Telefon und/oder den Kontakt per E-mail.

Das thematische Fundament der Sendung *Vagamundos*, die wöchentlich eine Stunde im laufenden Radioprogramm ausgestrahlt wird, sind Reflexionen über Fragen wie die Rettung unserer Erinnerung in der Erziehung, die vorherrschenden pädagogischen Modelle in der erzieherischen Praxis, der Bezug zur ökonomischen Realität der Schüler und/oder Eltern und die Entwicklung der Organisationssituation der Lehrer und Erzieher in Chile.

Als die Gruppe der Kollegen die Notwendigkeit und die Machbarkeit des Radioprojektes analysiert hatte, nahm man Kontakt mit der Radiostation *El Canelo de Nos* und ihrem Direktor Fernando Quilaleo auf. Mit ihm wurde ein Arbeitstreffen vereinbart, um die radiotechnischen Möglichkeiten des Projektes abzuklären. Das Treffen hatte sehr positive und sofort wirksame

Gustavo Alejo Ahumada Munita ist Lehrer.

Resultate, da Señor Quilaleo seine Zustimmung gab und selbst großen Enthusiasmus für das Projekt Radio *Vagamundos* zeigte.

Es ist notwendig zu erwähnen, dass uns der Direktor des Radios *La Canela de Nos* für zwölf Wochen ab dem 27. März des Jahres 2001 wöchentlich eine Stunde zur Verfügung stellte. An diesem Tag wurde zum ersten Mal das Programm der *Vagamundos* ausgestrahlt. Es bleibt zu bemerken, dass die uns zur Verfügung gestellte Sendezeit 120 000 chilenische Peso [ca. 200 US-Dollar] pro Ausstrahlung kostet und dieser Betrag auf irgendeinem Weg (Förderung oder Werbung) ab der 13. Ausstrahlung finanziert werden musste.

Parallel dazu deutete sich die Idee an, von der „Muttererfahrung" des Programmes *Vagamundos* ausgehend eine Reihe von Mikroprogrammen mit nicht mehr als fünf oder zehn Minuten Dauer zu produzieren, die sich mit spezifischeren Themen beschäftigen sollten. Durch ihren unterhaltenden Charakter und die Themen, die die Reflexion der Hörer anregen, sollen diese dazu bewegt werden, den Prozess und die Rolle, die der oder die einzelne in ihm einnehmen, kritisch zu beleuchten.

Der Standpunkt des Direktors des Programmes *La Canela de Nos* war, dass diese Mikroprogramme einen vom Programm *Vagamundos* unabhängigen Charakter haben sollten; es sollte nicht nur eine teilweise Wiederholung der gesendeten einstündigen Programme in Teilen geben, sondern ausgearbeitete spezifische Angebote vom Standpunkt der Praxis aus. Es bleibt anzumerken, dass sich die Idee der Mikroprogramme aus finanziellen und zeitlichen Gründen noch nicht hat verwirklichen lassen.

Das Radio-Team besteht aus den Lehrern Mónica Bravo, Ana Salazar, María Elena Ahumada, Carlos Vega und Gustavo Ahumada, die alle an dem Seminar in Buin und/oder an der Pasantía „Strategien zur Einbeziehung der sozialen Probleme in den schulischen Lehrplan" teilgenommen hatten.

Die Themen des Programmes werden in Teilen von jedem einzelnen der Federführenden vorgestellt und unterliegen seiner Verantwortung. Dem Thema der Erinnerung zum Beispiel wird eine Reflexion über Personen oder Ereignisse der chilenischen Erziehung zu Seite gestellt, in welchen sich ihre Bedeutung, die sie zu ihrer Zeit für die Entwicklung des schulischen Curriculums einnahmen, verdeutlicht. Im Kapitel „Lasst uns erinnern" haben Sozialreformatoren, Denker und Lehrer Platz gefunden – einige von ihnen sind Opfer der Diktatur geworden, wie auch Politiken oder Reformen, welche in der Vergangenheit zu einer besseren Entwicklung unserer Erziehung beigetragen hatten und welche durch die Autoritäten des Erziehungswesens eingeführt, später aber durch das autoritäre Militärregime zerstört wurden.

Ein anderer Baustein sind die Selbstzeugnisse von Kindern und/oder Eltern über ihre Vorstellung, was ihre Erfahrung mit Erziehung, sowohl inner- als auch außerhalb der Schule ist. Sie werden über ein Live-Interview oder ein vorher aufgezeichnetes teilnehmen, das später in einem Reflexionsteil durch die festen Mitarbeiter des Programmes und eventuelle Gäste im Studio, aber auch durch die Anrufe von Hörern kommentiert wird.

Das Darstellen durch die Dramatisierung von Situationen im Bezug auf die schulischen Aktivitäten ist eine weitere Form, über die verschiedene Themen der Reflexion im Programm „Vagamundos" vorgestellt oder unterstützt werden. Diese Arbeitsform wird genutzt, weil sie vom Standpunkt des Radios aus eine Vielfalt von Möglichkeiten nutzbar macht und zum anderen eine eindrückliche Übermittlung der Inhalte erlaubt, den Hörer einbezieht und sein Interesse für das behandelte Thema weckt. Hierbei wird von dem schon beschriebenen Segment der Dramatisierung zu einem Programmteil der Reflexion des dargestellten Themas übergegangen.

Die Erziehungsgewerkschaft, wenn auch nicht formell und offiziell nimmt ebenso einen Raum im Programm „Vagamundos" ein. Dafür bedient man sich der Mitarbeit des Lehrers Carlos Vega im festen Team. Er ist Vorsitzender der Gewerkschaft auf kommunalem Niveau, dessen Beiträge mit der Aktivität der Gremien oder mit dem spezifischen Standpunkt der Gewerkschaft über die verschiedenen Instanzen, die das erzieherische Tun in unserem Land bestimmen, in Beziehung stehen. Deshalb – und da es sich um eine lebenden Organismus mit offiziellem Charakter im ganzen Land handelt – ist es wichtig, dies in Bezug auf mögliche zukünftige Verknüpfungen des Programmes mit anerkannten Institutionen des Erziehungswesens zu tun.

All diese Bausteine werden durch den Moderator des Programms verbunden. Diese Rolle übernimmt einer der Mitarbeiter. Die Themenblöcke wechseln sich mit bekannten Musikstücken nach dem allgemeinen Geschmack der Anwesenden ab, wobei immer zu berücksichtigen ist, dass sich unsere Hörer aus verschiedenen Alters- und Interessengruppen zusammensetzen. Die Reflexionsthemen werden durch spezielle Jingles angekündigt; dieses hilft die einzelnen festen Inhalte zu identifizieren.

Das Programm „Vagamundos" ist eine Übung der Rundfunkpädagogik auf der Suche nach alternativen Räumen außerhalb der Klassenzimmer und Schulen und nach den verschiedenen Schichten, die Teil des Erziehungsprozesses sind. Die kritischen und selbstkritischen Übungen über die erzieherische Arbeit und die Analyse stellen zentrale Elemente des Programms dar, welches weit davon entfernt ist, dirigiert oder beschnitten zu werden. Dies ist das Resultat einer Reflexion, die von verschiedenen theoretischen Ideen ausgeht und in einigen Fällen von einer Krise der pädagogischen Praxis. Die rechtmäßigen Interessen der Gemeinschaft und der Respekt für verschiedene pädagogische Visionen prägen den experimentellen und erforschenden Charakter dieser Rundfunkerfahrung.

„Vagamundos" ist ein Ausdruck der Interkulturalität und entstand aus den brasilianischen Ideen und den deutschen Theorien, die sich mit pädagogischen Erfahrungen aus dem Süden von Chile verflechten, die wiederum von anderen europäischen und nordamerikanischen Lehren aufgegriffen werden. Die Vielfalt wird anerkannt und fügt sich auf nichtlineare Weise ein – oder vielmehr: sie schweift umher („vagabundiert"). Es ist keine Mehrfachvision, sondern eine umherschweifende Vision, eine Suche, die sich nicht im Finden festhält, sondern das Gefundene aufnimmt, um weiter zu suchen.

Ein starres Konzept kann nicht in der Tiefe behandelt werden, deshalb charakterisiert eine offene und abschweifende Form das Programm, welches so wirkungsvoll dem Rundfunkcharakter gerecht wird. So ordnet es sich in einem Plan der Horizontalität ein, der ein weites Spektrum der Möglichkeiten eines Hörfunkprogrammes umschließt, wenn man mehr in qualitativen als in quantitativen Termini spricht.

Carlos Alberto Vega Pizarro

Geteilte Verantwortung:
Krise des Bildungswesens oder Krise der Gesellschaft?

Die Schulen erleben gewalttätige Zeiten, und nichts kann die unermessliche Verzweiflung des Todes oder der irrationalen Aggressionen unter den Schülern verhindern.

Luis Alberto Gutiérrez Nitor, 16 Jahre; Natalie Angie Cáceres, 14 Jahre; Natalia Alejandra C. M.; Francisco Berroeta Montecinos, 14 Jahre; Ariel Roa Unzueta und Ricardo Pitrón – das sind die Namen einiger Schüler, die durch Gewalt getötet oder schwer verwundet wurden.

Gewöhnlich senden die Jugendlichen Warnsignale an ihre Eltern und ihre Familie, welche auf den momentanen physischen und psychischen Konflikt zurückzuführen sind, der durch die Adoleszenz hervorgerufen wird. Dies aber sind herzzerreißende Warnschreie an die ganze Gesellschaft: „Wenn man uns Gewalt entgegenbringt, so antworten wir mit Gewalt."

Es ist weithin bekannt, dass der Entwicklungsabschnitt der Adoleszenz einen Kampf zwischen dem Verlassen der Kindheit und der Annahme des Erwachsenseins darstellt. Es handelt sich um einen Moment, in dem die Verdichtung von Energien Widersprüche erzeugt, die in Funktion der individuellen und gemeinsamen Geschichte zutage treten, welche die Jugendlichen gelebt haben oder noch leben werden.

Bei dieser Suche nach ihrer persönlichen und sozialen Identität haben diese Vorbilder einen grundsätzlichen Charakter, um sowohl angenommen als auch zurückgewiesen zu werden. Auf diesem Hintergrund senden die familiäre Realität oder die entsprechenden sozialen Umstände gefährliche Signale für das Verhalten wie Aggression, Individualismus, Wettbewerb oder die Nichttranszendenz des Lebens.

Die Heranwachsenden kopieren oder assimilieren die Botschaften der Gesellschaft ebenso wie die der Erwachsenen, und auch wenn sie diese nicht teilen, so sind diese Verhaltensweisen doch nichts weiter als eine Form, sich in Situationen zu behaupten, die man nicht kontrollieren kann, die aber das Überleben ermöglichen.

Gesellschaft

Die Arbeitslosigkeit hat beunruhigende Ausmaße erreicht: die offiziellen Zahlen liegen bei 8,5 % auf nationalem Niveau und sogar noch höher, wenn man sich an den Untersuchungen orientiert, die an der Universidad de Chile gemacht wurden Außerdem zeigen die offiziellen und wirtschaftlichen Erwartungen für die kommenden Monate einen erwarteten Zuwachs auf 9 oder 10 % Arbeitslosigkeit an.

Carlos Alberto Vega Pizarro ist Lehrer der Oberschule 239 „Diego Aracena Aguilar" in der Gemeinde Lo Barnechea von Santiago de Chile, Region Metropolitana und nahm 1999 an der Pasantía teil.
Kontakt: karlveg@yahoo.com

Und es gibt noch einige viel dramatischere Zahlen: nach Angaben des staatlichen Statistik-instituts INE erreicht die Arbeitslosigkeit unter den Jugendlichen 20,5 % bei den 15- bis 24-Jährigen und 15,95 % bei den 20- bis 24-Jährigen.

Auch wenn es unnötig erscheint, so muss man doch an die gravierenden psychosozialen Aus-wirkungen erinnern, welche die Arbeitslosigkeit in der Familie und in der Gesellschaft hervor-ruft. Die Frustration, wie sie normalerweise auftritt, geht in verzweifelte Verhaltensäußerungen von Aggression und Gewalt über.

Damit unlösbar verbunden ist der Faktor der Werte. Die neuen Generationen beobachten und assimilieren Konzepte und Botschaften, in welchen sich nicht die menschlichen transzen-denten Werte wie Gerechtigkeit, Gleichheit oder Brüderlichkeit widerspiegeln. Die Realität schickt widersprüchliche Signale, uneindeutig oder völlig gegensätzlich gegenüber dem, was man gewohnt ist. Die guten Vorsätze werden vom Gewicht der Ereignisse erdrückt.

Erziehung

Von diesen Ereignissen tief betroffen, beklagt die Lehrergewerkschaft den Tod der Schüler. Es hat sich gezeigt, dass diese Ereignisse es den Lehrern zur Pflicht machen, eine tiefgründigere De-batte über die Ursprünge dieser Verhaltensweisen zu führen. Die Werteerziehung, die Rolle des Staates und der Familie in der Erziehung, die strukturelle Armut und das Fehlen von Gleich-heit und Qualität im Unterricht in den ärmeren Gemeinden sind nur einige der Sorgen, die zur Sprache kommen sollten.

In diesem Sinne hat die Gewerkschaft einige Aspekte des Erziehungssystems, die durch die Bildungsreform materialisiert werden, kritisiert. Die Orientierung an einer „nachhaltigen" Aus-bildung von Frauen und Männern, für die Arbeit qualifiziert, verstärkt wieder die Idee einer „qualifizierten Arbeitskraft".

Aufgrund der anfallenden Kosten sind die Stadtverwaltungen für ihren Teil unfähig, in die Erziehung mehr zu investieren. Die Ungleichheit spiegelt sich besonders darin wieder, dass die besser situierten Kommunen eine Erziehung mit hochwertigeren Materialien im Hintergrund bieten können; dies stellt eine augenscheinliche Ungleichheit in bezug auf die Ärmsten dar.

Die Krise der Familie ist ein anderer wichtiger Faktor, da die Mitglieder dieses Verbandes gegenüber einer aggressiven äußeren Realität nicht darauf vorbereitet sind, diesem Angriff der Desintegration zu widerstehen. Die Jugendlichen sehen sich ohne Rückhalt aus dem Nest ver-stoßen, das sie verlassen sollen.

Schlussfolgerung

Und welches ist die Antwort der organisierten Gesellschaft bis zu diesem Moment gewesen?

Einige Abgeordnete schlugen zum Beispiel vor, den Direktoren der Schulen das Recht zu geben, „die Taschen der Kinder zu kontrollieren" und ein polizeiliches Kontroll- und Über-wachungssystem rund um die problematischen Schulen und Gymnasien zu installieren. Eben-so stimmten sie einer Veränderung des Gesetzes zur Waffenkontrolle zu und sind bereitwillig, ihre Zustimmung in bezug auf die Herabsetzung des Alters für die Straffähigkeit Minderjähri-ger auszudrücken.

So werden die Jugendlichen weiterhin attackiert, und man eröffnet ihnen keine Möglichkeiten der Aufnahme und Teilnahme an der Gesellschaft. Gegenüber dieser Situation hat die Lehrergewerkschaft folgendes vorgeschlagen: „Bevor man die Jugendlichen verurteilt, bevor man die armen Kommunen stigmatisiert als Ort von Verbrechern, wo das Recht des Stärkeren herrscht, ist es notwendig, das zu überdenken, was man tut, um diese Situationen zu verhindern, was wir für die Jugendlichen tun."

Die Gewerkschaft verleiht der Idee Nachdruck, dass die Verantwortlichen endlich verstehen müssen, dass die Lösung über eine präventive Erziehung führt, die Schaffung von mehr Schulen und eines Erziehungssystems, das wirklich diesen Jugendlichen Möglichkeiten anbietet, ihnen, die mit Marginalisierung konfrontiert sind, die gegen ein System rebellieren und die sogar ihren Klassenkameraden gegenüber Gewalt ausüben in einem makaberen Spiel, das manchmal mit dem Tod endet.

Um diesem Phänomen der Gewalt in Schulen und Gymnasien durch unsere Schüler gegenüberzutreten, ist außer der Mitarbeit der Verantwortlichen des Bildungswesens die der ganzen Gesellschaft und im besonderen die der Lehrer notwendig. Aber grundsätzlich ist es unerlässlich, Schluss zu machen mit der wachsenden ökonomischen und kulturellen Ungleichheit, die jeden Tag in unserem Land dramatischer wird. Sie ist dafür verantwortlich, dass unsere Schüler ihre Zukunft mit Pessimismus sehen und dass wir als Lehrer weiterhin die enorme Verantwortung allein zu tragen haben, dieses soziale Problem zu lösen, welches die Gesellschaft und der Staat in unverantwortlicher Weise nicht annehmen wollen.

Staatlich subventionierter Mittagstisch

Gladys Noemí Elgueta Mansilla

Reflexionen zur heutigen Schule: Strategien zur Unterstützung der Familie

Die vorliegende Reflexion entstand im Zusammenhang mit meiner Erfahrung als Teilnehmerin an der Pasantía „Strategien zur Einbeziehung sozialer Probleme der Gesellschaft in den schulischen Lehrplan", die 1999 in Berlin (Deutschland) stattfand.

Jeden Tag sind wir in der Schule mit Situationen konfrontiert, die uns veranlassen, unser Konzept von Vielfalt ebenso zu hinterfragen wie Werte und Menschenrechte, aber auch andere Themen, die in unserer Gesellschaft Bedeutung haben. Wir Lehrer sollten uns besonders verantwortlich fühlen für die Ausbildung der neuen Generationen, die befähigt werden sollen, eine gerechtere Welt mit mehr Solidarität, mehr Freiheit und mehr Demokratie zu schaffen.

In diesem Sinne verstehe ich die demokratische Schule als soziales Konstrukt im Heute und Jetzt, mit besonderem Blick für Erinnerungen und mit der Idee, eine bessere Zukunft zu schaffen. Eine gute Schule für die Kinder ist immer auch die beste Schule, um gute Erzieher auszubilden.

Diese Schule sollte außerdem an dem Entschluss festhalten, eine humanere Welt zu schaffen, die es uns erlaubt, jede Person als Individuum zu behandeln und sie mit ihrem politischen, sozialen und familiären Kontext in Verbindung bringen.

Verständnis und Wertschätzung für andere Familienkonzepte

In bezug auf das Konzept von Familie müssen wir feststellen, dass in der Schule, die mit Schülern und Schülerinnen aus sozial schwierigen Verhältnissen arbeitet, sich andere Schemen präsentieren, die es wert wären, von der gültigen Gesetzgebung anerkannt zu werden. Es handelt sich um eine Realität, die auch ein Recht darauf hat, angehört und geschützt zu werden.

Es ist nicht mehr möglich, das Konzept der Familie einzig und allein traditionell zu betrachten – als die Mutter zu Hause blieb und die Kinder betreute, während der Vater der große Ernährer war. Es ist eine Tatsache, dass andere Typen von Familien existieren und eine andere soziale Situation aufwerfen. Die Lehrer erkennen, beobachten und analysieren diese Situation, aber es fehlen ihnen die notwendigen Mittel, um der dieser Diversität innewohnenden Problematik wirkungsvoll zu begegnen. Als Beispiel der Fall einer Familie, die sich zusammensetzt aus der erwerbstätigen Mutter als Haushaltsvorstand, einigen Kindern im schulpflichtigen Alter und einigen jüngeren Kindern, die normalerweise in der Obhut eines „Onkels" aus der Familie oder der Nachbarschaft bleiben. Manchmal, im besten Fall, kann die Mutter auf die Dienste eines Kindergartens zählen – vorausgesetzt, er ist ökonomisch finanzierbar.

Gladys Noemí Elgueta Mansilla ist Orientierungslehrerin der Grundschule E-5 „Capitán Juan de Ladrillero" in Puerto Natales, Region Magallanes und chilenische Antarktis, und Pasantía-Teilnehmerin 1999.
Kontakt: gelgueta@profesoresmix.com

Es gibt auch andere Typen von Familien, wie die mit einer Tante, einer Patin oder einer Großmutter, die sich um alle Bedürfnisse des Kindes kümmert, wie seine Ernährung, seine Kleidung und Erziehung. Es ist wichtig, dass die Kinder diese Situation mit der notwendigen Normalität erleben, sich geliebt fühlen und einer Familie zugehörig wissen. Nur so wird es möglich sein, dass ihre Entwicklung auf emotionalem Gebiet ganzheitlich verläuft: indem sie eine Quelle der Liebe erleben, die zwar anders als die normale, aber nicht weniger herzlich ist.

Wir müssen akzeptieren, dass auch diese Art von Struktur eine Familie darstellt, und dementsprechend sollten der Staat und die Gesellschaft oder die entsprechenden Institutionen positiv auf diese Tatsache reagieren.

In diesem Sinne hat die Gesellschaft langsam das Netz zum Schutz von Minderjährigen mit Verhaltensauffälligkeiten, von Behinderten und verlassenen Kindern verbessert. Es wurden vom Staat oder von privaten Wohlfahrtsinstitutionen getragene Heime und Zentren geschaffen, die eine familienähnliche Struktur aufweisen und so dem Kind die Befriedigung seiner Grundbedürfnisse sichern.

Die Schule als Förderer von Aktivitäten

Betrachten wir die Schule von der Idee aus, dass sie ein demokratisches Wesen hat, und verstehen wir die Familie mit einem offeneren Konzept als das übliche, so können wir es uns gestatten, die Eltern und Elternvertreter zu fragen, ob sie eine Reihe von Aktivitäten zur Erweiterung ihrer eigenen Bildung wünschen.

In diesem Fall, wenn die Familie an den Aktivitäten der Schule beteiligt ist, verbessert sich – das haben Studien mit diversen Charakteren bewiesen – der schulische Erfolg ebenso wie das Betragen der Kinder. Denn Eltern, die selbst die Grundschule nicht beendet haben, finden sich nur unter größeren Schwierigkeiten in die sozialen und technologischen Veränderungen der modernen Gesellschaft hinein, und dies bedeutet auch, dass den Kindern sehr oft die Unterstützung und der Schutz gegenüber den vielen Risiken fehlen, den sie ausgesetzt sind.

Aus all diesen Gründen ist es unerlässlich, ein System zu etablieren, dass es der Familie erlaubt, ihre Bildung zu vervollständigen. Dies kann über verschiedene Modalitäten geschehen; geeignet wäre der Weg der Fernbildung, ebenso mobile Unterstützungsgruppen für die Eltern in verschiedenen Wohnbezirken.

Aber der wichtigste Schritt ist ohne Zweifel, die Eltern durch verschiedenste kulturelle Aktivitäten zu erreichen. In diesem Sinne müssen sich die Direktorien, die Verwaltungen und die Lehrer vereinen, um das Interesse der Familien zu wecken. Für dieses Ziel ist es notwendig, einen Fragebogen mit verschiedenen Vorschlägen zu formulieren, der es – einmal analysiert – erlaubt, die Vorlieben jedes einzelnen zu erfassen. So könnte man die durch die Mehrheit ausgewählten Alternativen als Kurse oder Aktivitäten einrichten und diese Kurse mit der Hilfe von Institutionen oder spezialisierten Organisationen erteilen. Zum anderen wäre es interessant, mit multidisziplinären Teams zu arbeiten, um Themen mit einem großen sozialen Einfluss zu begegnen, wie zum Beispiel familiäre Gewalt, Diskriminierung, Drogen und Delinquenz.

Grundlegend aber ist, dass sowohl Eltern als auch Lehrer auf ein interaktives pädagogisches System zählen, in dem sich die einen wie die anderen weiterbilden können, und dass die Institutionen bereit sind, bei der Durchführung und Unterhaltung der Materialien, die dies ermöglichen, mitzuhelfen.

Pedro L. Osses Calquín und Mitglieder der Schulkonferenz der Schule „Lago Vichuquén"

Die Schulordnung der Schule „Lago Vichuquén"

Entsprechend der Analyse der sozialen Problematik, wie wir sie in der Weiterbildung in Berlin im Jahre 1998, kennengelernt hatten, stellten wir uns an unserer Schule der Herausforderung, ein pädagogisches Projekt zu entwickeln und durchzuführen. Berlin war für uns eine bereichernde Erfahrung in der Weiterbildung und beim Erwerb von Kenntnissen. Das besagte Projekt sollte einige der vielfältigen Probleme einbeziehen, mit denen wir tagtäglich in unserer Kommune – zu der auch die Schule gehört, in der ich als Lehrer arbeite – konfrontiert sind.

Im ersten Moment erschien das Projekt ein wenig zu ehrgeizig, zu komplex und nicht realisierbar, weil es viele Bereiche der Gemeinde mit einbezog. Das Projekt erhielt den Namen „Für mein Recht, ein Kind zu sein" und sollte Auswirkungen auf die Entwicklung der Autonomie der Mädchen und Jungen haben sowie praktische Übungen für die drei wichtigsten Teilnehmergruppen des Lehr- und Lernprozesses vorschlagen: SchülerInnen, LehrerInnen und Familien. Um dieser Herausforderung gewachsen zu sein, ist nicht nur die gemeinsame Reflexion notwendig, sondern auch die Nutzung einiger Techniken, die während der Weiterbildung behandelt wurden (Mediation, geschlechtsspezifische Unterrichtsplanung usw.). Insbesondere sollten die sogenannten Querschnittsthemen [objetivos fundamentales transversales] eine konkrete Umsetzung im Lehrplan finden.

Die Durchführung des Projektes war nicht einfach, besonders wegen der breiten Fächerung des Arbeitsgebietes. Aber die ersten Schritte konnten erfolgreich gemacht werden, ausgehend von folgenden Punkten:

- der Veränderung der Unterrichtspraktiken der Lehrer in der Schule;
- der Beachtung und Einbeziehung der Probleme der Gemeinde in die Projekte, die die Schule formuliert hat (Projekt zur pädagogischen Verbesserung, Internetvernetzungsprojekt, schulische Integration behinderter Kinder, Gesundheit etc.);
- der Nutzung der Techniken für die direkte Arbeit mit den Familien; und
- der Einbeziehung dieses Themas in die Formulierung des PADEM.

Für unsere Schule ergab sich nach diesen Reflexionen die Notwendigkeit, eine Schulordnung zu erarbeiten. Sie sollte vor allen Dingen die Menschenrechte und besonders die Rechte der Kinder berücksichtigen. Mit der Einführung einer Schulkonferenz im Monat März 2000, in der Lehrern und Eltern gemeinsam vertreten waren, gingen wir die Aufgabe an.

Als Ergebnis vieler Tage Arbeit hielten wir im Dezember einen ersten Entwurf der Schulordnung (Normen des Zusammenlebens) in den Händen. Die individuelle und gemeinsame Teilnahme der Eltern und Schüler war das wichtigste, denn so erarbeiteten sie, mit der Hilfe der Lehrer, selbst ihre Rechte und Pflichten. Für das Jahr 2001 wurden folgende Arbeitspunkte aufgestellt:

Pedro L. Osses Calquín war Kursteilnehmer 1998

- Fortsetzung der Reflexion dieser Normen des Zusammenlebens und ihrer Evaluation,
- Gründung eines Schülerzentrums für die Schule,
- Formulierung der Regeln für das Zusammenleben der Lehrer,
- Einführung der Mediation als einer Form der friedlichen Konfliktlösung.

Als Beispiel für die auf den Weg gebrachten Projekte dieser Weiterbildung möchte ich hier kurz das erarbeitete Material der schulischen Gemeinschaft vorstellen. Es stellt ohne Zweifel einen großen Fortschritt im bezug auf die Demokratisierung der Schule und die Annahme der Herausforderungen der Bildungsreform dar.

SCHULORDNUNG DER SCHULE „LAGO VICHUQUÈN"

Einleitung

Das vorliegende Dokument gliedert sich in folgende Unterpunkte:
- Die Vorgeschichte im ersten Teil, in welcher der Prozess der Erarbeitung der Schulordnung vorgestellt wird.
- Im zweiten Teil werden die für die Schulordnung grundlegenden Begriffe genau definiert.
- Der dritte (ausführlichste) Teil bezieht sich in drei Kapiteln auf die zentralen Themen des Regelwerkes: die Partizipation, die Organisation und die Kommunikation,
- Im Schlußteil werden allgemeinen Mechanismen der Evaluierung der Schulordnung wiedergegeben.
- Es wird außerdem die verwendete Literatur angeführt.

Vorgeschichte

Dieses Regelwerk entstand aus einer Notwendigkeit für die Mitglieder der schulischen Gemeinschaft. Sie wollten sich auf ein Instrument stützen können, das die Entwicklung des pädagogischen Projektes der Schule unterstützte. So bildeten sich im Laufe des Jahres verschiedene Arbeitsgruppen aus Eltern, Lehrern und Schülern. Die Ergebnisse dieser Arbeitsgruppen stellten eine wichtige Unterstützung für die Realisierung unseres Projektes und die gemeinsame Ausarbeitung einer Schulordnung dar, die sich an den Bedürfnissen der Arbeit und des Zusammenlebens orientieren sollte. Die so entstandenen Regeln und Vereinbarungen bildeten die Grundlage für dieses Dokument.

Die Schritte bei der Erarbeitung des Regelwerkes waren folgende:
- 04. April 2000: Gründungsversammlung des CEPA unter der Anwesenheit der Klassenleiter und der Mitglieder der Lehrerkonferenz.
- April bis Juli 2000: Erarbeitung von Regeln auf Klassenniveau (durch Eltern und Schüler).
- September 2000: Zusammenstellung der in der vorhergehenden Etappe erarbeiteten Regeln und ein erster Vorschlag für die Gliederung der Schulordnung.
- Oktober 2000: Analyse des erarbeiteten Dokuments, Vertiefung der Begriffsdefinitionen und –grundlagen.

- November 2000: endgültiger Vorschlag für die Gliederung der Schulordnung und Endredaktion des Dokuments.

Die Arbeit entwickelte sich auf Initiative der Schulkonferenz zusammen mit den Lehrern, dem CEPA, den Elternvertretern der Klassen, sowie Schülern und Eltern im allgemeinen im Zeitraum von April bis Juli 2000. Die Schulkonferenz übernahm dabei die Erarbeitung des zweiten Teils der Schulordnung über die Aufgaben der Lehrerkonferenz und auch die Grundfrage der Gliederung des Dokumentes ebenso wie die Erarbeitung der Grundelemente der Schulordnung: Partizipation, Organisation und Kommunikation.

Allgemeine Definitionen

Wir verstehen die Schulordnung als:
- ethischen Werterahmen, der die Realisierung der Vorschläge und institutionellen Ziele erleichtert und vorantreibt, und als
- Orientierungsinstrument für die Erarbeitung der Normen und Übereinkünfte über Arbeit und Zusammenleben, die für die Mitglieder der schulischen Gemeinschaft gelten, die aus Organisationen auf den verschiedenen Niveaus besteht (CEPA, Klassenelternvertreter, Lehrerkonferenz, Klassenschülervertretung und Schülerrat). Eine sich daraus ergebende Aufgabe ist die Koordination dieser Organe für die Realisierung des pädagogischen Projekts der Schule.

Das vorliegende Regelwerk basiert auf der Idee dreier verschiedener Ebenen, aus denen die schulischen Gemeinschaft besteht:
- Die Schule insgesamt, als die offenste Ebene, deren grundlegende Rolle das Vorantreiben und die harmonische Integration der verschiedenen Organisationen ist, die die Mitglieder der schulischen Gemeinschaft formen. So wird die Entwicklung eines systematischen Arbeitsplanes für das Pädagogische Projekt der Schule (PEI) ermöglicht. Diese Ebene wird durch die Schulkonferenz repräsentiert;
- Die schulischen Organisationen, dargestellt durch die Mitglieder der schulischen Gemeinschaft: CEPA, Lehrerkonferenz, Schülerzentrum;
- Die Klassen als kleinste, aber fundamentale Zelle der Organisation und des Funktionierens der schulischen Gemeinschaft, die durch die Klassenelternvertretungen, den Klassenlehrer und den Klassenschülerrat vertreten wird.
Die Grundsäulen dieses Regelwerkes entwickeln sich durch die Konkretisierung der Dualität Rechte und Pflichten für jedes der drei Grundelemente.

Ziele

Als Grundpfeiler der Schulordnung der Schule „Lago Vichuquén" wird die Beziehung der Mitglieder der schulischen Gemeinschaft (SchülerInnen, Väter und Mütter, Lehrer, die Arbeit der Lehrer unterstützende Angestellte und die örtliche Gemeinde) angesehen. Diese haben eine wichtige Funktion für die Verwirklichung des Pädagogischen Projektes der Schule (PEI). In diesem Sinne sind die Ziele der Schulordnung folgende:

- Die Unterstützung bei der Einhaltung und dem Respekt gegenüber den Rechten und Pflichten der Mitglieder der schulischen Gemeinschaft,
- Die Stärkung der aktiven, informierten und verantwortlichen Partizipation der Mitglieder der schulischen Gemeinschaft bei der Realisierung des PEI und
- Die Erleichterung der Schaffung von Bedingungen die ein geeignetes Klima für die Arbeit der Schule darstellen.

Literatur:

1. Generalversammlung der Vereinten Nationen (1989), „Kinderrechtskonvention, angenommen von der UN-Vollversammlung am 20. November 1989."
2. CODEPU, Programm für Erziehung und Promotion, „Los derechos del niño en el ambito escolar" [Die Rechte der Kinder in der Schule].
3. Verfassung der Republik Chile.
4. Vereinte Nationen, Universale Deklaration der Menschenrechte vom 12. August 1949.
5. DEPROE-Curicó, „Criterios para la formulación del reglamento interno" [Kriterien für die Formulierung einer Schulordnung].

Glenda González Espinoza / Leonardo Agurto Díaz / Tirza González Romero /
Rodrigo Gutiérrez Véliz

Gedanken zur Erinnerung

Glenda González Espinoza: Ein Schrei in der Erinnerung

Ich glaube, eine der wichtigsten Konsequenzen meiner Teilnahme an der Pasantía in Deutschland war, dass ich mich an meinen Vater erinnern konnte. In einer der vielen Aktivitäten des Programms, genauer gesagt: während des Besuches des Hauses der Wannseekonferenz, beim internen Gespräch über das, was wir über Konzentrationslager wissen, erschien mir die Figur meines verstorbenen Vaters, und ich dachte an die Zeit, die er als politischer Gefangener im Konzentrationslager Pisagua, einem Hafen im Norden unseres Landes, leben musste.

Mein Vater war politischer Gefangener während der Regierung von González Videla. Dieser Präsident gelangte im Jahre 1947 mit Hilfe der Kommunistischen Partei an die Macht, aber nachdem er sein Ziel einmal erreicht hatte, begann er, seine Vorkämpfer zu verfolgen und sie in Zügen an diesen Hafen, weit abgelegen und mit schwierigem Zugang, zu verschicken.

Die Figur dieses Mannes, meines „Apá", wie wir ihn zärtlich nannten, Kämpfer und Gewerkschafter, durchtränkte unsere Herzen – die seiner Söhne und Töchter – und ließ in uns ein tiefes soziales Bewusstsein wachsen, das auch dem politischen System gegenüber kritisch war. Jahre später erlebten wir wieder ähnliche Leiden – besonders, als wir den Militärputsch ertragen mussten. In dieser Zeit wurde mein Vater wieder gesucht, was ihn dazu zwang, sich in einer alten Mine zu verstecken, weil er sonst als politischer Feind exekutiert worden wäre.

All diese Erinnerungen strömten auf mich ein in diesem Haus, das ein Schrei der Erinnerung ist in einem Land, in dem man in der gleichen Art und Weise wie in Chile die Menschenrechte von Millionen unschuldiger Menschen mit Füßen getreten hat. Das vereint uns als Völker mit Vergangenheiten von tiefem Schmerz.

Als chilenische Lehrer teilten wir in diesem Haus unsere Erfahrungen während des Militärputsches. Geführt wurden wir durch Elke Gryglewski. Ich stelle fest, dass das Endergebnis sehr bereichernd war, weil wir an diesem Ort fähig waren, über etwas zu sprechen, was man in Chile als überwunden ansieht, auch wenn wir wissen, dass dem nicht so ist. Hier fanden wir den Raum, um zu reden, zu diskutieren und zu weinen.

Ich empfinde den Besuch im Haus der Wannseekonferenz als Geschenk, dass mir erlaubte, über meinen Vater zu sprechen und festzustellen, dass Menschen wie er die Geschichte eines jeden und auch meines Landes prägen können. Dank seines Vorbildes sind wir mit einer starken Sozialkritik aufgewachsen, die uns lehrte, Dinge zu hinterfragen und Dialoge zu führen über die in unserem Land gelebten Situationen.

Glenda González Espinoza ist Lehrerin der Schule „José Manso de Velasco" in Copiapó und Teilnehmerin an der Pasantía 1998. Leonardo Agurto Díaz ist Religionslehrer. Tirza González Romero ist Vorschulerzieherin. Rodrigo Gutiérrez Véliz ist Wartungsfachmann für Industrieanlagen mit Spezialgebiet Elektrotechnik.

Während der Diktatur waren die einzigen Orte, den wir jungen Leute hatten, um uns über die Situationen, die wir erlebten, auszutauschen, die Räumlichkeiten unserer Kirchgemeinden, denen ich mich anschloss. Heute noch arbeite ich mit Jugendlichen aus meinem Viertel in der dazu gehörigen Gemeinde zusammen. Sie gehört zur Kapelle von Nuestra Señora de los Mineros, einer kleinen Kapelle, die sich durch ihre Armut und Einfachheit auszeichnet.

Während der Pasantía in Deutschland haben wir auch das ehemalige Konzentrationslager Buchenwald besucht. Dort haben mich besonders die Fotografien beeindruckt, in denen sich die Schmerzen so vieler Menschen wiederspiegelten, deren Würde mit Füßen getreten wurde und die, schlimmer noch, ermordet wurden. Trotzdem konnte ich einen Strahl der Hoffnung spüren, und als ich die Fotografien von jungen Menschen sah, die heute als Freiwillige arbeiten, in dem sie aus dieser geschichtsträchtigen Erde Momente des Schmerzes ausgraben und sie ihr entreißen, da fühlte ich, dass man eine bessere Welt gestalten kann.

Diese Fotografien ließen mich an mein Land denken und an die Jugendlichen meiner Gemeinde. Ich sprach über diese Gedanken mit Ilse Schimpf-Herken, und so wurde die Idee geboren, ein Projekt mit ihnen zu entwickeln, um eine mögliche Reise zu realisieren.

Als ich nach Chile zurückkehrte, teilte ich den Jugendlichen diese Idee mit, und sofort erfassten sie Freude und Illusionen, einen großen Sprung in dieses kleine Land am anderen Ende der Welt tun zu können. Also fingen wir an, ein Projekt zu gestalten, das ganz langsam Früchte zu tragen begann. Am Ende war es möglich, drei Flugtickets und den Aufenthalt im Jugendbegegnungshaus des ehemaligen Konzentrationslagers Buchenwald für drei Jugendliche meiner Gemeinde zu organisieren.

Sie kehrten nach Chile zurück mit wundervollen Erfahrungen, die sie zusammen mit anderen Jugendlichen teilten, zumeist Europäern, und waren sich bewusst, dass sie die einzigen lateinamerikanischen Jugendlichen waren, die an diesem Treffen teilnehmen konnten. Mit ihrem Besuch in Buchenwald hat man, so glaube ich, dazu beigetragen, dass sich unter den Jugendlichen unseres Landes eine Verbindung zwischen der Vergangenheit und der Zukunft unserer kollektiven Erinnerung aufgebaut hat. Es ist auf alle Fälle eine Anstrengung, die sich immer weiter verzweigt hat und neue Wege geht.

Diese Erfahrung findet ihren Ausdruck heute in der Bildung einer Jugendgruppe, die arbeitende Jugendliche aus der Gegend mit dem Ziel begleitet, die geschichtliche Erinnerung unseres Volkes, besonders unserer Gegend, zu vertiefen. Außerdem behandeln wir das Thema der fehlenden Partizipation von Jugendlichen in der Politik und die negative Einstellung, sich in die Wahlregister einzuschreiben. Von dieser Ebene aus versuchen wir, auch die Thematik der Versöhnung, die wir als Chilenen noch nicht probiert haben, zu bearbeiten.

Zum Schluss möchte ich, dass die Worte der drei Jugendlichen, die an dem Besuch in Buchenwald teilgenommen haben, diese Zeilen begleiten, weil ich es als wichtig erachte, dass sie ihre Erfahrungen und ihre Schlussfolgerungen daraus selbst erklären.

Leonardo Agurto Díaz: Unsere Erfahrung im Workcamp von Buchenwald

Die Intensität der im Workcamp von Buchenwald gelebten Momente hat in mir aus verschiedenen Gründen tiefe Spuren hinterlassen.

Zuerst, weil in mir Gefühle von Schmerz und Hoffnung entstanden, die ich wirklich empfand. Einerseits erzeugte all das, was ich sah, Leiden, und andererseits ließ es mich über die absolute Notwendigkeit der Erhaltung von Orten wie diesem nachdenken, um erinnern zu können und zu erreichen, dass so etwas nie wieder geschieht.

Der Besuch in Buchenwald brachte mich zu der Überzeugung, dass vielleicht auch in meinem Land ähnliche Orte existieren sollten, damit weder wir noch die Welt vergessen, was in unserer Geschichte passierte, noch so nah und noch so schmerzlich in der Erinnerung.

Zum anderen glaube ich, dass die Methodologie, mit welcher die Seminare durchgeführt wurden, es uns erleichterte, uns in einer teilnehmenden und intensiven Art und Weise an die tägliche Realität der Opfer des Lagers anzunähern.

In diesem Sinne war es sehr bedeutsam und auch schmerzhaft, die Gegenstände, die den Gefangenen gehört hatten, zu restaurieren. Zu diesem Gefühl trug auch das zweiwöchige Wohnen in einem Haus der SS-Offiziere teil, ebenso wie der Besuch des Krematoriums und des Museums. Wenn die Nacht kam und ich schlafen ging, kamen mir all die Dinge in den Sinn, die während dieser Jahre passiert waren, und ich spürte eine große Unwissenheit darüber, was diese Menschen wohl alles noch hätten erleben können.

Eine Sache, die mich sehr bewegte, war, dass ein Chilene, Julio Villegas, in diesem Lager inhaftiert war und es ihm gelang zu überleben, und dass insgesamt dreißig Chilenen während des Zweiten Weltkrieges in verschiedenen Konzentrationslagern inhaftiert waren. Es war auch sehr interessant, den Erzählungen eines Überlebenden zu lauschen und in der Bibliothek weitere Informationen suchen zu können.

Zum Schluss möchte ich erwähnen, dass wir beim Diskutieren in den Seminaren mit anderen Jugendlichen bemerkt haben, wie ähnlich sich die Geschichte unserer Länder und wir uns als Personen sind. Wir konstatieren, das wir nicht so verschieden sind, auch wenn wir ein Land sind, dass am anderen Ende der Welt zu liegen scheint.

Tirza González Romero: Eine Einladung zum Nachdenken

Als wir in Buchenwald ankamen, war meine erste Reaktion, mich zu fragen, warum Orte wie dieser, die soviel Schmerz erzeugen, erhalten werden. Heute habe ich die Sicherheit, dass sie notwendig sind, weil das menschliche Gedächtnis schnell vergisst – es zieht es vor, sich die schönen Sachen einzuprägen und den Rest dem Vergessen zu überlassen.

Auch habe ich gelernt, mit Jugendlichen aus anderen Ländern zu teilen und so den Respekt und die Toleranz zu schätzen. Sie haben uns durch ihre Sympathie und Herzlichkeit gezeigt, dass es möglich ist, sich ohne Probleme zu integrieren, wenn der Wille dazu vorhanden ist.

Jeden Tag erschienen mehr Fragezeichen und ich fragte mich mehr Dinge. Wir sahen den Ort, wo die Güterzüge, voll beladen mit Gefangenen, ankamen, die Baracken in denen sie lebten, die Arbeitslager, die Zellen und den Stacheldraht. Und ich dachte an die Freiheit – wie nah und gleichzeitig fern sie doch war.

Eine andere Frage, die in meinem Kopf kreiste, war: Wie können Menschen anderen so schreckliche Dinge antun. Das ist etwas, was man vorzieht nicht zu glauben. Ich fragte mich auch, warum es uns so schwerfällt zu akzeptieren und warum wir fortfahren, die Menschen höher oder tiefer zu bewerten, je nachdem, welche Haarfarbe oder Hautfarbe sie haben und welche Sprache sie sprechen.

Ich habe definitiv gelernt zu verstehen, wie wichtig das Leben ist – nicht nur das meinige, sondern das aller Menschen –, und ich habe gelernt, das menschliche Wesen als freies und unabhängiges Individuum zu schätzen und zu respektieren. Deshalb möchte ich diese Erfahrungen, die mich selbst so geprägt haben, unter den Personen meiner Umgebung, meiner Schule und meiner Arbeit jeden Tag weiterverbreiten.

Rodrigo Gutiérrez Véliz: Es gibt mehr, was uns vereint, als was uns trennt

Einen Teil der geschichtlichen Erinnerung der Deutschen durch das Workcamp in Buchenwald kennenzulernen, hat mir eine neue Perspektive zur Gesellschaft gegeben und hat mich die Wichtigkeit der kollektiven Erinnerung schätzen lassen – etwas, das sich leider in unserem Land verloren hat, das wir aber ieder auferstehen lassen können.

Zum Glück sind die Bedingungen so, dass diese historische Wahrheit allen bekannt ist. Ich stelle fest, dass man zu keinem Konsens gelangt, solange in unserem Land noch eine versteckte Geschichte existiert, die die Menschen zweifeln lässt und sie von einander trennt.

Ich habe auch die große Bedeutung kennengelernt, die darin liegt, Informationen und Zeugnisse zu besitzen, die es uns erlauben, unser Wissen zu vertiefen. Dies alles ist in Buchenwald möglich – dank der Dokumentation, die dort konserviert wird und die man in der Bibliothek konsultieren kann, ebenso im Museum und den Werkstätten. Dazu gehört auch das Betrachten der Objekte aus dem persönlichen Besitz der Menschen, die den Schrecken erleiden mussten, die verfolgt und ausgelöscht wurden.

Durch den Besuch des Workcamps und anderer Orte, die zum kollektiven Gedächtnis der Deutschen gehören, habe ich erfahren, wie menschliche Wesen für andere Menschen unglaublich unheilvoll werden können aus dem bloßen Grund heraus, anders zu sein.

Trotzdem bleibt uns die Hoffnung einer kollektiven Erinnerung, die es möglich macht, die Geschichte mit den verschiedenen Generationen zu teilen. Dabei denke ich an die Erzählungen der Überlebenden, die uns Jugendlichen aus so unterschiedlichen Ländern ihre Erfahrungen in den Konzentrationslagern mitteilten. Ich denke, dass es wirklich möglich ist, eine kollektive geschichtliche Erinnerung zu schaffen, die uns einlädt, darüber nachzudenken, dass es mehr gibt, was uns eint, als was uns trennt.

Teil III

Das Fortbildungsseminar in Buin

Nancy Cristina Tapia Williamson

Das Seminar von Buin

Wir möchten mitteilen, dass in Buin vom 9. bis 12. Januar 2001 ein Seminar zur Lehrerweiterbildung mit dem Thema: „Werte und Haltung der Lehrer in der Bildungsreform" stattfand. Es wurde durch eine Gruppe von Lehrern aus ganz Chile unter der Mithilfe von María Elena Ahumada organisiert.

Das Seminar war wundervoll. Ich habe schon an vielen Weiterbildungsveranstaltungen teilgenommen und kann versichern, dass wir keine Universität oder andere Institution beneiden müssen. Unser Angebot besitzt einen großen Wert für die Weiterbildung von Lehrern. Warum? Weil wir selbst unterrichtende Lehrer sind und unsere Erfahrungen mit unseren Kollegen teilen möchten. Nicht nur unsere Erfahrungen im leeren Raum, sondern wie wir es erreicht haben, wertvolle Lerntheorien in den Unterricht einzuarbeiten, d. h. wie sie sich in konkrete Richtlinien für die Arbeit in der Klasse mit unseren Mädchen und Jungen, im alltäglichen Geschehen, in den sozialen Beziehungen, im Dialog, in den normalen Konflikten, in der Disziplin, im Verhalten gegenüber gefährdeten Kindern und in den Menschenrechten verwandelt haben.

In der Tageszeitung *Las Ultimas Noticias* vom 18. Januar 2001 erschien ein Artikel, in dem es heißt: „Die Bildungsreform hat sich festgefahren … sie fühlt sich wie ein ungeheurer theoretischer Apparat an, der nicht seine einfache und direkte Anwendung in den Klassenzimmern findet".

Diese Aussage ist nachvollziehbar; es gibt viele Faktoren, die in dieses Phänomen eingeschlossen sind. Zwei grundlegende Faktoren dafür, dass „dieser theoretische Apparat" nicht seine „einfache und direkte Anwendung in den Klassenzimmern" gefunden hat, sind zum einen die kurze Dauer der Weiterbildung der Lehrer, zum anderen die Personen, die diese Weiterbildung durchführen. Im Hinblick auf die letzteren frage ich mich, wie man aufzeigenkann, dass diese Theorien in direkter und einfacher Form im Klassenzimmer anwendbar sind, wenn die Personen, die die Lehrer weiterbilden, nicht mehr im Klassenzimmer arbeiten – falls sie es überhaupt jemals getan haben.

Die Idee unseres Seminars ist genau die, dass sich Dozenten unter ihresgleichen weiterbilden. Bei unserem Treffen haben wir bemerkt, dass wir die notwendigen Fertigkeiten besitzen, um uns unter Lehrern selbst weiterzubilden und die pädagogische Theorie in die Klassenzimmer zu tragen. Wir hatten die Möglichkeit, an Weiterbildungen von hoher Qualität hier in Chile und im Ausland durch die Pasantías und Diplomkurse teilzunehmen; außerdem vereint uns das hohe Niveau des Kompromisses mit den Schülerinnen und Schülern. Wir wissen, dass die Lehrer eine grundlegende Rolle in unserer Gesellschaft haben, weil sie das Leben anderer Menschen verändern können: von Kindern, die unter Verlassensein leiden, aber auch unter Elend und Armut und darunter, dass sie für viele nur Nummern und Statistiken sind; für die Lehrer aber haben sie Gesichter und Namen, sind sie lebende Personen.

Nancy Cristina Tapia Williamson ist Lehrerin an der Schule „Jorge Prieto Letelier" in Llay-Llay, und war Diplomstipendiatin 1998–1999.

Mein Herz ist so voll von Emotionen, wenn ich sehe, was wir in dieser Arbeitsgruppe geschafft haben. Die Veröffentlichung und das Seminar sind die Produkte dessen, was wir bis jetzt
erreicht haben. Hoffentlich können wir mit diesen Transformationen fortfahren, die für uns so
wichtig sind, sowohl auf dem beruflichen als auch auf dem persönlichen Niveau.

Gruppenarbeit statt Frontalunterricht

Mónica Bravo Álvarez

Disziplin, Normen und Zusammenleben

Mitte des Jahres 1997, ich kümmerte mich gerade um einen meiner Schüler, erreichte mich der Anruf meiner Mutter, die mir ausrichtete, dass ein Telegramm angekommen sei. Meine Mutter beunruhigte dies, da es bei uns zu Hause nicht üblich ist, diese Art von Korrespondenz zu empfangen, sondern viel mehr Rechnungen oder Kreditangebote, und so öffnete sie das Telegramm. Der Absender war das Erziehungsministerium; es beglückwünschte mich dazu, dass ich ein Stipendium für die Teilnahme an der Pasantía in Berlin erhalten hatte.

Ich habe immer noch Schmetterlinge im Bauch, wenn ich an diesen wundervollen Moment zurückdenke. Die Wahrheit ist, dass ich als Lehrerin – seit 20 Jahren im Dienst in Stadtteilen, wo sich niemand darum kümmerte, dass ich mich in meiner Arbeit anerkannt fühle, vielleicht mit Ausnahme der affektiven Reaktionen, die mir die Schüler und Eltern geben – mich bei dieser Neuigkeit fühlte, als hätte ich einen großen Preis gewonnen. Es fiel mir schwer zu glauben, dass es für mich sein sollte.

Es begann mit dem Einstieg ins Flugzeug und mit dem Zusammentreffen mit meinen Kollegen aus den verschiedenen Orten, von Punta Arenas bis zu den Osterinseln. Jeder einzelne hatte das Flugzeug bestiegen in dem Gefühl, mit dem Erhalt dieses Stipendiums zum besonderen Botschafter seines Landes geworden zu sein, und jeder fühlte die große Verantwortung, etwas zu lernen, was nicht nur den eigenen Schülern und Kollegen, sondern dem gesamten chilenischen Erziehungssystem nützen würde.

Was war es für eine Überraschung, als sich die Verantwortliche des Programmes in Berlin mit Blumen und einem persönlich gestalteten Willkommensplakat vorstellte und uns umarmte, als ob sie uns schon immer gekannt hätte. Plötzlich bemerkte ich unter den Personen, die uns begrüßten, Chileninnen, die während der Diktatur ins Exil gehen mussten. Bis dahin hatte ich keinen Kontakt zu Exilchilenen gehabt, und für mich wurde Berlin, ohne auch nur eine seiner Straßen gesehen zu haben, zweitrangig. Mich überflutete eine Vielzahl von Gefühlen, diese Menschen umarmen zu können, mit ihnen reden und ihnen nahe sein zu können – ihnen, die diese Situation seit 1973 wegen der Diktatur leben mussten. Das Anregendste in dieser Situation war für mich, dass ich im Kontakt mit ihnen keine Angst fühlte. Mit der Diktatur hatte sich nämlich eine Angst ausgebreitet, die mein Land in gute und schlechte Chilenen unterteilte. Die letzteren waren mit dem herrschenden Regime nicht einverstanden und führten ihre subversiven Gespräche immer nur heimlich, immer unter der Angst, als Chilenin eingestuft zu werden, die beobachtet werden muss, da sie nicht mit dem Regime einverstanden ist. In der Schule, in der ich 20 Jahre gearbeitet habe, bestimmten diejenigen Lehrerinnen, die Ehefrauen von Militärs oder Sympathisanten des Regimes waren, die Themen der Gespräche im Lehrerzimmer, Ideen, Motivationen, denen gegenüber man wie ein heiliges Gesetz zustimmen oder

Mónica Bravo Álvarez ist Hauptinspektorin der Grundschule „Comanddante Carlos Condell" in San Bernardo, Region Metropolitana, und Ex-Pasantía-Teilnehmerin 1997. Kontakt: monicabravoa@hotmail.com

schweigen konnte. Deshalb war es so wichtig, zu reden und Geschichten von Leben zu entdecken, die sich vor keiner Drohung versteckten, und die Freiheit zu genießen, in einem fremden Land zu sein, zu sprechen, mit wem ich sprechen wollte, ohne Vorurteile oder Diskriminierung, nicht wie in meinem Land, wo es diese trotz der herrschenden Demokratie noch gibt.

Das Abenteuer beginnt. Eine der großen Fragestellungen dieser Pasantía war: Welche Bedeutung hat es heute in Chile, Lehrer oder Lehrerin zu sein, eine Vielzahl von Erfahrungen in
der Einsamkeit eines schönen Zimmers zu erleben, weit weg von meiner Familie. Ohne den Kontakt zu meinen Schülern fühlte ich in jeder einzelnen Zelle meines Körpers die Sensation, im
großen Europa Stellung zu beziehen. Mein schmales Land auf der Weltkarte zu betrachten, ver-
ursachte in mir Empfindungen, die ich niemals vorher gehabt habe.

Eine der großartigsten Unterrichtsstunden fand in einem Postamt in Berlin statt. Dorthin
führte uns Frau Dr. Ilse Schimpf-Herken, um jedem von uns die Kenntnisse zu vermitteln, die
notwendig waren, um mit unseren Familien zu kommunizieren. Sie übersetzte uns alles mit einem Maximum an Toleranz, so dass wir alle unsere Bedürfnisse auf das beste befriedigt sahen.

Das Kennenlernen der Methodologien Paulo Freires durch eine so ausgesuchte Frau erfüll-
te mich mit Jubel, insbesondere ihre Echtheit im Denken, Sprechen und Handeln.

Zurück in meinem Land hatte ich die Möglichkeit, die Schule zu wechseln und als Hauptinspektorin in einer Schule in San Bernardo tätig zu werden, einer Kommune nahe der Hauptstadt mit 2500 Schülern aus beklagenswerten sozio-ökonomischen Verhältnissen, in einem Viertel, das für Angehörige der sozial schwachen Schichten gebaut worden war. Sogar bis hier fühlte
ich, dass mir der chilenische Staat durch die Pasantía eine „Bezahlung" für meine 20 Dienst-
jahre hatte zukommen lassen, und ich wollte nichts anderes machen als das zu verwirklichen,
was mir in meinem Beruf zukam. Ohne Zweifel haben die Aktivitäten in Folge der Pasantía mich
meine Meinung ändern lassen, und ich sehe neue Hoffnungen erblühen, sogar in diesem so per-
versen Bildungssystem, in dem man mit der Hilfe der Bildungsreform einige Veränderungen erreichen kann, ebenso mit der außergewöhnlichen Gruppe der Ex-Stipendiaten, die Jahr für Jahr
größer wurde, und mit dieser „gringa", wie wir sie zärtlich rufen. So können wir uns und dieses System verändern.

Ende des Jahres 2000 haben wir mit meinen Kollegen von Punta Arenas, Antofagasta und
Llay-Llay mit Hilfe von María Elena Ahumada, der Verantwortlichen des Erziehungspro-
grammes des Komitees zur Verteidigung der Rechte des Volkes (CODEPU), ein Handbuch zur
Schulmediation herausgegeben: *Lösung von Konflikten unter Peers und Persönlichkeitsentwicklung*.

Vom 10. bis 12. Januar 2001 führten wir ein Weiterbildungsseminar für Lehrer über die
Anforderungen der Bildungsreform durch, an dem auch Persönlichkeiten des Erziehungswesens
wie Luz María Edwards (Beraterin der Erziehungsministerin für schulisches Zusammenleben),
Rosita Palma (Verantwortliche des außerschulischen Programmes und der Demokratieerziehung
des MINEDUC), Patricio Varas (Direktor der chilenischen Gesellschaft zur Persönlichkeitsentwicklung), Lourdes Liziástegui (Doktorin der Erziehungspsychologie und Akademikerin der
Universität Arvis de Chile) teilnahmen. Von allen erhielten wir Glückwünsche für das hohe Niveau unserer Arbeit. Sie bemerkten besonders, dass LehrerInnen hier zusammen mit anderen
LehrerInnen ihre vielfältigen Fähigkeiten, Geschicklichkeiten und Strategien auf dem Weg von
der Theorie zur Praxis potenzieren.

Das Thema, das mir zugeteilt wurde, bezog sich auf die Schuldisziplin. Ich kam zu der Synthese, dass in allen menschlichen Beziehungen die Macht präsent ist. Ich begann mit der Vorstellung eines Ereignisses von 1700, als gegenüber der Kathedrale von Paris, ein gewisser

Damiens des Vatermordes beschuldigt wurde, weil er die Anordnungen des Königs, der als Vater dieser Gesellschaft angesehen wurde, nicht befolgt hatte. Er wurde unzählige Male gefoltert. Diese Folterungen zerstörten nicht nur langsam und überaus schmerzhaft seinen Körper, sondern fügten ihm auch den seelischen Schmerz zu, sich als vergängliches Wesen zu fühlen, das für Ungehorsam diese und alle Strafen dieser Welt verdiente. Am Ende bat er mit seinen letzten Worten, dass man, wenn er stürbe, zu Gott beten möge, auf dass er ihm vergebe …

Meine Reflexion setzte an diesem Sachverhalt an, der sich vor hunderten von Jahren zugetragen hat. In unserer heutigen Gesellschaft scheinen wir an eine Bildung gebunden zu sein, die sich an einem ähnlichen Modell orientiert. Die Schulen sind vereinheitlicht in unpersönlichen Beziehungen, die uns dazu bringen, uns an einer kalten, wesensgleichen, sich wiederholenden, unbestreitbaren, unmenschlichen Gleichförmigkeit festzuhalten und einzuengen

Die Kinder aus meiner Schule leben ihren Alltag auf 36m² Wohnraum und auf einem nicht weniger engen Innenhof, den sie mit über und über mit Zecken bedeckten Hunden teilen müssen. Die Schule befindet sich neben einem Wohnblock, in dem 40 Familien leben, und die Kleinen werden so zu Zeugen von gewalttätigen Szenen, von Unversöhnlichkeit, mangelnder Umgangsformen und verbaler und körperlicher Aggression. Aus diesen Gründen müssen die Lehrer immer wieder Strategien erfinden, um die Bedürfnisse der Kinder zu befriedigen und gleichzeitig ein Erziehungssystem durchzusetzen. Dieses tendiert, weil es 45 Schüler in der Klasse in Übereinstimmung bringen muss, oft dahin, dass in fast jeder Stunde einer hinter dem anderen sitzt, ohne dem anderen in die Augen zu schauen. Man versucht zu erreichen, dass die Schüler sich während der 90 Minuten Unterricht ruhig verhalten und einem Programm Aufmerksamkeit schenken, dass den Kleinen nicht viel Aufmerksamkeit widmet und das verlangt, dass sie mit Farbstiften malen, obwohl ihre arbeitslosen Eltern nicht wissen, wie sie diese bezahlen sollen. Sie müssen ihren Mund lange Zeit geschlossen halten, um einem Thema zu lauschen – nach der Idee, dass ein guter Mitarbeiter des Erziehungswesen sein Niveau erhöht, je mehr Wissensinhalte er vermittelt. In diesem Kontext wird jede Aktion, jede Aufopferung, nicht der Herausforderung gerecht, Kinder zu erziehen, die gesund und glücklich und gerüstet sind, Akteure des Projektes eines erfüllten Lebens mit körperlicher, geistiger und spiritueller Gesundheit zu sein. Wenn wir immer vor Augen haben, dass Erziehung ein zutiefst menschlicher Akt ist und dass sich demgemäß unsere Beziehungen in ein menschliches Kontaktsystem einprägen, haben wir einen großen Schritt getan.

Wir Lehrer haben unseren Schülern gegenüber viel Macht. Dies könnte der Lehrer als Spiel ausnutzen, zum Vorteil oder Schaden für das Ansehen des Schülers, das Hand in Hand mit dem Bild geht, wie sehr die anderen ihn achten. Es ist schwierig sich vorzustellen, dass es einem Schüler gelingt, seine Selbstachtung zu heben, wenn er es zum selben Zeitpunkt nicht schafft, ein von allen anderen geachtetes Leben zu führen.

Die Klassen initiieren das Zusammentreffen der Kinder mit der Gesellschaft. Meine Schuleltern lachen, wenn ich ihnen sage, dass ich eines Tages ein Buch schreiben werde zum Thema: „Die Federmappe und die Bildung des Selbstbewusstseins". Wenn ein Kind nicht mit der Hilfe seiner Familie bei der täglichen Kontrolle seiner Schulmaterialien rechnen kann, sieht es sich eines Tages mit der Situation konfrontiert, das es heißt: „Holt Eure Bleistifte heraus!" Es sucht und sucht und hofft, dass ein spektakuläres Wunder geschieht und plötzlich einer da ist aber dieser Moment tritt niemals ein. Der oder die Enttäuschte versucht, aus dem Problem zu entkommen, und bittet seine SchulkameradInnen, ob sie ihm einen Bleistift borgen können. Aber die SchulkameradInnen wissen, dass sie auf ihre Sachen aufpassen müssen und diese nicht ausborgen, da sie ihre Eltern so viel gekostet haben, und so lehnen sie die Bitte ab. Zu diesem Zeitpunkt hat die Klasse je nach Klassenstufe schon eine Vielzahl von Buchstaben oder Sätzen geschrieben. Das Kind schaut sich nach allen Seiten um, um zu überprüfen, ob nicht jemand sein großes Problem lösen kann, und oft will sich niemand mit diesen Schülern zusammensetzen, da sie nie ihre Materialien mitbringen. So lernen sie erstmals eine Diskriminierung kennen, und spüren, wie Sehnsucht oder Bitterkeit sie überkommen. Ihnen kommt das Bild einer Mutter in den Sinn, die sie schmerzhaft bestraft, weil die Schule beanstandet hat, dass sie im Unterricht nicht mitarbeiten – einer Mutter, die aufgefressen wird von großen Problemen wie Elend, Gefühlsarmut, Depressionen, Trostlosigkeit, Unverständnis, Unlust und Willenlosigkeit. Aber bei der Gegenüberstellung mit einer Lehrerin ereifert sie sich zu antworten, dass das Kind ungehörig ist und nicht versteht, obwohl sie ihm schon so oft gesagt habe, es solle seine Sachen ordnen, aber es sei dazu einfach nicht fähig.

Das Kind macht sich Mut und steht von seinem Platz auf, um zu schauen, ob nicht ein Mitschüler in den anderen Reihen einen Stift übrig hat. Endlich hilft ihm eine mitleidige Seele, aber es stellt sich heraus dass dieser Stift keine Spitze hat.

Das Problem setzt sich fort: wie gelingt es ihm jetzt, einen Anspitzer aufzutreiben, wo doch die Lehrerin es schon zwei mal getadelt hat, weil es nicht wie der Rest der Klasse auf seinem Platz sitzt und schreibt. Die Ausflüge gehen weiter, um diese enttäuschende Situation zu beheben, und die anderen Schüler melden der Lehrerin, dass ein Mitschüler herumläuft und nicht schreibt; dieser jemand riecht auch manchmal nicht gut, dieser jemand sagt manchmal auch Flegeleien, dieser jemand prügelt sich auch manchmal und dieser jemand nimmt auch manchmal Sachen aus den Mappen der anderen.

Wenn in einer Klasse so viele Schüler sind und vom Lehrer so viele Materialien gefordert werden, um die Federmappen zu füllen, mag man denken: Wie geschieht das Wunder?

Entschuldigung – Wunder ist es nur zum Teil. Denn was ebenso dringend nötig ist, ist ein struktureller Wandel und ein Wandel der Auswegmöglichkeiten. Diese sind notwendig, um das System ein wenig menschlicher zu gestalten, sowohl im Hinblick auf die Arbeitsbedingungen für die Lehrer als auch im Hinblick auf die Materialien für die Schüler.

Analysiert man diese Geschehnisse und all die anderen, die sich jeden Tag in den Klassenzimmern zutragen, dann ist es wichtig zu betonen, dass Disziplin eine Eigenschaft der Persönlichkeit ist. Sie kann nicht einfach aufgezwungen werden wie eine Norm, ohne Rücksicht auf die lebendige Partizipation aller Akteure im schulischen Miteinander.

Immer wenn wir versuchen, einen Raum zur Vertiefung dieser für unsere Arbeitsrealität so relevanten Themen zu schaffen, sind unsere Gedanken von den gleichen Fragen eingenommen, die wir schon vor nicht allzu langer Zeit hatten, als wir selbst noch Schüler waren. Vielleicht fragen wir uns, wie wir es geschafft haben, zu diesem Menschen zu werden, der wir heute sind, und welches die Einflüsse waren, die uns seit dem Beginn unserer Ausbildung geprägt haben.

Rubén González Martínez und Marcela Ahumada Munita

Die historische Erinnerung

Grundlagen

Durch den Schrecken des Holocaust rückte in Europa und besonders in Deutschland in der Nachkriegszeit das Thema der „historischen Erinnerung" in den Mittelpunkt. Besonders zur Sprache gebracht wurde es durch den Einfluss und die Intentionen der jüdischen Gemeinschaft, die den Holocaust der Nazis überlebt hatte. Für das Volk der Juden war es eine tägliche Übung, sich seiner Geschichte zu erinnern, und die Thora ist ein Ergebnis dessen; allerdings verliert sich in der modernen Zeit diese Kraft, die den Juden ihre Identität gab. Die Herausforderung blieb bestehen, aber sie ging jetzt über die Grenzen dieser engen Gemeinschaft hinaus und rückte in den Blickpunkt einer allgemeinen Fragestellung an die Geschichte überhaupt und an ihre Hauptakteure: an uns.

Der vorliegende Beitrag beschäftigt sich mit der Vorstellung, die wir heute von den Aufgaben und den Studienmethoden der Geschichtsschreibung haben. In Deutschland und im übrigen Europa sind neue Historiker aufgetaucht; sie schlagen eine andere Geschichtsdarstellung vor, die das Leben der Menschheit und der verschiedenen Völker in stärkerem Maße integriert. So beginnen die Ideen von der Geschichte der „Marginalisierten", des „gemeinen Volkes", der Frauen, des Spielzeugs etc. – Themen, die in der Vergangenheit keine Untersuchung wert waren. Dieser Prozess führt früher oder später dazu, dass sich die Anschauungen über die Quellen, die Studienmethoden und damit letztlich auch den Unterricht verändern. In den Klassenzimmern konstruieren wir einen Zugang zur historischen Entwicklung von Moden, Musikinstrumenten, literarischen Strömungen usw.

Aber die Veränderungen werden noch tiefer reichen. Der Ursprung der Idee der historischen Erinnerung in Europa geht von der Orientierung am Jetzt aus, und dieses neue Verständnis von Geschichte verbreitet sich in vollen Zügen heute nicht zuletzt auch in den politischen Szenarien in Lateinamerika, vor allem auch in Chile. Es zeigt sich, dass die Frage der Identität eines Volkes im Kontext der Globalisierung größere Bedeutung bekommt, als sie jemals hatte.

Das Thema der historischen Erinnerung hat in den letzten Jahre eine breite Öffentlichkeit gefunden, unterstützt durch den Prozess der Demokratisierung in Lateinamerika und die Entwicklung der Kommunikation in der heutigen Welt. Beide Prozesse fordern von der Politik, eine historische Identität zu definieren. Darauf fand sich jedoch niemand vorbereitet, und so stellte sich die Herausforderung der Wiederentdeckung der eigenen Identität im Rahmen der globalen Gesellschaft. Im Prozess der wirtschaftlichen Entwicklung und der Globalisierung haben unsere Völker ihr überkommenes Selbstbild verloren; die klaren Vorstellungen aus einer nicht allzu fernen Vergangenheit verwandelten sich in ein eher verschwommenes Bild im Heute. Die

Rubén González Martínez ist Lehrer der Sozialwissenschaften der israelischen Schule in Santiago de Chile. Marcela Ahumada Munita ist Orientierungslehrerin im „Colegio Andares" der Región Metropolitana.

Veränderungen vollzogen sich sehr schnell und waren tiefgreifend. Unsere Gesellschaften haben sich unter dem Zwang, darauf reagieren zu müssen, durch die Eingliederung von Gewohnheiten anderer Völker verändert und so ihren kulturellen und soziologischen Zusammenhalt fragmentiert. Die atomisierte Gesellschaft genießt nur noch Bruchstücke ihres Abbildes und hat so ihre Identität verloren. Die Erinnerung als menschliche Qualität und kulturelle und historische Konstruktion verweist auf die Fragestellung, wie wir das Bild des Volkes, das wir sind, wiederherstellen können.

Wie aber lässt sich das erreichen? Wie erreicht man, das unsere Schüler wirklich lernen, wie man gelernte Geschichte in lebendige Erinnerung überführt mit dem Ziel, zu wissen, wer wir sind?

Um die Demokratie in Chile zu erstehen zu lassen, stellt sich Herausforderung, dass wir uns als mutiges Volk wiedererkennen, das fähig ist, in seinen eigenen Spiegel zu schauen, mit all seinen Stärken und seinen Schwächen. Dies nicht zu tun, heißt eine Möglichkeit verschenken, die uns die Geschichte gegeben hat, um einen entscheidenden Schritt auf die Anerkennung unserer eigenen und einzigartigen Identität im allgemeinen lateinamerikanischen Kontext zu tun – und warum nicht sagen: im weltweiten Kontext. Erinnerung im Leben von jedweder Gemeinschaft zu schaffen, ist Teil der lebenslangen Entwicklung, welche es erlaubt, sich in der Zeit zu verewigen. Die historische Erinnerung ist nicht nur eine Übung des Erinnerns, und sie liegt auch nicht offen auf der Hand, wenn man eine historische Begebenheit in einem Text nachliest, sondern beinhaltet wirkliche Bewusstmachung durch die Beschäftigung mit Texten, Analysen, Dialogen und das Verstehen einer Folge von Ereignissen, die eine gemeinsame Botschaft haben und die sich in ein Ganzes verwandeln, das uns mit Sinn erfüllt erscheint. Das ist es, was mit „Erinnerung schaffen" in der Geschichte gemeint ist. Es geht darum, den Mythos der Realität offenzulegen, uns mit den Meinungen anderer zu konfrontieren und die Idee aufzugeben, dass wir im Besitz der einzigen Wahrheit sind, denn die Schaffung einer historischen Wahrheit ist niemals absolut.

Im Rahmen der chilenischen Bildungsreform haben die Sozialwissenschaften einen offeneren Charakter gewonnen, was wir heute als holistisch bezeichnen, sie sind vom ausschließenden Positivismus befreit worden und schätzen neue Quellen wie Gewohnheiten, Traditionen, Familiengeschichten, Fotografien, die Phantasie und Spiele. So erweitern sich die Möglichkeiten Erinnerung zu suchen, und somit die historische Wahrheit. Die neuen Sozialwissenschaften sind weit mehr als Geschichte, sie sind Anthropologie, Archäologie, Geographie, Botanik, Tätigkeiten aller Couleur, Astronomie, Literatur, Kunst und vieles mehr.

Zum anderen hat sich auch die Pädagogik verändert, indem sie das Schaffen von Wissen schätzt, und das Bankierskonzept hinter sich gelassen hat, welches soviele Jahre hindurch unser Tun, sowohl der Schüler als auch der Lehrer, bestimmte.

Lehrer sein ist heute befriedigender als früher; man schätzt stärker das, was jeder Schüler jeden Tag mit seiner Person in das Klassenzimmer mitbringt, um so das Motto „alle lernen von allen" zu verwirklichen. Unter diesem Paradigma stellen wir im folgenden zwei Aktivitäten zur Realisierung in den Klassenzimmern vor.

Vorstellung zweier didaktischer Aktivitäten

Die Aktivitäten haben folgendes Ziel: Darstellung von Unterrichtserfahrungen in bezug auf die Schaffung einer historischen Erinnerung, für den ersten Kurs der Sekundarstufe II, im Rahmen der Neuerungen der Bildungsreform.

Die erste befasst sich mit der Dynamik der Geographie, die zweite mit der Behandlung der jüngsten chilenischen Geschichte. Beide Erfahrungen sind bereichernd, da beide zu allererst daran orientiert sind, eine gemeinsame Vergangenheit zu schaffen, die uns allen gehört und auf die wir alle ein Anrecht haben, und die außerdem zur Schaffung von relativen Fertigkeiten beitragen für:

* die Kommunikation; das bedeutet, dass die Schüler die Möglichkeit haben, nicht nur ihre eigenen Urteile und Konzepte darzustellen, sondern auch ihre Erlebnisse oder die ihrer Familie, die ihnen durch die mündliche Tradition vermittelt wurden;
* den Umgang mit historischen Quellen und die mehrdimensionale Unterstützung durch die gesammelten Informationen (Texte, Traditionen, Mythen etc.);
* die Bildung eines Urteils im Rahmen der historischen Empathie;
* Lese- und Schreibverständnis als Form der Kommunikation mit anderen;
* Empathie mit den Ereignissen und Personen, die in vergangenen Zeiten lebten, und
* Toleranz gegenüber andersartigen Urteilen.

Die geplanten Aktivitäten sind folgende: Zu den vorgeschlagenen Themen für den ersten Kurs der Sekundarstufe II gehören auch die Menschenrechte und das Wissen um ihre Zusammenhänge. Davon ausgehend haben wir zwei Aktivitäten entwickelt, die zu zwei unterschiedlichen Zeitpunkten im Schuljahr behandelt werden, die aber beide die Behandlung des Themas der historischen Erinnerung zum Inhalt haben, ausgehend einmal vom Standpunkt der Verfassung und das andere Mal vom Standpunkt der Geographie. Im Hinblick auf die Entwicklung von Fertigkeiten zielen beide darüber hinaus auf Kommunikation, Empathie, Toleranz, wissenschaftliches Arbeiten, kritisches Denken, verstehendes Lesen und die Entwicklung der schriftlichen und mündlichen Sprachfertigkeiten.

Aktivität 1:
„Den Stimmen des Platzes lauschend", zugehörig zum Kapitel der Geographie „Geographische Beschreibung der Region"

Vorstellung:
Wiederentdecken des Umfeldes, dem wir angehören, durch die Geräusche und Stimmen, die uns bestimmte Orte in der Stadt, in der wir leben, hören lassen, wenn wir sie durchlaufen, betrachten und belauschen. Wir entdecken die Geschichte dieser Orte durch die Stimmen der älteren Menschen, die sie frequentieren, und dadurch, dass wir ihre Winkel und ihre Erinnerung erkunden. Vom methodologischen Standpunkt aus entwickelt sich die Aktivität in folgenden Schritten:
1. Organisierung der Arbeitsgruppen und Bekanntgabe des Zieles der Aktivität, der Methoden und der Auswertung. (Für den Fall, das die Gruppe nicht über die entsprechenden Grundkenntnisse verfügt, ist es notwendig, auch dafür Zeit zu einzuplanen);

2. Auswahl der Plätze, die besucht werden sollen, und geschichtswissenschaftliche Untersuchung im Klassenzimmer oder in der Bibliothek zur historischen Vorgeschichte dieser Orte, den Daten ihrer Entstehung, den Persönlichkeiten, die sie erdachten und erbauten, der Epoche ihrer Errichtung in ihrer Gesamtheit (Musik, Kunst, Mode, politische, wirtschaftliche und kulturelle Persönlichkeiten etc.)

3. Durchführung der Ortsbesichtigungen durch Teile der Gruppe in ihrer Freizeit oder der gemeinsame Besuch durch die Klasse als Ortstermin (in jedem Fall variieren die Kosten, aber das Ergebnis ist normalerweise ähnlich); und

4. Zusammenstellung und Präsentation der von jeder Gruppe herausgearbeiteten Ergebnisse zunächst vor ihren Mitschülern und später vor der ganzen Schule.

Erwartete Lernergebnisse:
- Wertschätzung der Orte in der eigenen Stadt, ihrer Stimmen und ihrer Bilder;
- Entdeckung der Erinnerung dieser Orte durch die Interviews;
- „Erinnerung schaffen" für die Orte, die wir heute bewohnen; und
- Arbeiten im strengen Rahmen des wissenschaftlichen Arbeitens.

Auswertung:
Diese Aktivität kann auf verschiedene Weisen evaluiert werden: zum ersten im Hinblick auf die methodologische Entwicklung der beobachteten Arbeit durch den Lehrer oder die Lehrerin, die Ko-Evaluierung durch die Gruppenmitglieder und die Selbstevaluierung, außerdem in der Arbeit vor Ort und zuletzt in bezug auf die Vorstellung der Themen in der Abschlussveranstaltung.

Kommentar:
Diese Aktivität wurde mit Schülern, verschiedener sozialer Hintergründe in Santiago, der Stadt in der wir arbeiten, durchgeführt. Es war eine unglaubliche Erfahrung zuerst durch das Fehlen von Kenntnissen über die Stadt und später durch die Schwierigkeit der Jugendlichen sich im Beschauen zurückzuhalten und weniger zu versuchen andere besondere Geräusche zu hören.

Das Resultat war überraschend. Die Jugendlichen waren überwältigt von den Personen, in ihrer Mehrheit älteren Menschen, von den erzählten Erinnerungen und dem Unterschied zwischen dem privaten Leben und dem in öffentlichen Räumen. In jeder der sozialen Schichten, die diese Aktivität durchgeführt hat, war die Antwort die gleiche: „ein kritischer Blick auf unser lärmendes Leben, mit so wenig Konversation".

Aktivität 2
„War der Militärputsch vom 11. September 1973 verfassungsmäßig?"

Die folgende Aktivität ist darauf gerichtet, die vorher aufgestellten Ideen in die Entwicklung der Geschichte in Chile einzuordnen. Diese Reflexionen können einige Unterrichtsstunden einnehmen, abhängig von den Fragen der Schüler. Als logische Konsequenz taucht der 11. September 1973 und die davor und danach liegenden Ereignisse auf. Auf die Bitte einer Klasse haben wir die Analyse besagten historischen Momentes durch die Hauptfragestellung, die die Jugendlichen aufgeworfen haben und die dieser Aktivität ihren Namen gab, eingearbeitet.

Diese Aktivität denkt in ähnlichen Begriffen wie die vorhergehende. Das bedeutet, der Schüler konfrontiert sich von einer Frage ausgehend, die in eine bestimmte und gewollte Richtung zielt, mit vier historischen Texten, die diesmal Quellen sind. Hierbei handelt es sich darum, unter den Schülern eine Situation zu schaffen, wie die des Tages 11., später werden sie mit den Texten konfrontiert, im Licht der Hauptfrage dieser Aktivität.

Dokument Nr. 1: „Erlass Nr. 5 der regierenden Militärjunta"
„Wir stellen fest, dass:
1. die Regierung unter Allende einer schlimmen Ungesetzlichkeit verfallen ist, bewiesen durch den Bruch der grundlegenden Gesetze der Meinungsfreiheit, der Lehrfreiheit; des Streikrechtes, des Rechtes Petitionen einzureichen, der Eigentumsrechte und dem allgemeinen Gesetz auf ein würdiges und sicheres Auskommen;
2. dieselbe Regierung, welche die nationale Einheit zerstörte, künstlich einen <u>tauben</u> Kampf der Klassen schürte, in manchen Fällen blutig… und einen brudermörderischen und blinden Kampf führt…
3. dieselbige Regierung sich als unfähig erwiesen hat, das Zusammenleben unter den Chilenen zu wahren…
4. außerdem diese Regierung sich im Schatten der Verfassung in vielen Gelegenheiten zweifelhafter Schiedsrichter bediente und falschen und intendierten Interpretationen…
5. wiederholt der gegenseitige Respekt, der zwischen den Staatsgewalten herrschen sollte, verletzt wurde…
6. die Landwirtschaft, der Handel und die Industrie des Landes gehemmt oder zurückgeworfen sind und die Inflation rasch steigt, ohne das man Anzeichen sieht, von womöglicher Sorge um diese Probleme…
7. im Land Anarchie herrscht, Lähmung der Freiheiten, moralische und wirtschaftliche Zerrüttung, und in der Regierung eine absolute Unverantwortlichkeit und Unfähigkeit…
8. Alle die in vorherigen Paragraphen dargelegten Tatsachen ausreichen, um aus ihnen zu schließen, dass die innere und äußere Sicherheit des Landes in Gefahr ist…
9. dieselben Vorzeichen, im Licht der klassischen Lehre betrachtet, welche unser historisches Denken kennzeichnet, ausreichen um unsere Intervention zu rechtfertigen um die unrechtmäßige, unmoralischen und nicht-repräsentativen Regierung der Macht zu entheben…
10. Aufgrund all dieser kurz dargelegten Gründe haben die Streitkräfte die moralische Pflicht übernommen, welche ihnen die Heimat auferlegt, und die Regierung ersetzt. Sie übernehmen die Macht nur für den Zeitraum, in dem dies die Umstände erfordern, und so durch die Offenkundigkeit des Gefühles der großen Mehrheit der Nation unterstützt, durch welche ihr Handeln vor Gott und der Geschichte gerechtfertigt wird."

Fragen:
1. Welcher Natur ist dieser Text, sein Autor, sein Ziel?
2. Wie wird die nationale Realität in diesem Dokument charakterisiert?
3. An welche Argumente appelliert der Text, um die Aktion der Entmachtung der Regierung zu rechtfertigen?

Dokument Nr. 2: Auszüge aus den letzten Worten von Salvador Allende

„In einen historischen Abschnitt hineingestellt, bezahle ich meine Treue zum Volk mit dem Leben: Und ich sage Euch, ich habe die Sicherheit, dass die Saat, die wir ausgebracht haben in das Bewusstsein von tausenden und abertausenden Chilenen, nicht endgültig wird zerstört werden können. Sie haben die Kraft, sie können uns unterdrücken, aber die sozialen Prozesse lassen sich nicht aufhalten, nicht durch Verbrechen, nicht durch Gewalt. Die Geschichte ist unser und sie machen die Völker.

Arbeiter meiner Heimat: ich möchte Euch die Treue danken, die Ihr immer gezeigt habt, das Vertrauen, dass Ihr einem Mann gegeben habt, der nur der Deuter des großen Sehnen nach Gerechtigkeit war, der sein Wort gab, dass er die Verfassung und die Gesetze respektieren wolle und dies hat er getan. In diesem letzten Moment, dem letzten in dem ich mich an Euch richten kann, möchte ich, dass Ihr aus der Geschichte lernt: das fremde Kapital, der Imperialismus, zusammen mit den reaktionären Kräften, schufen ein Klima, damit die Streitkräfte ihre Tradition brachen, die ihnen General Schneider vermittelt hat und die Comandante Araya bestätigte – ein Opfer desselben Sektors, der heute in seinen Häusern wartet, um mit fremder Hand die Macht wiederzuerlangen, um seine Ländereien und Privilegien zu verteidigen.

Ich richte mich an Euch, vor allem an die bescheidene Frau unserer Erde, an die Bäuerin, die an uns geglaubt hat, an die Mutter, die um unsere Sorge für die Kinder wusste. Ich richte mich an die Werktätigen der Heimat, die werktätigen Patrioten, die weiter gegen die von den Ständekammern geschürte Aufruhr kämpften, die Ständekammern, die für die Aufrechterhaltung der Klassenunterschiede und für die Vorteile einer kapitalistischen Gesellschaft eintreten.“

Fragen:
1. Welcher Natur ist der Text, sein Autor und sein Ziel?
2. Welche sind nach Allende die Agenten seines Sturzes?
3. An wen richtet sich die Ansprache?

Dokument Nr. 3: „Verfassung von 1925, Kapitel 1, Artikel 3 und 4“

„Art. 3 – Keine Person oder Gruppierung von Personen kann den Titel oder die Vertretung des Volkes übernehmen, sich seine Rechte aneignen, noch in seinem Namen Petitionen verfassen. Der Verstoß gegen diesen Artikel ist Aufruhr.
Art. 4 – Kein Richterstand, keine Person oder Versammlung von Personen kann sich andere Rechte aneignen, auch nicht unter dem Vorwand besonderer Umstände, als ihm das Gesetz zugebilligt hat. Jeder Akt gegen diesen Artikel ist nichtig.“

Fragen:
1. Welcher Natur ist dieser Text, sein Autor und sein Ziel?
2. Wo residiert die Oberhoheit, im Einvernehmen auf diesen Text?

Kommentar:
   In dieser Einheit kommt es zum Siedepunkt der Gefühle, Zweifel, Zurückweisungen haben ein um das andere Mal das Klassenzimmer gefüllt, aber das Ergebnis ist überraschend. Die Tole-

ranz, die Empathie und der Wunsch weiter eigene und gemeinsame Studien der Geschichte durchzuführen, sind relevante Themen die hervorzuheben sind und die uns als Lehrer der Geschichte tief bewegen.

Schlussfolgerungen

Dieses Projekt zur historischen Erinnerung wurde auf dem Weiterbildungsseminar über Werte und Haltung der Lehrer in der Bildungsreform in Buin im Monat Januar vorgestellt. Wir haben die letzte Aktivität gemeinsam mit unseren dort teilnehmenden Kollegen durchgeführt. Und wieder sind die Ergebnisse viel weitläufiger als jedwede Planung. Bei dieser Gelegenheit wurde die Idee, die diese Einheit der Textarbeit verfolgt, dargestellt und der letzte Teil gemeinsam durchgeführt. Wir fanden uns durch die Lektüre und Gruppenarbeit mit verschiedenen Reaktionen wieder. Wir bemerkten unter anderem,

– Jeder von uns der da war, hatte etwas zur Geschichte beizutragen, mit unseren eigenen Erlebnissen oder Erzählungen, im Fall der Jüngeren, die 1973 noch nicht oder gerade erst geboren waren;
– Es ist unmöglich die Geschichte zu beurteilen ohne verschiedene Interpretationen zu kennen;
– Es ist grundlegend den Wert jedes Einzelnen und von allen zusammen in der Konstruktion der Erinnerung zu erkennen und
– Uns allen vorhandenen Quellen zu nähern ist ein notwendiges Werkzeug um eine historische Erinnerung zu schaffen, die unser Land braucht.

Die Gefühle, Tränen und unzähligen Reaktionen hatten sich der Endrunde bemächtigt, nachdem ich viele der Teilnehmer gehört hatte, dankte ich für diese Möglichkeit des Dialoges und der Studien, den Respekt und das Verständnis. Wir wollen schließen indem wir uns für all das, was wir durch jeden Einzelnen der Seminarteilnehmer erfahren haben bedanken.

Nie wieder in Chile!
Mosaiktafel in der Gedenkstätte Villa Grimaldi

Selvya Soto Latorre

Die Menschenrechtserziehung

Einleitung

Es scheint, als würden die entscheidenden Veränderungen in den Erziehungspolitiken auf latein-amerikanischen Niveau einander Nachbarn sein. Unsere Erziehungssysteme sind in bezug auf die Herausforderungen, denen wir uns als Gesellschaft stellen, veraltet, und wir täten gut daran, sie zu modernisieren. Mehr denn je möchten wir, dass in unseren Ländern aus den Erfahrungen der vergangenen Jahrzehnten gelernt wird und dass die Konzeption der Menschenrechts-erziehung die Initiativen auf diesem Gebiet erleuchtet und verbindet.

Im Hinblick auf unser wichtigstes Anliegen – die Anerkennung der Menschenrechte in unserer Kultur und ihre Einbeziehung in die Erziehung – eröffnet sich uns eine Möglichkeit, dieses Thema in den Lehrplänen des formalen Erziehungssystems zu verankern. Wenn wir sagen, dass sich uns eine Möglichkeit eröffnet, dann heißt das aber nicht, dass es einfach sei, sondern vielmehr, dass es eine große Herausforderung bedeutet, eine lebenswichtige Herausforderung – nämlich die, dass der Staat seine Verantwortung auf diesem Gebiet annimmt und die Initiativen auf dem Gebiet der Menschenrechtserziehung unterstützt.

Die Disziplin in den Schulen

Ein wichtiges Element in der Menschenrechtserziehung ist das Thema der Disziplin; denn es ist nicht nur eine Frage der Bereitschaft, sich von einem autoritären Disziplinverständnis abzuwenden und zur Entwicklung von Selbständigkeit überzugehen. Wir denken, dass der folgende Text bei der Aufklärung der eigenen Konzeptionen und Verhaltensweisen als Lehrer helfen kann. Daneben bietet er gleichzeitig ein hilfreiches Material zur Nutzung in Lehrerseminaren.

Von der Perspektive einer Schule aus betrachtet, die den Schüler als ein unabhängiges moralisches Subjekt ansieht, ist es notwendig, die schulische Disziplin neu zu konzipieren und das schulische Lehren und das selbige Lernen anders zu verstehen. Das Konzept einer auf Gehorsam und der Auferlegung von Autorität basierenden Disziplin ist tief in die Schulen und in die Gesellschaft eingegraben. Disziplinprobleme zu behandeln bedeutet, dass die verschiedenen Beteiligten eine kritische Reflexion über die Thematik durchlaufen.

In diesem Sinne erlangt die Reflexion durch die Lehrer größte Zentralität, da sie es sind, die eine bestimmende Rolle in der momentanen Auffassung, die Disziplin zu verstehen, einnehmen. Da sich die Disziplinprobleme zu einem ernsthaften Hindernis im Prozess des Lehrens und Lernens entwickelt haben und die Formen, ihnen zu begegnen, sich in einer Krise befinden, existieren heute günstigere Bedingungen dafür, dass die erzieherischen Vertreter die Problematik

Selvya Soto Latorre ist Ex-Stipendiatin 1999.

anerkennen und bei Veränderung der Auffassung und Begegnung der Disziplin vorneweg laufen. Dies ist ein Schlüsselelement für die Veränderung der Schulkultur.

Im Bezug darauf, sieht man die große Bedeutung, die die Neuauflage einiger zentraler Konzepte hat, welche besagte Konzeption von Disziplin unterstützen. Es handelt sich um das Konzept zum Verhältnis von Schüler, Schule und dem Erlernen der Normen und der sozialen Werte.
Zum einen ist es notwendig, den Schüler nicht als formbares und somit gleichschaltbares Objekt
zu verstehen, sondern als einzigartiges Subjekt mit eigenen Bedürfnissen, Interessen und Wünschen, das fähig ist, seinen eigenen Lernprozess in der Interaktion mit seiner sozialen Umwelt
zu konstruieren. Wenn wir den Schüler so verstehen, dann müssen wir die Schule als Sozia-
lisationsort begreifen, der die Vielfalt zur Entfaltung bringt und an dem das Kind oder der
Jugendliche sich über die Neuentdeckung der Bedeutungen die durch die Schule vermittelten
Werte und Normen aneignen können, weil sie sie als soziale Konstruktionen und nicht als
absolute Wahrheiten verstehen.

Ziele der Schule

Im folgenden werden einige Ziele für die Konstruktion des Schülers als unabhängiges moralisches Subjekt dargestellt:

1. Zu ermöglichen, dass das Kind Erfahrungen macht, die es ihm erlauben, die Fähigkeit der
   Empathie zu entwickeln, um sich mit anderen identifizieren zu können, sich in sie hinein
   zu denken und mit ihnen zu fühlen. Dies ist eine zentrale Frage für den Prozess der sozialen und moralisch unabhängigen Entwicklung. In diesem Sinne ist es wichtig, die Arbeitsformen im Klassenzimmer, die Individualismus und den Wettbewerb stärker begünstigen
   als Solidarität und Zusammenarbeit, zu modifizieren.
2. Zu ermöglichen, dass schulische Normen geschaffen werden, die dem Schüler als sinnvoll
   erscheinen und in sich schlüssig sind; denn man kann nicht erwarten, dass ein Schüler, der
   eine Norm nicht kennt oder ihren Sinn nicht erkennt, diese Norm einhält – außer aus Angst
   vor der Autorität.
3. Zu ermöglichen, dass die Schüler bei der Schaffung von Kontroll- und Sanktionsmechanis-
   men mit einbezogen werden, um die Akzeptanz dieser Mechanismen zu erleichtern. Sind
   die Normen Eigentum einer autoritären Instanz, die sie erschafft, kontrolliert und sanktio-
   niert, dann erfassen die Schüler kaum die Notwendigkeit, diese zu verinnerlichen bzw. anzunehmen. Dieser Prozess der Teilnahme, in den sich die Schüler ab einem Alter von sechs
   bis sieben Jahren einbringen können, ist nicht durch offizielle Formulierungen zu vermitteln. Es geht nicht darum, die Meinung der Schüler zu erbitten, nur damit sie das bestätigen, was die Lehrerin denkt.
4. Zu ermöglichen, dass die Normen sozial kontrolliert werden, damit die Schüler ihren eigentlichen Sinn erfassen können. Wird einen Norm übertreten und niemanden stört dies,
   dann könnten die Schüler das so interpretieren, dass diese Norm keinen Sinn mehr hat, weil
   ihre Übertretung niemanden verletzt oder benachteiligt. Es ist wichtig, dass diese Kontrolle sowohl von Lehrern als auch von den Schülern wahrgenommen wird, weil es oft die selben Schüler sind, die sich durch die Übertretung einer Norm benachteiligt fühlen; deshalb
   bietet es sich an, dass gerade sie das auch zum Ausdruck bringen sollten.

5. Zu ermöglichen, dass die Schüler Verantwortung für ihr Verhalten übernehmen, um den Prozess der Sinngebung der Normen zu unterstützen. Dieser Prozess kann dadurch begünstigt werden, dass das Kind oder der Jugendliche, der einem anderen Schaden verursacht hat, die Notwendigkeit erkennt, die Verantwortung für sein Verhalten zu übernehmen. Anstatt das Kind zu bestrafen, damit es auch leidet – was wenig mit dem Sinn der Norm zu tun hat –, ist es wichtig, den Schüler dazu zu bringen, dass er für sein Verhalten Verantwortung übernimmt und den verursachten Schaden wieder gut macht.

Der schulische Lehrplan und die Menschenrechte

Die Menschenrechte verkörpern ein Verständnis von Bildung, das auch den Kern de Curriculums selbst berührt – sowohl des manifesten als auch des heimlichen Curriculums. Deshalb erfordert ihre Einbindung in den Lehrplan auch ein Überdenken dieses Lehrplans selbst.

Wenn wir von einer Einbindung in den „manifesten Lehrplan" sprechen, dann bedeutet das, dass wir den Menschenrechten einen eigenen, legitimen Raum in allen Bereichen des schulischen Curriculums geben, d. h. in den Lehrplänen und Lernprogrammen, in den Lehrtexten, in den Evaluierungssystemen und in der Bildung und Weiterbildung der Lehrer. Die Thematik der Menschenrechte wird dadurch legitimiert, dass man ihr im Lehrplan einen eigenen Stellenwert zuerkennt. Dazu gehört auch, dass man die notwendigen Mittel zur Verfügung stellt, evaluierbare Inhalte definiert und einen angemessenen Zeitrahmen setzt. Im geheimen Curriculum findet muss die Thematik der Menschenrechte in der jeweiligen Schulkultur ihren Ausdruck finden, d. h. in den Beziehungen zwischen Lehrern und Schülern, den Beziehungen der Lehrer bzw. Schüler unter einander und in den Unterrichtsmethoden, die von den autoritären Schemata befreien müssen, sowie in dem Organisationssystem der Schule selbst.

Wir sagen also, dass die Einbindung der Thematik der Menschenrechte in der Schule es erforderlich macht, die erzieherische Institution in ihrem Zusammenhang grundsätzlich neu zu überdenken, Veränderungen zu fördern und einen selbst-kritischen und selbst-analytischen Prozess in Gang bringen.

Wir wollen am Beispiel der Allgemeinen Menschenrechtserklärung deutlich machen, dass diese Thematik nicht als ein „Inhalt" zu behandeln ist, der sich „außerhalb" befindet und deshalb „eingegliedert" – und wenn notwendig, objektiviert oder identifiziert wird. Es geht um viel mehr als das, nämlich um die Wiederherstellung einer Autonomie des Wissens, Fühlens und Handelns in den einzelnen Subjekten, aber auch um die Bedeutung der jeweils individuellen Wahrheiten und Eigenheiten, die uns – Lehrer, Schüler, Eltern usw. – zu Wesen aus Fleisch und Blut machen und damit die Menschenrechte zu etwas machen, das konkret erlebt und erfahren wird.

Die Methoden zur Entwicklung der für die Vermittlung eines integrierten und ganzheitlichen Verständnisses von Menschenrechtserziehung notwendigen Begrifflichkeiten lassen sich nicht von anderen Bereichen schulischen Lehrens und Lernens trennen.

Lernbereiche

Die Menschenrechtserziehung unterteilt sich in drei Lernbereiche: a) Information und begriffliche Terminologie, b) Einstellungen und Werte und c) Verhalten und Handeln. Das Lernen selbst vollzieht sich dabei sowohl auf individueller als auch auf kollektiver Ebene.

Die verschiedenen Lernbereiche setzen jeweils spezielle, voneinander abweichende methodologische Modelle voraus. Dabei erscheinen aufgrund des ganzheitlichen und interdependenten Charakters des Themas Menschenrechte integrative, erfahrungsbezogene Methodologien angemessener, weil sie verständlicher und organischer vorgehen als solche, die das Gelernte in voneinander isolierte Elemente unterteilen.

1. Der Lernbereich Information und begriffliche Terminologie (lenguaje conceptual)

Vom didaktischen Standpunkt aus betrachtet geht es bei der Menschenrechtserziehung zunächst um den Erwerb einer „konzeptionellen Sprache", über die die Schüler ihre Ideen, Gefühle und Handlungen mitteilen können. Mehr noch, die Struktur dieser Sprache eröffnet einen bestimmten Blickwinkel um die Thematik zu verstehen. Von hier aus kommt der Konzeptionalisierung eine grundlegende Bedeutung zu, weil sie dazu dient, das Denken und die besondere Einstellung in bezug auf die Menschenrechte zu strukturieren.

Wir behaupten, dass die Konzepte der Sprache und der Metaphern, die angenommen werden, den Referenzrahmen liefern, um die Bedeutung, die der Schüler der Thematik beimisst zu verstehen und zu strukturieren. Die Sprache ist nicht neutral, sondern bietet eine bestimmte ideologische Orientierung, um das Denken in bezug auf die Thematik zu strukturieren. Folglich ist es wichtig, dass die Schüler die historischen Aspekte der Menschenrechte kennen und verstehen und in der Lage sind, ihre eigenen Beurteilungen nicht nur zu diesen, sondern auch zu den Theorien und Verallgemeinerungen zu formulieren, die sich auf die Vorstellungen von Rechten und Freiheiten im politischen, zivilen, ökonomischen und sozialen Sinne beziehen. Jeder dieser Begriffe vereint in sich eine Vielzahl von besonderen Ereignissen, Unterbegriffen, Prozessen und Wechselbeziehungen, die Teil der »konzeptionellen Sprache« sind, die die Schüler im Zusammenhang mit den genannten anderen Lernbereichen allmählich entwickeln sollen.

Wir schlagen diejenigen methodologischen Modelle vor, die sowohl in das Gebiet der partizipativen Forschung wie auch der explorativ-konzeptionellen Forschung gehören. Bei diesen Methoden liefern die Erfahrungen der Schüler, ihr familiärer und sozialer Kontext, d. h. ihre eigene Wirklichkeit, den Zusammenhang, in dem sich die konzeptionelle Sprache der Menschenrechte konstituiert.

2. Der Lernbereich Einstellungen und Werte

Der Lernbereich Einstellungen und Werte gilt einigen als der wichtigste in der Menschenrechtserziehung. So meint Leticia Olguín: „Wenn man Erziehung als einen dynamischen Prozess versteht, der die Entwicklung und die Vervollkommnung menschlicher Qualitäten ermöglichen soll, dann beinhaltet die Menschenrechtserziehung die Herausbildung von Respekt und Toleranz geprägt, die unmittelbarer Teil der Prinzipien und Praxis der Menschenrechte sind."

Der Zusammenhang zwischen der Entwicklung von Einstellungen und der Verinnerlichung von Werten auf der einen Seite und den Menschenrechten auf der anderen wird in der allgemeinen Deklaration der Menschenrechte mit Begriffen wie „moralische Konsequenz der Menschheit", „moralischer Horizont", „universales moralisches Bewusstsein" etc. ausgedrückt.

Fernando Sorondo beschränkt sich darauf, die Menschenrechte als Werte zu bezeichnen, die „drei Effekte von unzweifelhafter Wichtigkeit besitzen: a) Die Menschenrechte orientieren die richterliche Ordnung, b) üben eine kritische Funktion über die existierende Ordnung aus und c) implizieren die Existenz anderer als der existierenden soziohistorischen Bedingungen, damit ihre Verwirklichung tatsächlich möglich wird."

Diese zugespitzte Formulierung will deutlich machen, dass es im Zusammenhang mit den Einstellungen und Werten nicht nur darum gehen kann, bei den Schülern ein abstraktes Bewusstsein von Menschenrechten oder eine positive Einstellung zu ihnen zu entwickeln bzw. eine Akzeptanz und Verinnerlichung der damit angesprochenen Einstellungen, Codes und Prinzipien herzustellen. Vielmehr gilt es, ein zusammenhängendes Lebensprojekt zu entwerfen, in dem sich mit den Menschenrechten eine Dimension von „Utopie" und „Hoffnung" verbindet. Diese Utopie manifestiert sich in einer kritischen Einstellung zur Wirklichkeit, welche die Widersprüche, die diese Wirklichkeit der Umsetzung und Durchsetzung der Menschenrechte entgegenstellt, erkennt und als Herausforderung annimmt.

3. Der Lernbereich Verhalten und Handeln

Der Lernbereich Verhalten und Handeln ist in der Menschenrechtserziehung ohne Zweifel der Bereich, in dem die »konzeptionelle Sprache« und die erworbenen Einstellungen und Werte in ein konsequentes Verhalten umgesetzt werden. Ohne Zweifel ist es wichtig festzustellen, das das Handeln ein eigener, selbständiger Lerninhalt ist. Es ist nämlich nicht so, dass der Erwerb einer »konzeptionellen Sprache« und einer bestimmten Einstellung allein und aus sich heraus schon befähigen würde, entsprechend handlungsfähig zu werden. Auch das Handeln muss erlernt werden. Dazu gehört, dass man Bedingungen schafft, in denen die Schüler ihr Verhalten im Hinblick auf die Menschenrechte einüben können. Es würde den Lehrplan sprengen, sämtliche Verhaltensmöglichkeiten, die das Thema Menschenrechte eröffnet, einzuüben; deshalb sollten die Lerninhalte sich auf das alltägliche Leben und die täglichen Herausforderungen beziehen, vor denen die Schüler und ihre Familien in ihrem sozialen Umfeld stehen. Im Hinblick auf diese Orientierung am Alltag sind die Schule und das soziale Leben die entscheidenden Instanzen für die Umsetzung von Verhaltensweisen im Sinne der Menschenrechte. Im Schulalltag gibt es eine Vielzahl von Aktionen, die sich durchführen lassen, um die Gültigkeit der Menschenrechte zu konkretisieren. Ausgangspunkte sind die Beziehungen der Schüler untereinander, vom Klassenzimmer bis hin zur Teilnahme an Schulprojekten, und die individuell oder kollektiv eingegangenen Verpflichtungen in der Schule.

Wenn man eine Untersuchung zur Universalen Deklaration der Menschenrechte machen würde und die Verhaltensweisen analysierte, die in der Schulkultur ins Spiel kommen, könnte man feststellen, dass die Schule in sich eine Welt ist, in welcher in der einen oder anderen Form viele dieser Gesetze präsent sind. Die Schüler erleben im schulischen Alltag den Respekt und – warum das nicht auch anmerken – in vielen Gelegenheiten die Verletzung von Grundrechten wie der Toleranz, der Solidarität, der Gleichheit, der Freiheit und der Gerechtigkeit.

Die Praxis der Menschenrechte bedarf einer besonderen Dimension des Verhaltens, die wichtig ist, wenn die Schule ihren Lehrplan und ihr pädagogisches Projekt an den Bedürfnissen ausrichtet, die die Gemeinschaft formuliert. So diagnostiziert man eine Reihe von nicht befriedigten Rechten, welche die Schule aber in den Lehrplan für die Schüler aufnimmt mit dem Ziel einer Befähigung zur Lösung der festgestellten Probleme.

Selbstreflexion an der eigenen Silhouette

Yolanda Ruiz Baeza

Die Bedeutung der geschlechtsspezifischen Erziehung in der Schule

Einleitung

Wenn wir normalerweise vom Begriff der Geschlechtsspezifität sprechen oder uns darauf beziehen, kommt uns dazu eine Prämisse in den Kopf: das „Weibliche" und das „Männliche". Aber diese Begriffe sind nicht natürlich oder biologisch bedingt, sondern kulturelle Konstruktionen. Im Lauf der Geschichte, hat die Mehrheit der Gesellschaften, sie auf der Grundlage der anatomischen Unterschiede zwischen den Geschlechtern geschaffen, und damit diese biologischen Unterschiede in soziale und politische Ungleichheit verwandelt. Die Studien zum Thema Geschlechtsspezifität tauchten in den 70er Jahren in den Vereinigten Staaten auf; die Ursprünge dieser Idee gehen aber ohne Zweifel bereits auf das 17. Jahrhundert zurück, und zwar auf die Theorien von Poulain de la Parra, welcher in seinen 1673–1675 veröffentlichten Texten gegen die Parteigänger der These von der Minderwertigkeit der Frauen polemisierte. Sein Hauptargument war, dass die soziale Ungleichheit zwischen Männern und Frauen keine Folge der natürlichen Unterschiede sei. Diese Denkweise verstärkt sich im 18. Jahrhundert in der Zeit der Aufklärung, als die Menschen einzeln und gemeinsam feststellten, dass die Ungleichheit nicht etwa eine naturgegebene Tatsache ist, sondern eine historische. Obwohl dieser Diskurs sich hauptsächlich auf die soziale, politische und ökonomische Ungleichheit bezog, erlaubte er doch auch, dass die Frauen sich ihrer eigenen Unterdrückung bewusst wurden. Das gipfelte schließlich im 19. und 20. Jahrhundert im Kampf der Frauen für das Wahlrecht. Es bleibt anzumerken, dass die Frauen in Chile im Jahre 1931 sich das Wahlrecht zu den Stadtparlamenten und im Jahre 1949 das universelle Wahlrecht erkämpften.

Die geschlechtsspezifische Perspektive

Jahrzehntelang galt das Wort geschlechtsspezifisch im Rahmen akademischer Untersuchungen als Synonym für „Frauen". Durch das wachsende Interesse für Probleme wie Diskriminierung und Unterordnung von Frauen, durch Nachforschungen über den Ursprung und die Ausprägung in verschiedenen historischen Epochen und die Einbeziehung dieser Themen in die Studien der Sozialwissenschaften, begannen die Untersuchungen ein geschlechtsspezifisches Konzept zu verwenden, das die Idee der biologischen Determinierung stillschweigend zurückwies und auf den sozialen Charakter der Unterschiede zwischen Männern und Frauen bestand.

Die Annahme dieses Geschlechtskonzeptes in den Studien zu Problemen der Frauendiskriminierung war der Notwendigkeit geschuldet, nicht nur den biologischen Unterschieden zwischen den Geschlechtern Rechnung zu tragen, sondern um auch einen Raum zu schaffen, in dem das Verhalten und die Interaktion zwischen Männern und Frauen beobachtet wurde. So

Yolanda Ruiz Baeza ist Kursteilnehmerin 1999. Kontakt: yoliruiz2@yahoo.com.mx

hat man die Möglichkeit die verschiedenen Arten miteinander in Beziehung zu treten von beiden Geschlechtern zu untersuchen und wie die Mechanismen der Differenzierung zwischen den
Personen wirken, welche Möglichkeiten, Anforderungen, Entscheidungs- und Autonomie-
fähigkeiten im speziellen und differenziert im Bezug auf die Problematik der Geschlechtsspezifität sie zuschreiben.

Geschlecht und Gleichheit

Die Gleichheit und Zusammenarbeit von Männern und Frauen bei der Konstruktion des Projektes zu einem besseren gemeinsamen Leben wäre möglich, wenn man versteht, dass:
- Das Konzept der Geschlechtsspezifität eine kulturelle Bedeutung einschließt und alle kulturellen Bedeutungen veränderlich und funktional sind,
- Die Unterscheidung und Zuschreibung von Rollen zu dem einen oder anderen Geschlecht
  sich auf eine von der Kultur erfundenen Konstruktion der Beziehungen bezieht, welche sich
  historisch zwischen Männern und Frauen entwickelt hat,
- Diese Vision sich flexibilisieren und in eine andere Form verwandeln könnte die Beziehungen zwischen den Geschlechtern zu verstehen.

Erziehung und Geschlechtsspezifität

Das Konzept der Geschlechtsspezifität ist als eine wissenschaftliche Kategorie der Praxis und
Analyse anerkannt, welches „die soziale Ungleichheit der Geschlechter als eine kulturelle Konstruktion anerkennt, die somit die Fähigkeit besitz, sich umzugestalten und anzupassen". Im
konkreten Fall der Erziehung und der Aktivitäten, die der Prozess des Lehrens und Lernens mit
sich bringt, sollte man alle Elemente, Gewohnheiten, Stereotypen, Rituale etc. überprüfen, die
vom pädagogischen Handeln aus Einfluss auf die Konstruktion und Reproduktion von allgemeinen, asymmetrischen Identitäten haben. Das Ziel ist, ihnen gegenseitigen Respekt und
Chancengleichheit der Menschen unterschiedlichen Geschlechts zu erklären und versuchen sie
daran zupassen.

Im Folgenden und zur besseren Erklärung wird eine Aktivität zur möglichen Durchführung mit
den Schülern präsentiert.

Aktivität
Versuche Dich der größtmöglichen Vielfalt von Situationen, Sätzen, Geschichten und anderer Sachen zu erinnern, die folgendes reflektieren:

- Beispiele die den Aufbau von Stereotypen bei Männern repräsentieren z. B.: „Jungen ziehen
  kein Rosa an."
- Beispiele die den Aufbau von Stereotypen bei Frauen repräsentieren: „Mädchen spielen nicht
  mit Autos."
- Ausgesuchte Beispiele, die diskriminierende Sachverhalte schildern, z. B.: „Lasst den Jungs
  den Hof, sie brauchen mehr Platz."

Vergleiche und kommentiere die in den Gruppen gefundenen Antworten.

María Elena Ahumada Munita

Fortbildungsseminar über Werte und Einstellung der Lehrer in der Bildungsreform: Das Nachtreffen in Buin

Die in der Pasantía in Berlin aufgeworfene Fragestellung, wie man die sozialen Konflikte in den schulischen Lehrplan integriert, ist tief mit dem täglichen Tun der Lehrer und Pasantía-Teilnehmer verbunden. In vielen Fällen hat die Frage weiterhin ihre Gültigkeit, und dies bedeutet eine ständige Herausforderung nach der Rückkehr nach Chile. Viele fragen sich, ob die Schule sich wohl im Rahmen dieser Konflikte behaupten kann. Andere weigern sich, die Konflikte in das schulische Leben aufzunehmen, und installieren Zäune, Alarmglocken und Wächter an den Schulen. So meinen sie zu verhindern, dass sich die Schule mit der „sozialen Schlechtigkeit" infiziert. Einige sind sogar immer dazu bereit, die „Problemschüler, die diese Konflikte in die Schule mitbringen", aus ihren Klassenzimmern und schulischen Einrichtungen zu verweisen. Sicher ist, dass die sozialen Konflikte ein dynamischer Teil des schulischen und kommunalen Lebens sind. Deshalb ist es unmöglich, sie nicht zu integrieren. Normalerweise integrieren sie sich, ohne besonders dazu aufgefordert worden zu sein. Sie sind einfach da, dynamisieren und beeinflussen die Ziele der Schule und der Erziehung und fordern sie heraus.

Wenn die Lehrer aus Berlin zurückkehren, bleiben oft viele Fragen und allgemeine Problemstellungen offen; ihre Reflexion bewegt und motiviert eine Suche und erzeugt zur gleichen Zeit ein Infragestellen des traditionellen pädagogischen Tuns.

„Warum tue ich dieses oder jenes?", „Wozu ist das, was wir tun, gut?", „Was wird es den Schülern morgen nützen?" und „Was mache ich und warum?" – das sind ordnende Fragestellungen, die sich aus dieser Suche ergeben. So öffnete sich ein fast magisch zu nennender Dialog, der die Frage aufwirft: „So läuft die Sache nicht, aber wohin wird sie gehen?"

Aus den Gesprächen und Reflexionen mit Lehrern und Ex-Pasantes entstand die Idee, etwas anderes zu schaffen. Wir dachten an einen Kurs der gegenseitigen Weiterbildung, eine Arbeit zwischen Gleichgestellten – eine Art, uns zu evaluieren, uns selbst neu zu denken, aber auch uns zu helfen, indem wir Erfahrungen austauschen. Es war notwendig, eine Aktivität zu versuchen, die unsere speziellen Beiträge potenziert, gleichzeitig aber auch wiederspiegelt, dass wir neben unserem Kompromiss mit den Schülern und Schülerinnen noch etwas gemeinsam haben.

Wir versammelten uns an einem wundervollen Ort – Laguna Verde –, um uns zu besprechen, aber als wir mit Freunden und Freundinnen (unter anderem mit unserer Freundin Rosita Palma vom Erziehungsministerium) nachdachten, waren wir davon überzeugt, dass es nicht darum geht, uns selbst neu zu formieren, sondern darum, eine Art offenes Seminar für andere Personen und Kollegen durchzuführen. So kamen wir dazu, das Seminar zur Lehrerfortbildung über Werte und Haltung der Lehrer in der Bildungsreform in Buin zu planen.

Koordinatorin für Bildung beim Komitee zur Verteidigung der Rechte des Volkes (CODEPU), Santiago de Chile. Kontakt: mummy_mummy11@yahoo.com

Im selben Moment, in dem diese Entscheidung gefallen war, tauchten auch Zweifel, Unsicherheiten und Schwierigkeiten auf. Es stellte sich auch die Frage, ob das, was in Berlin erlebt wurde, effektiv zu Bewegungen geführt hat. Am Tag vor m Beginn unseres Seminars arbeiteten wir unter uns, und genau da spiegelte sich unsere Erfahrung von Berlin wieder.

Es gab etwas gemeinsames, ein gemeinsames Kriterium, eine Art die Welt zu betrachten, die sich von anderen pädagogischen Betrachtungen unterschied. Man sagt, die tiefsten Veränderungen sind die, die man nicht auf den ersten Blick wahrnimmt, und so war es auch diesmal. In Berlin wurden verschiedene Themen bearbeitet, aber sie hatten einen gemeinsamen roten Faden. Es handelte sich nicht nur um die Bildungsreform. Es gab einen gewissen Gemeinsinn, der für uns ganz ungewöhnlich war.

Außer der erlebten Erfahrung der Überwindung von persönlichen Ängsten, der szenischen Panik und den theoretischen Unsicherheiten fühlten wir, dass uns nicht nur eine Freundschaft vereinte, sondern auch die Überzeugung, dass eine Reihe von Bräuchen und pädagogischen Gewohnheiten, die sich täglich in unseren Schulen wiederholen, für den Prozess der Bildung unserer Schüler absolut inadäquat sind. Sie gehören pädagogischen Modellen des vergangenen Jahrhunderts und einer positivistischen Anschauung an, die heute durch die eigene reformerische Erziehung in Frage gestellt werden.

„Was ist ein Paradigma?" fragten wir Elías Reyes. Er betrachtete dies von seiner Praxis aus, las Texte von Thomas Kuhn und anderen Epistemologen der Wissenschaft vor und erklärte uns, dass das entscheidende der Prozess sei, dass der Positivismus nicht erfasst, da man die einzelnen Teile nicht getrennt von einander analysieren kann, sondern nur in ihren wechselseitigen Beziehungen. Aus den interessanten Kommentaren, die zu diesem Thema abgegeben wurden, blieb ein Satz in der Runde, der später zu einer anderen Frage überleitete: „Die Wissenschaft entwickelt sich nicht, sie verändert sich nur, aber: Was ist das?!"

Später betrachteten wir noch einmal die pädagogischen Modelle und entdeckten, das wir in der Realität unserer pädagogischen Praxis immer nur die normativistischen Formen wiederholten (die Norm als etwas Natürliches und Obligatorisches) und dass wir als Väter und Mütter in unserem alltäglichen Leben vor allem gebildete Akademiker waren (unsere Söhne und Töchter waren die Intelligentesten und erzielten die besten Ergebnisse), was dazu führte, dass uns vor allem der Erfolg, die Einschätzung und die Zensuren interessierten und wir dabei oft die Prozesse vergaßen. Als wir unsere Ideen über die historischen und soziokulturellen Modelle austauschten, stellten wir fest, was wir wollten – aber wie sollten wir das verwirklichen? So kamen wir auf Freire und mit ihm auch wieder auf die Erfahrung von Berlin. Die erste Empfindung war die Notwendigkeit, den Sinn zu finden.

Werte und Haltung der Lehrer in der Bildungsreform haben nur einen Sinn im täglichen und zukünftigen Tun unserer Schüler, und so war es. Aus der Erfahrung von Nancy Tapia – einer Lehrerin aus Llay-Llay, die an einem Diplomkurs in Belgien teilgenommen hatte – erfuhren wir, wie man in der Praxis in die Entwicklung der sozialen und kognitiven Fähigkeiten der Schüler eingreift. Was heißt Lernen zu lernen? Wir entdeckten, dass es sich um nichts anderes handelt, als sich um seiner selbst willen zu schätzen, und dies mit dem eigenen Handwerkzeug.

Das gleiche geschieht mit der geschlechtsspezifischen Pädagogik: sie hat nur einen Sinn in der Beziehung mit dem oder der anderen, „in der Kraft, die Hälfte der verborgenen Welt sichtbar zu machen", erklärte uns Yolanda Ruiz aus Hualaihué. Auf diese Weise verstanden wir, dass es nicht darum geht, die Frau zwingend zu integrieren, sie als dem Manne gleich zu sehen. Dieses Thema blieb offen und noch zu bearbeiten.

Wie eine magische Reise erschienen die Gefühle, das Gelernte, die Reflexionen über Diszi-plin und das schulische Miteinander. Es schien, als hätten wir eine innere Vorrichtung, die uns in einer bestimmten Weise agieren lässt, ohne dass wir uns anderen Formen öffnen. Fürchten wir etwa die Veränderung, das Infragestellen? Mónica Bravo erklärte uns genau, wie die Norm zutiefst repressiv ist. Und viele von uns öffneten die Augen vor dem Problem der Macht.

Marcela Ahumada und Rubén González betrachteten die persönliche Erinnerung, die ge-meinschaftliche, örtliche und historische … und da ist die Katharsis. Wir alle haben gelitten, aber wir alle deuten es auf unterschiedliche Weise. Wir alle können Erinnerung schaffen, un-tersuchen, befragen und erzählen. Das Wort ist mein Urteil, geheimer als der Wert der Ge-schichte. „Wir können nicht verstummen", sagten sie uns. Und so war es auch. Das Thema blieb zwischen uns wie eine unverrückbare Verbindung.

Wenden wir uns einem Seminar über die Persönlichkeitsentwicklung zu. Marianela Matus nannte es „Seminar zur Persönlichkeitsentwicklung". Und es wurde persönlich und gemein-schaftlich. Viele ähnliche Erfahrungen, viele Verluste, viel Gelerntes woben unsere Leben, un-seren Alltag. Hier erschienen wieder die Erfahrungen von Berlin und die sozialen Konflikte. Wie verändern wir, wie können wir lernen, wenn wir nicht die sozialen und persönlichen Konflikte leben?

Und es erschienen die zwischenmenschlichen Beziehungen, die Vorurteile, die Gremien-politiken, die Ministerialpolitiken, die Kritiken, die Vorschläge und das Thema der Integration. Integrieren heißt nicht nur, die Unterschiede zu tolerieren, sondern die Stereotypen, die per-sönlichen Vorurteile und die soziale Intoleranz zu überwinden. Es heißt herabsteigen vom Podest des „Wir sind die Normalen und Gesunden" und über das Problem der Macht nachzudenken, über die Beunruhigungen und die Bedürfnisse. Wir fühlen die Wichtigkeit des Zeigens, die Emotionen bekannt zu machen und auszudrücken, die tiefen Emotionen der pädagogischen Erfahrung.

Die Widersprüchlichkeiten der Bildungsreform in der Praxis aufzudecken hielten uns nicht davon ab, die Entwicklung des reformerischen Prozesses weiter voran zu treiben. Im Gegenteil: wir erkannten, dass man vertiefen muss, dass man sich trauen muss zu denken, dass die Wis-senschaft sich nur verändert, wenn sie sich „entwickelt", nur wenn „jemand" ein vorgefertigtes Schema von Erwartungen hat, von einer Richtung, in die er gehen will. Dabei handelt es sich nicht um Zauberei, sondern um Wissenschaft, aber wir waren uns sicher, dass das keine positi-vistische Wissenschaft sein kann. Es geht um eine andere Wissenschaft.

Die Erfahrung des Seminars hatte auch noch eine andere Bedeutungen, hallte anders wider. Wir verstanden, dass die Lehrer der Schlüssel für den Erfolg oder Misserfolg der Bildungsreform sind, nicht nur in bezug auf die Qualität des Lernprozesses, sondern auch in bezug auf den spe-ziellen Beitrag, der aus der Erfahrung erwächst. Das Seminar von Buin fand gerade als Erfah-rung der Lehrerweiterbildung durch eben diese statt. Wir planten es als konstruktiven Prozess, in dem jeder Lehrer und jede Lehrerin zusammen ihr Wissen und ihre Reflexionen, ihre Erfah-rungen anboten, die analysiert und geteilt wurden.

Wir bestätigen, dass die Rolle des Lehrers in der Bildungsreform radikal verschieden von der traditionellen sein sollte, indem sie das Muster vom Anfüllen mit Wissen überwindet und zum konstruktiven Prozess der Pädagogik und des Lehrplans übergeht. Unsere Arbeit im Semi-nar zeigte uns klar, dass die Lehrer, die ihre Schüler nur mit Informationen anfüllen, sich aus der pädagogischen Szene verschwinden müssen. Sie sollten es schnell tun, wenn wir wollen, dass die pädagogische Arbeit einen Sinn bekommt.

Es erscheint in der Pädagogik ein neuer Typus von LehrerInnen, die den Lernprozess unterstützen, indem sie an der Entwicklung der Fähigkeiten ihrer Mitstreiter teilnehmen, und zwar in der gleichen Form, wie sie es bei ihren Schülern tun. Es ist der Dialog, der auffällt. Ein Dialog, der nicht durch die unmittelbaren Dimensionen begrenzt wird – er breitet sich Kilometer für Kilometer aus, überquert den Atlantischen Ozean und tritt in das Zentrum des Kontinents Europa ein. Das heißt, mitten im Beginn unseres Seminars erreichte uns die Stimme von Ilse Schimpf-Herken, zuerst durch das Telefon, und verband uns mit dieser Dimension, ebenso wie später die Lektüre eines Dokuments über ihre pädagogischen Reflexionen, in der sie die Themen, die wir in Buin bearbeiteten, zusammenfasste.

Es gibt keine Geradlinigkeit und es kann auch gar keine geben – das entspricht nicht diesen Dimensionen. Erst in dem eigentlichen Prozess erkennen, denken und fühlen wir, dass wir die bloßen theoretischen Abstraktionen überwinden, die Geradlinigkeit, das Ursächliche und die engen Programmierungen. In diesem Prozess kommt es erst dann zu einer Synthese, wenn wir globaler denken, weil die Prozesse von vielfältigen Gründen und Beziehungen abhängen.

Als Lehrer versuchen wir, unsere Lust am Lernen und unserer Bereitschaft, uns wieder und wieder überraschen zu lassen, wach zu halten. In diesem Sinne glauben wir an der Bildungsreform mitzuarbeiten, indem wir Formen des holistischen Denkens integrieren, die Arbeit in der Gruppe fördern und uns der sozialen Integration, den Herausforderungen, die sich präsentieren, stellen und uns darauf vorbereiten, die sozialen und persönlichen Veränderungen anzunehmen und auszufüllen.

Als Schlussfolgerung, um nicht zu sagen als Fazit, erschien klar und deutlich die Notwendigkeit, dass wir Kollegen in der Gestaltung der Lernsituation zusammen arbeiten müssen, um den SchülerInnen beim Aufbau von Kenntnissen zu helfen. Die Schule hat nicht die Möglichkeiten, die Fähigkeiten so anzugleichen wie andere Mittel im Hinblick auf den Zugang und die Verteilung von Informationen. Auch ist es nicht möglich, in einem Zusammenhang von vorgefertigten schulischen Inhalten zu denken, um in einer gleichartigen und geradlinigen Weise mit der gesamten Schülerschaft zu arbeiten. Hualaihué und Antofagasta stehen für Kontexte und Situationen des Lernens, die zu vergleichen fast unmöglich ist. Wenn in Hualaihué ein Ofen gebraucht wird, um daran ein Gespräch führen zu können, so will man in Antofagasta die Jugendlichen aufnehmen und ihnen helfen, ihre Möglichkeiten zu finden und zu nutzen. Wenn wir in Punta Arenas Wärme wollen, so brauchen wir in Río Negro dringend Strom. Benötigen wir in San Bernardo sozio-ökonomische Möglichkeiten, so in Llay-Llay die Möglichkeit, uns kennenzulernen und Sichtbarkeit zu erreichen. Deshalb – und im Hinblick auf die Wichtigkeit der pädagogischen Kontexte – können wir nicht in uniformen Inhalten oder Wegen denken. Die Pädagogik soll Schöpfung sein, die günstige Bedingungen für die Schüler anbietet, damit diese ihr eigenes Lernen und Denken schaffen, führen und kontrollieren. Ist das nicht, was man unter „Autonomie" versteht?

In bezug auf die Lehrerschaft beinhaltet das die Möglichkeit, dass die Lehrer die Verantwortlichkeit für den Prozess ihrer Weiterbildung in ihre eigene Hand nehmen und Dynamiken entwickeln, in denen sie sich gegenseitig und kollektiv unterstützen. Wir stellen fest, dass wir so die Erfahrung der Lehrer, die ihre Erfahrungen zusammenbringen und an der pädagogischen Theorie von der Praxis aus teilnehmen, vervielfachen und wertvoller machen könnten.

Ein Punkt war das Überdenken der Formen und Kriterien der Evaluation, die in unserer Erziehung genutzt werde. Dabei zeigte sich eine große Gegensätzlichkeit. Wie kann man die Qualität der Lehre messen? Wieder erscheinen Nummern, Zahlen und Prozentsätze. Es verliert sich der Prozess und der Zauber. Das gleiche geschieht mit den Einschätzungen. Was bedeuten die Zahlen? Wir entdecken, dass sie von ihrem Wert her absolut subjektiv sind und von jedem Lehrer und jeder Lehrerin in bezug auf die eigenen Erwartungen geschaffen werden. Außerdem: das einzige, was die Noten reflektieren, ist der Grad des Erfolges, den der Lehrer oder die Lehrerin erreicht haben. Oder ist es etwas nicht der Lehrer, der sich in den Errungenschaften des Erlernten seiner Schüler wiederspiegelt? Warum also bleiben Lehrer dann nicht sitzen? All diese Unsinnigkeiten fanden in Buin einen Moment der kritischen Reflexion, der uns dazu brachte, die Evaluierung des Prozesses von Zwischenbeziehungen nicht nur in der Klasse, sondern in der ganzen Gemeinschaft zu suchen.

Erfahrungen wiederholen sich nie – niemals sind sie die gleichen, niemals können sie sich wieder in der gleichen Form einprägen oder interpretiert werden. Aber wir sind sicher, dass wir im Seminar zur Lehrerweiterbildung mit dem Thema Werte und der Haltung der Lehrer in der Bildungsreform eine neue pädagogische Erfahrung erlebt haben, von der wir immer noch zehren. Jede Erinnerung setzt sich mit einer aktuellen Erfahrung in Beziehung und erreicht eine neue Synthese, die später wieder durch ein andere Erlebnisse, Reflexionen oder Erinnerungen in Frage gestellt wird, und so geht es immer weiter.

Teil IV

Die Workshops
der Pasantía in Berlin

Susanne Blome und Roland Wylezol

Geschlechtsdifferenzierte Jugendarbeit in Berlin

1 Grundprofil der Jugendbildungsstätte Kaubstraße e. V.

In der JBS Kaubstraße werden seit mehr als 20 Jahren Seminare für Jugendliche und junge Erwachsene angeboten. In der Regel kommen die Gruppen für fünf Tage, von Montag bis Freitag, in unsere Bildungsstätte. Sie übernachten die Woche über hier und werden auch in unserem Haus verpflegt. Jeweils am Vormittag und am Nachmittag treffen wir uns für drei Stunden in geschlechtsdifferenzierten Arbeitsgruppen. Die Jugendlichen werden von ihren Lehren und Lehrerinnen begleitet. Das Freizeitprogramm am Abend, z. B. Sport treiben, Schwimmen gehen, ins Kino gehen, Spieleabende, Nachtwanderung u.a. findet für alle Jugendlichen gemeinsam statt. D.h. die Trennung in Mädchen und Jungengruppen beschränkt sich auf die Arbeitsgruppenzeit. Die Pädagoginnen sind für die Mädchengruppen, die Pädagogen für die Jungenarbeit zuständig. Es gibt einen intensiven Austausch zwischen den weiblichen und männlichen Mitarbeitern unseres Hauses über pädagogische Ziele und Inhalte unserer Arbeit.

Wir verstehen uns weder als LehrerInnen noch als SozialarbeiterInnen, unsere Tätigkeiten beinhalten aber Strukturmerkmale aus beiden Bereichen. Wissensvermittlung, Überprüfung von Bildern und Vorurteilen sowie die Begleitung sozialer Prozesse innerhalb der Seminarwoche sind Schwerpunkte unser Arbeit. In diesem Sinne sind auch die Methoden ausgelegt, die wir in der Seminararbeit verwenden. Spiele, die ebenso auf Wissen wie auf Diskussionen angelegt sind, Interviews, Filme, Besuche von Projekten und Beratungsstellen, Körperarbeit und Vertrauensspiele sind Beispiele aus unserem Methodenrepertoire.

1.1 Geschlechtsdifferenzierte Arbeit mit Mädchen und jungen Frauen

In den Anfängen der Bildungsarbeit in diesem Haus wurde wenig darauf geachtet, ob das Seminar von einer Frau oder einem Mann geleitet wurde und ob diese Tatsache eine Bedeutung für die jeweilige Seminargruppe hatte.

Vor ca. fünfzehn Jahren veränderten sich zunehmend mehr die Inhalte in der politischen Bildungsarbeit: Von der bloßen Vermittlung von Staatssystemen und Demokratiegeschichte wurde zunehmend mehr die Alltagserfahrung der Teilnehmenden als ein individueller Zugang zu deren Politisierung gewählt. Durch die Neuen Sozialen Bewegungen kam es auch zu einem gesamtgesellschaftlichen Politisierungsschub, der von den westdeutschen Trägern der politischen Bildungsarbeit aufgegriffen wurde. In der Folge haben Themen wie Gewalterfahrungen, Lebensplanung und Suchtverhalten Einzug in die Seminare der politischen Jugendbildung genommen. Ausgehend von den individuellen Betroffenheiten der Teilnehmenden wurde über die Feststel-

Susanne Blome und Roland Wylezol sind pädagogische Mitarbeiter der Jugendbildungsstätte Kaubstraße in Berlin. Kontakt: jbs-kaubstr.bildung@t-online.de

lung von ähnlichen oder parallelen Entwicklungen innerhalb einer Gruppe die strukturellen und kollektiven gesellschaftlichen Bedingungen, Normen, Werte und Zwänge in der bundesrepublikanischen Gesellschaft herausgefiltert. Individuelle Strategien konnten ausgetauscht und miteinander verglichen werden. Die konkreten Alltagserfahrungen wurden nicht getrennt in privat – öffentlich, sondern die ,private' einzelne Lebenssituation wurde als ein Mosaikstein im gesamtgesellschaftlichen Kontext gesehen und bewertet.

In diesem Zusammenhang wurde deutlich, dass – strukturell und gesellschaftlich gesehen – Männer und Frauen sehr unterschiedliche Alltagserfahrungen und –Realitäten haben:

- Der Redeanteil von Männern ist höher als der von Frauen
- Männer bewegen sich selbstverständlicher im öffentlichen Raum
- Männer demonstrieren ihre Überlegenheit durch starke Gestik nach außen, Frauen benennen eher ihre Unsicherheiten
- Männer verlieren ihr Gesicht, wenn sie Schwäche und Unsicherheiten zugeben
- Ein häufiger Verständniszugang von Frauen ist das „emotionale" Verstehen, das Mitfühlen und sich einfühlen in andere, während Männer eher über den „Kopf" sich mit Dingen und Erfahrungen auseinandersetzen.
- Männern wird von Männern und Frauen von vornherein mehr Kompetenz zugeschrieben, um nur einige Beispiele zu nennen.

Diese Beobachtungen hatten zur Folge, dass in der Jugendbildungsstätte Kaubstraße der Wunsch entstand, diesen strukturellen Ungleichheiten Raum zu geben und sie zu einem Inhalt unserer Seminare zu machen. Dies hatte zur Folge, dass während der Seminarzeiten die Jugendlichen nach Geschlechtern getrennt wurden und die z. T. gleichen Themen nach unterschiedlichen Konzepten bearbeitet wurden.

Die Frauen, die die Mädchenarbeit etablierten, wollten für Mädchen einen Raum bereitstellen, in dem sie ihre eigenen Stärken entwickeln können, – um z. B. gegen Gewaltübergriffe gewappneter zu sein –, in dem sie aber auch die Gelegenheit bekommen, ihre Beziehungen zu anderen Mädchen reflektieren zu können.

Ziel war es auch die Mädchen und Frauen zu ermutigen, sich Rollen und Räume auch jenseits der gesellschaftlich vorgedachten zu erobern.

Diese Ziele sind nach wie vor aktuell. In den letzten Jahren sind neue inhaltliche Schwerpunkte und Blickwinkel hinzugekommen. So liegt ein Focus unserer Arbeit mittlerweile auch auf der aktiven Rolle der Mädchen und nicht mehr ausschließlich im „Opfer-Sein" herrschender patriarchaler Machtverhältnisse. Das heißt konkret im Seminar mit den Mädchen z. B. zu thematisieren, dass sie zwar nicht das offizielle Sagen in der Schulklasse haben, aber durch die Aufmerksamkeit, die sie den Klassenstärksten, den „Kings" geben diese unterstützen und damit letztlich auch das hierarchische System.

1.2 Geschlechtsdifferenzierte Arbeit mit Jungen und jungen Männern

Die Inhalte und Schwerpunkte der Jungenarbeit haben sich in den vergangenen 15 Jahren von einer notgedrungenen Situation(die Männer blieben mit den Jungen übrig) zu einer mehr und mehr durch eigene Inhalte bestimmte Arbeit entwickelt. Anfangs war die Situation vor allem dadurch bestimmt, dass die patriarchalen Strukturen von vielen Frauen nicht mehr so hingenommen wurden und die Männer damit umgehen mussten. Für die Jungenarbeit und besonders für die Jungenarbeiter bedeutete dies eine neue Auseinandersetzung mit der eigenen Rolle und eine Neuorientierung in der Arbeit mit Jungen. Es ging und geht darum, mit gesellschaftlichen Veränderungen umgehen zu müssen und Jungen in dem Dilemma zwischen tradierten Männlichkeitsnormen und sich verändernden Geschlechterrollen auf der Suche nach einer individuellen Identität zu unterstützen. Jungen soll ein Raum zur eigenen Entfaltung gegeben werden – die Rolle des schmerzunempfindlichen Helden, der möglichst keine Gefühle zeigt, sollte nicht weiter das Maß der Männlichkeit bleiben. Vielmehr sollen Jungen in einer geschlechtshomogenen Gruppe die Möglichkeit bekommen, über vermeintliche Schwächen oder Probleme zu reden. Die Abwesenheit der Mädchen stellt sich dabei oft als unterstützend heraus – das Imponiergehabe und der Konkurrenzdruck bleibt zwar weiterhin fester Bestandteil der Jungengruppen, jedoch in reduzierter Form.

Die populärsten Themen der zu uns kommenden Gruppen sind Liebe/Sexualität/Beziehungen, Gewalt und Konflikte, Lebensperspektiven sowie Sucht und Drogen.

Oft ist es das erste Mal, dass Jungen über diese Themen anders reden, als prahlerisch und allwissend. Den meisten Jungen fällt es äußerst schwer, ihre alltäglichen Handlungsmuster zu verlassen und über Sexualität nicht in einer Weise zu reden, als ginge es um einen Wettkampf. Gesellschaftlich wird es immer noch als männlich angesehen, nicht über die eigene Sexualität zu reden. Dies erschwert einen Dialog zwischen den Geschlechtern und lässt Jungen und Männer in einer Position stehen, in der sie sich an antiquierten und sehr diffusen Bildern des Mann seins orientieren, was in den meisten Fällen zu einer Unfähigkeit von gleichberechtigten Beziehungen mit Mädchen, bzw. Frauen führt.

Die Abgrenzung gegen alles vermeintlich „unmännliche" ist eine Erscheinung, die sich durch nahezu alle Seminarthemen zieht – die Thematisierung dieses Männerbildes und die Konfrontation mit Alternativen zu diesen Modellen ist daher ein wichtiger Bestandteil in der Arbeit mit Jungen.

Methodisch geschieht das in unseren Seminaren in verschiedenster Form: Um beim Thema Liebe/Sex/Beziehungen zu bleiben – Homosexualität ist meistens etwas, wogegen sich die Jungen am deutlichsten abgrenzen „müssen". Dies geschieht nicht zuletzt durch homophobe Sprüche und vehemente Verbalattacken gegen alle als möglicherweise homosexuell lebende Menschen. Ein Anspruch unserer Arbeit ist es, Vorurteile abzubauen und eine Akzeptanz gegenüber anders lebenden Menschen zu schaffen – dies kann nur durch eine Überprüfung der Bilder und Vorurteile gegenüber anderen geschehen. Eine Möglichkeit dafür sind Spielfilme zu den entsprechenden Themen mit einer anschließenden Nachbereitung oder auch die direkte Konfrontation mit Menschen, die anders leben als in der für die Jungen bekannten und akzeptierten Form. Wir bilden beispielsweise mehrere Kleingruppen, die den Auftrag bekommen, Männer, die von uns ausgewählt wurden, an einem bestimmten Ort zu treffen und zu interviewen. Dabei kann es sich um Männer in festen, lockeren sowie in hetero- wie auch homosexuellen Beziehungen handeln. In vielen Fällen ist dieses Interview eine Möglichkeit für Jungen, mal Männer kennen zu lernen, von deren Lebensweise sie bis dahin nur durch Geschichten oder Filme wussten. Die Überprüfung der vermeintlichen Kenntnisse weicht die starren Bilder der Jungen oft auf.

2   Die eintägige Veranstaltung mit chilenischen LehrerInnen

Das Tagesprogramm sah wie folgt aus:
1. Begrüßung und Vorstellung; 2. Struktur und Geschichte der Jugendbildungsstätte Kaubstraße; 3. Einteilung in Männer- & Frauengruppe; 4. Gemeinsames Forumtheater; 5. Auswertung.

Bei der eintägigen Veranstaltung im Rahmen des Programms zur Fortbildung chilenischer Lehrer und Lehrerinnen war es unser Anliegen, ihnen Grundsätze unserer geschlechtdifferenzierten Arbeitsweise und Inhalte vorzustellen. Dies sollte nicht in Form von Vorträgen und Diskussionen passieren, sondern unser Anliegen war es, unsere Ansätze erfahrbar zu machen, also konkrete Methoden der Arbeit zu erproben und anschließend über die damit verbundenen pädagogischen und politischen Intentionen zu diskutieren.

Nach einer gemeinsamen Begrüßung und Vorstellung unserer Bildungsstätte, trennten wir die Gruppe in Frauen und Männer. Diese Vorgehensweise ist in etwa analog zu einem Seminarverlauf bei uns im Haus (in dem wir ebenfalls zunächst Regeln und Ähnliches miteinander klären und uns dann in geschlechtsdifferenzierte Gruppen aufteilen).

Beiden Gruppen wurde anhand verschiedener Methoden die Mädchen- bzw. Jungenarbeit vorgestellt, bevor sie sich für ein wieder zusammenführendes Forumtheater verschiedene Szenen überlegten, die ein Konfliktpotential hinsichtlich des Umgangs zwischen den Geschlechtern beinhalten.

2.1 Das Programm der Frauengruppe

- Partnerin-Interview
- Positions-Spiel
- Der große Preis
- Scharade

Bei der Methode des Partnerin-Interviews befragten sich zwei Teilnehmerinnen gegenseitig und stellten anschließend ihre Interviewpartnerin anhand von drei Antworten aus der Frauengruppe vor:

1. Bist du gerne eine Frau ? Warum (nicht)?
2. Was war deine Lieblingsbeschäftigung, als du zwölf Jahre alt warst?
3. Was ist heute deine Lieblingsbeschäftigung?
4. Gibt es Dinge, die du als Kind oder Jugendliche nicht tun durftest oder dich nicht getraut hast, weil du ein Mädchen warst ?
5. Nenne ein Beispiel für eine Situation, in der du dich als erwachsene Frau diskriminiert gefühlt hast. – Glaubst du dies Beispiel trifft auch auf andere Frauen zu?
6. Stell dir vor, du hättest ein politisches Spitzenamt inne. Was wäre eine deiner ersten Amtshandlungen?

Diese Methode ist als Einstimmung ins Thema Mädchensozialisation gedacht, der Zugang ist ein biografischer. Darüber hinaus bietet diese Methode auch die Möglichkeit, mehr und neues übereinander zu erfahren. Diese Methode ist praktisch für jedes Thema einsetzbar, der Phantasie sind bei den zu stellenden Fragen keine Grenzen gesetzt.

An die Vorstellung der Partnerin-Interviews schloss sich eine Diskussion über eigene Diskriminierungserfahrungen in der chilenischen Gesellschaft an; die Einschätzung der Lehrerinnen war hier sehr geteilt.

Nach der Vorstellung eines typischen Seminarplanes zum Thema „Liebe, Beziehung, Sex", schloss sich die Methode des Positionsspiels an, die ebenfalls eine gute Möglichkeit zur Diskussion von Meinungen und Einstellungen bietet und auch von Jugendlichen oft gut angenommen wird.

Aussagen waren:

- Frauen sind in unserer Gesellschaft benachteiligt.
- Kindererziehung sollte gleichberechtigt von Männern und Frauen geleistet werden.
- Jungen erhalten bei uns im Unterricht mehr Aufmerksamkeit als Mädchen.
- Verhütung beim Sex ist Männersache.
- Frauen sind stärker als Männer.
- Frauen haben es in unserer Gesellschaft leichter als Männer.

Diese Aussagen wurden sehr kontrovers diskutiert, auch diese Methode lässt sich für jedes beliebige Thema einsetzen.

Weitere vorgestellte Methoden waren:

Der große Preis;

Scharade.

Eine nähere Beschreibung dieser Methoden findet sich im anschließenden Teil 2.2 (Das Programm der Männergruppe).

2.2 Das Programm der Männergruppe

- Powerline
- Positions-Spiel
- Der große Preis
- Scharade

Powerline

Bei dieser Methode wird mit einen Klebestreifen eine Linie in die Mitte des Raumes geklebt. Alle Teilnehmenden stellen sich nebeneinander auf diese Linie. Es werden nun Aussagen vorgelesen – wer sich von diesen Aussagen angesprochen fühlt, tritt einen Schritt vor und dreht sich zu den anderen um. Folgende Aussagen wurden den Lehrern vorgelesen:

Alle, die verheiratet sind.

Alle, die Kinder haben.

Alle, die sich als echte Chilenen fühlen.

Alle, die an ihrem eigenen Äußeren etwas auszusetzen haben.

Alle, die sich schon mal geschlagen haben.

Alle, die nicht gerne Entscheidungen treffen.

Alle, die gerne schon mal eine Frau sein wollten.

Alle, die eine glückliche Kindheit hatten.

Alle, die gerne nochmal 16 Jahre alt wären.

Die Wahrnehmung, durch ganz einfache Merkmale anders zu sein als andere und sich vielleicht durch bestimmte Eigenschaften zu unterscheiden, ist Ziel dieser Übung. Auch das Gefühl zu verspüren, mal allein auf einer Seite zu stehen und das auszuhalten, ist ein Bestandteil dieser Übung. Es dient weiterhin zum Kennenlernen.

Positionsspiel

Die Linie bleibt erhalten. Die eine Hälfte des Raumes ist die Zustimmungsseite, die andere Hälfte ist die Nichtzustimmungsseite. Alle Teilnehmenden stellen sich anfangs auf die Linie. Nun werden Thesen vorgelesen und die Teilnehmer müssen sich einer Seite zuordnen.

„Männer haben es im Leben einfacher als Frauen."
„In der Familie muss der Mann das Sagen haben."
„Ein richtiger Junge muss auch mal bereit sein, sich zu schlagen."
„Verhütung beim Sex ist Frauensache."
Wenn sich alle Teilnehmer einer Seite zugeordnet haben, bekommen diejenigen, die auf ihrer Seite in Unterzahl stehen, die Möglichkeit, den anderen ihre Position in Worten darzustellen. Danach bekommt die andere Seite dazu Gelegenheit. Bei dieser etwas weiterreichenden Methode geht es um den Austausch von verschiedenen Meinungen zu einer These. Sich gegenseitig zuhören und einen Raum zu bekommen, um die eigene Position zu vertreten, sind die Schwerpunkte dieser Methode. Dem Leiter kommt hierbei eine Moderationsrolle zu, in der er möglichst alle Beteiligten zu Wort kommen lassen sollte und zudem darauf achten sollte, dass die redenden Personen ihre Beiträge auch beenden können und nicht von der anderen Gruppe unterbrochen werden.

Der große Preis

Dies ist ein Quiz, in welchem Wissen abgefragt wird. Vor den Teilnehmern hängen nebeneinander fünf senkrechte Reihen mit jeweils fünf Bogen Papier, die mit verschiedenen Punktzahlen versehen sind (20, 40, 60, 80, 100). Über jeder senkrechten Spalte steht eine Rubrik, aus deren Bereich die hinter den Punkten verborgenen Fragen stammen. Der Schwierigkeitsgrad der Fragen variiert entsprechend der angekündigten Punktzahl. Beispiel: In der Rubrik „Verhütung" könnte eine leichte Frage sein: „Nenne mindestens drei verschiedene Verhütungsmethoden". Etwas schwieriger könnte die Demonstration einer fachgerechten Benutzung eines Kondoms mittels eines länglichen Gegenstandes sein oder die Erklärung dafür, wie die Anti-Baby-Pille funktioniert. Bei einer richtigen Antwort bekommt die Person die jeweilige Punktzahl gutgeschrieben, bei einer falschen Antwort wird diese vom Punktekonto abgezogen.

Ein Aspekt dieser Methode ist das Abfragen von Wissen, dass mittels des Wettkampfcharakters die meisten Jugendlichen schnell begeistert. Außerdem bekommen alle die Möglichkeit, ihr Wissen unter Beweis zu stellen, und die Ruhigen müssen sich nicht automatisch den Lauten unterordnen.

Scharade

Die Gruppe wird in zwei Kleingruppen aufgeteilt – eine Person aus der Kleingruppe bekommt eine Karte mit einem Begriff, den sie nun pantomimisch ihrer Gruppe vorstellen soll. Die betreffende Kleingruppe hat nun eine Minute Zeit, den richtigen Begriff zu erraten. Danach ist die andere Gruppe an der Reihe. Begriffe beim Thema Gewalt könnten beispielsweise sein: Erpressen, Schlägerei, Beschimpfen, Streit …

Sinn dieser Übung ist der Einstieg in ein Thema und eine Sensibilisierung für einige Themenbereiche. Der spielerische Wettkampfcharakter nimmt oft die Anfangsscheu.

Die Anmerkungen bis zu diesem Punkt von Seiten der Männer waren dahingehend, dass sie sich die Bereitschaft der Jungen zu gewissen Äußerungen hinsichtlich ihrer eigenen Sexualität zum Beispiel nur schwer vorstellen konnten. Sicherlich ist das für viele Jungen sehr schwierig und für einige vielleicht unmöglich, dennoch gibt es für die Seite der Multiplikatoren Mittel, diese Begebenheiten zu beeinflussen – beispielsweise durch eine gewisse Transparenz der eigenen Person.

2.3 Gemeinsame Einheit der Frauen und Männer anhand der Methode des Forum-Theaters

Die Großgruppe wird je nach Gruppengröße in zwei, drei oder vier Kleingruppen aufgeteilt.

Jede Gruppe überlegt sich eine real erlebte Streitsituation, in der sie mit dem Ausgang nicht besonders zufrieden war. Die Szene wird in dieser Kleingruppe geprobt. Danach spielt die erste Gruppe ihre Szene der Gesamtgruppe einmal komplett vor. Dann beginnt sie ein zweites Mal zu spielen – diesmal allerdings nur bis zu dem Punkt, wenn jemand aus dem Publikum „Stop" ruft. Dann kann diese Person eine Person aus der Szene austauschen und durch anderes Agieren die Situation in eine andere Richtung zu leiten versuchen. (Es können aber immer nur bestimmte Rollen ausgetauscht werden; so darf bei einer Gewaltszene beispielsweise. nicht der „Täter" ausgewechselt werden.)

Innerhalb unseres Fortbildungstages überlegten sich die Männer eine Szene, in der sie das Verhalten von Frauen kritisierten, die Frauen überlegten sich eine Szene, in der sie auf typische männliche Defizite hinweisen wollten. Nach dem Einstudieren der Szenen kamen alle zusammen und spielten ihre Szenen der Gesamtgruppe vor. Nachdem die Männer ihre Szene gespielt haben, konnten die Frauen im zweiten Durchlauf die Männerrollen austauschen – sie konnten dadurch den Männern aufzeigen, wie diese durch ein verändertes Verhalten die Situation positiv verändern könnten. Und umgekehrt durften die Männer dies mit den Frauenrollen.

Sinn der Übung ist es, Situationen durch geänderte Handlungen zu deeskalieren und verschiedene Handlungsmöglichkeiten und ihre Wirkungen zu erproben. Des weiteren bietet die Methode die Möglichkeit für einen Positionswechsel, wenn z. B. die Männer die Frauenrolle einmal anders spielen und besetzen, sich in die Rolle von Frauen hineinversetzen. Es wird hier auch möglich, in einer spielerischen Art und Weise eigene Wünsche an die jeweils andere Gruppe öffentlich zu machen. Dies geschieht aber nicht durch einen vorne stehenden Lehrer, sondern durch Ideen aus der Gruppe heraus. Da die Lösungsansätze aus der eigenen Gruppe kommen, setzt diese Methode an den Ressourcen der Teilnehmenden an und stellt eine Art Selbstfortbildung dar.

Bei dieser zusammenführenden Methode nahmen sowohl Männer als auch Frauen die Gelegenheit wahr, der jeweils anderen Gruppe ihre vermeintlich negativen Eigenschaften vorzustellen. Dem folgte noch eine kurze Auswertung des Tages mit einer Einschätzung über die Möglichkeit der Adaption der vorgestellten Methoden für die konkrete Arbeit in Chile.

3 Schlusswort

Uns ist bewusst, dass sich die Inhalte unserer geschlechtsdifferenzierten Arbeit in einer westeuropäischen Gesellschaft entwickelten und sicherlich nicht einfach auf jede Gesellschaft übertragen lassen. Allerdings sind wir auch der Meinung, dass Jungen und Mädchen aufgrund verschiedener Rollenzuschreibungen seitens der Gesellschaft wahrscheinlich weltweit mit spezifischen Erwartungen konfrontiert werden.

Welche geschlechtspezifischen Erwartungen existieren in einer Gesellschaft? Wie gehen Mädchen, Jungen, Frauen und Männer damit um? Stellt dieser Umgang ein Problem oder ein Hindernis hinsichtlich der individuellen Entwicklung dar? Wie könnte der Umgang zwischen den Geschlechtern verbessert werden? Dies sind sicherlich Fragen, die nur vor dem Hintergrund der jeweiligen spezifischen gesellschaftlichen Bedingungen beantwortet werden können.

Wir hoffen, mit der knappen Vorstellung unserer Arbeit einige Ideen weitergeben zu können, die vielleicht auch in der chilenischen Gesellschaft angewendet werden können.

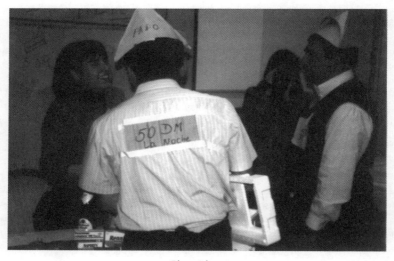

»Planspiel«

Constanze Gerlach

Die Integration von sozialen Konflikten in das Curriculum

In einem liberalen Rechtsstaat sind Interessengegensätze und Konflikte Bestandteil der gesellschaftlichen Realität. Die meisten Menschen erleben Konflikte allerdings als störend und bedrohlich und versuchen, ihnen auszuweichen. Wenn das nicht möglich ist und der Konflikt ausgetragen werden muss, eskaliert der Streit häufig in persönliche Beschimpfungen oder einen Machtkampf. So ein Streit bestätigt die bisherige negative Einstellung im Umgang mit Konflikten.

Wenn man Konflikte dagegen in einer anderen, angemessenen Weise betrachtet, kann man ihnen sogar etwas Positives abgewinnen: sie sind ein wichtiges Signal dafür, dass etwas nicht (mehr) stimmt und verändert werden muss. So birgt jeder Konflikt eine Entwicklungschance in sich. Ob diese Chance genutzt wird, hängt jedoch davon ab, auf welche Art und Weise er ausgetragen wird.

Die Mediation ist ein Verfahren, das konstruktive Konfliktlösungen ermöglicht. Das Mediationsverfahren wurde in den 60er und 70er Jahren in den USA entwickelt, wo es inzwischen bei Konflikten in gesellschaftlichen und wirtschaftlichen Bereichen hoch angesehen und weit verbreitet ist. Auch in Europa wird die Mediation bei Auseinandersetzungen in verschiedenen Kontexten häufig angewandt.

Wörtlich übersetzt bedeutet „Mediation" Vermittlung. Gemeint ist die Vermittlung in Streitfällen durch unparteiische Dritte, die den Streitenden helfen, eine Lösung ihrer Probleme zu finden. Aufgabe der MediatorInnen ist es nicht, einen Schiedsspruch oder ein Urteil zu sprechen. Vielmehr liegt es an den Konfliktparteien selbst, eine ihrem Anliegen optimal entsprechende Lösung zu finden, wobei der Mediator dafür sorgt, dass die Interessen aller Beteiligten herausgearbeitet werden. Mediationen können von einem oder mehreren Mediatoren durchgeführt werden. Eine Mediation durch mehrere Personen ist sinnvoll, wenn es sich um einen Konflikt mit mehr als zwei Konfliktparteien handelt und längere Mediationssitzungen erforderlich sind. Ein gemischtgeschlechtliches Mediatorenteam ist vorteilhaft, wenn die Konfliktbeteiligten sich ebenfalls aus weiblichen und männlichen Personen zusammensetzen.

Ziel jedes Verfahrens ist es, eine einvernehmliche und verbindliche Vereinbarung zwischen den Konfliktparteien zu finden, die alle Seiten mittragen. Diese konstruktive Konfliktlösung kann selbst dann gelingen, wenn die Konfliktparteien in einer offensichtlichen Sackgasse stecken, z. B. gar nicht mehr miteinander reden. Dadurch, dass sich die MediatorInnen die Anliegen aller Beteiligten anhören und den Konfliktparteien dabei helfen, sowohl ihr Gefühl auszudrücken als auch ihre eigentlichen Interessen deutlich zu machen, stellen sie nach und nach wieder eine direkte Verbindung zwischen den Gegnern her. Durch diese Vorgehensweise erfährt jede Konfliktpartei, welches die Gefühle, Probleme und Interessen der anderen Seite sind. Auf dieser Basis können die Kontrahenten Verständnis füreinander entwickeln, so dass die Lösung des Problems gemeinsam mit Hilfe des Mediators erarbeitet werden kann.

Constanze Gerlach ist Lehrerin am zweisprachigen Friedrich-Engels-Gymnasium in Berlin-Reinickendorf.

Zusammenfassend sollen hier noch einmal wichtige Merkmale des Mediationsverfahrens – auch in Abgrenzung zu anderen Herangehensweisen, die in manchen Punkten dem Mediationsverfahren ähneln – aufgelistet werden:

1. Die Einbeziehung aller Konfliktparteien, die in der Regel auch anwesend sind.
2. Die Anwesenheit der MediatorInnen.
3. Die Freiwilligkeit der Teilnahme am Mediationsverfahren.
4. Die außergerichtliche, informelle Ebene.
5. Die Selbstbestimmung bezüglich der Konfliktlösung, d. h. die Entscheidungsbefugnis liegt ausschließlich bei den am Konflikt Beteiligten und wird nicht an Dritte abgegeben. Es muss also ein Konsens erzielt werden.

Um den Erfolg eines Mediationsverfahrens sicherzustellen, spielt die Auswahl eines qualifizierten Vermittlers eine große Rolle. Entsprechende Ausbildungen, die sich an Psychologen, Rechtsanwälte, Pädagogen und andere Berufsgruppen richten, werden inzwischen auch in Deutschland sowohl von öffentlichen als auch privaten Einrichtungen angeboten. Dabei ist die Bezeichnung „Mediator" in Deutschland noch nicht geschützt.

Mediation in der Berliner Schule

Für viele Kinder und Jugendliche ist Gewalt das einzige Mittel, um Probleme zu lösen. Dies tun sie nicht, weil sie Gewalt gut finden, sondern weil sie keinen anderen Weg sehen.

Erfahrungen in den USA, Großbritannien und inzwischen auch in Deutschland zeigen jedoch, dass Kinder und Jugendliche sehr wohl in der Lage sind, sich in Konflikten konstruktiv zu verhalten und die Probleme untereinander zu regeln.

Der pädagogische Ansatz von Schulmediation (auch „peer-mediation" genannt) geht davon aus, dass Kinder und vor allem Jugendliche sehr stark von ihrer „peer-group", also von Gleichaltrigen, beeinflusst werden. Aus dieser früher zunächst als negativ betrachteten Tatsache (Nikotin-, Alkohol- und Drogenkonsum als Folge der Verführung durch die „peer-group") wurde ein Konzept entwickelt, das den Einfluss der Gleichaltrigen positiv zu nutzen versucht..

Die Schulmediation bietet ein pädagogisches Konzept, das die Einübung produktiver Konfliktlösungsstrategien zum Ziel hat. Indem SchülerInnen dazu ausgebildet werden, eigenständige und selbstbestimmte Formen der Konfliktlösung zu finden, leistet die Schulmediation einen Beitrag zur Demokratie.

Erziehung von höchster gesellschaftlicher Relevanz. An die Stelle administrativer Konfliktlösungen (Entscheidungen durch Schulleitung und/oder Kollegium) treten Lösungen, die von den SchülernInnen selbst herbeigeführt werden.

Die Institution Schule als Übungsfeld für mündige Bürger und Mikrokosmos der Gesellschaft sollte diese pädagogische Chance, die das Mediations-Konzept bietet, mehr und mehr nutzen.

In Berlin gibt es zur Zeit (Stand Oktober 2000) 44 Oberschulen und 18 Grundschulen, an denen sogenannte Konfliktlotsen oder Mediatoren im Einsatz sind. An meiner Schule, einem Gymnasium im Norden Berlins, bin ich als Lehrerin verantwortlich für die Mediations-Arbeitsgemeinschaft, die wir vor eineinhalb Jahren gegründet haben.

Meine Qualifikation dafür habe ich in einer einjährigen Ausbildung bei Jamie Walker (bekannt durch verschiedene Veröffentlichungen über Mediation) absolviert. Diese Ausbildung fand jeweils an Wochenenden statt, umfasste 200 Stunden und wurde von mir selbst finanziert.

Es gibt jedoch auch die Möglichkeit, eine spezielle, auf Lehrer ausgerichtete, wesentlich kürzere Fortbildung zu besuchen. Seit einiger Zeit wird in Berlin auch das Modell praktiziert, dass externe Träger an Schulen kommen und in Kompakt-Lehrgängen Schüler und Lehrer gemeinsam ausbilden. Finanziert werden beide Möglichkeiten der Lehrer-Fortbildung aus unterschiedlichen Quellen, immer aber aus kommunalen oder Senatsgeldern.

Im günstigsten Fall sollten möglichst zwei LehrerInnen gemeinsam für die Mediation an ihrer Schule verantwortlich sein. Da ich an meiner Schule bisher die einzige Lehrerin mit der entsprechenden Ausbildung bin, ist dies leider bei mir nicht der Fall. Allerdings habe ich bisher immer die Möglichkeit gehabt, mit schulexternen Ausbildern zusammenzuarbeiten. Im ersten Jahr leitete ich die Arbeitsgemeinschaft gemeinsam mit drei Pädagogikstudenten, die sich auf Mediation spezialisiert hatten und ihre Tätigkeit an unserer Schule als unbezahltes Praktikum im Rahmen ihrer Ausbildung absolvierten. Seit einem Jahr arbeite ich mit Judy Korn zusammen, die im Bezirk als Koordinatorin für die Mediation an Schulen verantwortlich ist und außerdem als externe Ausbilderin an Schulen arbeitet.

Zur Zeit bilden wir sieben Schülerinnen und Schüler im Alter der siebenten und achten Klasse (13–14 Jahre) aus, die sich freiwillig dazu gemeldet haben. Die Arbeitsgemeinschaft findet in der Regel einmal wöchentlich im Anschluss an den Unterricht statt und wird gegen Ende dieses Schuljahres abgeschlossen sein. Dann können diese SchülerInnen als Mediatoren eingesetzt werden. Im kommenden Jahr wollen wir SchülerInnen der fünften und sechsten Klassen ausbilden. Bereits als Mediatoren tätig sind die SchülerInnen der achten bis zehnten Klassen, die unseren ersten Ausbildungsgang besucht haben.

Diesen Mediatoren wurde von der Schule ein kleiner Raum zur Verfügung gestellt, wo sie in jeder großen Pause Dienst haben. Entsprechend ihrem selbst aufgestellten Dienstplan wechseln sie sich dabei ab. Wenn Schüler Probleme miteinander haben, können sie die Mediatoren im Mediationsraum aufsuchen und einen Gesprächstermin mit ihnen vereinbaren.

Die Erfahrungen an meiner, aber auch an anderen Schulen zeigen, dass es eine Weile dauert, bis dieses Konzept von den anderen Schülern angenommen wird. Inzwischen entsteht die Kontaktaufnahme zwischen den Mediatoren und den Konfliktparteien häufig auch über Kollegen, die Konflikte beobachten und mich um Vermittlung bitten. Tatsächlich waren die ausgebildeten SchülerInnen schon so manches Mal in der Lage, in Konfliktsituationen zu helfen, sogar in Konflikten, bei denen die vorausgegangenen Vermittlungsversuche von Lehrern gescheitert waren.

Dem Konzept der „Peer-Mediation" sind allerdings Grenzen gesetzt. Sowohl die Art der Konflikte als auch die Kompetenz der MediatorInnen dürfen nicht außer Acht gelassen werden, wenn es im Einzelfall darum geht, ob eine von Konfliktlotsen durchgeführte Mediation als sinnvoll eingeschätzt wird oder nicht. Die Schülerinnen und Schüler, die eine solche Aufgabe übernommen haben, dürfen nicht überfordert werden und sollten sich schon vor Beginn der ersten Konfliktgespräche über ihre eigenen Grenzen klar werden. Zwischen den Schülern, den Lehrerinnen und Lehrern und der Schulleitung sollte vorab geklärt werden, wer für welche Konflikte zuständig ist und wo die jeweiligen Grenzen liegen.

Das Einführungsseminar, das den aus Chile kommenden Lehrerinnen und Lehrern einen Einblick in die Praxis der Schulmediation geben sollte, fand an zwei aufeinander folgenden Tagen statt. Selbstverständlich war es in dieser sehr kurzen Vorbereitungszeit nur möglich, einige wenige Aspekte des Mediationsprozesses herauszugreifen und anhand praktischer Übungen darzustellen.

1. Als *Einstieg* wählte ich das Bild mit den zwei Eseln, von dem ich zunächst nur die ersten drei Sequenzen zeigte.

Meine Fragen lauteten:
* Was ist das Problem der beiden Esel?
* Wie ist es dazu gekommen?

Dies wurde im Plenum besprochen.

Anschließend sollte jeder mit dem jeweiligen Sitznachbarn diskutieren, wie es mit den Eseln weitergehen kann. Die verschiedenen Lösungen wurden dann im Plenum vorgestellt. Auch mit Schülern sollte man zunächst die Vor- und Nachteile der verschiedenen Lösungen besprechen, bevor man die letzten zwei Bilder aufdeckt und fragt:
* Welche Lösung haben die Esel gefunden?
* Wie war es möglich, dass die Esel zu dieser Lösung kommen konnten? (Zum Beispiel: Sie haben sich zusammengesetzt und über das Problem gesprochen; sie haben gemeinsam überlegt, was sie tun können, um eine Lösung des Problems zu finden.)
* Könnt ihr etwas von den Eseln lernen?

In bezug auf das Eselbild wurden folgende Ideen geäußert:
a) Die Esel fressen erst einen Heuhaufen, dann den zweiten gemeinsam auf. (Dabei besteht die Gefahr, dass sie sich darüber streiten, wer schneller frisst.)
b) Sie gehen gemeinsam hinter einen Heuhaufen und schieben diesen näher an den anderen heran, damit beide gleichzeitig vom eigenen Haufen fressen können.
c) Sie beißen die Schnur durch und fressen beide vom eigenen Haufen.
d) Sie ziehen so lange an der Leine, bis einer gewinnt.
e) Sie ziehen so lange an der Leine, bis sie sich verletzen und nicht mehr fressen können.

Das Eselbild, das ich als Modell der gewaltfreien Konfliktaustragung sehe, ist auch für jüngere Schüler leicht verständlich. Sie erkennen, dass die Esel ihr Problem nur für beide Seiten zufriedenstellend lösen können, wenn sie bereit sind zusammenzuarbeiten.

Anhand der verschiedenen Lösungsmöglichkeiten kann festgestellt werden, dass im Mediationsprozess sogenannte „Win/win"-Lösungen angestrebt werden, also Lösungen, mit denen *beide* Konfliktparteien zufrieden sind.

2. Wenn Schülerinnen und Schüler als Mediatoren oder Konfliktlotsen ausgebildet werden, müssen sie bestimmte *Techniken* der Konfliktvermittlung und Gesprächsführung lernen. Dies geschieht in Form von verschiedenen Übungen und Spielen.

Der Hauptbestandteil der Ausbildung besteht aus der Durchführung von fiktiven Mediationen im Rollenspiel. Die Schülerinnen und Schüler werden in ihren Rollen durch die Trainer/innen sowie durch die Gruppe gezielt reflektiert und korrigiert. Durch dieses Setting wird eine Verhaltenssicherheit erreicht, die es ihnen möglich macht, sich eine Mediation zuzutrauen.

So gibt es in jedem Mediationsprozess verschiedene Phasen, die die Mediatoren einhalten müssen.

Um den chilenischen Kolleginnen und Kollegen zunächst einen Gesamtüberblick über den Mediationsprozess zu geben, stellte ich ihnen diese Phasen mit den entsprechenden Erläuterungen vor.

Phasen in einem Mediationsprozess

0-Schritt: Vorphase
• die Konfliktparteien beruhigen sich
• alle setzen sich an einem Tisch zusammen

1. *Phase: Einleitung*
• der Mediator erklärt die Grundregeln und seine eigene Rolle im Mediationsprozess
• er fragt nach, ob alle damit einverstanden sind.
2. *Phase: Definition des Problems*
• jede Partei trägt ihre Sichtweise des Problems vor
• der Mediator fasst das Gehörte zusammen
• die Reihenfolge der zu besprechenden Punkte wird geklärt
• der Mediator definiert das Problem zusammenfassend in neutralen Worten
3. *Phase: Konflikterhellung*
• jede Konfliktpartei stellt ihre auf das Problem bezogenen Gefühle, Absichten, Bedürfnisse und Wünsche dar
• der Mediator fragt nach und spiegelt
4. *Phase: Problemlösung*
• Brainstorming
• Lösungsmöglichkeiten werden diskutiert
• Suche nach einem Konsens
5. *Phase: Vereinbarung*
• die Lösung wird formuliert und schriftlich festgehalten
• die Vereinbarung wird vorgelesen
• alle unterschreiben
6. *Phase (falls notwendig)*
• es kann ein Termin vereinbart werden, an dem die vereinbarte Lösung ausgewertet wird.

Um nach diesem theoretischen Teil gleich mit einer *praktischen* Übung zu beginnen, ließ ich Dreiergruppen bilden. Jede Gruppe hatte den Auftrag, sich auf ein Problem der eigenen Schulrealität zu einigen und anhand dieses Problems exemplarisch eine Phase des Mediationsprozesses im Rollenspiel zu üben. Ich griff die erste Phase (die Einleitungsphase) heraus und gab jeder Gruppe als Hilfestellung eine Art „Fahrplan", auf dem die folgenden Punkte, die in der Einleitungsphase vorkommen müssen, notiert waren:

1. Begrüßung, Vorstellung
2. Der Mediator erklärt kurz seine Rolle (unparteiisch, verschwiegen; er gibt keine Lösungen vor, sondern hilft bei der Suche nach einer Lösung).
3. Der Mediator erklärt den Ablauf des Gespräches (bevor man gemeinsam nach Lösungen sucht, soll jede Konfliktpartei ihre Sichtweise des Problems darstellen).
4. Die Gesprächsregeln werden vereinbart (ausreden lassen, keine Beleidigungen).
5. Der Mediator fragt die Konfliktparteien, wer mit der Darstellung des Problems beginnen möchte.

Alle Gruppen begannen sehr motiviert und tauschten sich rege über ihre eigenen, mit Schülern erlebten Probleme aus. Allerdings wurde dann bezweifelt, dass es in der Schulrealität überhaupt zu dieser Einleitungsphase kommen könne: Die Probleme würden oft so emotional ausgetragen, dass es nicht möglich sei, sich zu einem ruhigen Gespräch an einen Tisch zu setzen.

Im Nachhinein denke ich, war diese Reaktion nur allzu verständlich. Denn ich hatte zuvor, als ich die Phasen einer Mediation vorgestellt hatte, die Vorphase (Deeskalationsphase) erwähnt, aber aus Zeitgründen nun übersprungen.

Außerdem hatten mir meine eigenen Erfahrungen in der Schulmediation gezeigt, dass bei Schülern, die zu einer Mediation bereit sind, häufig die Deeskalationsphase wegfällt (oder bereits vorher stattgefunden hat). Auf diese Erfahrung konnten die chilenischen Kollegen natürlich nicht zurückgreifen.

Die Diskussion darüber ergab, dass sich die meisten Seminarteilnehmer/innen in erster Linie Hilfestellungen erhofft hatten, wie sie mit Disziplinproblemen besser umgehen könnten. Es stellte sich auch heraus, dass viele ihre Lehrerrolle als „Macher" so verinnerlicht hatten, dass sie sich gar nicht vorstellen konnten, ihre Verantwortung bei Konflikten zeitweise an Schüler abzugeben.

Durch die aufgeworfenen Fragen wurde mir deutlich, dass noch ein erhebliches Klärungsbedürfnis darüber bestand, was Schulmediation leisten kann und soll. So ging ich an diesem ersten Seminartag mit gemischten Gefühlen nach Hause. Einerseits hatte ich die von mir geplanten und wohl überlegten Übungen nicht alle geschafft, andererseits ließen mich die lebhaften Diskussionen einen neuen Weg erahnen, wie ich am nächsten Tag weitermachen könnte.

So begann ich am nächsten Morgen zunächst mit der Abgrenzung des Mediationsverfahrens gegenüber anderen Konfliktlösungsverfahren wie Therapie, Täter-Opfer-Ausgleich, Gerichtsprozess und Supervision. Ich stellte Gemeinsamkeiten und Unterschiede heraus und hatte den Eindruck, dass dies dankbar und mit großem Interesse aufgenommen wurde.

Auch der Hinweis, dass es spezielle und vielfältige Deeskalationsstrategien gibt, diese aber nicht mit einem Mediationsverfahren gleichzusetzen sind, erschien mir notwendig.

Nach dieser Klarstellung erwies sich die Arbeit mit den Seminarteilnehmerinnen und -teilnehmern als äußerst produktiv. Mit besonderer Begeisterung machten alle die Übungen mit, die einen spielerischen Charakter hatten. Von diesen möchte ich zwei Beispiele darstellen:

Zwei Übungen zur Sensibilisierung im Hinblick auf die Körpersprache

In der dritten Phase des Mediationsprozesses geht es darum, die einem Konflikt zugrunde liegenden Ursachen, Gefühle, Wünsche usw. zu ergründen. Je sensibler ein Mediator auf die Konfliktgegner eingehen kann, um so leichter wird er in dieser Phase zu Ergebnissen kommen. Deshalb hat die folgende Übung das Ziel, die Schüler/innen im Hinblick auf die Wahrnehmung der Körpersprache zu sensibilisieren.

Übung 1

Es werden zwei Gruppen (A und B) gebildet, die sich einander gegenüber sitzen und sich anschauen. Beide Gruppen werden abwechselnd aufgefordert, eine bestimmte, vom Trainer vorgegebene Körperhaltung einzunehmen. Anschließend äußern beide Gruppen, was sie wahrgenommen haben. Dabei erläutern die Darsteller, wie sie sich gefühlt haben, während die Beobachter beschreiben, wie die Darstellung auf sie gewirkt hat. Folgende Körperhaltungen sollten dargestellt werden:

Gruppe A
Setzt euch auf die Stuhlkante, auf den äußersten Rand, macht den Rücken ganz gerade.
Gruppe B
Lehnt euch in den Stuhl weit zurück, Kopf hoch, Beine übereinander geschlagen, Hände gefaltet.
Gruppe A
Steht auf, lasst Kopf und Schultern hängen, verschränkt die Arme hinter dem Rücken.
Gruppe B
Setzt euch im Stuhl weit zurück, das Kinn ruht auf der Hand.
Gruppe A
Im Stehen die Füße etwas auseinander, Kopf hoch, Arme verschränkt, Schultern zurück.
Gruppe B
Im Stehen die Füße weit auseinander, die Hände in die Hüften gestemmt.

Übung 2

Alle gehen durch den Raum. Auf Zuruf soll jeder die Körperhaltung einnehmen, die ihm spontan zu den folgenden Gefühlen einfällt: müde, traurig, verliebt, einsam, nervös, zufrieden, gelangweilt, begeistert, beleidigt usw.

Auch bei allen anderen Übungen spürte ich die große Aufnahmebereitschaft der chilenischen Kolleginnen und Kollegen. Viele sagten, dass sie gerne ein Mediationsprogramm an ihrer Schule einrichten würden. Ich bewunderte den Mut und die Innovationsbereitschaft und dachte, dass wir deutschen Lehrer trotz aller Schwierigkeiten, die es auch bei uns gibt, es in dieser Hinsicht doch noch viel einfacher haben. Gerade in einer Stadt wie Berlin gibt es viele Fortbildungsmöglichkeiten, bereits ausgearbeitete Materialien und die Möglichkeit zu vielfältigem Austausch mit Kolleginnen und Kollegen.

Mir hat die Arbeit mit der chilenischen Gruppe großen Spaß gemacht, und ich wünsche allen, die das Mediationsprogramm in Chile einführen wollen, viel Erfolg dabei.

Der Baum der Wünsche

Adriana Alfonso Würtele

Integration – gegenseitiges Verständnis – Empathie?
Seminar über interkulturelle Erziehung für chilenische Grundschullehrer in Berlin

In diesem Artikel werden einige relevante Aspekte des Seminars über interkulturelle Erziehung dargelegt, welches wir mit der chilenischen Lehrergruppe im Rahmen der Pasantía „Strategien für die Einbeziehung sozialer Probleme in den schulischen Lehrplan" durchgeführt haben. Das Seminar wurde während sechs Schulstunden in der dritten Woche ihres Aufenthaltes in Berlin durchgeführt.

Wir verstehen die Pasantía als eine Chance und einen interkulturellen Lernprozess. Sie soll zu einem realistischen und differenzierten Bild von Deutschland als „entwickeltem" Land beitragen und nicht nur „Vorurteile" gegenüber „den Deutschen" (sowohl im positiven als auch im negativen Sinne) verstärken. Außerdem ist es sehr wahrscheinlich, dass die Teilnehmer bei der Rückkehr auch einen anderen Blick auf ihr eigenes Land haben werden.

Die chilenischen Lehrer – mit ihrem durch ihre Zugehörigkeit zu einem anderen soziohistorischen Ambiente, einer anderen Sprache, mit anderen Verhaltensnormen und einem anderen Sozialisationsumfeld, somit anders definierten kulturell geprägtem Hintergrund – kommen in der Hauptstadt einer der wichtigsten Wirtschaftsmächte der Welt an, die in vielen Aspekten, auch dem Sozialen und Kulturellen, ganz unterschiedlich ist. Ohne Zweifel haben sie einen entscheidenden Vorteil: sie kommen nicht als die armen Verwandten, sondern die chilenische Regierung übernimmt alle Kosten für diese Weiterbildung in Deutschland.

Zwei Welten! Die Lehrer der Pasantía fragen sich, was man wirklich hier wird lernen können. Am Anfang begegnen sie dieser Realität mit einem Gefühl der Unsicherheit, Schwäche und Abhängigkeit. Die prinzipiellen Formen der Kommunikation erscheinen ihnen feindlich, sie verstehen kein Wort Deutsch. Einige schließen sich in ihre Welt ein, flüchten sich in die chilenische Gruppe, die Mehrheit aber öffnet sich und schaut sich mit großer Neugier um. Alle haben gute Voraussetzungen, sich diesen neuen Herausforderungen zu stellen.

Ihr Kontakt für zwei Monate wird durch Übersetzungen vermittelt, angefangen bei ihren Dolmetscherinnen. Ihre Wahrnehmung der deutschen Welt wird natürlich selektiv sein, sie werden die „Übersetzungen", die ihnen geboten werden interpretieren. Ihre Kenntnisse und Ideen über dieses Land werden mit der „wirklichen" Realität konfrontiert. Jeder einzelne kann zu anderen Schlüssen kommen.

Man stellt Vermutungen an über das Deutschland-Bild, mit dem sie ankommen, und über die Differenzierungen, die es erfahren wird. Welch intensive Erfahrung ist es, unsere Informationen mit nichts weiter als unseren sensorischen Fähigkeiten vergleichen zu müssen! In diesem Prozess der „Entkodifizierung" (Freire 1988) gewinnt die Suche nach Antworten auf konkrete

Adriana Alfonso Würtele ist freiberuflich in der interkulturellen Bildungsarbeit in Brandenburg tätig.
Kontakt: adalfonso@t-online.de

schulische Probleme über einen Erfahrungsaustausch zuerst zwischen den chilenischen Kollegen und später mit den deutschen Kollegen Bedeutung. Die Konflikte mit einem sozialen oder ethnischen Hintergrund, denen sich ein chilenischer Lehrer in der Schule gegenübergestellt sieht, können fast ähnlich sein, zum Beispiel die intrafamiliäre Gewalt, Drogenkonsum, etc., aber die Antworten müssen aus dem entsprechenden Kontext entspringen und dieser ist mehr als unterschiedlich! Wir denken nicht nur in strukturellen und Fragen und Begründungen, sondern zum Beispiel auch: wieviel investiert jedes dieser Länder?

Ziele des Seminars

Für dieses Seminar haben wir drei Ziele formuliert.

- Die Reflexion über einige Grundkonzepte, an denen wir uns beim Verständnis von Unterschieden und Ähnlichkeiten zwischen der deutschen und der chilenischen Schule orientieren.
- Die Vertiefung zum Thema von demokratischen Einstellungen, die es erlauben, sich gegenüber diskriminierten Gruppen besser zu verhalten.
- Die Analyse einiger Lösungen für soziale Probleme durch die Methodologie der interkulturellen Erziehung.

Programme und Methoden

Unser methodologisches Hauptprinzip im interkulturellen Lernen ist, die konkreten Erfahrungen der Stipendiaten als Ausgangspunkt zu nehmen. Wir beginnen das Seminar mit einigen Schlüsselfragen: Wer sind wir? Woher kommen wir? Wohin gehen wir? Im Bezug darauf kommentieren wir die Reproduktion eines Bildes von Paul Gauguin, dias diese Fragen als Titel trägt.

In unserer Arbeit uns zu fragen, welches unsere Normen, Werte und Verhaltensweisen sind, stellt für uns ein zentrales Element dar. Das Konzept des interkulturellen Lernens beginnen wir dann zu verstehen, wenn wir ein Bewusstsein über die Ähnlichkeiten und Unterschiede der menschlichen Gruppen erlangen.

Wir fahren mit Interaktions und Auflockerungsspielen fort mit dem Ziel, zu sensibilisieren und die Herzen für die Thematik der interkulturellen Kommunikation zu öffnen. Die Pasantes schließen sich nach zwei Wochen in Berlin je nach Vorliebe in Gruppen zusammen (Spiel des „Emotionsbarometers"). Wie steht es mit dem Heimweh der „terruños"? Um sich besser kennenzulernen, formen die Lehrer entsprechend ihrer Herkunftsregionen eine menschliche Landkarte Chiles. So wissen wir zum Beispiel, welche Lehrer aus multi-ethnischen Regionen kommen und welches die Regionen sind; ebenso erfahren wir, welches die Regionen mit einer „hohen Indianerdichte" (Chile, Erziehungsministerium 2000b, S. 13) sind.

Danach laden wir sie ein, mit Freude zu einem Potpourri aus Melodien und Rhythmen aus aller Welt zu tanzen, bei dem sie „exotische" Objekte, typisch für die verschiedenen Kulturen, in die Hand nehmen und betasten. So gelingt es uns schnell, das Bild von einer Welt zu vermitteln, von welcher wir ein Teil sind.

Zum Abschluss dieser Einleitungs- und Motivationsphase erklären wir am Bild eines Quittenbaumes mit seinen Früchten das nun folgende Programm. Die Teilnehmer arbeiten jetzt in vier Gruppen zu den Konzepten, die später im Plenum diskutiert werden.

Die erste Gruppe reflektiert über den Eurozentrismus und den Ethnozentrismus am Beispiel eines Textes von Roger Batra (1992) und betrachtet eine „auf dem Kopf stehende" Weltkarte, gezeichnet aus der Perspektive der Kartographen des „Südens". Eine zweite Gruppe diskutiert einen kurzen Essay des chilenischen Psychiaters Bruno García über Empathie unter Fragestellungen wie „Was hat es sich mit der Andersartigkeit auf sich und mit dem Sich in die Position des anderen hineinversetzen?" und „Wann sind wir in der Lage, dies zu tun – nur in angenehmen Momenten?" Am Beispiel des Märchens von Rotkäppchen aus der Sicht des Wolfes erzählt, beschäftigt sich die dritte Gruppe mit den Konzepten des Relativismus und des Universalismus. Die vierte Gruppe reflektiert über Rassismus und Diskriminierung ausgehend von einem Text Eduardo Galeanos (1999).

Jede Gruppe arbeitet in einer kreativen Atmosphäre und präsentiert ihre Schlussfolgerungen durch Plakate und/oder theatralische Darstellungen. Ohne Zweifel stellen wir fest, dass die Lehrer nur eine sehr vage Idee von der Problematik der Interkulturalität haben. Viele assoziieren die Idee der Interkulturalität mit der zweisprachigen Erziehung. Von den drei Gruppen von Pasantes, mit denen wir Kontakt hatten, besaß nur eine Lehrerin von den Osterinseln, die auch von dort stammte, eine klarere und offenere Auffassung zu diesem Thema. Wir beobachteten, dass bei der Mehrheit der Stipendiaten kein besonders ausgeprägtes Bewusstsein über die Existenz von verschiedenen Ethnien mit ihren speziellen Kulturen und Problemen existierte.

Bis zum heutigen Tag beschreiben die Schulbücher der Grundschulerziehung das Volk der Mapuche als in der Vergangenheit existierend (Chile, Erziehungsministerium 2001). Eine Kollegin aus Temuco erzählte uns, dass in einem Dorf der Mapuche, mitten im Gebiet eines Forstunternehmens gelegen, die Schüler mit einem Text unterrichtet werden, in dem es wörtlich heißt: „Die Mapuche waren ein Konglomerat von Volksgruppen und Rassen, die eine gemeinsame Sprache miteinander teilten…" (Chile, Erziehungsministerium 2000a, S. 133).

In den letzten Jahren lernte Chile die Rückforderungsbewegungen verschiedener Ethnien, besonders der Mapuche, kennen, die heute in einer offeneren und demokratischeren Gesellschaft die Möglichkeit haben, ihre Wünsche und Forderungen zu manifestieren. Die Regierung der Versöhnung, die bereit ist, auch die die Interessen von Minderheiten zu unterstützen, hat unter dem Druck dieser Bewegungen einige konkrete Maßnahmen ergriffen, zum Beispiel den sogenannten Plan zur Entwicklung der indigenen Völker (1999). Das Erziehungsministerium hat für seinen Teil eine neue Untereinheit mit dem Titel „Programm zur zweisprachigen interkulturellen Erziehung" geschaffen, welches eine neue Vision über die indigenen Gemeinschaften auf den Weg bringt. Im Jahre 2000 begann in Schulen mit einem hohen Anteil Indigener ein konkretes Programm zur zweisprachigen interkulturellen Erziehung in die Praxis umgesetzt zu werden (Chile, Erziehungsministerium, o. J.). Im Jahre 2001 sollten alle Lehrer mit dem Konzept der „Pädagogik der Vielfalt" vertraut sein (Chile, Erziehungsministerium 2001, S. 5) und, zusammen damit, die Tatsache anerkennen lernen, dass in der Aktualität Völker existieren, die schon in präkolumbianer Zeit mit eigenen kulturellen Manifestationen (Sprache, Religion, etc.) verschiedene Räume des nationalen Territoriums bewohnt haben. Ohne Zweifel sind dies wichtige Schritte auf dem Weg zu einem besseren Verständnis der interkulturellen Problematik. Es handelt sich um eine Herausforderung, die für sich eine große Chance darstellt und gleichzeitig auch eine Bereicherung der chilenischen Gesellschaft.

Der interkulturelle Konflikt in den deutschen Schulen

Das Seminar hat auch die Vorbereitung der Lehrer auf ihre Praktika in Berliner Schulen zum Ziel, indem sie ihnen die Identifizierung der Probleme erleichtert, denen ein deutscher Lehrer mit der großen Heterogenität seiner Klassen in bezug auf die kulturelle Herkunft seiner Schüler und ihrer Fähigkeit, sich in der deutschen Sprache auszudrücken, begegnen muss.

Seit Jahrzehnten emigrieren tausende von ausländischen Arbeitern mit ihren Familien nach Deutschland und stellen ihre Arbeitskraft so einer expandierenden Ökonomie zur Verfügung. Bis heute müssen sich die deutschen Schulen mit den Schwierigkeiten, die die Kinder der Emigranten bei der Anpassung an die Forderungen die sich ihnen entgegenstellen, haben, auseinandersetzen.

Um die in Deutschland existierende interkulturelle Problematik zu beschreiben haben wir den Fall der zahlenmäßig größten Minderheit in Berlin und Deutschland ausgewählt: die türkische Gemeinschaft. Die Ergebnisse der wissenschaftlichen Untersuchungen (Beck 2000; Uysal 1998; Preuss-Lausitz 2000; BIL 2000; Greve und Cinar 1998) zeichnen die Schwierigkeiten der Integration junger Türken in diese Gesellschaft nach. Weniger als die Hälfte der Schüler, die Kinder türkischer Immigranten sind, besitzt einen Hauptschulabschluss, d. h. schafft es, zehn Schuljahre zu absolvieren. Sehr wenige beenden die Sekundarstufe II als Vorbereitung zur Universität und schaffen es, dort zu studieren. Diese Situation stellt einen schulisches und soziales Versagen dar.

Sucht man nach den zugrundeliegenden Argumenten, kommt man zu dem Schluss, dass die Gründe für das Versagen vor allem in der fehlenden Beherrschung der deutschen Sprache und den konkreten familiären Bedingungen zu suchen sind. Diese weisen folgende Charakteristika auf (Uysal 1998; Ucar 1999):
• Die Kinder und Jugendlichen bewegen sich nur in einem türkischen Milieu.
• Die Familie kommuniziert nur in türkischer Sprache.
• Die moslemische Religion wird in einer fundamentalistischen Form gelebt.
• Die Freizeit der Töchter wird kontrolliert stärker als die ihrer deutschen Mitschülerinnen.
• Die Eltern fordern Gehorsam und Unterwerfung nach den traditionellen und autoritären Regeln der Erziehung ein.
• Die Kinder und Jugendlichen werden oft in die Türkei geschickt (auch während der Perioden des Schulbesuchs).
• Die Familie lebt, aus ökonomischen Gründen, in einer Wohnung mit zu wenig Platz.

Von den Vorschülern der dritten Generation verstehen Zweidrittel nicht ein Wort Deutsch und leben in abgeschlossenen Stadtvierteln. Im Vergleich dazu leben die Familien der wenigen türkischen Schüler, die die Abiturstufe und somit den Zugang zur Universität erreichen, in vergleichsweise sorgenfreier ökonomischer Situation, in der sich nicht die oben dargelegten Charakteristika beobachten lassen.

Im allgemeinen ist die Schule nicht fähig gewesen, die nicht-deutschen Schüler zu integrieren und zufriedenstellend zu fördern. Sie hat ihr „monokulturelles" und „ethnozentrisches" Curriculum beibehalten. Außerdem hat die Institution Schule Schwierigkeiten, mit den Eltern zu kommunizieren und sich ihnen zu nähern, um einen Dialog zu initiieren. Es scheint, dass die zu lösende Aufgabe, den sozialen Problemen zu begegnen, mit tiefgreifenden politischen Veränderungen beginnen sollte.

Die Konsequenzen für die deutsche Schule

Der Pädagoge Ulf Preuss-Lausitz (2000) zeigt, dass es wahrscheinlich ist, dass die ausländischen Jugendlichen mehr Erfolg in ihrem schulischen, beruflichen und sozialen Leben haben, wenn sie sich nicht zwischen der deutschen, dominierenden Kultur und der Kultur ihrer Familie entscheiden müssen und so im Gegenteil die Möglichkeit haben, beide wert zu schätzen. Es hat sich erwiesen, dass zum Beispiel die Beherrschung und der mündliche und schriftliche Gebrauch der Muttersprache auf einem hohen Abstraktionsniveau es ohne Probleme erlaubt, eine zweite Sprache zu beherrschen.

Die Schule sollte in allen Schülern Fähigkeiten (Kompetenzen) fördern, wie zum Beispiel das eigenständige Denken, Kommunikation, Empathie, psychologische Stabilität und emotionale und soziale Intelligenz. Dafür sollte sie die Integration aller Schüler im Rahmen des Respektes für die verschiedenen Kulturen, die in der Schule präsent sind, durch folgende Strategien fördern:

*   Den Lehrplan für die Einbeziehung bestimmter Inhalte der anderen in der Schule anwesenden Kulturen öffnen und Rücksicht auf die Schüler mit schulischen Problemen nehmen;
*   Die kulturelle Vielfalt akzeptieren;
*   Aktivitäten organisieren, die die Integration erleichtern, ebenso das Erleben von erfolgreichen Erfahrungen, auch für die nicht-deutschen Schüler;
*   Nicht-deutsche Lehrer anstellen und
*   Neue Wege zu öffnen für das erfolgreiche Abschließen der Schule und so soziale Mobilität und Aufstieg begünstigen.

Preuss-Lausitz kämpft für eine Pädagogik der „Vielfalt in der Integration", die ein sozial solidarisches Lernen ermöglichen soll. Das interkulturelle Lernen ist ein Teil dieser Anstrengungen, um die sozialen Kompetenzen zu entwickeln – eines der Hauptziele jeder Erziehung.

Modellprojekte der Integration
Im folgenden präsentieren wir kurz einige positive und konkrete Fälle für staatliche Schulen der Grundschulerziehung, die mit Erfolg Strategien entwickeln, um die Integration von ausländischen Schülern zu begünstigen.

Die Lenau-Schule
Dies ist eine Grundschule mit den Klassenstufen 1 bis 6. Die Klassen haben maximal 15 Schüler. Als allgemeine Regel sind zwei Lehrer unterschiedlicher Fächer für die Klasse verantwortlich. Der Schüler legt selbst den Zeitpunkt fest, wann er die wöchentlichen Pflichtaufgaben erfüllt. Die Schule wird von vielen ausländischen Schülern besucht, welchen sie besondere Aufmerksamkeit widmet, unter Berücksichtigung ihrer Probleme und der ihrer Familien. Es werden zusätzliche Stunden für den Deutschunterricht angeboten.

Die Nürtingen-Schule
Dies ist eine zweisprachige Grundschule für Deutsch-Türkisch mit kleinen Klassen. Einer der für die Klasse verantwortlichen Lehrer muss Türkisch sprechen. Der Lehrplan wird so dargeboten, dass beide Sprachen praktiziert werden können. In Berlin und Brandenburg arbeiten insgesamt 14 Schulen nach diesem Modell.

Die Europa-Schulen

Es handelt sich um zweisprachige Schulen auf dem Grundschul- und in einigen Fällen auch auf dem weiterführenden Niveau. Ihr Lehrplan entwickelt sich sowohl auf Deutsch als auch in einer anderen Sprache, je nach Schule. Aktuell gibt es in Berlin neun Europa-Schulen, an denen Deutsch und eine der folgenden Sprachen unterrichtet wird: Spanisch, Französisch, Griechisch, Englisch, Italienisch, Polnisch, Portugiesisch, Russisch und Türkisch.

Zusammenfassung und Evaluierung
Nach diesem informativen Teil über die Realität der deutschen Schulen bilden sich Diskussionsgruppen. Die Teilnehmer gehen, unter Bezug auf ihre Erfahrungen als chilenische Lehrer, die folgenden Ideen durch und betonen Ähnlichkeiten und Unterschiede zwischen den deutschen und chilenischen Schulen:

1. „Die Integration der Muttersprache in der Schule sollte so früh wie möglich geschehen, zum Beispiel durch das Angebot von Parallelstunden in beiden Sprachen von der Vorschule an und durch Sprachunterricht für die Eltern."
2. „Man darf nicht von der Existenz einer homogenen Schule ausgehen, sondern muss die Heterogenität akzeptieren."
3. „Man muss die kulturelle Vielfalt respektieren und verschiedene Möglichkeiten der Integration anbieten."
4. „Der Lehrplan sollte sich an den Prinzipien der kulturellen Vielfalt orientieren."
5. „Die Pädagogik der Vielfalt könnte auf eine übertriebene Individualisierung zusteuern und eine größere Distanz zwischen den Kulturen fördern."
6. „Die Schule sollte sich für die Entwicklung eines verstärkten Kontaktes zu den Elternhäusern interessieren, um so eine bessere Integration zu erreichen."
7. „Man kann nur eine reale Integration erreichen, wenn man den Respekt für andere Traditionen und Kulturen in die Praxis umsetzt."
8. „Die Anstrengungen, die hinter der Integration stehen, hängen direkt von den konkreten Bedingungen für den Lehrer ab (Zeit, Schülerzahl, Gehalt, didaktisches Material, etc.)."

Vorurteile – wie sie entstehen und wie man sie überwinden kann
Dieses Thema wird an Hand von Folien, Videos und Karikaturen durchgeführt. Das Video trägt den Titel „Selbstbedienung" und stellt eine Situation von Misstrauen (Vorurteilen) zwischen einer hellhäutigen Frau und einem dunkelhäutigen Mann in den Raum. Sie treffen sich durch Zufall in einem beliebten Restaurant. In einem Moment verlässt die Frau ihren Tisch, und als sie zu diesem zurückkehrt, findet sich dort ihre Handtasche nicht mehr. Es stellt sich die Frage, was passiert ist. Hat etwa der „Afrikaner" die Tasche gestohlen? Einige Stipendiaten glauben dies, andere haben Zweifel. In Wirklichkeit hat die Frau ihren Tisch verwechselt.

Mit dieser Geschichte wird eine kurze Reflexion über die Frage angeregt, was ein „Vorurteil" (rassisch, geschlechtlich, sozial etc.) ist. Haben wir auch Vorurteile? Wie äußern sie sich? Man diskutiert, was einige Chilenen zu den „Bolivianerchen" oder den „Koreanerchen" sagen. Was bedeutet in Chile das Wort „china" aus dem Munde einer Frau der Mittelschicht?

Über eine Karikatur wird die Reflexion darüber, ob es den typischen Deutschen und den typischen Chilenen gibt, in Gang gesetzt. Dabei gab es die folgenden Resultate:

„Der Deutsche":
harte Ausdrucksweise; pünktlich; nachhaltig; arbeitsam; systematisch; verantwortungsbewusst; wenig ausdrucksstark.

„Der Chilene":
Witzbold; Spontan; Macho; Konformist; solidarisch; flegelhaft/aggressiv; Raucher; vorurteilsreich; Galan; zärtlich.

Den Teilnehmern wird vorgeschlagen, für den Rest der Zeit ihres Aufenthaltes in Deutschland diese Charakteristiken gründlich zu beobachten und zu schauen, ob sie übereinstimmen oder nicht (Baubinger 2000).

Rassistische Einstellungen und Gewalt gegen Fremde

Leider ist Deutschland viel weiter als diese Vorurteile gelangt: es existieren explizite Manifestationen von Gewalt gegen Ausländer. Einige deutsche Jugendliche zeigen sich offen für rassistische Einstellungen, überfallen Personen mit anderer Hautfarbe oder mit physischen Einschränkungen und töten sie gar. Die Gewalt und der Rassismus zwischen den Schülern ist ein Teil der traurigen Realität vieler deutscher Schulen. Wir mussten auch mit der chilenischen Gruppe über gewisse Sicherheitsvorkehrungen während ihres Aufenthaltes in Deutschland sprechen.
    Nicht nur die extreme Rechte erklärt sich als rassistisch. Die Feindseligkeit gegenüber Ausländern manifestiert sich auf verschiedenen sozialen Sektoren und besonders auf dem Territorium der ehemaligen DDR, wo die Arbeitslosigkeit unter den Jugendlichen eine hohe Rate aufweist.
    Übereinstimmend mit gewissen Erfahrungen und durchgeführten Studien (Arbeitsgemeinschaft Christlicher Kirchen, o.J., S. 35–45) existieren gewisse Empfänglichkeiten für Rassismus und Gewalt bei Personen, die:
*   Einsamkeit erleiden,
*   Gefühle der Impotenz und Schwäche haben,
*   eine gewisse Unfähigkeit zur sozialen Kommunikation haben,
*   dazu neigen, indifferent zu sein,
*   extrem nationalistisch sind,
*   sich in bezug auf ihre ökonomischen Erwartungen frustriert fühlen,
*   das Bedürfnis haben, zu dominieren und zu herrschen.

Diese Subjekte kompensieren ihre Frustrationen oft durch Gefühle einer Superiorität durch die Zugehörigkeit zur „deutschen Rasse", die bis zu direkten aggressiven Aktionen führt. In der Gruppe fühlen sie sich stark.
    Einige Bedürfnisse, die zur Prävention von Rassismus bei Kindern und Jugendlichen befriedigt werden sollten, sind folgende:
*   Leben in einer Umwelt, in welcher sie Sicherheit spüren und auf einen eigenen Raum zählen können.
*   Eine Vertrauensperson haben, die ihnen Stärke und Lebensenergie vermittelt.
*   Eine Person haben, die sie motiviert, einen Beruf zu erlernen.

- Das Erleben von Situationen, in welchen ihre Erfolge anerkannt werden und so ihr Selbstwertgefühl gehoben wird.
- Klarheit über ihre realen Möglichkeiten im Leben zu haben.
- Sich gehalten fühlen, auch um Irrwege wählen zu können.

Initiativen gegen Rassismus

Seit einiger Zeit werden verschiedene staatliche und private Initiativen gegen Rassismus ins Leben gerufen. Unter ihnen möchten wir einige Beispiele aufführen, die interkulturelle Programme anbieten und das gegenseitige Verständnisses zwischen Völkern und Kulturen fördern wollen. Diese Initiativen haben sich vor allem zum Ziel gesetzt, präventive Aktivitäten gegen die Schaffung von rassischen Vorurteilen durchzuführen. Sie bieten Unterricht und Projekte an, in welchen Immigranten selbst als Pädagogen, Künstler und Techniker tätig sind. Diese Programme besuchen Schulgruppen, und es werden auch Weiterbildungskurse durchgeführt. Jedes hat seine eigene Dynamik, um seine Ziele zu erreichen.

Programm des Deutschen Entwicklungsdienstes (DED)
Seit seiner Gründung im Jahre 1963 hat der DED als Ziel, dass seine Mitarbeiter im Ausland sich bei ihrer Rückkehr in Aktivitäten zur Bewusstseinsbildung in der deutschen Gesellschaft einbinden, und zwar in bezug auf die Situation der ärmeren Gesellschaften im Süden. So nimmt der DED an den Anstrengungen teil, die in Deutschland unternommen werden, um die politische Erziehung für die Entwicklung zu intensivieren. Im Jahre 1985 hat der DED ein Programm für die Berliner Schulen ins Leben gerufen, in welchem die Schüler zusammen mit ihren Lehrern das DED Hauptquartier besuchen können, wo ehemalige Mitarbeiter und Pädagogen der Länder des Südens ihre konkreten Erfahrungen erzählen.

Entwicklungspolitisches Informationszentrum (EPIZ)
Im Jahre 1986 gegründet koordiniert das EPIZ die Arbeit des erzieherischen Netzwerkes „Wir leben in einer Welt", einer Vereinigung von Organisationen, die auf dem Gebiet der politischen Erziehung für die Entwicklung arbeiten. Es unterhält intensive Kontakte zu Institutionen innerhalb und außerhalb Deutschlands. Daneben bietet es Aktivitäten zu verschiedenen interkulturellen und globalen Themen für Kinder, Jugendliche und Erwachsene unter Nutzung partizipativer Methoden an.

Regionale Arbeitsstelle für Ausländerfragen (RAA)
Eines seiner Projekte trägt den Titel „Die Kinder entdecken, dass nur eine Welt existiert"; es hat zum Ziel, die Neugier der deutschen Schüler für das „Fremde" zu wecken und die Akzeptanz von Personen mit anderer Sprache, Kultur oder Hautfarbe zu fördern. Zur gleichen Zeit vermittelt es Informationen über die Lebensbedingungen in anderen Gesellschaften, besonders in den Ländern des Südens. Mädchen und Jungen erhalten so Informationen über Kinder ihres Alters in anderen Ländern. Sie entdecken Unterschiede, aber auch Gemeinsamkeiten. Zu jeder Zeit bietet man ihnen einen Raum zum kreativen Tun und Spielen.

Der Besuch der Fotoausstellung über dieses Projekt beschließt als Aktivität unser Seminar über interkulturelle Erziehung, dessen Autorin an der Erarbeitung der Dokumentation zu dieser Ausstellung beteiligt war.

Schlussgedanken

In diesem gesamten Prozess der Wissenserweiterung, fern vom eigenen Land und mit aller erdenklichen Zeit zur Reflexion, beginnen die chilenischen Lehrer die Probleme mit anderen Augen und unter einem anderen Blickwinkel zu betrachten. Sie entdecken Details, Charakteristika, Besonderheiten der eigenen Realität, die sie vorher, in ihren eigenen Orten, nicht gesehen haben. Die Inhalte und die Aktivitäten des Programmes der Pasantía verpflichten sie, sich auf eine tiefgreifende Reflexion über ihr eigenes Engagement in Chile einzulassen. Viele Fragen werden erst bei der Rückkehr, mit den Konflikten des Alltages in jeder Schule, wirklich beantwortet werden können.

Deutschland – eine andere Welt … Was können wir aus diesem Erfahrungsaustausch lernen? Vielleicht, dass es trotz aller Probleme möglich ist, eine interkulturelle Erziehung zu entwickeln, die die Schaffung einer toleranteren, demokratischeren, friedlicheren und einer umweltschützenden Gesellschaft vorantreibt.

Literatur:

1. Arbeitsgemeinschaft Christlicher Kirchen (o. J.): *Rassismus begreifen.*
2. Batra, Roger (1992): *El salvaje en el espejo* [*Das Wilde im Spiegel*], México D. F., Universidad Autónoma de México.
3. Baubinger, Hermann (2000): *Typisch deutsch. Wie deutsch sind die Deutschen?* München.
4. Beck, Ulrich (2000): „Wir und die anderen", *TAZ* (22.10.2000).
5. Berliner Statistisches Landesamt (1999): *Statistischer Bericht A4S HJ.*
6. BIL (2000): *Grundschule Konkret Berlin* (Februar).
7. Chile, Ministerio de Educación (2000a): *Ciencia 4* [*Naturwissenschaften 4*], Santiago, Arrayán Editores.
8. Chile, Ministerio de Educación (2000b): *Programa de Educación Intercultural Bilingue* [*Programm zur interkulturellen bilingualen Erziehung*].
9. Chile, Ministerio de Educación (2001): *Análisis de los contenidos de los libros textos de educación básica desde la perspectiva de la diversidad cultural* [*Analyse der Inhalte der Grundschullehrbücher aus der Perspektive der kulturellen Vielfalt*], Santiago.
10. Chile, Ministerio de Educación (o. J.): *División de Educación General, Programa de Educación Intercultural Bilingue* [*Programm zur interkulturellen bilingualen Erziehung*].
11. Freire, Paulo (1988): *Pedagogia del Oprimido* [*Pädagogik der Unterdrückten*], Rio de Janeiro.
12. Galeano, Eduardo (1999): *Patas arriba. La escuela del mundo al revés* [*Füße nach oben: Die Schule der Welt auf dem Kopf*], Siglo XXI.
13. Greve, Martin, und Cinar, Tülay (1998): *Das türkische Berlin.*
14. Preuss-Lausitz, Ulf (2000): „Zwischen Modernisierung und Tradition, Bildungsprozesse heutiger Migrantenkinder", in: *Die Deutsche Schule*, Jg. 92, Nr. 1.
15. Ucar, Ali (1999): „Sprachschwierigkeiten ausländischer Kinder der Drittgeneration", in: *Handbuch für Erzieherinnen*, Landsberg, MVG-Verlag.
16. Uysal, Ysar (1998): *Biographische und ökologische Einflussfaktoren auf den Schulerfolg türkischer Kinder in Deutschland*, Münster.

Wiedersehensfreude: Nachkontakttreffen in Vilches – Pasantía 1997

Angela May und Norbert Remus

Vorbeugung von sexualisierter Gewalt – Erfahrungen in Chile

Einleitung

Im Jahre 1999 flogen wir nach Chile und besuchten in der Zeit vom 3.–23. August zahlreiche Bildungsinstitutionen und Schulen. Entsprechend unserer persönlichen pädagogischen Schwerpunktsetzung waren wir insbesondere an Fragen des Kinderschutzes und des Umgangs mit sexualisierter Gewalt interessiert. Zu diesen Themen boten wir in Bildungseinrichtungen zahlreiche Workshops an und besuchten örtliche Hilfs- und Beratungseinrichtungen. Ferner gab es Treffen mit Menschenrechts- und Frauenorganisationen, die ebenfalls sehr aufschlussreich waren.

Die inhaltliche Konzeption unserer Workshops sah vor, Informationen über sexualisierte Gewalt zu vermitteln, für die Problematik zu sensibilisieren und Vernetzungsstrukturen zu ermitteln bzw. zu initiieren, um damit eine qualifizierte Arbeit vor Ort zum Schutz von Mädchen und Jungen anzuregen und einzuleiten.

Der folgende Beitrag gliedert sich in zwei Hauptbereiche. Einmal stellen wir die Arbeit in den Workshops vor, zum anderen geben wir die Erkenntnisse aus Diskussionen mit Kinderschutzeinrichtungen wieder. Dazu in Kürze die wichtigsten Sachinformationen.

Sexualisierte Gewalt ist wesentlicher Bestandteil sozialer Konfliktlagen und betrifft Kinder und Jugendliche ebenso wie Erwachsene. Für ein besseres Verständnis des folgenden Beitrages vorab einige Informationen.

Grundannahmen:
- Sexualisierte Gewalt ist ein Herrschafts- und Dominanzverhalten, in dem Sexualität instrumentalisiert wird und die Integrität der Person verletzt werden soll.
- In patriarchalen Gesellschaften wird dieses Verbrechen gegen die Menschlichkeit deshalb vor allem von Männern verübt.
- Opfer sind (in der Prävalenzreihenfolge) Frauen und Mädchen, aber auch Jungen und Männer.
- Sexualisierte Gewalthandlungen sind Wiederholungstaten, weshalb die Trennung von Opfer und Täter für die Unterbrechung des Gewaltkreislaufes unerlässlich ist.

Aufdeckung und Strafverfolgung
- Die Aufdeckung sexualisierter Gewalt ist besonders dann erfolgreich, wenn sie von psychosozialen Einrichtungen eingeleitet/unterstützt wird und keine Anzeigepflicht gegenüber den Strafverfolgungsbehörden besteht.

Angela May und Norbert Remus sind ein Dozententeam zum Fachgebiet „sexueller Missbrauch".
Kontakt: info@praevention.org

- Gerichtliche Verfahren stellen große emotionale Belastungen für die Opfer dar. Deshalb muss dieser Schritt im Hinblick auf die Belastbarkeit des Opfers sorgfältig erwogen werden; eine besondere Unterstützung für die Opfer ist erforderlich (Zeugenbegleitprogramme).

Nationale Unterschiede

Deutschland
- Kinderschutz ist Aufgabe der Jugendämter oder deren Träger;
- keine Anzeigepflicht, um Kinderschutzmaßnahmen einzuleiten;
- Trennung von Opfer und Täter durch Vormundschaftsgericht durchsetzbar;
- finanzielle Absicherung der Familie ggf. durch staatliche Sozialleistungen.

Chile
- Kinderschutz ist Aufgabe von Polizei und Justiz;
- Anzeigepflicht, um Kinderschutzmaßnahmen einzuleiten;
- Trennung von Opfer und Täter nur durch gerichtliche Verurteilung des Täters durchsetzbar;
- finanzielle Absicherung der Familie durch private Hilfen; staatliche Unterstützung kaum möglich.

Angebote für Opfer:
- Der Traumatisierung der Opfer muss mit psychosozialen und therapeutischen Angeboten begegnet werden.
- Aufdeckung und Unterbindung innerfamiliärer sexueller Gewalt hat oft weitreichende Folgen für die Restfamilie; deshalb bedarf sie besonderer Unterstützung.

Erfahrungen aus den Workshops

Wir hatten bereits in Deutschland eine Informationsmappe für alle Workshop-Angebote zusammengestellt, die nach unserer Auffassung hilfreich für die weitere Arbeit sein könnten. Hierzu zählten ein Bilderbuch zur Prävention von sexualisierter Gewalt (ins Spanische übersetzt), einige Informationsfolien und –texte sowie ein Fragebogen. Wir waren bemüht, dieses Material an „Offizielle" weiterzugeben, damit die Arbeit von dort aus zentral weitergeleitet wird.

Der erste Workshop fand in einer Schule in Llay-Llay statt. Teilnehmende waren Lehrerinnen und nur sehr wenige Männer; später kam ein Polizist der Stadt hinzu. Es gab eine große Offenheit, über sexualisierte Gewalt zu sprechen; eine Frau berichtete sogar über eigene Erfahrungen in der Kindheit. Kreative Methoden wie Malen, aber auch freies Diskutieren über einen Fragebogen, in dem Situationen zu beurteilen sind, ob es sich dabei um sexuelle Gewalt handelt oder nicht, wurden sehr positiv und offen angenommen. Schnell stellte sich heraus, dass der Informationsbedarf noch sehr groß war, weshalb Definitionskriterien ausführlich zu besprechen waren. Der Polizist berichtete, dass Kinderschutz in Chile aufgrund der Anzeigepflicht Aufgabe der Polizei ist. Es bestehe jedoch eine enge Zusammenarbeit mit SENAME, einer Kinderschutzorganisation (hierzu später mehr). Später überreichte uns der Polizist die Gesetzestexte, die wir zukünftig für Kopien zur Verfügung stellen konnten.

In Calama wurden wir im Rahmen des offiziellen Empfanges über Beratungsmöglichkeiten für Opfer und Täter informiert; beide Angebote sind in einem Haus angesiedelt, was inzwischen nach deutschen Standards als höchst problematisch gilt, weil für das Opfer die unparteiliche Haltung der BeraterInnen nicht deutlich genug wird. Außerdem könnte es zu unerwünschten Kontakten oder gar Konfrontationen und Einflussnahmen durch die Täter kommen. Als wir die Einrichtung besuchen wollen, erfahren wir, dass sie gerade erst aufgebaut wird und damit auch noch keine konkreten Erfahrungen vorliegen. Dieses Phänomen begegnet uns des öfteren:dass Einrichtungen und Angebote beschrieben werden, die noch in der Zukunft liegen.

Später fanden dann für uns unvorbereitet „akademische Gespräche" statt. Angekündigt waren Gespräche mit 28 außerschulischen Fachleuten. Die Diskussion nahm in Ermangelung spezialisierten Fachwissens eine andere Richtung und war geprägt von Diskussionsinhalten wie Respekt, demokratischem Verhalten, Mitbestimmung von Kindern, patriarchalen Machtverhältnissen und – in Ansätzen – dem Umgang mit sexuellem Missbrauch von Kindern. Der auch in Deutschland erkennbare Konflikt zwischen LehrerInnen und SozialarbeiterInnen/SozialpädagogInnen wurde auch hier offenbar, so dass es zu keiner inneren Annäherung zwischen uns und den TeilnehmerInnen kam; die unzureichenden Örtlichkeiten (ein kalter, dunkler „Kellerraum") taten hier ein übriges.

Nach der Mittagspause fand eine Podiumsdiskussion zusammen mit der Gruppe „Drogenprävention" statt. Durch Fragen an das Publikum versuchten wir, eine Reflexion darüber anzuregen, inwieweit Kinder (in Chile) eingeschränkt werden und über sie unnötig bestimmt wird, mit dem Ziel, darüber nachzudenken, wo bestehende Hierarchien abgebaut werden könnten. Hierfür zeigten wir Parallelen zur Situation in Deutschland auf. Die Sitzkonstellation (wir oben auf dem Podium, die TeilnehmerInnen zu unseren Füßen auf Stuhlreihen) trug offenkundig zur großen Distanz bei, die die Diskussion wenig erfolgreich machte. Offensichtlich entstand der Eindruck, wir wollten die ChileInnen „belehren", dass sie den Schutz von Kindern sinnvoll gestalten und dafür ihre Gesellschaftsordnung verändern sollten. Für das Gelingen dieser Veranstaltung wäre es sehr hilfreich gewesen, vorher über Zielgruppe, Verlauf und Organisation der Veranstaltung informiert gewesen zu sein; denn es hätte anderer Inhalten und Methoden bedurft.

In Antofagasta wurden wir zunächst vom Erziehungsministerium empfangen, später führten wir einen Workshop in einer katholischen Privatschule durch. Die Gruppe war mit 15 Personen (13 Frauen, 2 Männer) relativ klein, was jedoch eine positive Auswirkung auf die Arbeitsatmosphäre hatte. Auch hier bestand große Offenheit, und fast alle TeilnehmerInnen waren bereits mit Fällen sexuellen Missbrauchs konfrontiert worden. Ein Teilnehmer erzählte, er habe bis vor kurzem in Brasilien gelebt und dort habe das Thema einen größeren Stellenwert als in Chile. Er vermutete, dass es daran liege, dass die Männer dort nicht so ein großes Darstellungsbedürfnis hätten wie in Chile. Die TeilnehmerInnen dieser Gruppe zeichneten sich durch engagierte Beteiligung und hohe Anteilnahme für die Opfer aus.

Wir trafen auf bestehende Vernetzungsstrukturen: die pädagogischen KoordinatorInnen der Schulen treffen sich einmal im Monat. Wir regten an, das Thema im Rahmen dieser Treffen zu vertiefen oder eine Untergruppe zu gründen, die sich regelmäßig trifft und zu diesem Fachgebiet arbeitet.

In Chillan trafen wir auf eine gemischte Gruppe, die sich aus TeilnehmerInnen aus verschiedenen Schulen zusammensetzte. Viele LehrerInnen kommen aus Problemschulen und haben offensichtlich ein großes Bedürfnis nach Erfahrungsaustausch. Es wurde schnell deutlich, dass wenige Kenntnisse darüber existieren, ob es in der Stadt Anlauf- oder Beratungsstellen gibt. Es wurde ein Diagnostik-Zentrum genannt; unklar bleibt, ob es therapeutische Angebote für Opfer gibt. Die Schilderung eines brisanten Falles verdeutlichte dann die auch in Deutschland noch häufig anzutreffende Verkehrung der Verantwortung von Opfern und Tätern. Die Anregung, sich zu vernetzen und Adressen auszutauschen, wurde angenommen und genutzt; eine Frau stellte sich als Kontaktperson und Koordinatorin zur Verfügung, und so wurde ihr unsere Informationsmappe ausgehändigt. Wir sehen hier den größten Erfolg unserer Arbeit, weil es gelungen ist, eine Ansprechperson zu gewinnen und ein Netzwerk aus engagierten LehrerInnen mehrerer Schulen zu gründen und die Notwendigkeit zur Gründung von NGO-Beratungsangeboten wurde erkannt. Insofern lag die Bedeutung des Workshops vor allem darin, den Beschluss zu fassen, an der Thematik weiterzuarbeiten und Aktivitäten und Visionen zu entwickeln, wie es auch ohne uns weitergehen kann.

Der Workshop in Puerto Varras unterschied sich nicht wesentlich von den anderen. Als Hemmnis erwies sich die Tatsache, dass er am Samstag stattfand – das Wochenende gehört der Familie! Infolgedessen war er nur schwach besucht, und die Motivation war nicht sehr groß.

Fazit der Workshops: Die wichtigsten Facetten

1. Themenrelevanz
Sexualisierte Gewalt ist aufgrund zunehmender öffentlicher Berichterstattung, z. B. über die Vorgänge in der „Colonia Dignidad" und aufgrund zunehmender Verbreitung von Kinderprostitution, ein wichtiges Thema in Chile mit großer Brisanz. Leider sind die Möglichkeiten des effektiven Einschreitens bisher aufgrund fehlender Angebote noch sehr gering.

2. Zielgruppen
Auch in Deutschland wird immer wieder kontrovers diskutiert, welche Qualifizierungsangebote welchem Personenkreis gemacht werden sollten. Hier gibt es vornehmlich drei Zielgruppen:
a) Homogene und vernetzte Gruppen
Die Arbeit mit Gruppen, die sich untereinander kennen, z. B. Orientadores (KoordinatorInnen), bringt Vorteile, weil Kontakte und Vertrauensverhältnisse bereits bestehen, teilweise sogar regelmäßige Treffen stattfinden. Die Orientadores gelten dann als MultiplikatorInnen in den jeweiligen Schulen und können, nach ausreichender Qualifizierung, zur Konsultation in Fällen sexualisierter Gewalt von den KollegInnen herangezogen werden. Unklar blieb für uns jedoch für die abschließende Beurteilung, welche Stellung sie innerhalb des Kollegiums haben. Nach Erfahrungen in Deutschland verschlechtern große hierarchische Abstände in Bildungseinrichtungen die Inanspruchnahme von Konsultationen. Fraglich ist auch, ob eine eventuell fehlende Unterrichtspraxis zur Entfremdung der unterrichtlichen Realität führt. Ein weiterer Nachteil könnte darin liegen, dass dieser Personenkreis sich „qua Amt" mit der Thematik befassen muss, persönlich jedoch kein Interesse haben könnte bzw. aufgrund eigener Erfahrungen Abwehrmechanismen aufgebaut hat.

b) Interessierte Einzelpersonen verschiedener Einrichtungen
Der Vorteil bei der Arbeit mit Interessengruppen liegt darin, dass diese vermutlich aktuelle „Fälle" vortragen und konkrete Angebote zur Hilfe für die Opfer in Anspruch nehmen wollen.

Hierin könnte der Beginn für eine Spezialisierung liegen die dann wiederum multiplikatorische Effekte nach sich ziehen kann.

c) Kollegium einer Einrichtung
Der Vorteil dieser Zielgruppe liegt darin, dass alle innerhalb eines Kollegiums eine Grundinformation, z. B. im Rahmen eines Studientages, erhalten. So kann eine Grundsensibilisierung erreicht werden, und es werden erste Reaktionsmaßnahmen beim Verdacht auf sexualisierte Gewalt vermittelt. Hieraus kann sich dann ergeben, dass sich ein oder zwei Personen weiterqualifizieren wollen und sich an vernetzte Regionalgruppen anschließen.

3. Räumliches Setting
Es ist angezeigt, vorher explizit die Art der Räumlichkeiten zu beschreiben, die für ein so belastendes Thema erforderlich sind. Auch ist es sinnvoll, Sitzkonstellationen und erforderliche Medien und Materialien noch konkreter anzufordern, da ansonsten immer viel Zeit für deren Beschaffung, die Umorganisation der Räume usw. verloren geht. Die Räume sollten hell und geheizt sein, die Sitzanordnung sollte nicht frontal in Sitzreihen gestaltet sein, sondern direkte Kommunikation ermöglichen. Benötigt werden (immer) eine Tafel/Pinnwand/Flipchart, Papier und Buntstifte sowie ein Overheadprojektor.

4. Zeitbedarf
Insgesamt sind die Workshop-Einheiten zu kurz gewesen. Es wurden zuviele Fragen gestellt, die aufgrund des Zeitmangels nur unzureichend beantwortet werden konnten. Auch um eine Initiative zur Gründung von Netzwerken zu gründen, wird mehr Vertrauen und Mut und damit mehr Zeit benötigt. Insofern lag die Intention der Workshops vor allem in dem Beschluss und einer Aktivität und der Entwicklung von Visionen, wie es weitergeht ohne uns.

5. Methoden
Es hat sich gezeigt, dass neben der reinen Informationsvermittlung und Diskussion insbesondere kreativen und assoziativen Methoden Vorrang zu geben ist, um Sensibilisierungsprozesse und Selbstreflexionen anzustoßen.

6. Vorinformationen
Unsere Vorinformationen über rechtliche und sozialpädagogische Ansätze in Chile waren nur sehr gering. Hier wäre eine gründlichere Vorbereitung sinnvoll gewesen, die sich an der aktuellen Situation vor Ort orientieren muss. Allerdings sind die rechtlichen Kenntnisse der LehrerInnen (wie auch in Deutschland zu beobachten) sehr mangelhaft. LehrerInnen wissen zwar, dass das, was den Kindern geschieht, Unrecht ist, aber sie kennen kaum die rechtlichen Konsequenzen und die sozialpädagogischen Angebote vor Ort. Allerdings haben wir durch Besuche in einschlägigen Einrichtungen erfahren, dass diese auch für die Fachleute so verwirrend und vielschichtig sind, dass sie sie oft selbst nicht durchschauen.

Um in diesem Bereich Abhilfe zu schaffen, sollte ein in Chile zusammengestelltes Informationspaket vorliegen, das allen TeilnehmerInnen der Workshops zur vertiefenden Beschäftigung zur Verfügung gestellt werden muss. Hierzu gehören Ablichtungen der entsprechenden Paragraphen ebenso wie Angebote der landesweiten und regionalen psychosozialen Einrichtungen, Ansprechpersonen und Vernetzungsstrukturen.

Chilenische Strukturen und Angebote für Kinder, die (sexualisierter) Gewalt ausgesetzt sind

Die Fakten
In einer Studie der Unicef wurden 1433 SchülerInnen des 8. Jahrganges (13 bis 14 Jahre alt) in Chile befragt. 63 % der Kinder gaben an, körperlichen Aggressionen ihrer Eltern ausgesetzt zu sein, 34,2 % sogar schweren Angriffen. Im Rahmen dieser Studie wurde ermittelt, dass Gewalt gegen Kinder als Erziehungsmittel gerechtfertigt wird, weil es „zu ihrem Besten" sei. Statistiken der WHO zählen Chile zu den Ländern mit den meisten innerfamilialen Kindesmisshandlungen. Auffällig ist der Zusammenhang zwischen Armut und Gewalt in der Familie und der Misshandlung von Kindern. Laut Umfrage von SENAME wurden 81 % der Kinder, die mit dem Gesetz in Konflikt gerieten, in ihrer Familie körperlich misshandelt

Welche Einrichtungen setzen sich für den Schutz von Kindern ein?
Neben der staatlichen, dem Justizministerium unterstellten Einrichtung „SENAME" setzen sich auch halbstaatliche oder private Träger wie die katholische Kirche, die Unicef, private Vereine, das SOS-Kinderdorf, Entwicklungshilfe- und EU-Projekte sowie begüterte Personen für den Schutz von Kindern ein.

Das staatliche Programm zum Schutz und zur Intervention bei Kindesmisshandlung
Das Programm orientiert sich an sozial schwachen Familien. Wichtigster Punkt ist die Trennung des Täters vom Kind und die psychologische Betreuung der Kinder und die Vernetzung/Zusammenarbeit mit anderen Organisationen.

Die Rechte des Kindes im Hilfe- und Rechtssystem
Zur Zeit und mit Blick auf den Täter ist das Kompetenzfeld des Gerichtes für Minderjährige beachtlich eingeschränkt. Die Höchststrafe für Täter beträgt maximal 5 Jahre (vorher 10 Jahre) Gefängnis. Während vor 1999 nur Familiemitglieder den sexuellen Missbrauch zur Anzeige bringen konnten, gilt dies nach der Gesetzesänderung auch für Menschen außerhalb der Familie. Das Prinzip des Offizialdeliktes gilt hier nicht, denn Anzeigen können zurückgenommen werden. Strafrechtlich erfasst sind nunmehr sexuelle Handlungen, nicht nur Vergewaltigung.

Das Bestrafungsprinzip des Täters ist vorrangig, das Opfer wird aus der Familie herausgenommen, wenn es nicht geschützt werden kann. Die Kinder kommen in Kinderheime; Therapieangebote sind möglich. SENAME kümmert sich um die Interessen des Kindes, koordiniert Maßnahmen und Hilfsangebote, stellt Opfern einen Anwalt für den Prozess zur Verfügung. Es wurden Problemlagen in der Zusammenarbeit mit Richtern angesprochen, die Kinder in der Regel aus der Familie genommen haben, was derzeit jedoch als letzter Schritt angesehen wird, weil die Qualität der Heime nach Angaben der Fachleute sehr schlecht ist und die Kinder hier nicht selten neuen Aggressionen / Gewalt ausgesetzt sind.

PädagogInnen können bei SENAME beraten werden und dort auch den Täter anzeigen. Meist erfolgt die Einbindung von SENAME jedoch erst, wenn bei der Polizei Anzeige erstattet wurde. Da SENAME dem Justizministerium untersteht, besteht Anzeigepflicht, wenn Kinder Opfer oder Täter werden. Die Einrichtung kümmert sich um Maßnahmen zum Schutz des Kindes bzw. zu dessen Resozialisierung, wenn es mit dem Gesetz in Konflikt gekommen ist. In Copiapo gibt es ein Beratungszentrum, in dem gleichzeitig ein Jugendgefängnis untergebracht ist. Für die Maßnahmen zum Kinderschutz kommen finanziell in der Regel private Träger auf.

Die Struktur von SENAME
SENAME besteht aus vier Bereichen:
1. Diagnostik (Sozialarbeiter und Psychologen), Gutachten für das Gericht, psychosoziale Anamnese, Hilfeplan-Entwicklung;
2. Prävention von Sucht, Gewalt, Suchtproblemen, Familienproblemen, Gewalt; offene Einrichtungen für Kinder, Familie und deren soziales Umfeld, Trebegehen, Schwänzen;
3. Schutz für verlassene und vernachlässigte Kinder sowie Waisen und vor sexuellem Missbrauch, Gewalt, Drogen, Misshandlung. Dies gilt als letzter Ausweg für das Kind. Probleme, mit den Richtern zusammenzuarbeiten; Kinder wurden in der Regel aus der Familie genommen. Jetzt sollte das der letzte Schritt sein, früher war das die Regel.
4. Wiedereingliederung für deviante Kinder. Hier bildet die Förderung einer Schulausbildung den Schwerpunkt. Die Kinder sind in Wohneinrichtungen untergebracht, die sie auch verlassen dürfen. In schweren Fällen müssen sie ins Jugendgefängnis, bekommen aber auch dort Arbeit/Ausbildung, Beratung, Betreuung und nötigenfalls eine Therapie.

In allen vier Bereichen ist die Kindesmisshandlung ein zentraler Bereich, und es gibt speziell geschultes Personal für die sozialpädagogische Arbeit mit den betroffenen Kindern. Auch den Familien werden sozialpädagogische Angebote gemacht.

Was passiert im Verdachtsfall?
PädagogInnen, die von sexualisierter Gewalt erfahren, müssten bei Gericht, Polizei, oder SENAME anzeigen. SENAME benennt ggf. einen Anwalt, der das Kind vor Gericht verteidigt (Opferanwalt), was jedoch nicht obligatorisch ist. SENAME bittet um Information durch die Gerichte und arbeitet dann mit dem Anwalt für das Kind zusammen. Für SENAME ist es wichtig, von Gerichtsvorgängen zu erfahren, damit die Mutter eventuell aus finanziellen Gründen die Anzeige bzw. das Verfahren nicht stoppt, was rechtlich möglich wäre. SENAME verfolgt die Anzeige in solchen Fällen auf eigene Initiative weiter.

Täter und Opfer werden auf Initiative von SENAME voneinander getrennt, meist verlassen (wie in Deutschland) die Kinder die Familie aufgrund der ökonomische Abhängigkeit der Mutter vom Mann (staatliche finanzielle Unterstützungen sind äußerst kompliziert zu beantragen/erhalten). Auch hier verfügen die Frauen nur über wenig Kompetenzen, sich für den Schutz des Kindes nachhaltig und erfolgreich einzusetzen. Psychosoziale Beratung bzw. Behandlung und Therapien werden durch SozialarbeiterInnen von SENAME vermittelt; sie kümmern sich um private Organisationen, die die Kosten tragen.

Schritte der Intervention bei sexualisierter Gewalt bei CTD
1. Bildung eines Interventions-Teams (Sozialarbeiter, Rechtsanwälte, Therapeuten, Psychologen/geschulte Personen, die sich dem Kind zuwenden).
2. Folgende Maßnahmen werden vorbereitet und durchgeführt:
    *   Diagnosestellung.
    *   Anzeige wird erstattet.
    *   Die Familie wird aufgesucht.
    *   Sename regional wird informiert, wenn das Kind unbekannt ist.
    *   Ein Rechtsanwalt wird eingeschaltet.
    *   Die Opfer bekommen staatliche finanzierte Therapie durch angestellte PsychologInnen für maximal 18 Monate.

Des weiteren gibt es die Einrichtung OPCION, die gute Programme gegen sexuellen Missbrauch und Kindesmisshandlung und dabei hohe Kompetenz entwickelt hat. Es handelt sich um eine Untereinrichtung von SENAME, die sich jedoch eine relativ große Unabhängigkeit bewahrt hat. Es gibt wenig konkretes Material, aber man entwickelt Hinweise, wie LehrerInnen mit der Thematik arbeiten können.

Schlussfolgerungen:

1. Anzeigepflicht
Konkrete Hilfe für Opfer bedeutet aufgrund der Anzeigepflicht automatisch die Eröffnung eines Strafverfahrens und ggf. die Kriminalisierung des Täters. Damit einher geht die Verarmung der Restfamilie, sofern der Mann für das Familieneinkommen sorgt. Bedingt durch die Anzeigepflicht potentieller HelferInnen besteht eine hohe Selbstverantwortung des Kindes für seinen eigenen Schutz: es kann nicht frei wählen, das Elternhaus zu verlassen, sofern es hier Opfer sexualisierter Gewalt wird/wurde. Dadurch entsteht ein enorm hoher emotionaler Druck für das Opfer, dem alle, die sich für den Schutz des Kindes einsetzen, ebenfalls ausgesetzt sind.

2. Opferanwalt
Positiv zu bewerten ist die Möglichkeit, dem Kind auf Staatskosten einen Opferanwalt zur Seite zu stellen, was die Position des Opfers deutlich stärkt.

3. Hilfen für kindliche Opfer und ihrer Familie
Angebote für Opfer und ihre Familien sind nur dann möglich, wenn die „Tat" bekannt und damit angezeigt wird. Aufgrund des dadurch zu erwartenden Verarmungsrisikos ist deshalb mit einer hohen Dunkelziffer sexualisierter Gewalt zu rechnen. Hiermit korrespondiert ein hoher Traumatisierungsgrad unerkannter kindlicher Opfer, die kaum Chancen erhalten, ihre Erlebnisse aufzuarbeiten. Daraus wird ersichtlich, dass die psychische Gesundheit – insbesondere von Mädchen und Frauen, die am häufigsten Opfer sexualisierter Gewalt werden – stark einschränkt bzw. gefährdet ist und die Betroffenen auf Selbsthilfe angewiesen bleiben.

Es ist damit zu rechnen, dass staatliche Angebote zur finanziellen Absicherung der Familie zu einer größeren Bereitschaft zur Aufdeckung sexualisierter Gewalterfahrungen führen würden.

Ein weiterer Aspekt spielt in der chilenischen Gesellschaft unserer Auffassung nach eine große Rolle. Die besondere Bedeutung der Familie und ihres Solidaritätsgefühls macht es kindlichen Opfern besonders schwer, aus der Familie herausgenommen und isoliert, ohne Familie, in einem Heim untergebracht zu werden. Nicht selten werden Gefühle von Einsamkeit und Verlassensein dazu beitragen, Aussagen vor Gericht zu minimieren oder gar so zu verändern, dass es zu keiner Verurteilung des Täters kommt. Natürlich kennen wir dieses Phänomen auch in Deutschland, dass Kinder eine starke emotionale Bindung an die Familie haben, in Chile hat diese jedoch eine wesentlich größere Bedeutung.

4. Qualifizierungen von PädagogInnen
Wie auch in Deutschland sind PädagogInnen eine wichtige Zielgruppe der Sensibilisierung und Qualifizierung in Fällen sexualisierter Gewalt und den verschiedenen Formen der Kindesmisshandlung. Wie sich in den Workshops in Chile zeigte, gehört die Gewalt gegen Kinder zur All-

tagsrealität, PädagogInnen leiden darunter, ihr nicht angemessen begegnen zu können. Hilfsangebote für die Opfer verharren auf der Ebene der allgemeinen oder fürsorglichen Zuwendung – die Opfer bleiben mit ihrem Problem jedoch im Grunde allein, sofern nicht die Initiative zur Anzeige ergriffen wird.

5. Unscharfe Trennung der Angebote und Institutionen für Opfer und Täter
Im gesellschaftlichen Umgang mit sexualisierter Gewalt treffen wir immer wieder auf die Einstellung, das Opfer habe die sexuellen Übergriffe (mit)verschuldet. Der Täter wird als Opfer unkontrollierter (sexueller) Impulse verstanden, der den „Reizen" des Opfers „erlegen" ist. Dieser Vorgang wird als Täter-Opfer-Verkehrung bezeichnet. Viele der Opfer haben diese Einstellung introjiziert und sind aufgrund kindlicher Denkstrukturen (Egozentrismus) und bestimmter Erziehungsstile (Adultismus) der Überzeugung, sie selbst hätten etwas falsch gemacht. Es kostet im Rahmen von Beratung und Therapie viel Zeit und Arbeit, diese Vorstellung zu verändern.

Wird diese scheinbare „Nähe" zwischen Opfersein und Täterschaft in Institutionen gefördert, werden diese falschen Vorstellungen perpetuiert. Für Opfer wird es noch schwieriger, sich zu öffnen und Hilfe einzufordern.

Wir wünschen uns, das es der chilenischen Gesellschaft gelingt, die Bedürfnisse von Opfern sexualisierter Gewalt und deren Angehörigen in den nächsten Jahren mehr Aufmerksamkeit zu widmen und ihnen effektive Hilfs- und Unterstützungsmaßnahmen zur Verfügung zu stellen.

Wir freuen uns über jedes Interesse an den Fortbildungsmedien. Kontaktaufnahme unter: Dr. Angela May und Norbert Remus, Griembergweg 35, 12305 Berlin, Tel.: (030) 76 50 31 06, Fax: (030) 76 50 31 05; http://www.mayremus.de; e-mails: info@mayremus.de.

Christina Weinandt-Melgarejo

Suchtprävention –
Konzepte und Umsetzung mit chilenischen LehrerInnen

Auf einer internationalen Tagung im Dezember 1999 wurde eine für mich denkwürdige Feststellung gemacht: Wir haben die Informationen und das Wissen über die Suchtmittel, wir haben die Strategien und Methoden für präventive Arbeit – aber es fehlen die Menschen und die Zeit, dieses Wissen umzusetzen!

Genau in diesem Dilemma befinden sich nicht alleine die in der Suchtprävention tätigen LehrerInnen, ErzieherInnen, PsychologInnen, ÄrztInnen usw. hier in der BRD oder in Europa, sondern auch in Südamerika, also auch in Chile.

Gleiche Ziele – unterschiedliche Entwicklungen?

Auf unserer Reise im Sommer 1999 durch Chile und in den Workshops zur Suchtprävention, die ich mit chilenischen KollegInnen durchführen konnte, hatte ich Gelegenheit, ein wenig Einblick in die präventive Arbeit an den staatlichen chilenischen Schulen – vor allem Grundschulen – zu bekommen. Es zeigte sich, dass es nicht am Interesse, Engagement oder an motivierenden Konzepten lag, dass das Thema in den Schulen noch so selten Fuß fassen konnte, sondern an dem mühsamen und zeitraubenden Weg der Verbreitung und Umsetzung.

Zunächst ein kurzer Rückblick:

In den mitteleuropäischen Ländern begann man mit präventiven Maßnahmen infolge des Bekanntwerdens der problematischen Spätfolgen des Alkohols und des Rauchens durch die Medizin in den 80er Jahren sowie den ersten Toten durch den Konsum illegaler Suchtmittel – vor allem Heroin. Man war der Meinung, dass der Unterricht in den Schulen eine gute Möglichkeit darstelle, viele Schüler und Schülerinnen – und darüber auch die Eltern – zu erreichen. Wir selbst sind aufgewachsenen mit den abschreckenden Informationen über die schrecklichen gesundheitlichen und sozialen Folgen von Drogenkonsum – legaler wie illegaler Drogen (besser: Suchtmittel). Im Laufe der Jahre wurde festgestellt, dass diese Kampagnen offensichtlich keinen entscheidenden Einfluss auf das Konsumverhalten der Jugendlichen zeigten; im Gegenteil, es hinderte diese nicht daran, weiterhin mit Suchtmitteln zu experimentieren und neue Konsummuster und neue Drogen zu erfinden. Auch die sehr populäre Geschichte der Christiane F., deren Veröffentlichung und spätere Verfilmung sicher dazu beitrugen, das Problem einer breiteren Öffentlichkeit zugänglich zu machen, war so deutlich im Bereich des Sensationellen angesiedelt, dass die gewünschte anschreckende Wirkung ausblieb. Hinzu kam, dass Christiane F. selbst zum Erschrecken der Öffentlichkeit wieder rückfällig wurde und weiterhin heroinabhän-

Christina Weinandt-Melgarejo ist Lehrerin an der Lenau Grundschule in Berlin und arbeitet seit mehr als zwölf Jahren im Projekt „Schule und Sucht" im Grundschulbereich.

gig ist, sich ihren Konsum nun aber im Gegensatz zu den meisten Junkies mit den Einnahmen aus ihren Veröffentlichungen finanzieren kann. Mit dieser Entwicklung wurde sie dann ganz schnell wieder aus den Medien verdrängt. Somit zeigten diese Formen der Abschreckung in der Prävention nicht die gewünschte Wirkung, und man begann sich nach anderen Konzepten umzusehen.

Zu dieser Zeit hielt man den Konsum illegaler Suchtmittel – vor allem Kokain – in Südamerika noch vorwiegend für ein Problem der reichen Industrienationen. Das führte sicher zu einem etwas sorglosen Umgang mit dem in einigen Ländern Südamerikas produzierten Kokain. Probleme mit Alkohol und Nikotin wurden vergleichsweise verharmlost oder es fehlten Mittel und Strategien, um in großem Stile etwas dagegen zu tun.

Dadurch entwickelten sich in Südamerika rasch Konsummuster und Verelendungsformen, die mit denen zu vergleichen sind, die man in den Industrieländern bei Konsumenten illegaler Suchtmittel findet. Auch wenn die gesellschaftlichen Situationen noch immer unterschiedlich sind, hat sich dennoch in diesem Bereich eine Situation ergeben, wo die Strategien für die Arbeit mit Konsumenten immer ähnlicher werden. Das betrifft zu einem großen Teil auch die Konzepte in der Prävention, mit denen ich mich im folgenden befassen möchte.

Gleiche Ziele – unterschiedliche Konzepte?

Nach den groß angelegten Kampagnen in Europa wie den USA und in vielen Ländern Südamerikas, die durch Abschreckung versuchten, Jugendliche vom Konsum von Suchtmitteln abzuhalten, folgte eine Phase, in der man sich mit den Gefährdungen in Bezug zum Suchtverhalten auseinandersetzte. Das heißt, man versuchte aus den Erfahrungen und Lebensläufen der Süchtigen oder ehemals Abhängigen die Merkmale herauszufiltern, die den Einstieg in die Suchtentwicklung markierten. Als suchtgefährdende Faktoren ergaben sich eine ganze Reihe von Merkmalen im persönlichen, sozialen oder gesellschaftlichen Umfeld der betroffenen Personen.

- Äußere Risikofaktoren: leichte Erreichbarkeit der Suchtmittel; süchtiges Familienmitglied; Misshandlung oder Missbrauch; Arbeitslosigkeit; Vernachlässigung oder Verwahrlosung; Krisensituationen im Elternhaus (Streit, Tod, Trennung etc.); schlechte Wohn- und Lebensbedingungen;
- psychische Risikofaktoren (auch Signale): Früheinsteiger; Störungen in der Entscheidungsfähigkeit; gestörte Selbstwahrnehmung (Hypermotorik, Lethargie); Leistungsversagen (Misserfolge); Selbstwertmangel; Außenseiter, Diskriminierung;
- Signale, die mit dem Suchtmitteleinstieg einhergehen können: abfallende Schulleistungen; erhöhter Taschengeldbedarf; Rückzug in die Isolation; Veränderung des Freundeskreises; extreme Stimmungsschwankungen; Veränderung bzw. Aufgabe von Interessen (Teilnahmslosigkeit);

Interessanterweise ergaben die gleichen Faktoren zum größten Teil nicht nur eine besondere Gefährdung für mögliche Suchtverhalten, sondern auch für die Entwicklung von gewalttätigem Verhalten oder anderen problematischen Verhaltensweisen. Es konnten also keine kausalen Zusammenhänge gefunden werden zwischen einzelnen Faktoren der Gefährdung und späterem Suchtverhalten. Immer wieder tauchte auch hier der Versuch auf, die Suchtgefährdung an der Persönlichkeitsstruktur und den Erbanlagen festzumachen, und das gerade im Zusammenhang mit der rapide voranschreitenden Erforschung der Gene, aber ein Suchtgen konnte noch nicht ausgemacht werden.

Im Laufe dieser Entwicklung veränderten sich die Konzepte der Suchtprävention dahingehend, dass man versuchte, Kinder und Jugendliche auf Gefährdungen aufmerksam zu machen und entweder sie dazu anzuhalten, sie zu meiden oder – und das war sicher der günstigere Fall – mit ihnen zu überlegen, wie man mit diesen Gefährdungen, wenn man davon betroffen ist, konstruktiv umgehen kann und vor allem, wie man sich in solchen Fällen angemessene Hilfe sucht.

In dieser Phase der Präventionsarbeit ging man noch immer davon aus, dass Suchtprävention in erster Linie ein Thema für die Jugendlichen sei, da die Pubertät die Zeit ist, in der wir zwischen dem 16. und 25. Lebensjahr den höchsten Konsum verschiedener Suchtmittel zu verzeichnen haben. Offensichtlich hängt dies auch mit den besonderen Entwicklungsproblemen dieses Alters zusammen. Die Pubertät ist eine Entwicklungsphase, in der Jugendliche ihre Rolle für ihr Erwachsenenleben finden müssen. Neben der Herausbildung von Interessen und Zielvorstellungen muss sich die eigene Sexualität entwickeln können. In dieser Phase sind Grenzerfahrungen und Grenzüberschreitungen keine Seltenheit. Die Phasen der starken Verunsicherungen gegenüber den neuen Herausforderungen können durchaus auch zum Ausprobieren von Suchtmitteln führen. Das bedeutet glücklicherweise nicht, dass alle probierenden Jugendlichen zu Dauerkonsumenten werden. Nach wie vor ist der Anteil unter den jungen Erwachsenen gleich, die dauerhaft Probleme mit ihrem Suchtmittelkonsum haben.

In der Arbeit mit den Jugendlichen stellte sich heraus, dass viele, vor allem von den bereits konsumierenden Jugendlichen, für die Präventionsprogramme schon nicht mehr ansprechbar waren. Es zeigte sich, dass vor allem eine den Suchtmittelkonsum strikt ablehnende Haltung in den Programmen und auch bei den Dozenten dazu führte, dass letztere kaum mit den Jugendlichen, die bereits Konsumerfahrungen hatten, ins Gespräch kamen. Die damit zusammenhängenden Probleme der Jugendlichen im Umgang mit ihrem Konsum konnten so nur schwer angesprochen werden, und Hilfsangebote erreichten die Adressaten nur selten oder sehr schwer.

Es entstanden in der Folge unterschiedliche Konzepte zur Information und Aufklärung für die Arbeit in den Schulen und für den außerschulischen Bereich. Aufgrund von Untersuchungen der Universität Bielefeld durch Prof. Hurrelmann in den 90er Jahren über den günstigsten Einsatzpunkt von Präventionsprogrammen wurde herausgefunden, dass dieser nicht – wie bisher angenommen – im Jugendalter liegt, sondern bereits früher, nämlich in der Phase des Beginns der Pubertät. Zwar ist es nach wie vor erforderlich, mit Jugendlichen über die Problematik von Drogenkonsum zu diskutieren und sie zu informieren, aber es ist auf jeden Fall genauso wichtig, bereits zu Beginn der Pubertät mit Kindern Haltungen und Meinungen zum Suchtmittelkonsum zu erarbeiten, die ihnen Anhaltspunkte und Wege aufzeichnen, wie sie mit Situationen umgehen können, in denen sie mit Suchtmitteln konfrontiert werden.

Auch in der Suchtprävention änderte sich die Fokussierung der Fragestellung, wie sie im Gesundheitswesen von der WHO seit dieser Zeit diskutiert wird. Ausgangspunkt allgemeiner Gesundheitserziehung – und darunter fällt auch die Suchtprävention – ist nicht alleine die Frage „Was macht krank und wie kann ich das vermeiden?", sondern auch die Frage allgemeiner Prävention: „Was erhält gesund, welche Faktoren sind zu stärken, um Gesundheit zu erhalten?"

Mit diesem Paradigmenwechsel bekommen alle Präventionsprogramme einen weitaus größeren Stellenwert im Rahmen allgemeiner Gesundheitserziehung, zu der ja laut WHO nicht alleine die physischen, sondern auch die emotionalen und sozialen Befindlichkeiten gehören. Mit diesem Ansatz wurde klar, dass Präventionsarbeit ein der gesamten Erziehung immanenter und sie begleitender Prozess sein muss. Bei allen öffentlichen, an der Erziehung beteiligten Einrichtungen heißt das: Präventionsarbeit muss vom Kindergarten an bis in das Erwachsenenalter geleistet werden.

Dieser oben beschriebene Ansatz ist mehr oder weniger Konsens weltweit und wird in den einzelnen Kontinenten und Ländern je nach den spezifischen Bedingungen umgesetzt.

In der BRD zeigt sich, dass aufgrund der Länderhoheit in Fragen der Bildung in einzelnen Bundsländern unterschiedliche Wege gegangen werden können. Es sind in den 90er Jahren eine Reihe unterschiedliche Programme zur Suchtprävention für die verschiedenen Altersstufen entwickelt worden, und teilweise wurde versucht, sie mit Hilfe von außerschulischen Trägern und Sponsoren in die Schullandschaft zu integrieren. Die immer knapper werdenden finanziellen Mittel der Schulen und die steigende Arbeitsbelastung des an der Erziehung beteiligten Personals machen diese Arbeit in den letzten Jahren eher schwieriger. Die Aufgaben der Schule müssen in dieser Situation bei der steigenden Fülle von Anforderungen an die Erziehung und Ausbildung neu diskutiert werden, hier ist bisher noch nicht allzuviel Klarheit geschaffen worden.

In Chile stellt sich die Situation in den Schulen ein wenig anders dar. Durch die starke Demokratisierungsbewegung der letzten zehn Jahre wurde zwangsläufig auch die Bildungspolitik zu einem Schwerpunktthema der erstrebten demokratischen Entwicklung. Das führte dazu, dass allgemeine Bildungsziele in viel stärkerem Maße diskutiert werden können, als dies in der BRD der Fall ist. Die Diskussion um eine Werteerziehung ist nicht nur notwendig, sie muss Programm sein, zumindest wurde sie in Chile zum Programm gemacht durch die Erarbeitung neuer Lehr- und Lernziele sowohl allgemeiner Art (OFT – objectivos fundamentales transversales) als auch fachbezogener Art (OFV – objectivos fundamentales verticales). Da im Zusammenhang mit der Prävention vor allem die ersteren interessieren, sei hier eine kurze Zusammenfassung gegeben:

Die OFT orientieren sich an den allgemeinen bildungspolitischen Zielen, deren allgemeiner Charakter die persönliche Entwicklung der SchülerInnen verfolgen soll, sowie ihre moralische und soziale Führung. Die erzieherische Identität einer chilenischen Grunderziehung soll allen Chilenen die Möglichkeiten bieten, ihre Fähigkeiten vollständig zu entwickeln, lebenslang zu lernen, ausgestattet zu werden mit einem moralischen Charakter, ein Bewusstsein menschlicher Würde und Rechte zu erlangen, um die existentiellen Aufgaben, die aus der Natur des Menschen erwachsen, realisieren zu können. Die persönliche Bedeutung eines Menschen schließt den Respekt gegenüber anderen mit ein; sie bedeutet ein Leben in der Gemeinschaft mit Respekt vor der Natur, Wahrheitsliebe, Gerechtigkeit und Schönheit. Demokratisches Zusammenleben zeichnet sich aus durch Unternehmensgeist, Nationalgefühl und Traditionsbewusstsein.

In bezug auf ethische Bildung gilt diese dann als erfolgreich, wenn sich folgende Fähigkeiten entwickelt haben:

- Das verantwortliche Ausüben von Freiheit und persönlicher Unabhängigkeit, Taten des Edelmutes und der Solidarität, Anerkennung und Respekt für Gerechtigkeit, Wahrheit und Menschenrechte.
- Respekt und Wertschätzung anderer Ideen und Glaubensformen, Anerkennung des Dialogs als Brücke der Überwindung von Unterschieden und Annäherung an die Wahrheit.
- Anerkennung, Respekt und Verteidigung der Gleichheit der Grundrechte aller Personen, ohne Unterschied des Geschlechts, Alters, physischer Bedingungen, des Volkes, der Religion oder der wirtschaftlichen Situation.

In bezug auf die Persönlichkeitsentwicklung sollen Charakterzüge und Qualitäten beim Lernenden gefördert werden wie die folgenden:

- Die physische Erziehung soll Respekt und Wertschätzung für das Leben und die Entwicklung des menschlichen Körpers zeigen. Sie soll persönliche und soziale Hygiene zeigen und soll Sicherheitsnormen erfüllen.
- Reflektierendes und methodisches Denken sollen entwickelt werden, sowie der Sinn für Kritik und Selbstkritik.
- Interesse und Fähigkeiten zur Erkenntnis der Realität sind auszubilden, Kenntnisse sind anzuwenden, und wichtige Informationen müssen ausgewählt werden können.
- Meinungen, Gefühle und eigenen Überzeugungen müssen ausgedrückt werden können und mit Klarheit und Wirksamkeit kommuniziert werden.
- Kreativität zur Lösung von Problemen und Fähigkeiten zum Selbstlernen müssen entwickelt werden.
- Selbstachtung, Selbstvertrauen und ein positives Lebensgefühl sind zu fördern.

In bezug auf die Beziehung der Person zu ihrer Umgebung sind folgende Fähigkeiten zu stärken:

- Mit Verantwortung an den Aktivitäten der Gemeinde teilnehmen und die Vielfalt der Rechte und Pflichten ausüben, die das soziale und demokratische Leben erfordern.
- Die Wichtigkeit der affektiven und geistigen Bereiche erkennen, ebenso die Wichtigkeit der ethischen und sozialen Normen für eine gesunde, ausgeglichene sexuelle Entwicklung verstehen und schätzen lernen.
- Die soziale, affektive und geistige Wichtigkeit der Familie und der institutionalisierten Ehe erkennen und schätzen.
- Die natürliche Umwelt schützen und als Kontext menschlicher Entwicklung verstehen.
- Die Grundlagen der nationalen Identität werten in einer sich globalisierenden Welt.
- Arbeit als wichtigen Beitrag an die Gemeinschaft erkennen, unternehmerischen Geist und persönliche Initiative fördern als Beitrag zur sozialen Entwicklung und zum persönlichen Wachstum im Zusammenhang mit Produktionsprozessen, Umlauf und Konsum von Gütern.

Soweit zu den auf die Person bezogenen Erziehungsziele. Des weiteren geben die OFTs noch vor, in welcher Form sie umgesetzt werden können:

- Die pädagogischen Projektvorschläge der Einrichtungen sollten die oben genannten Formulierungen explizit enthalten, dabei werden einzelnen Zielen Prioritäten eingeräumt. Da in der moralischen Erziehung eines Kindes die Familie einen hervorragenden Stellenwert einnimmt, sollten die Ziele in Absprache mit ihr ausgewählt und Aktionen mit ihr koordiniert werden.

Für die Operationalisierung dieser Ziele gibt es verschiedene Möglichkeiten:

- Sie können in bezug auf die Lerninhalte gesetzt werden und finden ihre Entsprechung in den Lernprogrammen.
- Es werden gemeinsam mit den LehrerInnen Kriterien aufgestellt, durch die bestimmte Lernformen, Formen der persönlichen Interaktion in der Schule, Übungsformen, Unterrichtsmethoden etc. für eine Schule festgelegt werden können.
- Es kann versucht werden, ein besonders harmonisches Schulklima herzustellen, in dem besondere Formen des persönlichen Umgangs miteinander praktiziert werden, die dann auch zu beobachten sind.

- Es kann neben dem Unterricht auf besondere Formen der Erholung für die Schüler wertgelegt werden; diese sind in Form von Konzepten mit den umliegenden außerschulischen Einrichtungen zu erarbeiten.

- Es können durch besondere, periodisch auftretende Aktivitäten der ganzen Schulgemeinde die einzelnen Schwerpunkte der OFTs umgesetzt werden, das sind z. B. Projektwochen mit einem gemeinsamen Themenschwerpunkt für die ganze Schule.

- Sie können aber auch durch einen besonderen Katalog von Erziehungsmaßnahmen, den sich eine Schule erstellt und der für die ganze Schulgemeinde verbindlich ist, umgesetzt werden.

Aspekte der Umsetzung von Präventionsmaßnahmen

Die in den OFT angesprochenen Bereiche wie ethische Erziehung, erstrebenswerte Qualitäten zur Persönlichkeitsentwicklung, Entwicklung einer sozialen, demokratischen Persönlichkeit, Zusammenarbeit mit den Familien der Kinder und außerschulischen Einrichtungen für eine Einbindung in den sozialen Kontext weisen auf die Bereiche hin, die auch als Grundpfeiler der Prävention gelten, nämlich:

- Positive Selbstwahrnehmung (Wer bin ich?)
- Selbstwertgefühl stärken (Was kann ich und wer bin ich?)
- Soziale Fähigkeiten stärken (wie finde ich Freunde, wie löse ich Konflikte?)
- Selbstschutz aufbauen (was tut mir gut und was nicht?)

Damit wird präventive Erziehungsarbeit – nicht allein für Gesundheit, sondern auch für Suchtmittelgebrauch sowie für Gewalt- oder Missbrauchsprävention – zum Bildungsprogramm der allgemeinbildenden Schulen. Dazu gibt es bereits vom Erziehungsministerium herausgegeben verschiedene Programme für die unterschiedlichen Altersstufen. Diese Programme sind als Curriculum aufgebaut und können von den Lehrern im Unterricht eingesetzt werden. Da eine Verknüpfung mit den in den OFV (Lehrpläne) ausgewiesenen Lernzielen nicht vorgegeben wird, haben sie den Anschein von Sonderprogrammen, die eher fakultativ benutzt werden können bzw. für die Nachmittagsprogramme der Ganztagsschulen konzipiert sind.

Sie sind den aus den USA kommenden sogenannten Life-skill-programms nachempfunden, die mittlerweile in fast allen Präventionsprogrammen Eingang gefunden haben und die sich an dem Gesundheitsbegriff der WHO orientieren. Sie unterscheiden sich untereinander eher graduell denn prinzipiell, und man kann bei den Programmen für die Suchtprävention allenfalls Unterschiede dahingehend ausmachen, ob ein Programm stärker mit Abschreckung oder eher mit einem differenzierteren Umgang mit den verschiedenen Suchtmitteln arbeitet.

Die Programme, die in den chilenischen Schulen verwendet werden, tragen noch deutlicher die Spuren der von den USA in den 90er Jahren vertretenen Abschreckungspolitik gegen jede Art von Suchtmittelkonsum, als dies in vielen europäischen Programmen der Fall ist. Dies führt immer dann zu besonderen Konflikten in der Umsetzung durch die Lehrkräfte, wenn diese in einem Umfeld arbeiten, in dem hoher Suchtmittelkonsum besonders evident ist

Hier gäbe es jetzt die Möglichkeit, durch besondere Schulprogramme den Bedingungen des jeweiligen Schulumfeldes stärker Rechnung zu tragen, als dies unter der eher zentralistisch organisierten Bildungspolitik der Fall war. Das würde allerdings bedeuten, dass sich eine Schule schwerpunktmäßig das Thema Prävention zum Programm macht, so wie das in den OFTs im Sinne eines Schulprofils möglich gemacht wird.. Dadurch wäre eine breite Diskussion mit allen am Schulleben beteiligten Personen möglich, und es könnte sich allmählich ein allgemeines Bewusstsein für die Notwendigkeit der Auseinandersetzung mit diesem Themenbereich entwickeln.

Das ist mir in den von uns besuchten Schulen nicht begegnet; es waren eher einige engagierte Lehrkräfte, die versuchten, innerhalb ihrer Arbeit die Präventionsprogramme einzusetzen. Hierbei stellte sich heraus, dass deren Situation ähnlich der der KollegInnen bei uns ist – sie müssen mit viel Einsatz und Überzeugungsarbeit im Kollegium ihre Arbeit rechtfertigen und sind mit dem Prozess, auf den sie sich selbst eingelassen haben, häufig auf sich gestellt, müssen auftretende Probleme häufig alleine lösen und können im günstigsten Falle mit Unterstützung der Schulleitung und einiger weniger KollegInnen rechnen.

Die bei der suchtpräventiven Arbeit grundlegend wichtige Ebene der Beziehung zwischen den am Erziehungsprozess beteiligten – Lehrer/Schüler und Lehrer/Eltern – beispielsweise findet häufig nicht die erforderliche Beachtung. Wenn Suchtprävention nicht einfach wie Fachwissen vermittelt werden soll, sondern einen Einfluss auf Haltungen, Einstellungen und Meinungen bei den SchülerInnen haben soll, dann ist das Einbeziehen der gesamten Schülerpersönlichkeit bei diesen Lernprozessen erforderlich, und auch die Lehrkräfte sind gefordert, als Vorbilder und Personen zur Orientierung mit ihren Meinungen und Einstellungen aufzutreten. Das heißt, letztere sind gezwungen, sich selbst in anderer Form mit diesen Themen auseinanderzusetzen, als dies bei Unterrichtsstoffen der Fall ist, über die sie sich nur informieren müssen. Suchtpräventive Arbeit in der Schule bedeutet, weitaus mehr und intensiver Beziehungsarbeit mit den Schülern zu leisten, wenn sie wirksam sein soll.

In diesem Zusammenhang scheint mir ein Aspekt der Operationalisierung der OFTs besonders interessant, und zwar der mit dem ausdrücklichen Hinweis auf die bewusste Gestaltung eines Schulklimas. Nach meiner Erfahrung in der Arbeit mit Lehrkräften und ganzen Kollegien einer Schule ist hier ein ganz zentraler Punkt für den Erfolg suchtpräventiver Arbeit in den Schulen zu finden. Die Wahrnehmung eines Schulklimas, die Formen des Umgangs, die Offenheit von Kommunikationsformen und die Möglichkeiten gegenseitigen Vertrauens der Schüler wie auch der LehrerInnen untereinander sind eine ganz wesentliche Grundlage für die effektive Auseinandersetzung mit persönlichen Entwicklungen zu bestimmten Einstellungen und Haltungen im Leben eines jungen Menschen.

Ich weiß nicht, ob das bei der Formulierung dieses Zieles in den OFTs eine Rolle gespielt hat, es ist aber interessant, dass es überhaupt einmal explizit benannt wird; so kann mit seiner Bedeutung auch im Sinne von Erziehungsprogrammen und Schulentwicklung offensiv umgegangen werden. Sicher ist das nicht einfach, und es bedeutet, dass innerhalb eines Kollegiums eine permanente, offene, auch kontroverse Auseinandersetzung mit den vorherrschenden Erziehungszielen stattfinden muss. Die Gestaltung eines demokratisch offenen, vertrauensvollen Schulklimas ist nicht zu trennen von dem dialogischen Prinzip, das dann nicht alleine proklamiert werden darf, sondern auch gelebt werden muss, und zwar von allen am Prozess beteiligten Personen. Damit wird die Orientierung an den jeweiligen Realitäten der SchülerInnen möglich. Die idealisierten Lebenssituationen, wie sie zwar wünschenswert, aber häufig unzutreffend in den Präventionsprogrammen dargestellt werden, können dann zu einer Auseinandersetzung mit den Gegebenheiten der SchülerInnen werden.

Diese Form der Suchtprävention bedeutet auch eine Auseinandersetzung mit der Lehrerrolle, die mit der Bildungsreform in Chile einem Wandel ausgesetzt ist. Sicher ist es eine große Hilfe, dass ein Teil chilenischer LehrerInnen durch die „pasantias", die Auslandsstipendien, eine

Möglichkeit erhält, sich auf diesen notwendigen Prozess einzulassen. Genauso ist es aber meiner Meinung nach erforderlich, die Lehrkräfte in ihrer Arbeit vor Ort dann weiter zu begleiten und zu unterstützen und sie dann nicht wieder mit den im Ausland gewonnenen Erfahrungen vor den SchülerInnen und im Kollegium alleine zu lassen.

Ein weiterer Aspekt, der auch in den OFTs angesprochen wird, betrifft die Elternarbeit. Das ist ein Thema, wbei dem sich zeigte, dass es sowohl in der BRD als auch Chile noch eine ganze Menge ungelöster Fragen und Probleme gibt. Insbesondere im Rahmen der Suchtprävention ist dies ein fast schon heikles Thema. Hierzu findet man in den Präventionsprogrammen für die Grundschule eine ganze Reihe dezidierter Hinweise und Anregungen. In meinen Workshops mit den chilenischen KollegInnen zeigte sich allerdings, dass die Vorbereitung der LehrerInnen auf diese Arbeit genauso ungenügend ist, wie ich sie in meinen Fortbildungen mit den hiesigen KollegInnen erlebe. Formen des Umgangs und der Ansprache der Eltern zu diesem Thema müssen gut überlegt und vorbereitet werden, und auch hier sollte versucht werden, dies im Kollegium gemeinsam zu erarbeiten.

So wie wir hier in Berlin in der Arbeit der Suchtprävention immer dann gute Erfolge erzielten und es möglich wurde, auf eine gesamte Schulgemeinde Einfluss zu nehmen, wenn wir Gruppen in den Kollegien über einen langen Zeitraum hinweg Supervision, Fortbildung, Einzelberatung und institutionalisierten Austausch ermöglichten, so wäre dies auch den chilenischen KollegInnen zu wünschen, damit sie die Möglichkeit erhalten, in ihrem jeweiligen Umfeld langfristig wirken zu können und den vielen neuen, sicher wünschenswerten und guten Ideen zur Verwirklichung zu helfen. Wenn das ein Teil des neuen Erziehungs- und Bildungsprogramms für Chile wird, dann bedeutet das zugleich auch, gute Präventionsarbeit gegen Sucht zu leisten!.

Literatur:

1. Neue Rahmenpläne und Bildungsziele des chilenischen Erziehungsministeriums.
2. *Grundschulbericht* aus dem Projekt „Schule und Sucht", Berlin.
3. Simon / Tauscher / Pfeiffer: *Suchtbericht Deutschland 1999*, Schneider Verlag 1999.
4. Hurrelmann, Klaus, und Bründel, Heidrun: *Drogengebrauch – Drogenmissbrauch: Eine Gratwanderung zwischen Genuß und Abhängigkeit*, Darmstadt 1997.

Teil V

Das pädagogische Konzept der Pasantía

Mira Lammers

Empathie als übergeordnete Schlüsselqualifikation von LehrerInnen – Ein Plädoyer für eine dialogische internationale Lehrerbildung

Die folgenden Überlegungen sind das Fazit von mehreren Schulbesuchen im Ausland, der Betreuung von chilenischen LehrerInnen während ihrer Schulpraktika in Berlin seit drei Jahren und meiner Arbeit als stellvertretende Schulleiterin der Lina-Morgenstern-Gesamtschule.

1. Das Haus des Lernens

Lernen, lebenslanges Lernen, ist für mich eine Grundvoraussetzung für – nicht nur – pädagogische Arbeit. Viele meiner Kolleginnen fasziniert das Haus des Lernens. Auch ich schätze es sehr, verlasse meines aber zuweilen, um andere EVA-Häuser zu besuchen. Insider wissen, was ich meine, doch das reicht mir nicht. Ich will die Idee dieser Einrichtungen kurz vorstellen, weil sie ein Ausgangspunkt für meine weiteren Überlegungen sind.

Im Haus des Lernens wird durch ein rituell strukturiertes Training, das von Heinz Klippert entwickelt wurde, eigenverantwortliches Arbeiten und Lernen – kurz EVA – erlernt. Dabei werden Fachkompetenz, Methodenkompetenz, Sozialkompetenz und persönliche Kompetenz als Schlüsselqualifikationen verstanden, mit denen Lernende agieren.

Erwachsene, die an einem solchen Training teilgenommen haben und es dann mit ihren SchülerInnen praktizieren, sind tatsächlich oft begeistert, weil auch den Jugendlichen das Lernen wieder – oder endlich – besser gelingt. Die unterschiedlichen Medien und Methoden kommen den individuellen Bedürfnissen und Voraussetzungen der SchülerInnen entgegen, und der hohe Anteil an Eigenleistungen im sozialen Bezug (z. B. eines Lernteams) verspricht eine verbesserte Handlungskompetenz. Zudem können Kinder und Jugendliche im Haus des Lernens erfahren, dass auch Erwachsene weiter lernen. In Weiterbildungsveranstaltungen eignen sich LehrerInnen und ErzieherInnen neue Fachkenntnisse an, sammeln Erfahrungen und schulen ihre Sprachkompetenz. Das ist gut, aber nicht ausreichend. Denn was passiert, wenn:

- ich den SchülerInnen die Kommunikation per Internet zeige?
- ich ihnen von meinen Auslandsreisen berichte?
- ich den Fachraum modern gestalte?

Alle meine Kommunikationsangebote bleiben virtuell, touristisch und technisch demonstrativ, wenn ich damit nicht wirklich eine Begegnung und Beziehung zu den SchülerInnen herstelle, mich immer wieder neu anteilnehmend auf die konkreten Personen und Situationen einlasse. Das bedeutet für mich lebenslanges Lernen. Es ist allein die Empathie, die LehrerInnen mit den genannten Schlüsselqualifikationen zu guten PädagogInnen macht.

Mira Lammers ist Konrektorin der Lina-Morgenstern-Schule in Berlin-Kreuzberg.
Kontakt: miranet@gmx.de

2. Es geht also um gelingende Verständigung. Begegnungen von aneinander interessierten Personen werden z. B. durch die Atmosphäre und die Gruppendynamik beeinflusst. Das gilt nicht nur für Begegnungen zwischen LehrerInnen und SchülerInnen, sondern für viele andere denkbare Ich-Du-Beziehungen, auch die zwischen KollegInnen und fremden Menschen.

Ich möchte über Erfahrungen berichten, die ich durch zwei „Studienreisen" im LehrerInnen-Austausch in Chile und Kanada gewonnen habe.

Der Begriff „Studienreise" bezeichnet das Vorhaben und die Absicht, mit der wir LehrerInnen aus den unterschiedlichsten Arbeitsbereichen und mit sehr verschiedenen Biographien uns auf den Weg gemacht haben. Wir waren wach und offen und, wie wir glaubten, vorurteilsfrei. Diese Haltungen sind notwendig, um sich in einer neuen Situation verständlich zu machen und auch die eigenen Beobachtungen zu verstehen.

Wie wichtig dieses Verstehen und Verständigen ist, wurde mir in meinen Workshops deutlich, von denen ich hier zur Veranschaulichung kurz berichte. Vielleicht werden einige „Knackpunkte" so klarer.

Mit einer Kollegin zusammen hatte ich mich für die Chilereise auf einen Workshop mit dem Thema Autoevaluation vorbereitet. Die Erforschung des Schulklimas und der Arbeitszufriedenheit stehen meist am Anfang solcher Evaluationsprozesse. Diese wollten wir mit den interessierten chilenischen KollegInnen exemplarisch anhand eines sogenannten Prozessthermometers erarbeiten. Die Ergebnisse waren für uns unerwartet: Nahezu alle waren mit ihren Arbeitssituationen zufrieden, machten zwar noch konkrete Verbesserungsvorschläge, wollten aber mit uns lieber über unser Einkommen und die Stundenverpflichtungen reden. Beide Seiten fühlten sich missverstanden. Wir kamen mit unserem Anliegen – Klimaforschung – nicht an, und den chilenischen LehrerInnen erschien unser Vorhaben als Anmaßung und Einmischung. Woran lag das?

Zunächst einmal fehlte eine Beziehung, ein Kontakt, der ein gemeinsames Arbeiten zu persönlichen Themen ermöglicht hätte. Erst nach einem Austausch von Fragen zum Kennenlernen hatte ich den Eindruck, dass wir uns soweit näher gekommen waren, und nahm das Thema des Workshops wieder auf. Das misslang misslang allerdings mit im Falle dieser Kolleginnen, die lediglich an einem Vergleich der Arbeitsbedingungen interessiert waren und bei der Feststellung stehenblieben: „Uns geht es schlechter als Euch. Erst wenn es mir so gut geht wie Euch, lasse ich mich auf Evaluation* ein." (*Die Themen sind hierbei austauschbar.)

In weiteren Workshops mit anderen LehrerInnen und SupervisorInnen kristallisierte sich ein anderes trennendes und blockierendes Moment der Verständigung heraus, das mir durch die Feststellung eines Chilenen deutlich wurde. Er sagte, dass sie mit Kritik nicht gut umgehen könnten und noch weniger selbstkritisch arbeiteten. Diese Äußerung war wie ein Geschenk und öffnete Tore des Verstehens. Mir wurde klar, dass das Thema der Autoevaluation, die von uns als anerkannter emanzipatorischer Prozess begriffen wird, im chilenischen Schulsystem eher als eine Gefährdung der Reformbestrebungen gesehen wird. Diese Situation respektierend, kam es zu einem gegenseitigen Nachfragen.

Beendet haben wir diesen Workshop mit einem Spiel „tomar y dar", wobei alle im Kreis stehen und in der rechten Hand einen Gegenstand halten, der an den linken Nachbarn bzw. die linke Nachbarin weitergegeben wird, während man gleichzeitig einen Gegenstand von seinem rechten Nachbarn oder seiner rechten Nachbarin in die andere Hand bekommt. Alle sprechen dazu „tomar y dar" und sollten alle Beteiligten im Auge behalten, damit es überall im Kreis zu einem Austausch kommt. Da wir uns spontan für diese Übung (denn es ist mehr als ein Spiel)

entschieden hatten, gaben wir jedem einen Stein in die Hand; schöner ist es mit Apfelsinen oder anderen Früchten. So wurde auf einfache Weise deutlich, was eine gelingende Verständigung bedeutet: Nehmen und Geben, eine Ich-Du-Begegnung durch Berührung.
Was habe ich aus derartigen Situationen mitgenommen?

3. Im Zentrum steht für mich das Spannungsfeld Distanz und Nähe. Distanz erschien mir zunächst problematisch: Das Wissen über politische und soziokulturelle Entwicklungen in Chile konnte ich mir schon vor Antritt der Reise hier in Berlin mit Hilfe von Büchern und Gesprächen mit ExilchileanInnen aneignen. Von hier aus Genaueres über die Reformbestrebungen zu erfahren, wie Ilse Schimpf-Herken sie in ihrem Eingangsartikel darstellt, von hier aus zu erfahren, war schon schwieriger – beurteilen konnte ich sie noch viel weniger.

Warum überhaupt „beurteilen"? Aus der distanzierten Perspektive wird oft und leicht geurteilt und verurteilt, vor allem wenn es um die Fremden und das Fremde geht. Diesen Fehler haben wir deutschen Kolleginnen genauso gemacht wie die chilenischen, wenn es z. B. um die Bewertung der jeweiligen Arbeitsplatzsituation von LehrerInnen ging. Auf die Vorurteile produzierende Distanz möchte ich hier nicht mehr eingehen; sie ist landläufig bekannt und wurde zum Glück auch von uns nach und nach überwunden.

Hervorheben möchte ich dagegen die positive Seite der Distanz: sie ermöglicht Reflexion, Selbstkritik und neue Bewertungen des eigenen Handelns. So erlebte ich es während der Reisen immer wieder. Wir haben in Chile mehrere Schulen in sozialen Brennpunkten mit sehr armen und auch vernachlässigten SchülerInnen besucht. Wie an vielen anderen Schulen, u. a. auch in Kanada (Ontario), fiel mir das extrem disziplinierte Verhalten der SchülerInnen auf. Umgekehrt weisen die chilenischen und kanadischen Kolleginnen an unseren Schulen auf das undiszipliniertes Verhalten hin. Viele von uns deutschen LehrerInnen wurden durch das Verhalten besonders der chilenischen SchülerInnen an die eigene Schulzeit erinnert, wo Kinder den Erwachsenen gegenüber mehr Respekt zollten. Doch wer wie ich den wirklich armen Kindern in der Vorortschule von Chillan zugehört hat, wie sie mit ihrem Lehrer das vonihnen selbst komponierte Lied „el derecho a felicidad" sangen und uns danach noch mit schnell gepflückten Blüten beschenkten, der erfährt die Nähe als Reichtum.

Bei genauerer Beobachtung geht es in Chile wie in Deutschland und anderswo um die Beziehung von Erwachsenen zu Kindern im Wechselspiel von Distanz und Nähe, ein zentrales pädagogisches Problem. Die Distanz steht für mich am Anfang einer jeden Beziehung. Nähe wird gewünscht, muss aber von beiden Seiten respektvoll ausgehandelt werden. Für die Erwachsenen stellt sich die Frage: Wie intensiv gestalte ich die Beziehung und wie schaffe ich es, dem einzelnen Jugendlichen Autonomie zu gewähren und ihm Verantwortung im zumutbaren Maß abzuverlangen? Die Antworten fallen immer verschieden aus, und doch wünschen sich gerade PädagogInnen ein einheitliches Vorgehen. So ist der Ruf nach Disziplin und die Akzeptanz von Distanz verständlich, vor allem dort, wo die Gesellschaft diese Eigenschaft als Tugend bewertet.

Mit den unauslöschlichen Erinnerungen an die oben beschriebene Begegnung mit den Kindern in Chillan gelingt es mir besser, meine SchülerInnen aus Berlin-Kreuzberg – auch arm, aber eher emotional arm und desorientiert – so zu akzeptieren, wie sie kommen. Ich sehe ihnen in die Augen, höre ihnen zu und lasse sie mein Interesse an ihrem Lebensweg spüren. Diese individuelle Anteilnahme muss aber Hand in Hand gehen mit den Lernanforderungen und den Anstrengungen, sich selbständig Wissen und soziales Handeln anzueignen. Ich muss muss als Pädagogin das Gleichgewicht von Nähe und Distanz aktiv gestalten.

4. Gerade von den chilenischen Kolleginnen werde ich immer wieder nach der Lehrerausbildung gefragt. In diesem Kontext stellen sich die vorangegangenen Überlegungen zu Nähe und Distanz für mich noch einmal in einer besonderen Bedeutung dar. Gespräche mit chilenischen LehrerInnen machten mir immer mehr klar: der zentrale Ort der Lehrerbildung ist die Schule. Das klingt so einleuchtend und trivial, doch diejenigen, die Lehrerbildung betreiben oder festschreiben, sind höchst selten in der Schule tätig. Gemeint sind HochschullehrerInnen, SeminarleiterInnen und Politiker. Viele kommen zwar aus der Lehrerlaufbahn, wie wir sagen, doch verhalten sie sich oft wie jene, die froh sind, ein Joch überwunden zu haben: Sie erhöhen ihre erreichte Position durch Abwertung der vorigen und durch Besserwisserei. Sie nehmen für sich in Anspruch, zu wissen, wie Schule bzw. Unterricht funktionieren kann und soll. So entsteht häufig eine Distanz, die mit Fremdheit und Egozentrismus beschrieben werden kann.

Wie komme ich zu dieser scharfen Kritik? Ich bin in der glücklichen Lage, dort zu arbeiten, wo sich alle begegnen, die sich in verschiedenster Weise als LehrerInnen ausbilden, weiterbilden oder qualifizieren. Es sind die LehramtsstudentInnen, die ihre Praktika an unserer Schule machen, es sind die ReferendarInnen oder LehramtsanwärterInnen, die die sogenannte zweite Phase absolvieren, es sind die eigenen Kolleginnen, die sich durch Studientage oder Fortbildungsseminare weiterbilden, und es sind oft ausländische PädagogInnen, die mit vielen Fragen kommen. Allen gemeinsam ist er Wunsch nach mehr Praxiserfahrung.

Eine Studentin formulierte das in ihrem Bericht so: „Das Orientierungspraktikum hat mir deutlich gemacht, das die universitäre Lehrerbildung nicht wirklich auf den Beruf des Lehrers vorbereitet… Die Universität tut so, als würden in der Schule Fächer und nicht Schüler unterrichtet." Viele StudentInnen beklagen das Übergewicht der Theorie und des streng sachlichen und wissenschaftlichen Arbeitens. Die Praktika der Berliner StudentInnen an Schulen sind mit insgesamt sechs Wochen während des gesamten Studiums, das in Deutschland zwischen acht und zwölf Semester dauert, viel zu kurz. Andere Bundesländer verlangen noch weniger oder gar keine Schulpraxis während des Studiums.

Ich bin froh, dass es diese frühe Begegnung der StudentInnen mit der Schulwirklichkeit gibt. Wenn diese Praktika nicht nur hospitierend verbracht werden, bieten sie gute Chancen für einen realistischen Einblick und eigene Erprobung. „Es ist gut und wichtig, dass man sich schon in der Zeit des Studiums ausprobieren kann," schreibt eine andere Praktikantin. „Mir hat es geholfen, auch einmal über meinen Schatten zu springen; schließlich schlüpft man irgendwie in eine andere Rolle; man ist eben in dem Moment Lehrer und soll unterrichten und ist nicht mehr Schüler oder Student. Gleichwohl bleibt man aber immer Lernender." Diese Studentin hat das Spannungsfeld von Distanz und Nähe, wie ich es oben beschrieben habe, erfahren und erkennt schon hier erstaunlicherweise das Hauptmerkmal des angestrebten Lehrerberufs, nämlich die Notwendigkeit des lebenslangen Lernens.

Auch diese simple Feststellung wird nicht von allen in der Lehrerbildung Tätigen geteilt oder zumindest nicht praktiziert. Oder wird Lernen unterschiedlich definiert? Mit Sicherheit, denn weltweit wird darüber gestritten, was in Schulen gelernt, gekonnt und geprüft werden soll. Mehrere Leistungsstudien haben für große Aufregung gesorgt: a) verständlicherweise bei denen, die schlecht abschnitten, und b) bei den LehrerInnen, die sich plötzlich einem immensen öffentlichen Leistungsdruck ausgesetzt sahen.

5. Diskussionen über Lernerfolge oder Qualität von Lehrern (oder Unterrichten) sind wichtig und gut, wenn sie an dem Ort der Lernprozesse und mit den Menschen geführt werden, die dar-

an beteiligt sind. und Und das führt uns eben wieder in die Schule und zu meiner eingangs formulierten Kritik.

Auch in den Gesprächen mit den chilenischen KollegInnen der ‚pasantías' haben wir uns oft darüber zu verständigen versucht, was SchülerInnen lernen und können sollen. Was sind gute SchülerInnen, was sind gute LehrerInnen? Vergleiche anzustellen liegt nahe, doch sind sie nur die Wiedergabe einer subjektiven Sicht aus der Distanz.

Ich kann mir auch ganz andere Möglichkeiten vorstellen:

- Ein chilenischer und ein deutscher Lehrer unterrichten gemeinsam eine Lerngruppe.
- Ein Hochschullehrer geht regelmäßig in Schulen seiner PraktikantInnen und hält dort zusammen mit LehrerInnen Seminare ab.
- LehrerInnen unterrichten auch an Universitäten.
- Schulaufsichtsbeamte gehen regelmäßig zu Encounter-Seminaren (siehe Abschnitt 7).
- Oder in Chile: SupervisorInnen, EvaluatorInnen und SchulleiterInnen übernehmen auch Unterricht, z. B. bei besonders schwierigen Schülern.
- An jeder Schule finden regelmäßig Bildungsforen mit Eltern, Anwohnern und LehrerInnen (und anderen, z. B. auch Politikern) statt.

Denkbar sind sicher noch andere Kooperationen, die auch regional und situativ begründet sein müssen. Allen Szenarien gemeinsam ist jedoch: Die Beteiligten müssen eine gelingende Verständigung (s. o.) über den Lernprozess herbeiführen, müssen gleichermaßen Verantwortung übernehmen und die Nähe zu den Beteiligten suchen. Mindestens zwei Lernziele, die für Jugendliche wie für Erwachsene immer aktuell sind, ließen sich so leichter erreichen: Toleranz und Urteilsfähigkeit. Ja, auch Erwachsene müssen sich darin üben, um SchülerInnen ein Vorbild oder eine Orientierungshilfe geben zu können.

6. Mehr empathische LehrerInnen! Aber wie?

Als junge Lehrerin habe ich oft das souveräne Auftreten älterer Kolleginnen bewundert. Heute wünsche ich mir und möglichst allen PädagogInnen das Gelingen von Ich-Du-Beziehungen. Das klingt so, als wäre Empathie eine Altersfrage. Ja, ältere – genauer gesagt: erfahrene – LehrerInnen können sich besser in SchülerInnen hineinversetzen. Souveränität im Umgang mit Distanz und Nähe hilft ihnen dabei.

Auf dem Weg dahin stehen viele Begegnungen, verbunden mit Konfrontationen und Irritationen, aber auch Erfahrungen der emotionalen Bestätigung. Aus dem Grund schätzen meine Kolleginnen und ich den jährlichen, fast zum Ritual gewordenen Besuch von chilenischen LehrerInnen an unserer Schule. Einige haben Spuren hinterlassen, sie haben z. B. eine Wandtafel und einen Schaukasten gestaltet. So bleiben sie in Erinnerung, und für andere Gäste ist es ein Anknüpfungspunkt geworden. Anfangs habe ich gemeinsame Essen zuhause als Rahmenprogramm gesehen, doch sehr bald stellte sich heraus, dass diese Begegnungen in persönlichen Räumen oder Situationen eine sehr geeignete Sphäre für Empathie sind.

7. Ich bin der festen Überzeugung, dass jede und jeder seine Wahrnehmung schärfen und wie oben beschrieben Empathie durch Reflexion und Autoevaluation erlernen kann. Daher möchte ich hier einen methodischen Entwurf für internationale Encounter-Seminare einbringen: Begegnungsseminare mit dem Motto „Eine Frage, mindestens zwei Antworten und Erlebnisse." Ich gehe dabei von der These aus, dass es immer mindestens einen Überschneidungspunkt oder eine gemeinsame Frage von zwei Personen gibt, egal wie unterschiedlich sie sind. Die Aufgabe

dieser Seminare besteht also darin, solche Berührungspunkte aufzuspüren und davon ausgehend in eine gelingende Diskussion mit wachsender Beteiligung einzutreten.

Der Ablauf sieht folgendermaßen aus:

a) Vorstellung, Disposition und Diskussion: „one person – one subject". Es geht um aktives Zuhören. Die Anzahl der Zuhörer ist offen, sollte aber erfahrungsgemäß die Größe einer Gruppe von 15 bis 20 Personen nicht überschreiten.

b) Themenzentrierte Interaktion: „two (or more) persons – one subject". Es geht nun um die Beteiligung aller in Kleingruppen mit eventuell anschließender Präsentation von Zwischenergebnissen.

c) Teilhabe: Jeder Besuch – ein Gegenbesuch! Gemeint ist ein konsequentes Austauschprogramm, das gemeinsame Erfahrungen am zentralen Ort der Lehrerbildung, nämlich an den Schulen, ermöglicht.

Denkbare „subjects" sind z. B. Themen mit sozialpolitischen Dimensionen wie:

• Solidarität in Schulen (bei SchülerInnen und LehrerInnen),
• Autorität und andere Werte,
• Engagement und Vehemenz,
• Zivilcourage,
• Koedukation – absolut oder reflexiv,
• Familienbiographien – Prägung oder Option,
• Umgang mit Sucht und Drogen,
• Integration von Behinderten und Andersdenkenden,
• Moral und Religion usw.

Richtig ist, dass diese Themenliste eher wie eine Aufzählung von Objekten klingt. Zum Subjekt werden sie erst, wenn es ein Anliegen bestimmter Personen ist, die involviert und suchend sind. Es sind auf jeden Fall Themen, die in Chile, Kanada und bei uns in Berlin formuliert und zunächst angerissen wurden. Eine ehrliche, intensive Auseinandersetzung darüber kann demokratiestiftend sein.

8. Ausblick: Lebenslanges Lernen.

Empathie ist unverzichtbar, und jede Begegnung kann ein Geschenk sein. Der von mir beschriebene Prozess hat wenig mit Planung und Anordnung zu tun. Menschliche Verbundenheit kann helfen, Probleme, Krisen oder Neuanfänge zu begreifen und so weit wie möglich daran teilzuhaben. Das macht letztlich die Glaubwürdigkeit aller am Erziehungs- und Bildungsprozess beteiligten Menschen aus, von Eltern über LehrerInnen bis hin zu den PolitikerInnen.

Allen, die sich auf den Prozess des lebenslangen Lernens einlassen, wünsche ich kreative Einsichten.

Susana Yáñez Segura

Schulpraktika als interkulturelle Erfahrung

Einleitung

Nachdem ich die Berichte der chilenischen Lehrer über ihre Praktika in deutschen Schulen und die Befragungen einiger deutscher Lehrer gelesen hatte, überdachte ich die Bedeutung dieser Erfahrung des interkulturellen Dialogs zwischen Mitarbeitern des Erziehungswesens. Darüber hinaus stellte ich die Notwendigkeit fest, über die Bedeutung dieses Ideenaustausches für die deutschen Erzieher nachzudenken und uns nicht nur darauf zu beschränken, welchen Wert er für die chilenischen Lehrer gehabt hat. Deshalb möchte ich im Folgenden einige Gedanken über verschiedene Aspekte der interkulturellen Erziehung in bezug auf die Schulpraktika vorstellen. Zuerst möchte ich erklären, was wir unter dem Konzept der interkulturellen Erziehung verstehen. Es ist ein Konzept, das auf der Öffnung und der Empathie gegenüber anderen Kulturen basiert. In diesem Sinne können wir feststellen, dass seine Durchführung in der Praxis sehr verheißungsvolle Resultate für die Weitergabe von Werten und die Bildung der Individuen in einer Gesellschaft gehabt hat. Das Zusammenleben zwischen ausländischen und deutschen Kindern erlaubt, dass sich neue Formen der sozialen Betrachtungsweise entwickeln, z. B. ein Interesse an den Lebensbedingungen der Immigranten.

Ein Ziel der Pasantía war, dass die chilenischen Lehrer die Möglichkeit haben sollten, die Realität kennenzulernen, besonders die in einigen Schulen in Deutschland, um so ihre Kenntnisse zu erweitern und diese später in ihr eigenes Unterrichten einzubeziehen.

Die Schulpraktika der chilenischen Lehrer in deutschen Schulen

Die zweiwöchigen Praktika sind einer der wichtigsten Teile des Pasantía-Programmes der DSE. Die vom Erziehungsministerium Chiles finanzierten Pasantías für Mitarbeiter des Erziehungswesens sind Teil des Auslandsstipendienprogramm der Erziehungsreform, das ins Leben gerufen wurde, um den Beruf des Lehrers zu stärken.

Die Themen dieser Praktika konzentrieren sich auf interkulturelle Erziehung, bilinguale Erziehung, die Integration behinderter Schüler und die geschlechtsspezifische Erziehung in der Grund- und Mittelstufe. Es wurde angestrebt, den Dialog zwischen chilenischen und deutschen Lehrern über das Thema der Ausübung des Berufes und die pädagogischen Konzepte zu stärken. Ein weiterer wichtiger Aspekt für die chilenischen Lehrer war der Gedankenaustausch über ihre Erfahrungen mit dem Ziel, die Qualität des Unterrichtes in ihrem Land zu verbessern und auf jeden Fall ihre professionelle Handlungskompetenz zu erweitern bzw. zu erneuern.

Susana Yáñez Segura ist Mitarbeiterin im lateinamerikanischen FrauennetzwerkChochicuicatl in Berlin Friedrichshain. Kontakt: s.yanez@t-online.de

Die Grundthemen waren, einen Bogen zu schlagen von der Diskriminierung zur Integration, zur sozialen Integration der Migrantenkinder und der behinderten Kinder, um ihr eine angemessene Bedeutung zuzusprechen, sowie die Frage der Geschlechtsspezifität als einer fundamentalen Grundlage einer demokratischen Erziehung.

Um diese Ziele zu erreichen, arbeitete man mit fünf Schulen Berlins zusammen, die uneigennützig ihre Teilnahme zusicherten, und mit Lehrern, die über langjährige Erfahrung mit der Betreuung von Referendaren in der Lehrerausbildung verfügen. Die Schulen wurden durch die Arbeitsgruppe der DSE in Zusammenarbeit mit Professoren der Technischen Universität Berlin und der Freien Universität Berlins ausgewählt.

Für die Durchführung dieser Praktika wählten die chilenischen Lehrer die Schulen ihren jeweiligen pädagogischen Interessen entsprechend aus. So organisierten sich die Gruppen, und jede Schule erhielt vier Lehrer und zwei Dolmetscher. Dabei zählte man auch auf die Tatsache, dass die Mehrzahl der Schulen seit 1997 Erfahrungen mit den chilenischen Kollegen hat. Ausgewählt wurden folgende Schulen:

- die „Nürtingen-Grundschule", die sich interkulturellen Themen und der Integration behinderter Kinder durch die Montessori-Pädagogik widmet;
- das „Lina-Morgenstern-Gymnasium" mit seiner Ausrichtung auf die Integration behinderter Kinder;
- das „Friedrich-Engels-Gymnasium" mit seiner bilingualen Ausrichtung auf Spanisch und Deutsch;
- die „Lenau-Grundschule" mit verstärkter Ausrichtung auf Interkulturalität und
- die bilinguale „Europa-Schule" für Deutsch und Spanisch.

Angesichts der Vielzahl der Themen beziehe ich mich in dieser Ausarbeitung besonders auf den Bereich der interkulturellen und bilingualen Erziehung. Dafür habe ich zwei Schulen ausgewählt, die ich als besonders repräsentativ ansehe: die „Lenau-Grundschule" und die bilinguale „Europa-Schule" für Deutsch und Spanisch.

Das interkulturelle Konzept der Lenau-Schule erlaubt eine pädagogische Antwort auf die multikulturelle Migration und widmet sich der Beziehung zwischen Immigration und interkulturellem Lernen.

In diesem Kontext wurde ein neues erzieherisches Konzept entwickelt, dessen Hauptaufgabe in der Unterstützung der Identitätsentwicklung des Kindes und der Nutzung von Inhalten und didaktischem Material über die kulturelle Vielfalt besteht. So ist es möglich, den interkulturellen Konflikt zu bearbeiten und Raum für positive Ergebnisse zu schaffen.

Die bilinguale „Europa-Grundschule" für Deutsch und Spanisch setzt daneben auch auf das Konzept der bilingualen Erziehung. In diesem Modell sieht die Schule in der Sprache ein entscheidendes Element für die integrale Entwicklung des Kindes. Sie geht von der Idee aus, dass die Sprache eine relevante Rolle für die Ausbildung und Stabilisierung der individuellen Identität hat und so die Grundlagen der Persönlichkeit konditioniert.

Außerdem hat sich gezeigt, dass der bi-kulturelle Unterricht auch in der Familie die Wertschätzung der eigenen Identität sowie die positiven Ausdrucksmöglichkeiten auf emotionalem und kognitivem Gebiet fördert. Auf diese Weise werden das gefestigte Hineinwachsen der Kinder in die Gemeinschaft und ein lebendiger Erfahrungsaustausch ermöglicht.

Wir haben es hier mit einem Modell zu tun, das verschiedenartige Methodologien beinhaltet, und deshalb müssen sowohl der Lehrplan als auch das didaktische Material nach dem Paradigma des bi-kulturellen Unterrichts ausgerichtet sein. In diesem Sinne berücksichtigen die Fächer verschiedene Blickwinkel und akzeptieren die kulturelle Verschiedenheit. Es ist hervorzuheben, dass viele Spezialisten diese Thematik bearbeitet haben und es nur so möglich geworden ist, dass wir heute mit einer Vielzahl von Materialien arbeiten können, die die Tätigkeit des Unterrichtens erleichtern.

Die Alphabetisierung wird in zwei Sprachen durchgeführt, und das beinhaltet bestimmte pädagogische Maßnahmen, aber auch eine frühzeitige Entscheidung der Eltern im Hinblick darauf, welche Sprache während der Grundschulzeit die Hauptsprache sein soll.

Die Lenau-Grundschule

Diese Schule arbeitet seit dem Jahre 1981 in einem Gebäude des Bezirks Kreuzberg in Berlin. Zu dieser Zeit war es möglich, das Konzept der „offenen Schule" einzuführen, da man auf ein Kollegium zählen konnte, das sich an reformpädagogischen Strömungen orientierte und dem ein offener und toleranter Direktor vorstand. Sein vorhergehende Dienststelle war die Grundschule „Paul Klee" im Bezirk Tempelhof.

In der „Lenau-Schule" wurden einige Veränderungen durchgeführt. So wurden die Klassenräume verändert und Leseecken und Arbeitsräume für die verschiedenen Bereiche des Unterrichts eingerichtet. Gleichzeitig wurde der Frontalunterricht abgeschafft. Die Türen der Klassenräume und die Gänge wurden als Erweiterung der Klassenzimmer genutzt. Darüber hinaus wurden Wochenarbeitspläne erarbeitet, und so entstanden nach und nach neue Lern- und Lehrmethoden mit einer besonderen Orientierung.

In bezug auf die Lage der Schule muss man beachten, dass sie sich in einem der ärmsten und am dichtesten bevölkerten Bezirke Berlins befindet. Im Einzugsgebiet der Schule lebt ein hoher Prozentsatz ausländischer Familien und Personen, die von Arbeitslosigkeit betroffen sind oder von Sozialhilfe leben. Aus diesem Grunde wachsen viele Kinder in außergewöhnlichen Umständen auf. Viele zeigen eine verzögerte sprachliche, kognitive und soziale Entwicklung und haben nur geringe Kenntnisse über die Umwelt, in der sie leben.

Nach dem Fall der Mauer verließ, ebenso wie in anderen Schulen des Bezirkes, eine Vielzahl von Schülern die Schule, da ihre Familien in die Randbezirke Berlins zogen. Es ist möglich, das diese Entwicklung der Notwendigkeit der Suche nach besseren Möglichkeiten geschuldet war. Parallel dazu wuchs die Zahl der ausländischen Kinder und der Kinder aus sozial zerrütteten Familienverhältnissen.

Heute hat die „Lenau-Schule" 520 Schüler. Es gibt 21 Klassen, darunter die Vorschule mit einer Klasse des Eingangsniveaus „Eins" und eine mit dem Eingangsniveau „Zwei". Die durchschnittliche Klassenstärke beträgt 24 und in der Vorschule 16 Schüler. Der Prozentsatz der ausländischen Schüler liegt bei durchschnittlich 50–60 %, wobei er in einigen Klassen 80 % erreicht, in andern nur 40 %.

Die Schule entwickelte im Rahmen eines Projektes ein Pilotprogramm zur Unterstützung der Sozialisation der ausländischen Kinder. Dieses Programm wird von der Technischen Universität Berlin wissenschaftlich geleitet.

Die Klassenräume bieten ausreichend Platz, um jede Art pädagogischer Aktivitäten durchzuführen. Es gibt auch eine Küche zur Bereitung des Mittagessens, und die Kinder können entweder im Speisesaal oder in ihrem Aufenthaltsraum essen. Auch gibt es die Möglichkeit, an zahlreichen Arbeitsgemeinschaften teilzunehmen, die von Erziehern geleitet werden und in die mehr als 300 Kinder eingeschrieben sind.

Unter den Neuerungen befindet sich auch eine Teestube als Begegnungszentrum für die ausländischen Eltern – eine Idee, die sehr gute Aufnahme fand und sowohl im menschlichen als auch im pädagogischen Bereich positive Ergebnisse brachte.

Die Schule hat nicht nur innerhalb ihres Einzugsgebietes Anerkennung gewonnen, sie ist auch zu einem Symbol der Reformpädagogik in Berlin geworden. Aus diesem Grund hat sich die Zahl der Eltern erhöht, die ihre Kinder hier an dieser Schule einschreiben möchten, was zu einem Überfluss an Schülern geführt hat.

Dies wiederum hat dazu beigetragen, dass sich nach und nach auch andere Schulen mit ähnlichen Bedingungen wie die „Lenau-Schule" geöffnet haben. So wurden die alten Unterrichtsmethoden weiterentwickelt. Heute ist es normal, dass Lese- und Arbeitsecken eingerichtet und mit besonderen Projekten und differenzierten Plänen gearbeitet wird.

Die pädagogische Arbeit an der „Lenau-Schule"

Wir befinden uns in einem Arbeitsfeld mit Kindern, die von ihren Familien wenig emotionale Unterstützung und wenig Aufmerksamkeit in der Förderung ihrer kreativen Kapazitäten, ihrer Autonomieentwicklung und ihrer kognitiven Fortschritte erhalten.

Auf diesem Gebiet versucht die Schule, die Lernkapazitäten zu unterstützen und anzuspornen, um damit auch die familiären Defizite zu kompensieren. Gleichzeitig wird versucht, familiäre Veränderungen zu bewirken, damit sich die emotionale Situation für die Kinder nach und nach verbessert und sie ihre schulischen Leistungen steigern können. Es werden attraktive Lernangebote in den Gebieten „Können, Machen und Wissen" gemacht, um kreative Fähigkeiten zu entwickeln und die Kinder in einem Klima sozialen Lernens zu motivieren.

Zum Schluss bleibt zu unterstreichen, dass die Vermittlung von sogenannten „Schlüsselqualifikationen" als Grundziel und Fundament zu bezeichnen ist. Dafür werden im Rahmen des allgemeinen Unterrichts für alle Schulen folgende Ziele beschrieben:
• Lernen zu lernen (selbstgesteuertes Lernen, Autonomie in der Organisation, Entwicklung eigener Lernstrategien und Fertigkeiten zur Erreichung der Ziele von Kommunikation und Interaktion);
• in Gruppen und zu zweit arbeiten zu können (Fähigkeit zur gemeinschaftlichen Arbeit);
• die Fähigkeiten zur Selbstreflexion erwerben (Bewusstsein über sich selbst, die Fähigkeit, die eigenen Gefühle und Gedanken wahr zu nehmen und mit zu teilen);
• mit anderen über Probleme kommunizieren zu können (Fertigkeit der Kommunikation).

Die bilinguale „Europa-Schule" für Deutsch und Spanisch

Die Schule liegt im Berliner Mittelschichtbezirk Charlottenburg. Sie wurde im Jahre 1993 auf Initiative der spanischsprechenden Gemeinschaft gegründet mit dem Ziel (und aus der Notwendigkeit heraus), ihren Kindern eine Bildung anzubieten, die auch ihre Muttersprache mit einbezieht. Dieses Projekt kämpfte, unterstützt durch Unterschriftensammlungen, durch alle Instanzen bis hin zum Erziehungsministerium und erreichte so die Gründung dieser Schule.

Unter den Gründen, die zur Einrichtung dieser bilingualen Schule führten, möchte ich folgende hervorheben:

- Der Fall der Berliner Mauer brachte eine Periode der Veränderungen mit sich und eröffnete eine Reihe neuer sozialer Möglichkeiten (wie zum Beispiel der sprachlichen).
- Die Initiativen anderer Gemeinschaften von Immigranten, die an die Möglichkeit eines ähnlichen bilingualen Projektes glaubten.
- Die Unterzeichnung der Verträge von Maastricht im Februar des Jahres 1992 und die Tatsache, dass Deutschland sich dabei als eines der am meisten am Prozess der europäischen Integration interessierten Länder erwies.

All dies trug zur Flexibilisierung der Strukturen im deutschen Erziehungswesen bei und eröffnete die Möglichkeit, eine Schule mit einem bilingualen Konzept für Deutsch und Spanisch einzurichten. So entstand die „4. Charlottenburger Europa-Schule SESB" durch die Fusion der Schlüterschule und der Uhlandschule.

Heute zählt die Schule mit folgende Einrichtungen. Ein Gebäude mit vier Stockwerken, in denen sich der Hausmeister, die Vorschule, ein Speiseraum, das Computerkabinett sowie die Keramikräume befinden. Auf einem offen und mit Bäumen bewachsenen Innenhof befindet sich ein anderes Gebäude vom Beginn des letzten Jahrhunderts. Es hat ebenfalls vier Stockwerke und verschiedenen Nebengebäude, die durch Wegweiser gekennzeichnet sind. Alle Gebäude haben bequeme Räume und Gänge mit Heizung, gutem Licht und Belüftung, breite Treppen und drei Turnhallen für den Sportunterricht. Die Schule bietet außerdem zusätzliche Dienstleistungen an, unter anderem eine Bibliothek und viele den Schülern zugängliche Kopiergeräte.

Die Schule wird von 400 spanisch- und deutschsprachige Schülern aus allen sozialen Schichten und aus verschiedenen Stadtbezirken besucht und reicht von der Vorschule bis zur sechsten Klasse. Der Unterricht wird sowohl auf Spanisch als auch auf Deutsch erteilt, und die Klassen bestehen zu je 50 % aus deutschen Schülern und solchen mit Spanisch als Muttersprache. Jede Klasse hat zwei Räume zur Verfügung, so dass in dem einen Deutsch und im anderen Spanisch unterrichtet wird, weshalb zu jeder Klasse auch zwei Lehrer gehören, einer für jede Sprache.

Außerdem gibt es eine/n Mediations-Lehrer/Lehrerin, der/die zweimal pro Woche am Unterricht teilnimmt und mit einem Team von Lehrern der Schule zusammenarbeitet, das sich der Einführung einer Methode zur Konfliktlösung widmet. Dafür nehmen die Schüler an einem Intensivkurs teil, der während einer Woche zu Beginn jedes Schuljahres stattfindet. Hier lernen sie, ihre Probleme zu kanalisieren und im Klassenzimmer oder auf dem Hof zu lösen, je nachdem, je nachdem, wo sich die Konfliktsituation präsentiert. Darüber hinaus bietet die Schule weitere Aktivitäten wie einen Chor, Theater, Französisch und Sport mit speziell dafür ausgebildeten Lehrern an.

In diesem Sinne erscheint mir die Antwort einer deutschen Schülerin dieser Schule interessant, weil sie erklärt, woher das positive Ergebnis im Klassenzimmer kommt. Auf die Frage, ob sie es wichtig finde, eine zweite Sprache (Spanisch) zu lernen, antwortete sie:

„Ja, weil – wenn du in ein anderes Land fährst und die dortige Sprache sprichst, gefallen dir die Menschen besser. Außerdem kannst du dich mehr für das Leben und die Kultur von anderen Ländern interessieren, und natürlich hilft es dir auf dem Arbeitsmarkt."

Wir haben es hier definitiv mit einem Modell von Schule zu tun, das die Einbeziehung einer anderen Kultur ausländischer Kindern im schulischen Lehrplan in integrierter Form als entscheidend ansieht und so eine Bereicherung für die ganze Gesellschaft ermöglicht.

Praktikumsbeobachtungen der chilenischen Lehrer

Die Revision der Berichte der letzten Jahre der chilenischen Lehrer über ihre Schulpraktika in Deutschland erlaubt es mir, die verschiedenen Meinungen in bezug auf die interkulturelle Erziehung und die bilinguale Erziehung zu analysieren. Im Folgenden stelle ich die verschiedenen Themen in Gruppen zusammengefasst vor.

• Die Beziehung zwischen den Schülern
Die Beobachtung durch einen chilenischen Lehrer während seines Praktikums in einer Grundschule ist folgende:

„Man arbeitet mit Gruppen von zehn Kindern, nach Geschlechtern getrennt. Die Kinder sitzen im Kreis und erzählen, wie ihr gestriger Tag war. Sie werfen sich einen Spielzeugbären zu, um anzuzeigen, wer mit Sprechen an der Reihe ist, und heben die Hand, um Fragen zu stellen oder Kommentare abzugeben. Der Lehrer agiert als Mediator und muss einige, die dazwischen sprechen, zur Ruhe bringen. Am Anfang zeigen sich die Kinder sehr unruhig. Sie versuchen, ein Beziehungsproblem innerhalb der Gruppe zu lösen. Eines der Kinder bittet einen Mitschüler, den es beleidigt hat, um Entschuldigung, und der Lehrer als Mediator fragt den anderen Jungen, warum er denkt, dass sein Mitschüler Probleme hat, um Entschuldigung zu bitten.

Die Kinder erhalten Karten mit fünf verschiedenen Bildern: Die Karten zeigen verschiedene Konfliktsituationen, und die Kinder sollen Alternativen zur Lösung der Konflikte suchen."

Hier zeigt sich, dass die Schule bemüht ist, die Fähigkeit zur Konfliktlösung dadurch zu stärken, dass die Konflikte in der Gruppe gelöst und immer neue Strategien für die Mediation von Konflikten gesucht werden.

• *Die Beziehung zwischen Lehrer und Schüler*
Zwei Lehrer beschreiben die Interaktion wie folgt:

„Innerhalb des Klassenzimmers herrscht ein Klima ständiger Kommunikation. In diesem horizontalen Beziehungsgefüge wird nur in wenigen Situationen zu vertikalen Mustern gegriffen."

„Der Lehrer als Unterstützer und Anleiter stellt den Schülern das notwendige Material zur Verfügung, um eine Wandzeitung zu einem bestimmten Thema des Kunstunterrichts zusammen zu stellen. Ziel dabei ist, dass die Schüler die spanische Sprache frei benutzen und üben."

So wird die Kommunikation in einer dynamischen und entspannten Form und auf der horizontalen Ebene verstärkt. Es entsteht ein Klima des Vertrauens, welches den Aufbau von Stabilität in den Leistungen der Gruppe unterstützt.

• *Das interkulturelle Lernen im Lehrplan*
Im folgenden werden die Beobachtungen von einem der chilenischen Lehrer im Praktikum wiedergegeben:

„Da es sich um eine Einrichtung der bilingualen Erziehung handelt, in welcher verschiedene Kulturen zusammentreffen, besonders lateinamerikanische, wurde der schulische Lehrplan dem angepasst. Deshalb wird jede Klasse von einem deutschsprachigen und einem spanischsprachigen Lehrer geführt. Die Lehrer versuchen, kreative und interessante Themen für die Schüler umzusetzen, um später vom Bekannten ausgehend neue Kenntnisse zu konstruieren.

Besonders das Projekt ‚Mazedonien' mit dem Thema ‚Markt' erweckte meine Aufmerksamkeit. Dieses Projekt wurde mit einer zweiten Klasse durchgeführt und auf alle Fächer aus-

gedehnt. Die Schüler hatten schon die Übungen zur Schriftanbahnung absolviert (Feinmoto-
rik, Zeichnen von Figuren, Halten des Stiftes und Erkennen von Worten und Buchstaben), und
so hatte das Projekt als Grundlage das Fach Sachkunde."

Die Schule versucht so die Kulturen der Immigrantenkinder in integraler Form in den schulischen Lehrplan einzubeziehen und die Kenntnisse der Schüler zu erweitern und ermöglicht so
eine Bereicherung des sozialen Lernens der Schüler.

• *Das Verhalten der Kinder gegenüber dem sozialen und interkulturellen Lernen*
Einer der chilenischen Lehrer kommentiert folgendes:
„Unter den jüngsten Kinder kann man keine Diskriminierung beobachten, obwohl es eini-
ge Schüler gibt, die entweder Spanisch oder Deutsch nicht perfekt beherrschen, was wiederum
Raum für ein gemeinsames und solidarisches Lernen eröffnet."
So wird die Schaffung von notwendigen Bedingungen intensiviert, damit alle Kinder die
gleichen Rechte genießen. Das Lernen wird gestärkt durch die positiven Eigenschaften, die eine
Person hat, und durch die integrale Entwicklung des Individuums in der Gesellschaft.

• *Die Rolle der Geschlechtspezifität in binationalen Familien*
Im folgenden die Meinung einer Mutter aus einer binationalen Familie:
„Bei uns zu Hause werden viele Aufgaben, die als rein männlich angesehen werden, geteilt,
im Gegensatz zu vielen lateinamerikanischen Familien, wo der Mann der Ernährer ist und sich
sehr klar darauf beschränkt, dass die Hausarbeiten nur von der Frau zu erledigen sind."
Die Konfrontation mit anderen Kulturen führt zur Selbstreflexion und zur Infragestellung
der eigenen Gewohnheiten und eröffnet so die Möglichkeiten für eine Veränderung.

• *Organisation und Arbeit in der Klasse im Rahmen des differenzierten Unterrichts*
Darüber sagen die chilenischen Lehrer folgendes aus:
„Antonio hat ein Puppentheater vorbereitet, wofür er selbst das Stück geschrieben hat. Er
hat seine Mitschüler um Hilfe gebeten, da sein Stück auch Dialoge auf Türkisch enthält, um
den Zuschauern das Verständnis zu erleichtern oder auch deshalb, weil die Mehrzahl der Eltern
seiner Mitschüler kein Deutsch spricht."
Daraus schloss der beobachtende Lehrer, dass das Kind ein sehr hohes Bewusstsein über die
interkulturelle Integration hat. So regt die Schule die Entwicklung der sozialen Sensibilität und
der Fähigkeit an, sich an die Stelle von anderen zu denken. Dies führt zur sozialen Integration.
Das Verhalten Antonios ist das Ergebnis der Bereicherung des sozialen und interkulturellen Lernens, die er sowohl in der Schule als auch zu Hause erfahren hat.

• *Die Autonomie der Schüler*
Die Situation lässt sich an Hand der verschiedenen Erfahrungen der Lehrer nachzeichnen:
„Die Schüler wählen am Ende jeder Woche aus, neben wem sie in der nächsten Woche sit-
zen wollen."
„Jeder hat die Möglichkeit auszuwählen, womit er sich beschäftigen will, und bestimmt
selbst, wieviel Zeit er damit verbringen möchte und wie oft er eine Aktivität wiederholt."
„Während des Unterrichts bringen sich die Schüler ein und nutzen ihre Autonomie und
Selbstkontrolle in bezug auf die Meinungen und Interventionen ihrer Mitschüler."
Auf diese Weise wird die Entscheidungsfähigkeit der Schüler ebenso unterstützt wie ihr Frei-

heitsspielraum. Jeder bestimmt selbst seinen persönlichen Lernrhythmus. So werden das Selbstwertgefühl, die Entwicklung der Selbstführung und die persönliche Initiative gestärkt.

- *Die pädagogisch differenzierte Betreuung*

Zwei der Lehrer bemerken folgendes:

„Eine irakische Schülerin und einige türkische Schüler verließen die fortgeschrittenste Gruppe, um in einem andern Raum in individueller Form die Sprache zu üben."

„Als Alan aus der zweiten Klasse in einem Diktat zurückblieb, weil er seine Muttersprache nicht beherrschte, wurde er in individueller Form betreut."

Das bedeutet, man beobachtet ein verstärktes Üben in den Fächern Deutsch und Spanisch bei den Jungen und Mädchen, die in der Beherrschung der Sprache Probleme haben. Diese Methode erlaubt, dass sie sich mit mehr Ruhe und ohne Schwierigkeiten in das schulische Leben integrieren, und erleichtert so ihre Sozialisation.

- *Die Einbeziehung nicht deutscher Lehrer in der Schule*

Ein Lehrer an einer Schule mit 27 % türkischen Schülern beobachtete folgendes:

„Es gibt Kommunikationsprobleme, und diese werden von einigen der Schüler mit Gewalt ausgetragen. Deshalb hat sich die Schule diesem Problem gestellt und türkische Lehrer eingestellt, was sehr gute Resultate gezeigt hat."

- *Die Autonomie des Lehrers im Klassenzimmer*

Darauf bezieht sich der folgende Lehrerkommentar:

„Der Lehrer arbeitet frei und entscheidet selbst über die Prioritäten bei den Inhalten. Mit unserem Projekt wollen wir erreichen, dass die Kinder ein Selbstbewusstsein entwickeln, unabhängig und fähig sind, selbstständig zu lernen, und außerdem ihre Persönlichkeit stärken und erreichen, dass sie gern in die Schule kommen."

- *Die emotionale Beziehung zwischen Lehrer und Schüler*

Auf die Frage: Wenn du Lehrer wärest, was würdest du an der Beziehung zwischen Lehrer und Schüler verändern?, antwortete ein Schüler eines Gymnasiums folgendes:

„Ich glaube, es sollte keinen Unterschied zwischen Lehrer und Schüler geben; sie sollten sich auf dem gleichen Niveau bewegen, wie Freunde – eine Person, die mir hilft, wenn ich Probleme habe. Wenn ich Lehrer wäre, würde ich einen sympathischen und freundlichen Kontakt pflegen. Leider gibt es Lehrer, die nur ihren Unterricht durchziehen, sprechen, schreiben, einige Hausaufgaben geben, und danach gehen wir aus dem Unterricht und das ist alles ..."

Die Beziehung zwischen Lehrer/Lehrerin und Schüler ist ein wichtiges pädagogisches Element für die Interaktion und die Transmission von Werten. Erziehung ist kein neutraler Prozess.

- *Die Interkulturalität als Problem-Konflikt*

Folgende sind einige Beobachtungen durch die chilenischen Lehrer in ihrem Schulpraktikum:

„Man beobachtet Konflikte zwischen den Lehrern, so dass die Zusammenarbeit und die Teamarbeit unter ihnen leiden. Die Methoden der deutschen und spanischen Lehrer sind unterschiedlich, auch wenn sie eigentlich in einer koordinierten Form miteinander arbeiten sollten."

„Es ist für die spanischsprachigen Lehrer sehr schwierig, sich gegenüber dem Verhalten der deutschen Kollegen indifferent zu zeigen, da sie wiederholt wegen ihrer Arbeitsweise disqualifiziert und herabgewürdigt wurden, auch wenn vom Standpunkt der Eltern ihre Arbeit als sehr gut bewertet wird."

„Die spanischen Lehrer bekommen im Vergleich zu ihren deutschen Kollegen ein geringeres Gehalt, auch wenn sie die gleiche Anzahl von Unterrichtsstunden in der Klasse arbeiten."

„Wenig Kommunikation und Beziehungen zwischen den Lehrern aus Gründen von fehlendem Kommunikationsraum und Sprachschwierigkeiten."

„Die Beziehungen des Zusammenlebens zwischen älteren Schülern werden als aggressiv beobachtet, mit einem rauhen Umgangston und einer klaren Trennung von deutschen und spanischsprechenden Schülern, und zwar sowohl in den Pausen als auch in den Klassenzimmern oder bei anderen Aktivitäten."

„Man beobachtet wegen ihrer sozialen und kulturellen Herkunft isolierte Kinder, in vielen Fällen ist die Form, wie man versucht, der Zurückweisung durch die soziale Umgebung zu begegnen, eine der Gewalt."

Dazu auch der Kommentar eines deutschen Lehrers:

„Es gibt Probleme durch die Vielfalt der Meinungen, die die Eltern verschiedener Nationalitäten äußern, und ihre verschiedenen Standpunkte hinsichtlich der Erziehung, die sie sich für ihre Kinder wünschen."

Ein Schüler legt folgendes Zeugnis ab:

„Sie setzen mich neben eine peruanische Schülerin, damit ich ihr übersetze, da sie nicht sehr gut Deutsch spricht. Die Wahrheit ist, dass ich nach dieser Anweisung nicht mehr sehr gut mitkam und ihr so nicht ein einziges Wort übersetzen konnte, weil die Lehrerin sprach und sprach, ohne mir eine Pause zu lassen, damit ich das tun könnte, was sie selbst mir aufgetragen hatte."

Zusammengefasst präsentiert sich hier das interkulturelle Lernen als ein ungelöster Konflikt. Aber die Fähigkeit, sich Konflikten zu stellen, lässt uns auch sozial wachsen. So eröffnet sich die Möglichkeit, die Differenzen zu überwinden und den Kompromiss mit der individuellen und sozialen Verantwortung zu vertiefen. Die Konflikte verwandeln sich so in einen Antrieb für die Veränderung die es erlaubt, das Zusammenleben zu verändern.

- *Die Stärkung von Identität und sprachlicher Kompetenz und die soziale Bereicherung*

Ein Schüler von neun Jahren drückt folgendes aus:

„Ich lerne in der Europa-Schule, da meine Eltern und ich nach Costa Rica zurückkehren wollen, wo wir eine wundervolle Zeit gelebt haben und wo Freunde leben, die mehr als das sind, da wir sie als wirkliche Familie ansehen."

Dieser Fall macht deutlich, dass die Intensivierung der Entwicklung der Muttersprache die Wiedereingliederung im Heimatland positiv unterstützt.

Zum andern beobachtet eine Schülerin:

„Ich bin sehr glücklich in dieser Klasse, da viele Jungen und Mädchen auch Eltern haben, die Lateinamerikaner sind, so wie meine, und oft kann ich mit ihnen in Spanisch sprechen."

Dieser Kommentar zeigt, dass die sprachliche Kompetenz eine positive Wertschätzung der eigenen Person ebenso wie von anderen erlaubt. Außerdem fördert sie das Selbstwertgefühl und die Persönlichkeit eines Kindes und damit die Möglichkeit, sich den Konflikten besser zu stellen, weil man fähig ist, seine Gefühle zu übersetzen. Auch wird die Entwicklung der Umgangssprache gefördert, ebenso werden die Gefühle der Zusammengehörigkeit und die zwischenmenschlichen Beziehungen gestärkt.

Allgemeine Randbemerkungen

Die Migrationsbewegungen und das Aufeinandertreffen verschiedener Kulturen sind eines der zentralen Probleme unserer Zeit. Für einige sind sie eine kulturelle Bereicherung, für andere eine Bedrohung ihrer eigenen Kultur. In jedem Fall sollte sich in der Zukunft die Diskussion über interkulturelle Erziehung in Richtung auf eine Debatte über die Grundstrukturen der Gesellschaft bewegen. In diesem Sinne sollten wir uns zwei zentrale Fragen stellen:
• Wohin wollen wir das Wachstum zukünftiger Generationen orientieren?
• Welches Wertesystem verbindet die Mitglieder der Gesellschaft?

Wenn das, was wir erreichen wollen, der Respekt für die Gleichheit der Rechte und die Sensibilisierung des Individuums gegenüber anderen ist, dann ist es fundamental, dass wir uns für eine verstärkte Ausweitung der interkulturellen Erziehung einsetzen. Sie ist eine der emanzipatorischen Säulen für die Gründung und die Entwicklung einer neuen Gesellschaft, in der uns die kulturellen Beziehungen bereichern und verbinden, anstatt uns zu trennen.

Um dieses Ziel zu erreichen, sind zwei Dinge erforderlich:
• Die Konfrontation mit der sozialen Ungleichheit, der Geschlechter- und Rassendiskriminierung (Klassenunterschiede, Sexismus, Rassismus, etc.).
• Die Einrichtung eines Erziehungssystems, das fähig ist, eine Emanzipation zu erreichen.

Wenn wir die Ungleichheit und das Fehlen von Rechten demaskieren könnten, könnte man wirklich einen Weg zu einer neuen Erziehung initiieren. Trotzdem muss die „antirassistische" Erziehung strukturellen Problemen in der Gesellschaft begegnen. Als Ideologie reproduziert sich der Rassismus im sozialen Umfeld und breitet sich sowohl über formelle als auch über informelle Kanäle aus. Auf der formellen Ebene ist der Rassismus Teil der politischen Diskussionen über die Fernsehprogramme, wie Miles es ausdrückt: „Der Rassismus ist nicht explizit vorhanden, sondern verdeckt und geschützt durch den politischen, sozialen, juristischen Diskurs und in den Kommunikationsmedien." (Miles, 1991, S.60) Auf der informellen Ebene schleicht er sich über die familiäre Sozialisation und die Privatsphäre ein: im Kreise der Freunde, der Nachbarn und der Gemeinde. Als Konsequenz aus dem Rassismus in der vergangenen Geschichte Deutschlands als auch der momentane sollte die interkulturelle Erziehung eine der zentralen Aufgaben der erzieherischen Arbeit in diesem Land sein.

Im Verlauf dieser Arbeit tauchten für mich einige Fragen auf, auf die ich leider keiner sofortige Antwort weiß:
• Welche politischen Perspektiven hat die interkulturelle Bildung gegenüber dem Rassismus?
• Betrachtet die interkulturelle Erziehung als ihr Ziel wirklich die Aufdeckung der Formen sozialer, politischer und ökonomischer Diskriminierung?
• Ist das interkulturelle Lernen als eine emanzipatorische Erziehung für die Veränderung der Chancen des Lebens der Immigranten in der deutschen Gesellschaft angelegt?
Hierbei sehe ich das Bedenken folgender Sachverhalte als wichtig an:
• Die Herausarbeitung widersprüchlicher Situationen, um so die internen, latenten Konflikte in der wirklichen Konstruktion des interkulturellen Lernens aufzudecken, und zwar unter Berücksichtigung der Tatsache, dass dem Bildungssystem eine entscheidende Rolle für die Bildung von aktiven und kritischen Individuen zukommt.

- Die Festlegung von Kriterien als Orientierung an den Zielen des interkulturellen Lernprozesses unter der Fragestellung: Wozu dient dieser sich uns eröffnende Blick auf uns selbst, der uns über unsere Geschichte und unsere Erfahrungen sowie unsere Konfrontation mit ihnen reflektieren lässt?

- Die Analyse, wie wir dem Anderen mit seiner Geschichte und seinen Erfahrungen begegnen, um so einen Austausch von gleich zu gleich zu entwickeln und ein Zusammentreffen zu erreichen, bei dem ein gemeinsames Wachsen möglich ist.

- Ein wachsames Auge für das latente Risiko, Konflikte zu personalisieren, da wir auf diese Weise womöglich die Perspektive verlieren und vergessen, dass dieses Verhalten einen sozialen Ursprung hat.

- Die Eröffnung einer Debatte über die Rechte der Immigranten in der Gesellschaft insgesamt, um zu vermeiden, dass sich die Diskussion allein auf interkulturelle Erziehung in der Schule reduziert, und der Tatsache entgegenzuwirken, dass die Immigranten in der deutschen Gesellschaft nur wenige Möglichkeiten zur Integration haben und ihre Rechte außerhalb der Diskussion bleiben.

Zusammenfassung

- Wird die Diskriminierung der Immigranten im juristischen, sozialen und politischen Bereich beibehalten, dann wird es sehr schwierig sein, dass die Schule ihre emanzipatorische Aufgabe wahrnimmt, und ihre Möglichkeiten der Entwicklung werden sehr beschränkt sein.

- Die Schule ist eine Institution, die die politischen Interessen der Mehrheit repräsentiert. Wenn es keinen sozialen und politischen Konsens über die Immigranten gibt, dann verringern sich die Chancen für eine rechtliche Gleichheit sowohl im sozialen als auch im politischen Bereich ebenso wie die Möglichkeiten einer Schul- und weiterführenden Bildung.

- Veränderungen in den Individuen finden nur statt, wenn es auch Veränderungen in den sozialen und politischen Strukturen gibt. Der soziale Umbau ist ein paralleler und reziproker Prozess, der sich in den Beziehungen zwischen Individuum und Gesellschaft wiederspiegelt.

- Wir leben in einer Welt, in der es verschiedenen kulturelle Entwicklungen gibt, sowohl in jedem einzelnen als auch im Rahmen der kulturellen Gruppe, der wir angehören. So kann sich die Erziehung in ein Vehikel verwandeln, das in der Lage ist, ein weltweites Netz für den Dialog der Kulturen zu entwickeln.

- Die Kommunikation muss Teil des Prozesses einer Universalisierung mit breiter Öffnung zur Welt sein, die Konfrontation in der Diskussion zwischen verschiedenen Kulturen anregen und auf der horizontalen Ebene der Gleichheit der Rechte einfordern.

- Das Erziehungssystem spielt eine wichtige politische Rolle, weil es kritische und aktive Menschen hervorbringen kann, die aktiv beim Aufbau einer gerechteren Gesellschaft mitwirken.

Literatur:

Miles, Robert: *Rassismus. Eine Einführung in die Geschichte und Theorie eines Begriffes*, Hamburg 1991.

Christian Lange

In der Begegnung mit dem Anderen erkenne ich mich und meine Situation: Erfahrungen in der Begegnung mit chilenischen Lehrkräften im Rahmen der Pasantía

1. Der Zusammenbruch der DDR und die Entstehung des Faches L E R

Im Zusammenhang mit dem Zusammenbruch der DDR 1989/90 hatten wir im Land Brandenburg angefangen, das Fach Lebensgestaltung-Ethik-Religionskunde (LER) zu entwickeln. Das geschah auf dem Hintergrund unserer gesellschaftlichen und sozio-kulturellen Gegebenheiten und Erfordernisse.

Mit diesem Modell haben wir in den Workshops in Chile Erfahrungen gemacht, die in ihrem Charakter teils zustimmend, teils widersprüchlich waren. Um das – und das Fazit dieser ganzen Arbeit, so wie ich es ziehe – verstehen zu können, ist es nötig,

- sich das Umfeld zu vergegenwärtigen,
- unsere Situation genauer (trotzdem aber nur stichwortartig) darzustellen und
- jene Konsequenzen zu beschreiben, die wir für das Fach LER daraus gezogen haben.

Das Umfeld

Als 1989/90 die DDR, die sich selbst als Diktatur des Proletariats verstand und dieses Selbstverständnis ab und an auch ziemlich drakonisch auslebte, in sich zusammenbrach, ergab sich buchstäblich über Nacht in fast allen Bereichen des öffentlichen und sozio-kulturellen Lebens eine Fülle von unabweisbaren Aufgaben. Die Gründe für diesen Zusammenbruch sind vielfältiger und komplexer Art. Neben globalen Entwicklungen und vordergründig politischen und wirtschaftlichen Vorgängen waren es vor allem die Zustände im sozio-kulturellen Bereich allgemein und im Bereich Bildung, Erziehung, Universität und Wissenschaft im besonderen, die wesentlich zu diesem Zusammenbruch beitrugen. Hier hatten sich auf dem Hintergrund ideologisch verkrusteter und diktatorischer Strukturen „Realitäten" herausgebildet, die massiv nach Veränderung verlangten.

Eine der zentralen Aufgaben, die schon in der Wende deutlich wurden, verbarg sich hinter der Frage: Wie ist Bildung und Erziehung für die Heranwachsenden, und wie ist die Institution Schule insgesamt (inhaltlich und organisatorisch) zu gestalten, damit

1. die teilweise katastrophalen Folgen einer 40jährigen Schulpolitik der DDR langsam behoben werden können;

Christian Lange ist einer der Begründer des Unterrichtsfaches Lebensgestaltung/Ethik/Religionskunde.
Kontakt: christian.lange@plib.brandenburg.de

2. in dieser Schule jene Qualifikationen Raum bekommen, entwickelt und befördert werden können, die einem an Menschenwürde, Freiheit und Demokratie orientiertem Menschenbild entsprechen; und

3. die Erfordernisse der technischen und wirtschaftlichen Entwicklung im Übergang vom 20. zum 21. Jahrhundert berücksichtigt werden?

Dabei waren sich fast alle, die konkret an der Bewältigung dieser Aufgabe arbeiteten, einig, dass folgenden Inhalten eine zentrale Rolle zukam: gesellschaftliche und persönliche Lebensfragen, Werteorientierung und Fragen der Sinnstiftung. Als Selbstverständlichkeit galt dabei inhaltliche Pluralität.

Es kann in diesem Beitrag nicht ausgeführt werden, welche Folgen die politische Herrschaft des sozialistischen Bildungssystems in der DDR hatte. Ich will nur festhalten, dass zu diesem System folgende wesentliche Bestandteile gehörten: eine autoritär festgelegte ideologische Doktrin; die Ausklammerung existentiell wesentlicher Lebensfragen, denn diese waren angeblich objektiv geklärt; und die Erledigung der Sinnfrage(n), weil sie verbindlich für alle geklärt und festgelegt war(en). Das oberste Ziel war der Aufbau des Sozialismus, der mit allen Kräften kämpfend und arbeitend zu unterstützen war, und in diesem Rahmen waren auch die Werte festgelegt, die für alle zu jedem Zeitpunkt zu gelten hatten.

Es leuchtet aber unschwer ein, das die Auswirkungen eines solchen Systems für die zweite und teilweise auch die dritte Generation gravierend sein mussten.

Die spezifische Situation im Hinblick auf Werteorientierung und Sinnstiftung

Ich beschränke mich darauf, die Situation nach 40 Jahren DDR-Schule im eingegrenzten Sachbereich „Lebensfragen/Wertorientierung/kulturelle Überlieferung/Religiosität" in Stichworten zu charakterisieren:

• Existentielle Lebensfragen der Heranwachsenden spielten als eigenständiger, anerkannter Gegenstand von Schule und Unterricht praktisch keine Rolle.

• Ein ethisch-moralisch bestimmter Diskurs zu Lebensfragen vor einem pluralen Hintergrund fand nicht statt; was es gab, waren hochgradig ideologisch bestimmte Forderungen nach sozialistischer Moral.

• Gelebte Religionen und Religiosität im weiteren Sinne wurden in unterschiedlicher Weise mal bekämpft und belächelt, mal ins Abseits geschoben oder ignoriert.

• Kulturelle Überlieferung bzw. Verwurzelungen wurden entweder sozialistisch eingefärbt oder missbraucht bzw. ausgetrocknet.

• Pluralität und Individualität (einschließlich ihrer Chancen und Gefahren) waren „feindliches Gedankengut" und wurde rigoros unterbunden.

• Das System forderte Homogenität in fast allen Bereichen; wobei diese Erwartung mit der Wissenschaftlichkeit und Wahrheit dessen begründet wurde, was gefordert war.

Die Vereinigung der beiden deutschen Staaten und damit die sehnlichst gewünschte Öffnung brachte nun zusätzlich zu dieser Situation auch die sofortige Konfrontation mit all jenen paradigmatischen Entwicklungen und Problemen, die die sozio-kulturelle Wirklichkeit Westeuropas bestimmten. Hinzu kam, dass diese sich im Übergang vom 20. zum 21. Jahrhundert gerade unter dem Diktat der Ökonomie auch veränderten. Es mussten also mindestens zwei entscheidende Problemkreise im Auge behalten werden: eine sachgemäße Reaktion auf die DDR-Vergangenheit und eine Orientierung an den Aufgaben, die die neue Wirklichkeit anmahnte.

Als Stichworte für diese neue Realität, die auch die alte Bundesrepublik vor neue Herausforderungen stellt, können genannt werden (mit jeweils allem, was dazugehört):

Relativismus	Pluralität	Globalisierung
Medienbestimmtheit	Fragmentierung	Konsum.

Was hat das alles mit Chile zu tun?

Diese bruchstückhaften Notizen im Zusammenhang mit dem Untergang der DDR und der Wende haben auf den ersten Blick mit Chile, den Erfahrungen der Pasantía und unseren Workshops zum Thema Werteorientierung in Chile gar nichts zu tun. Genau dies stellte sich bei genauerem Hinsehen aber als großer Irrtum heraus. Es war eine der großen Überraschungen für mich, in der ersten Begegnung mit einer chilenischen Gruppe von Lehrerinnen und Lehrern 1997 zu erleben, wie genau diese von den Chilenen empfundene und sachgerechte Gleichartigkeit der Fragen, Probleme und Erfahrungen fast sofort eine emotionale Nähe und eine an der Sache orientierte Begeisterung entstehen ließ, die eine der ganz beglückenden Erfahrungen meines Lebens ist.

Erst die intensiven Workshops in Chile, wo die betroffenen LehrerInnen in ihrem eigenen sozio-kulturellem Umfeld noch mal ganz anders genötigt waren, den Dingen auf den Grund zu gehen und auch die nötige Zeit vorhanden war, stellte sich dann neben der Gleichartigkeit der Fragen und pädagogischen Aufgaben auch der gravierende Unterschied heraus. Jetzt musste der existentielle Dialog durchgehalten werden, und in diesem Zusammenhang brach der diskursive Widerspruch los.

2. Die Grundzüge des Faches Lebensgestaltung-Ethik-Religionskunde (LER)

Sowohl im Hinblick auf die inhaltlichen und pädagogischen Festschreibungen aus der DDR-Vergangenheit als auch unter Berücksichtigung der neuen Anforderungen ergab sich für uns in Brandenburg u. a. die Notwendigkeit, in der Schule, die ja die einzige gemeinsame Sozialisationsinstanz für alle Heranwachsenden ist, ein eigenständiges Fach einzurichten.

Die Debatte „Fach" oder „Werteorientierung in allen Fächern" war kompliziert, aber die Argumente für ein Extra-Fach wogen sehr schwer. Was nicht Fachcharakter hatte, würde wohl kaum an- und ernstgenommen in der Schule, unter den Kollegen, bei den Eltern und beim schulischen Management. Es war realistisch davon auszugehen, dass in anderen Fächern kaum wirklich umfassend und gründlich (mit dem entsprechenden Aufwand an Zeit, Kraft und didaktischer Arbeit) jene Themen bearbeitet und Intentionen verfolgt würden, auf die es uns so sehr ankam. Der Schritt zu fachübergreifendem, gemeinsam erarbeiteten und an reformpädagogischen Grundsätzen ausgerichtetem Unterricht wäre für viele Lehrkräfte einfach zu groß gewesen, als das sie ihn hätten bewältigen können.

Das Fach LER ist durch folgende inhaltliche Eckwerte gekennzeichnet:
• Aufnahme von Fragen der Lebensgestaltung,
• Aufnahme der Wertethematik (-bildung, -wandel, -präferenzen) und

- Aufnahme von Fragen der Sinnstiftung in den Kanon der Unterrichtsgegenstände. Dabei ist mit dem Begriff Aufnahme immer auch Information, Auseinandersetzung (Diskurs) und Reflexion eingeschlossen.

Die Ziele, die mit diesem Fach angestrebt werden, lassen sich wie folgt beschreiben:
- Stärker als in anderen Fächern sollen Schülerinnen und Schüler ihre eigenen Lebensfragen benennen, erkennen und sich in einem reflektierten Lernprozess selbstverantwortete Positionen erarbeiten.
- Entwickelt und befördert werden soll die ethische Urteilsfähigkeit und die Bereitschaft zur Übernahme von Verantwortung;
- Ebenso soll die Fähigkeit zu respektvollen Begegnungen mit Menschen unterschiedlicher Lebensgestaltung, Wertorientierung, Weltanschauung und Religion entwickelt, ausgebaut und gestärkt werden. Intendiert ist dabei ein ziviler und durch Kenntnisse geprägter Umgang mit Pluralität und deren Grenzen in einer an der Menschenwürde orientierten Gesellschaft.
- Da nicht bloß Vielfalt sondern auch schneller Wechsel die Lebensgestaltung schwer machen, soll durch reflektierte Unterrichtsarbeit in diesem Fach auch die Orientierungsfähigkeit der Heranwachsenden gestärkt werden.
- Intendiert ist dabei auch eine Begleitung des gerade in diesem Alter (11 bis 16 Jahre) schwierigen Prozesses der Identitätsauseinandersetzung und -bildung. Das schließt eine je eigene Positionierung der Schülerinnen und Schüler in bezug auf existentielle Fragen und weltanschauliche bzw. religiöse Überzeugungen ein.

Nachdem das Fach in einem Modellversuch erprobt wurde, wurde es 1996 als ordentliches Unterrichtsfach in die Stundentafel der Sekundarstufe I in Brandenburg eingeführt.

Praktisch sieht ein Unterricht in LER so aus, dass Themenkomplexe, die der Rahmenplan vorgibt und die den o. g. Anforderungen entsprechen, unter angestrebter intensiver Mitarbeit der Schülerinnen und Schüler in konkrete Themata gegossen werden. In einer weiteren Runde werden dann die Erfahrungen, Kenntnisse, Überzeugungen und Fragen der Schülerinnen und Schüler erarbeitet. Unter der Perspektive sozialwissenschaftlicher und anthropologischer Erkenntnisse und Wissensbestände (L) und/oder ethisch-moralischer Kategorien (E) und/oder religionskundlicher Beiträge, Selbstverständnisse und Tatbestände wird die Thematik dann sachlich ausgebaut und vertieft. Dabei kommt es darauf an, Vielfalt und Kontroversität auf der Ebene der Schülerinnen und Schüler beizubehalten und die Heranwachsenden zur Reflexion, Argumentation und (allmählichen) Findung einer eigenen Position zu ermutigen.

Natürlich ist dazu eine didaktisch genau reflektierte Unterrichts-Choreographie zu entwickeln, in der „die Sache" und die Heranwachsenden gleichermaßen zu ihrem Recht kommen und eigenverantwortliches Lernen eine wichtige Rolle spielt.

Betrachtet man das Fach LER, das ja bis heute immer noch in der Entwicklung ist, auf einer eher theoretischen Ebene, dann ist folgendes festzuhalten:
1. Gegenstand des Faches sind die persönlichen und gesellschaftlich vermittelten Aufgaben, Themen und Probleme der Lebensgestaltung der Menschen; sie werden unter sozialwissenschaftlichen und anthropologischen Erkenntnissen (L) und der Perspektive ethisch-moralischer Aspekte und Zusammenhänge (E) im Unterricht bearbeitet. Gleichgewichtig damit verbunden

ist die Perspektive der Sinnstiftung, der Wertorientierung und der kulturellen Prägung, die ihre Begründung in religiösen bzw. weltanschaulichen Überzeugungen und Glaubenshaltungen (R) hat.

2.   Diese drei Perspektiven (Dimensionen), die inhaltlich und struktural als Basisstrukturen in Erscheinung treten, konstituieren das Fach und werden in LER miteinander verschränkt. Sie verweisen in ihrer Verschränkung auf einen komplexen und interdisziplinären Erkenntnishorizont, der sich aus verschiedenen Bezugswissenschaften speist.

Das Fach wird entscheidend geprägt durch die sogenannten Basisstrukturen. Sie werden für jeden Bereich (Lebensgestaltung, Ethik, Religionskunde) gesondert gebildet und bestehen aus einem bipolaren Kern, der bereichsspezifisch und pädagogisch formuliert ist. Um diesen Kern sind fünf normative Elemente (Knoten) gruppiert, die bereichsentsprechend gefüllt sind und durch untergliedernde Elemente konkretisiert werden. Basisstrukturen sind Netze aus bereichsspezifischen und bereichskonstitutiven Begriffen und Inhalten sowie Relationen, die sie verbinden. Diese Netze sind ein Konstrukt – sie sind das Ergebnis eines Diskurses von Experten. Sie sind mögliche, also auch revisionsfähige Repräsentationen eines spezifischen Sachbereiches.

Im einzelnen dazu ein paar Erläuterungen: Die Basisstruktur „L" untersucht, bedenkt, erarbeitet ein Thema im Hinblick auf sozialwissenschaftlich-anthropologische Erkenntnisse, Erfahrungen und Gegebenheiten. Ihre Mitte ist das Spannungsverhältnis zwischen den Polen „Konstruktion und Verfolgung eines Lebensziels" und „Ergebung in Lebensekel und Sinnlosigkeit". Das Proprium dieser Basisstruktur sind die lebensweltlichen Erfahrungen mit ihren Fragen, Krisen Hoffnungen, Praktiken und Begründungen. Die Basisstruktur „E" zielt auf die Entwicklung bzw. Förderung moralischer Sensibilität und Urteilsfähigkeit. Es geht darum, anhand konkreter Themen Wertvorstellungen und -entscheidungen bewusst zu machen, Normen und Traditionen zu reflektieren und Konsequenzen ethisch-moralischer Entscheidungen zu bedenken. Die Mitte der Basisstruktur „E" ist die Spannung zwischen „Erhaltung" eines (persönlichen und gesellschaftlichen) Regelsystems versus Anomie. Der Basisstruktur „R" liegt ein religionswissenschaftliches Verständnis von Religion mit kulturwissenschaftlichem (funktionalem) Ansatz zugrunde. Danach werden unter dem Begriff Religion inhaltlich unterschiedliche, kulturspezifische Kommunikations-, Deutungs- und Symbolsysteme verstanden und zusammengefasst, deren Spezifikum darin besteht, dass sie für die jeweiligen Anhänger und Benutzer autoritativ gesetzt, kollektiv verbindlich und unbezweifelbar (objektiv) sind. Logischerweise gehören dazu auch Systeme wie Weltanschauungen oder gelebter Atheismus, die im traditionellen Religionsbegriff nicht vorkommen. Die Basisstruktur „R" beschreibt jene fünf Elemente, die nach religionswissenschaftlicher Sicht in den verschiedenen Religionen, in Weltanschauungen und im gelebten Atheismus konstitutiv enthalten sind. Der Kern der Basisstruktur „R" wird gebildet von dem Spannungsfeld „Aufgeschlossenheit gegenüber Religiosität/Religionen bzw. Gleichgültigkeit gegenüber Religiosität/Religionen". (Unter Religiosität wird dabei das Interesse an den oben genannten Systemen verstanden.) Die Dimension „R" zielt darauf, grundlegende Kenntnisse zu solchen Systemen, die unsere Kultur nachhaltig mitgeprägt haben, zu vermitteln und sich respektvoll mit ihnen auseinanderzusetzen, um deren Relevanz für sich und andere zu klären.

3.   Ein wesentliches Element von LER ist der integrative Ansatz. Das Fach wird u. a. dadurch charakterisiert, dass jedes Thema in der Regel mit mehreren Basisstrukturen in Beziehung gesetzt werden kann und soll. Dabei ist sorgfältig darauf zu achten, dass die Integration von un-

terschiedlichen Dimensionen eines Thema nicht mit einer Vermischung verwechselt wird. Das Spezifische der jeweiligen Dimension im Hinblick auf ihre sprachliche und methodische Eigenheit darf nicht verwischt, sondern muss herausgearbeitet werden.

4. Die weltanschauliche Neutralität des Fachs. Sie bedeutet, dass der Unterricht im Fach LER in seiner Anlage und Option keiner bestimmten Religion, Konfession oder Weltanschauung verpflichtet ist. Wie andere Fächer vermittelt er Kenntnisse, befördert Reflexion und Auseinandersetzung und will auf diese Weise Heranwachsende herausfordern, eine eigenständige Entscheidung in Sachen Religion/Weltanschauung zu treffen. Die weltanschauliche Neutralität des Faches hat nichts zu tun mit einer weltanschaulichen Neutralität von Personen; die gibt es in der Tat nicht.

3. Die Begegnung mit chilenischen Lehrkräften im Rahmen der Pasantía und die Workshops zum Thema LER in Chile

Die Erfahrungen in der Begegnung mit LER in Deutschland

In den eintägigen Veranstaltungen, die im Rahmen des Gesamtprogrammes der Pasantía, dem Kennenlernen und der Auseinandersetzung mit LER dienten, faszinierten die chilenischen Lehrkräfte zunächst folgende Realien:

- Es gab in der regulären Stundentafel einer Schule einen genau markierten Platz (Zeit und Ort), der der ausdrücklichen Beschäftigung und Auseinandersetzung mit Lebensfragen und ethischen Problemen vorbehalten war. Das entsprach genau ihrem Wunsch und Anliegen, solche Möglichkeiten an ihren Schulen in Chile zu finden oder einzurichten.

- Sie trafen mit den Protagonisten von LER auf eine Gruppe von Gleichgesinnten, die wie sie selbst von der unbedingten Notwendigkeit eines solchen obligatorischen Unterrichts für alle Schülerinnen und Schüler überzeugt waren.

- Im Zusammenhang mit dem Fach LER gab es (erste) curriculare und didaktische Erfahrungen, wie ein Unterricht, der sich mit solchen Fragen und Themen befasst, zu gestalten sei. An diesen Erfahrungen für eine konkrete, sachgerechte und detaillierte Unterrichtsgestaltung wollten sie partizipieren.

- Großes Interesse – gemischt mit Ambivalenz – zeigten die chilenischen Lehrkräfte an der Problematik der Pluralität, die in unserer deutsch-europäischen Situation ja unausweichlich auch den ethischen und religiös-weltanschaulichen Bereich einbezieht und trifft. Ebenso stark war die Nachfrage nach dem, was man vielleicht mit dem deutschen Begriff Wertevermittlung am besten wiedergeben kann.

Dort, wo es gelang, in diesen ersten Begegnungen mit LER und am Beispiel sehr existentieller Themen (z. B. Fragen des Zusammenlebens von Eltern und Heranwachsenden oder der Rolle und Formen der Sexualität bei Jugendlichen und Erwachsenen) zu Grundüberzeugungen und Haltungen der Betroffenen vorzudringen und sie in den Reflexions- und Lernprozess einzubeziehen, zeigten sich erste nachdrückliche Probleme. Steht nicht in einem solchen Unterricht, der von legitimierter Vielfalt ausgeht, sachlich und auch zugeschnitten auf jede betroffene Person, zunächst einmal alles zur Disposition? Ist das nicht Chaos und von daher strikt abzulehnen? Verstärkt wurde das Ganze noch dort, wo es um die besonders problematischen Bereiche des Ethischen bzw. des Religiös-Weltanschaulichen geht.

Eine große Überraschung für mich war es, dass auch urplötzlich im Feld des Nationalen die Problematik der pluralen Überzeugungen und Haltungen eruptiv zum Ausbruch kam. Für mich als Deutschen war und ist klar, dass mit dem Begriff „deutsch" eine höchst problematische, schreckliche Gegensätze einschließende Wirklichkeit angesprochen ist. Mit dieser Ambivalenz müssen Deutsche leben und sich auseinandersetzen. Wir können auch nicht legitim wählen zwischen der „guten" und der schrecklichen deutschen Geschichte; auf uns ist beides gekommen, und wir können höchsten dazu beitragen, die eine oder die andere Seite stärker mit Gewicht zu versehen. Aber „deutsch" sind nun mal die deutsche Klassik wie auch der Nationalsozialismus mit der Shoah, die BRD wie auch die DDR – und vieles andere mehr. Als das im Zusammenhang mit der Wertethematik zur Sprache kam, stand unversehens auch die chilenische Situation im Raum. Gibt es so etwas wie ein „Chile an sich", zu dessen Flagge und Geschichte, Idee und Realität man sich uneingeschränkt bekennen kann, oder muss nicht auch da zwischen dem Chile Pinochets und einem anderen Chile unterschieden werden? Die Auseinandersetzungen waren heftig, aber glücklicherweise nicht vergebens.

Die Erfahrungen in den Workshops in Chile
Schade, dass aus Platzgründen vieles von dem hier nicht dargestellt und gewürdigt werden kann, was diese und andere Workshops neben der inhaltlichen Thematik noch ausgezeichnet hat: Diese unglaubliche Gastfreundschaft und das manchmal schon beklemmen machende Vertrauen zu uns und die Erwartungen an uns, die faszinierende Bereitschaft, sich auf die Dinge und Erfahrungen anderer einzulassen, die ja eigentlich zwischen Fremden nicht zu erwartende und dann doch oft sofort vorhandene Offenheit – das alles hat diese sachbezogenen Erkenntnisse und Erfahrungen noch zusätzlich ergänzt und zu dem Schatz gemacht, den wohl alle, die dabei waren, von nun an mit sich tragen und der ihr Leben um so vieles reicher macht.

Im Folgenden zunächst die kurze Beschreibung einiger wichtiger Erfahrungen, die dann im vierten Abschnitt systematisch bedacht werden.

• Vorgegebene Werte oder Werte-Pluralität mit der Nötigung zur Entscheidung?
Wenn wir in den Workshops das Thema entfaltet und unterschiedliche Auffassungen benannten hatten, folgte getreu den Intentionen von LER auch der Versuch der Begründung der jeweiligen Position mit letztlich einem (oder mehrerer) Wert, der dieser Position zugrunde lag. Damit war offenbar, es muss eine Entscheidung geben, die immer zugleich eine für einen und gegen andere Werte darstellte und unlösbar mit mir als Subjekt verknüpft blieb. Noch heftiger wurden die Beschwerden bei der Frage nach der Herkunft solcher Werte. Gab es nicht festgelegte Werte, die für alle gleiche Gültigkeit hatten? An der Frage einer autoritativ (durch Gott oder eine ähnliche Größe) festgesetzten oder auf Vereinbarung und damit Veränderlichkeit bestehenden Werteskala brach das stringente Nachdenken und Stellungbeziehen in der Regel ab. Eine wirkliche Pluralität von Werten und die Setzung von Werten durch einen Menschen oder eine Gruppe – das zu denken, war offenbar existentiell nicht oder kaum nachvollziehbar.

• Pluralität von Religion und Atheismus?
In einem Workshop kamen wir bei der Thematik des Verhältnisses Kinder/Eltern auf Gebote und Ordnungen, die diesen Bereich in verschiedenen Kulturen und Religionen regeln. Aber wie kommt es da, wo Religion mit gesetzten Ordnungen nicht vorhanden ist und die Menschen als

Atheisten leben, zu Normen u. ä.? In allen Workshops war das ein kaum vorstellbarer Gedanke. Vorsichtige Frage: Kann man mit solchen Menschen überhaupt wirklich zusammenleben?

• Chile gegen Chile?

In einigen Workshops sind wir auch vorsichtig auf die Pinochet-Zeit zu sprechen gekommen. Wenn in einem Unterricht, der sich mit Lebensfragen der Gesellschaft und der Heranwachsenden beschäftigt, Themen wie Menschenwürde, Menschenrechte und Gewalt thematisiert werden, muss dann nicht zwischen einem Chile der Demokratie und der chilenischen Diktatur unterschieden werden? Kann man sich undifferenziert zu Chile bekennen oder steht nicht „Chile" von nun an sowohl für „Pinochet-Diktatur" als auch für ein freiheitliches, demokratisches Chile? Die Antwort darauf blieb umstritten.

• Die Spannungen und Probleme sind von den Chilenen zu klären.

Höchst eindrücklich für mich eine Szene in einem Arbeitskreis (verkürztem Workshop), in dem Lehrkräfte und Personen der Schulleitung zugegen waren und diskutierten. Es ging, wenn auch allgemeiner, um die gleiche Problematik: feststehende Werteskala, natürlich Toleranz, Frage nach der Vermittlung solcher Ordnungen an Schülerinnen und Schüler vor dem Hintergrund realer Pluralität. Eine Schulleiterin stellt (in der Tendenz) fest, das sei kein wirkliches Problem, es gebe allgemein anerkannte und allgemeingültige Normen und Werte, und die würden auch alle versuchen in der Schule zu realisieren. Klarer Widerspruch von seiten einiger Anwesender. Reaktion: Sie habe aber doch eben festgestellt, das es so sei. Ohne formale Protestation wird inhaltlich scharf gegen diese Position weiterargumentiert: Man müsse sich wirklich diesen Problemen einer grundsätzlichen Pluralität stellen – bis hin zur Frage der Werte und der Anerkennung oder Nichtanerkennung (eines) Gottes.

An diesem Punkt darf und muss die Frage nach dem gestellt werden, was unser Besuch für das chilenische Bildungswesen oder besser: für eine Gruppe chilenischer Lehrkräfte bewirkt haben könnte. Stichwortartig würde ich nennen:

• eine nachhaltige Ermutigung, all die Fragen und Probleme anzugehen, die sie selbst schon sehen;
• eine Stärkung derjenigen Kräfte, die auf selbstbestimmtes, demokratisches Lernen hin arbeiten, das am Maßstab der Menschenwürde und an Fachkompetenz sowie gleichgewichtiger sozialer Kompetenz ausgerichtet ist;
• einen kräftigen Impuls für das Bewusstsein, nicht einzeln und allein an den unterschiedlichsten Orten dieses Riesenlandes zu werkeln, sondern ein Netz von personalen und sachorientierten Verknüpfungen aufzubauen;
• die Einsicht, dass es nötig ist, einer immer differenzierter, pluraler und widersprüchlicher werdenden Realität gründlicher ins Auge zu sehen und eigene Lösungen zu suchen; und
• vielleicht auch die Erkenntnis der Notwendigkeit, von einer (bloßen) Wertevermittlung immer mehr Abstand zu nehmen und sie einzutauschen gegen eine problemorientierte, plurale und deshalb stark dialogisch ausgerichtete Unterrichtsarbeit mit den Schülerinnen und Schülern.

4. *Was haben wir bei der Pasantía und bei der Arbeit mit chilenischen Lehrkräften im Lande erkannt und gelernt?*

Unbestritten ist für mich, dass uns in der Wahrnehmung chilenischer Realitäten und in der Reflexion darüber angesichts unserer eigenen Erfahrungen und Problemen eine Menge an Klarheit und Erkenntnis widerfahren ist, die wir ohne „Chile" wohl nicht gemacht hätten. Interessanterweise (oder auch notwendigerweise) haben unsere eigenen Probleme, Versäumnisse und Aufgaben eine viel schärfere Kontur und eine differenziertere Struktur bekommen.

Ich möchte in den folgenden sechs Punkten mehr andeuten als ausführen, an welchen Problemkreisen sich das festmachen lässt:

1. Die grundlegende Relativität, bei der wir angekommen sind, und die Konsequenzen, die sich daraus ergeben.

Wir haben uns einzugestehen, das im Ergebnis einer gewollten und für legitim erachteten Pluralität denkerisch und sachlich eine Relativität entstanden ist, die nicht an einem beliebigen Punkt zu stoppen ist. Ob uns das gut erscheint oder nicht, spielt in dem Zusammenhang keine Rolle. Die gegenwärtig heftig diskutierten Fragen der Gentechnologie und damit des jeweils involvierten Menschenbildes machen überdeutlich, dass es keinerlei vorausgesetzte, undiskutable, homogen anerkannte Werte oder Grundlagen mehr gibt. Wir müssen begreifen und lernen, dass wir nur die Chance eines Diskurses haben, der auch unsere Überlieferungen mit einbezieht. Uns bleibt nur der prozessuale Weg der Vereinbarung gesellschaftlich und persönlich einzuhaltender Werte, Prinzipien und daraus abgeleiteter Normen. Das macht ein modernes Gemeinwesen so fragil. Alles andere wäre Fundamentalismus mit verheerenden Folgen oder blanke Beliebigkeit.

2. Die Notwendigkeit der Reflexion über das vorhandene Wertesystem und die Klärung dessen, was in Bildung und Erziehung gelten soll.

Das Problem besteht ja in bezug auf das Bildungssystem nicht darin, dass es ziellos durch die Zeiten irrt; das Problem besteht einmal in dem Missverständnis, Bildung und Erziehung funktionierten mechanistisch, und zum anderen in einer einseitigen und deshalb falschen Zielbestimmung. Weder wirtschaftlich-berufliche Nützlichkeit noch bloße hohe Leistungsbereitschaft und -fähigkeit eignen sich als grundlegende, eigentliche Ziele von Bildung und Erziehung. Es geht vielmehr darum, in Bildung und Erziehung ein freilich noch näher zu beschreibendes Menschsein des Menschen anzumahnen, auszubilden und zu befördern. Natürlich ist auch das im Dialog immer neu zu bestimmen, aber in seiner formalen Gültigkeit darf es durch nichts verdrängt oder ersetzt werden.

3. Der Umgang mit der Fragmentiertheit des Lebens.

Wir müssen wohl zur Kenntnis nehmen, dass wir als die eine Person, die wir sind und bleiben wollen, immer stärker genötigt sind, in vielfachen, oft auch höchst gegensätzlichen Bereichen zu existieren, zu denken und zu handeln. Welche Auswirkungen das auf Dauer haben wird, kann wohl noch nicht wirklich sachgemäß gesagt werden. Aber diese Fragmentierung der Biographie und oft genug des täglichen Lebens muss thematisiert, bewusst gehandhabt und im Zusammenhang von Schule und Bildung reflektiert und den Erkenntnissen entsprechend realisiert werden. Sonst wird Schule entweder dem Vorwurf der Weltfremdheit mit all seinen Folgen ausgesetzt sein, oder sie wird erbarmungslos einer vordergründigen Effektivität geopfert.

4. Die Bedeutung des sensiblen, respektvollen Dialogs.

Trotz aller theoretischen Kenntnisse über das Gewicht und die Bedeutung des jeweiligen sozio-kulturellen Zusammenhanges, in dem wir leben, und seiner Wurzeln und Überlieferungen dominiert im Alltag bei den meisten Menschen doch so etwas wie das Bewusstsein von der (natürlich allgemein gültigen) Richtigkeit dessen, was man an Erkenntnissen hat, und von dem Weg, auf dem man weitere bekommt. Unser Besuch in Chile und die mehrjährige Begegnung mit chilenischen Lehrkräften hat demgegenüber die existentielle Erfahrung von der massiven Einbindung und Begrenzung in einen spezifischen sozio-kulturellen Kontext verstärkt. Außerdem hat sie uns beglückend erleben lassen, was es bringt, sich auf einen sensiblen und respektvollen Dialog mit einem Partner einzulassen, der (ganz) anderen Maximen folgt.

Das führt mich zum Schlusssatz dieses kleinen Beitrags: Ich möchte den aufrichtigen und sehr herzlichen Dank gegenüber jenen chilenischen Lehrkräften zum Ausdruck bringen, mit denen ich sprechen und arbeiten durfte, sowie das Glück festhalten, das mir in der Begegnung mit einigen von ihnen geschenkt wurde.

Christian Lange: »Werte können nicht gelehrt werden.«

Heike Laschinski

Integration – Eine pädagogische Konzeption

Jeder Mensch hat in seinem Leben Erfahrungen mit der Zugehörigkeit zu einer Gruppe gemacht oder auch erfahren müssen, wie schmerzhaft Ausgrenzungen und Ausschließungsmechanismen sein können. Kinder mit körperlichen Gebrechen, mit eingeschränkter Funktionsfähigkeit der Sinnesorgane, mit intellektuellen Beeinträchtigungen, auffälliger Sprache und normabweichenden Verhaltensweisen können gruppen- und individuumstabilisierenden Standards nicht genügen und sind deshalb besonders Ausgrenzungsmechanismen ausgesetzt. In den Augen mancher Menschen scheint diese Situation gerechtfertigt.

Als ich vor vielen Jahren als Erzieherin in einem Heim mit mehrfach körperlich und geistig behinderten Kindern arbeitete, kam es bei gemeinsamen Spaziergängen oder auf Ausflügen manchmal zu diskriminierenden Äußerungen. Noch heute klingen mir die Worte eines Anwohners in Berlin-Frohnau in den Ohren: „Diese Krüppel sind ein Schandfleck für unser schönes Wohnviertel." Auch heute noch scheint die Aussonderung und Benachteiligung von Menschen mit Behinderungen gerechtfertigt zu sein. Es gibt noch immer nicht überall Zugangsmöglichkeiten für Rollstühle, in Hotels oder an Urlaubsorten sind Menschen der Grund für Beanstandungen, vor allem auf dem Arbeits- und Wohnungsmarkt gibt es Diskriminierung und Ausgrenzung.

Bis heute hat die Grundschule den umfangreichsten Beitrag zu integrativen Bemühungen der Eingliederung von behinderten Kindern geleistet.

Die historische Entwicklung seit den 70er Jahren in Deutschland zeigt, warum Integrationspädagogik einen bedeutenden Einfluss auf die damalige Entwicklung im deutschen Schulwesen hatte und heute noch hat. Daraus sind Reformbemühungen und schulpolitische Konsequenzen erwachsen, die abschließend aufzuzeigen sind.

Versuch einer Definition

Im Jahr 1970 hat der Deutsche Bildungsrat zum ersten Mal die Wichtigkeit der Förderung von behinderten Kindern betont. Parallel dazu wurde der Ausschuss „Sonderpädagogik" ins Leben gerufen. Hier ist das erste offizielle Dokument „Zur pädagogischen Förderung Behinderter und von Behinderung bedrohter Kinder und Jugendlicher" entstanden, das ein gemeinsames Unterrichten von behinderten und nicht behinderten Kindern empfahl. (Deutscher Bildungsrat 1973, 74)

Der Erziehungsauftrag der Schule ist auch durch eine politische Dimension gekennzeichnet. „Die Begründung der neuen Konzeption ist für die Bildungskommission vor allem darin gegeben, dass die Integration Behinderter in die Gesellschaft eine der vordringlichen Aufgaben

Heike Laschinski ist freiberuflich in der interkulturellen Bildungsarbeit in Berlin tätig.
Kontakt: heike.laschinski@gmx.de

jedes demokratischen Staates ist." (Jakob Muth 1986, S.15) Integration ist eine Aufgabe, die den Menschen in demokratischen Gesellschaften aufgegeben ist. Es ist ein offener Prozess, der sowohl die Koedukation von Jungen und Mädchen einschließt wie Kinder und Jugendliche aus anderen Herkunftsländern. Integration meint nicht die Nivellierung individueller Eigenarten, sondern ihr Respektieren im Zusammenleben und das Wissen darum, dass Gemeinsamkeit nur hervorgebracht werden kann in der Wahrnehmung von Unterschieden. Demokratie ist ein lebendiger Prozess, die bloße Festschreibung von Gesetzen und Verfassungen bedeutet noch nicht die Umsetzung in die alltägliche Praxis. Deshalb sagt Jakob Muth zu Recht: „Gemeinsamkeit aller und die Gemeinsamkeit des Einzelnen mit den Anderen ist ein Grundrecht demokratischer Lebensauffassung, ein Grundrecht des Menschseins." (Jakob Muth 1986, 17) Alle Überlegungen zur politischen Dimension von Integration laufen hier zusammen. (vgl. Jakob Muth, 1986)

Die Wurzeln der Integrationspädagogik in Deutschland

Fest steht: Es gibt keinen einheitlichen Integrationsbegriff, da unterschiedliche Theoriebildungen Integration entsprechend ihren Vorstellungen definieren. Übereinstimmung scheint dahingehend zu bestehen, dass von einem Zusammenhang individueller (biographischer und aktueller) und sozialer (interaktiver, institutionell-organisatorischer, gesellschaftlicher) Prozesse die Rede ist. Diese entscheiden darüber, in welchem Umfang und in welcher Qualität Menschen an den heutigen Lebensmöglichkeiten und an gesellschaftlicher Kommunikation insgesamt partizipieren. Nach den Überlegungen von Reiser, Deppe-Wolfinger u. a. ist Integration ein dialektischer Einigungsprozess zwischen Annäherungen und Abgrenzungen (vgl. Bleidick, 1988).

Der Begriff Integration ist nicht statisch zu verstehen, sondern ist jeweils Ausdruck seiner Zeit und unterliegt daher immer wieder Veränderungen.

Die legislative Zuständigkeit für das Bildungswesen ist in der Bundesrepublik föderalistisch geregelt. Ob Kinder und Jugendliche für die Dauer ihrer Schulzeit Sondereinrichtungen besuchen oder ob behinderte und nichtbehinderte Kinder gemeinsam unterrichtet werden, hängt von bildungspolitischen Entscheidungen ab.

Was bedeutet diese Feststellung für die integrationspädagogische Didaktik?

Einerseits geht es um die optimale Förderung des einzelnen Schülers und die Überwindung von Konzepten, die von homogenen Lerngruppen ausgehen. Lernprozesse vollziehen sich individuell und stehen in einem biographischen Kontext. Der Unterricht ist nicht nur auf die intellektuell-kognitive Dimension des Lernens zu reduzieren, sondern ist auch immer soziale Interaktion. Die didaktischen Inhalte sind daraufhin abzuklopfen, wie sie die unterschiedlichen Lernvoraussetzungen der Schüler einbeziehen können und wie Lernsituationen zu gestalten sind, damit sie Prozesse des gemeinsamen Lernens ermöglichen.

Die Berliner Grundschule umfasst obligatorisch die Klassen 1–6. Dieses Modell wurde nach der Wiedervereinigung nur im Land Brandenburg übernommen. Alle anderen alten wie neuen Bundesländer bieten eine nur vierjährige Grundschulzeit an. Diese Tatsache ist für die integrative Schule von großer Bedeutung, denn mit dem Übergang in die Oberschule werden die selektiven Mechanismen äußerer Differenzierung sichtbar an Schulleistungskriterien festgemacht

Danach besuchen die SchülerInnen die Oberschultypen Gymnasium, Gesamtschule, Real- oder Hauptschule. Die Grundschule versteht sich als Nachfolgerin der Volksschule seit 1918 ausdrücklich als „Schule für alle Kinder des Volkes". Im Mittelpunkt steht das soziale Miteinander und nicht der individualistische Leistungsgedanke. Dieser Integrationsschwerpunkt bildet in dieser Schulform die Basis von Erziehung und Unterricht und ist in Berlin besonders ausgeprägt, da hier mit dem sogenannten Vorschulsystem begonnen wird. Die Kinder haben so die Möglichkeit, sechs Jahre in einer gemeinsamen Lerngruppe ihre Persönlichkeit zu festigen und individuelle Lernfähigkeiten auszumachen. Auftretende Lernschwierigkeiten können durch die längere Vorlaufphase rechtzeitig erkannt werden.

Die Entwicklung der wissenschaftlichen Integrationspädagogik wurde stets durch theoretische Fragestellungen sowie praktische Erfahrungen und Erfordernisse geprägt. Die Berliner Situation soll deshalb zur Veranschaulichung herangezogen werden, da sie Ausgangspunkt und Zentrum der Studenten- sowie Integrationsbewegung und damit der gesellschaftspolitischen Diskussion war und als beispielgebend für andere Regionen der ehemaligen Bundesrepublik angesehen werden kann.

In der Bundesrepublik ließ das allgemeine gesellschaftspolitische Klima Anfang der 70er Jahre eine wachsende Sensibilität für latente, politisch bislang nicht thematisierte Macht- und Herrschaftsstrukturen und ein gesellschaftskritisches Bewusstsein gegenüber benachteiligten Bevölkerungsgruppen aufkeimen (soziale Randgruppen, Angehörige der sozialen Unterschicht, Ausländer und „Behinderte"), wodurch das selbstbewusste Auftreten der Betroffenen gestärkt wurde. Die Schule als die der gesellschaftlichen Basis am nächsten stehende und von ihr am unmittelbarsten betroffene Institution begann die Missstände aufzugreifen, wenn auch zunächst vereinzelt. Schlagworte wie „kompensatorische Erziehung" im Hinblick auf sozial Benachteiligte in den 70er Jahren und „Integration" in den 80ern, damals hauptsächlich bezogen auf Kinder nichtdeutscher Herkunft, beschreiben diesen Prozess. Auch infolge der ökonomischen Prosperität breitete sich ein reformfreudiges Klima aus. In der „Brandt-Scheel-Ära" konnten wesentliche sozialdemokratische Grundpositionen ihre Verbreitung finden. In der theoretisch-gesellschaftswissenschaftlichen Diskussion gewann die Kritische Theorie der Frankfurter Schule erheblich an Einfluss. Sie beklagte „ein Schrumpfen des Bewusstseins historischer Kontinuität" und warnte vor einem „Schreckbild einer Menschheit ohne Erinnerung", das sie als mit der Fortschrittlichkeit des bürgerlichen Prinzips notwendig verknüpft" betrachtete (Adorno 1977, 13). Deshalb forderte sie eine Aufarbeitung der Vergangenheit im Gegensatz zur „Vergangenheitsbewältigung" der 50er und frühen 60er Jahre. An die Stelle der Verdrängung der NS-Zeit und deren Bewertung als einmaligen „Ausrutscher" forderten sie eine kritische Auseinandersetzung mit den politischen, ökonomischen und psychologischen Entwicklungslinien, die zum Nationalsozialismus führten. Der Institution Schule übertrug sie dabei eine besondere Verantwortung: „Die Forderung, dass Auschwitz nicht noch einmal sei, ist die allererste Erziehung" (Adorno 1977, 88). „Dem muss die Schule, so beschränkt ihr Bereich und ihre Möglichkeiten auch sein mögen, dienen und dazu bedarf sie der Befreiung von den Tabus, unter deren Druck die Barbarei sich reproduziert." (Adorno 1977, 86)

Bindeglied zwischen Kritischer Theorie und Praxis war die Studentenbewegung, die die gesellschaftlichen Normen kritisch analysierte und zugleich alternative Modelle einzufordern und umzusetzen begann (antiautoritäre Erziehung, Konsumverzicht, sexuelle Freizügigkeit).

Besonders drei Aspekte der Integrationsthematik waren von Relevanz:

1. Die Kritik an den gesellschaftlichen Institutionen als systemerhaltendem Faktor, insbesondere an den psychiatrischen Einrichtungen („Anti-Psychiatrie-Bewegung"), als gesellschaftlicher Ordnungsmacht und daraus abgeleitet die Forderung nach ihrer Auflösung.
2. Die Kritik am bestehenden Schulsystem als „Transmissionsriemen" zur Erhaltung der „Klassengesellschaft", die den unterpriviligierten Bevölkerungsschichten systematisch die Bildung vorenthielte. Im Ergebnis ist daraus dann die Gesamtschule entstanden.
3. Tradierte Werthaltungen wurden infrage gestellt und führten zu einer Lockerung der Einstellungen und Praktiken hinsichtlich der sozialen Strukturen im privaten und auch beruflichen Lebensraum, zu einer Einschränkung der patriarchalen Autoritäten und Hierarchien, insbesondere an den Hochschulen: „Unter den Talaren der Muff von tausend Jahren"– eine Kampfparole der damaligen Studentenbewegung. Das erwachende demokratische Bewusstsein zog eine allgemeine Politisierung nach sich und führte dazu, dass sich Interessenverbände verschiedenartig Betroffener gründeten: „Krüppelbewegung", „Lebenshilfe", „Eltern gegen Aussonderung" (vgl. hierzu Sierck 1987). Unterstützt wurden diese Bewegungen durch das Engagement von Einzelpersonen, aber auch von Berufsverbänden und der Gewerkschaft.

Beginn einer integrativen Praxis im Bildungssystem

Ziel der Studentenbewegung war es, die Kindererziehung zu vergesellschaften. Zielsetzung war es den „autoritären Charakter" durch antiautoritäre „Erziehung zur Mündigkeit" (Adorno) zu überwinden, um so eine Nazi-Herrschaft auszuschließen. In Eigeninitiative begann die Gründung von „Kinderläden" und bildungspolitischen Erneuerungen wie die Einbeziehung von Kindern mit Behinderungen. Hier ist das erste Kinderhaus Friedenau zu nennen, das 1975/76 zum erstenmal Kinder mit Behinderungen aufnahm: 15 Kinder insgesamt, davon 5 Kinder mit Behinderungen (vgl. Eberwein 1999, 63f.; Kinderhaus Friedenau 1989).

Die bestehenden öffentlichen Kindergärten galten als Inbegriff der kleinbürgerlichen Erziehung und deshalb entschieden sich viele Eltern in Eigeninitiative sogenannte „Kinderläden" zu gründen. Auch Kinder mit Behinderungen wurden in die konzeptionellen Überlegungen mit einbezogen. Zunächst konzentrierte sich diese Initiative auf den Vorschulbereich. Im Bezirk Schöneberg wurde in der Fläming-Grundschule im Schuljahr 1975/76 die erste Integrationsklasse Deutschlands eröffnet.

Dieses in Deutschland einzigartige Modell war beispielgebend für die 25-jährige Schulintegrationsentwicklung. Inzwischen wurden in allen Schulen der Bundesrepublik zumindest Schulversuche eingeführt, die – abhängig von politischen Partei- und Regierungsproportionalitäten – Integration als Aufgabe der allgemeinen Schule rechtlich verankerten.

Gleichzeitig wurde parallel zu den Integrationsanstrengungen das Sonderschulsystem in der Bundesrepublik eingeführt. Man besann sich auf das demokratische Grundrecht aller Kinder auf Bildung und Erziehung und dessen praktische Umsetzung, jedoch vorwiegend unter einer defizitorientierten, d. h. kompensatorischen Perspektive.

1982 wurde die Uckermark-Grundschule im Bezirk Schöneberg mit 20 Kindern in einer Klasse (davon zwei mit Behinderung) eröffnet. Nach dem Prinzip der „wohnortnahen Integration" wurden ihre drei Vor- und ersten Klassen mit der Option eingerichtet, alle im Einzugs-

bereich wohnenden Kinder aufzunehmen, ungeachtet eventueller Behinderungen. Dieser Schul-
versuch hatte eine enorme Breitenwirkung nicht nur auf die Berliner Schulwirklichkeit, sondern
auch auf die erziehungswissenschaftlichen Überlegungen. (der Uckermark-Grundschule wurde
1992 für diese Verdienste der Grundschulpreis des „Arbeitskreis Grundschule" verliehen; vgl.
Heyer u. a. 1993).

Trotz der immensen Fortschritte der neueren Integrationsbewegungen bleibt es bis in die
90er Jahre eine Initiative von Betroffenen. Eltern ausgegrenzter Kinder schließen sich zusammen, um sich einer systematischen gesellschaftlichen Diskriminierung öffentlich entgegenzu-
stellen. Die Einführung von Integrationsklassen an Berliner Grundschulen wurde im Jahr
1990/91 als flächendeckendes Angebot durchgesetzt. Die Schulgesetzgebung räumt den Eltern
das Wahlrecht ein, ihr behindertes Kind auf eine Sonderschule oder auf die zuständige Grundschule zu schicken. Ausgenommen waren Kinder mit sogenannter „geistiger" oder „Schwerst-
mehrfachbehinderung", d. h. Kinder mit elementaren Lernbedürfnissen, wie es pädagogisch betrachtet heißen sollte (vgl. Hetzner/Podlesch, 1999).

Für Kinder mit Beeinträchtigungen ist seit 1990 ein Förderausschussverfahren durchzu-
führen, wobei die Kind-Umfeld-Analyse die Lernausgangslage und den „sonderpädagogischen
Förderbedarf" feststellt und den Eltern nach entsprechender Beratung eine Schule empfiehlt.
Dieses Verfahren ist jedoch auch sehr kritisch zu betrachten, da es bei der Beurteilung der
Schüler von einer Defizithypothese ausgeht und die Lehrer mit einem enormen bürokratischen
Aufwand zusätzlich belastet. Durch den § 10a BerlSchulG wurde 1996/97 die getroffene Rege-
lung auch auf weiterführende Schulen ausgedehnt. Allerdings bleibt das Wahlrecht für Kinder
mit „geistiger" oder „schwerer Mehrfachbehinderung" auf die Grundschule beschränkt.

Fällt die Entscheidung zugunsten einer integrativen Maßnahme aus, sind für Berlin zwei Modelle erwähnenswert:
a)   Die Einzelintegration wurde bereits 1984 als Angebot bei Zustimmung aller Beteiligten
schulrechtlich vorgesehen. Die Integrationsklassen hingegen wurden damals nur als Schulver-
such nach § 3 BerlSchulG eingerichtet. Seit 1996/97 beträgt die Klassenfrequenz in einigen Berliner Bezirken 23 und in den Jahren 1989/90 21 SchülerInnen, von denen zwei bis drei ein För-
dergutachten haben; die Klasse erhält seit 1995/96 zusätzlich ca. 3,5 Teilungsstunden pro Woche.
In den Jahren 1989/90 waren es 10 Teilungsstunden pro Woche (vgl. Sabine Knauer 2000, 35).
b)   Die Integrationsklasse unterliegt keinen besonderen Rahmenbedingungen, muss aber im
Förderausschuss beantragt und aus schuleigenen Mitteln bereitgestellt [finanziert] werden. In
der Integrationsklasse erhalten sogenannte Gutachtenschüler eine sonderpädagogische Förderung durch verminderte Klassenfrequenz und eine erhöhte Anzahl an Teilungsstunden. Die
Form der Integration ist nicht wählbar, sondern richtet sich nach der Anzahl der Förderaut-
achtenkinder im jeweiligen Jahrgang (vgl. Sabine Knauer 2000, 35). Die genannten Zahlen können nur als Richtschnur gesehen werden, da die Klassenfrequenzen innerhalb der Berliner Bezirke variieren.

Die ersten Bemühungen um eine gemeinsame Schule für behinderte und nichtbehinderte Kinder haben die Grundschule innovativ beeinflusst. Impulse der Reformpädagogik wurden aufgegriffen, die institutionelle und unterrichtliche Organisation wurde verändert, und die „integrative Didaktik" steht heute für lebenswelt- und kindorientiertes Lernen und setzt einen
Kontrapunkt zu verkrusteten Unterrichtsmethoden.

Inzwischen sind die meisten Berliner Grundschulen an integrativen Maßnahmen beteiligt, und in einer Integrationsklasse arbeitet ein Sonderpädagoge mit einem Grundschullehrer zusammen. Beide Pädagogen arbeiten meist teamorientiert. Integrative Kooperation kann heute als Qualitätsbegriff gelten, der für einen Unterricht mit offenen Lernformen den Forderungen nach Individualisierung und Gemeinsamkeit entspricht. Die Integrationspädagogik hat den Anspruch, das Kind als Subjekt seines individuellen Lernprozesses in den Mittelpunkt der Aufmerksamkeit zu stellen.

Wird diese Aufgabe ernst genommen, könnte die Regelschule viel von der Integrationspädagogik lernen. Trotz der positiven Entwicklung und Ausbreitung der schulischen Integration wird diese Entwicklung zum Teil durch das differenzierte Sonderschulwesen behindert. Auf der schulpolitischen und Mittelverteilungsebene bedeutet es, dass die Integrationsschulen in Konkurrenz zu den Sonderschulen stehen. So wird die Zuständigkeit der Integrationspädagogik auf Kinder mit minder umfänglichen Beeinträchtigungen beschränkt, während gleichzeitig die Sonderschule auf ihrer besonderen Kompetenz beharrt. Der Behindertenbeauftragte des Landes Niedersachsens Karl Finke merkte auf dem 9. Gesamtdeutschen Bildungsdialog im Januar 1994 in Leipzig dazu folgendes an: „Die gesellschaftliche Tendenz zur Ausgrenzung, seien es alte Menschen, Ausländer, Kranke, Behinderte, ist Barometer für eine zunehmende soziale Kälte. Für die Menschlichkeit oder Unmenschlichkeit des Antlitzes unserer Gesellschaft ist ihr Umgang mit den Minderheiten ein sichtbarer Indikator."

Die Überwindung der traditionellen Sonderpädagogik und ihre Reintegration in die allgemeine Pädagogik setzt ein Zeichen für eine Abkehr von Ausgrenzung und Aussonderung. Diese eingebrachte Forderung wird sich hoffentlich in der konsequenten Weiterentwicklung der Berliner Schulpolitik in die integrative Praxis umsetzen.

„Wenn Nicht-Aussonderung den Regelfall darstellt, bedarf es nicht mehr verschiedener Pädagogiken." (Eberwein 1996, 33)

Nach Preuss-Lausitz („Gute Noten für die sechsjährige Grundschule") ist in jüngster Zeit eine Studie von Renate Valentin und Kerstin Darge entstanden, in der die Autorinnen herausgefunden haben, dass eine lange gemeinsame Grundschulzeit die Integration von „behinderten und nichtbehinderten Kindern" positiv beeinflusst. Die Argumente für eine sechsjährige Grundschule liegen auf der Hand:

- Wir leben in einer offenen und demokratischen Gesellschaft, in der Leistung und Eignung den Bildungs- und Lebenserfolg bestimmen und nicht mehr die Zugehörigkeit zu einem Stand.
- Die Möglichkeit zu einer längeren gemeinsamen Grundschulzeit bietet eine bessere Prognose des Schulerfolgs und führt zu mehr Chancengleichheit.

Die längere Zeitspanne, die die Kinder miteinander verbringen, gibt auch mehr Zeit für den Erziehungsauftrag in der Schule: neben der individuellen Förderung liegt die Betonung auf sozialer Integration. Die Grundschule ist die eigentliche Gesamtschule, da sie tatsächlich die Schule für alle Kinder einer Gesellschaft ist und die Heterogenität der Kinder in bezug auf Lernvoraussetzungen, Leistungsfähigkeit, kulturelle und ethnische Zugehörigkeit nicht nur toleriert, sondern diese Verschiedenheit als Chance, Bereicherung und Herausforderung für vielfältige Lernprozesse in kognitiver, sozialer und emotionaler Hinsicht begreift.

Die genannten Thesen werden jedoch nicht unwidersprochen hingenommen, sondern durchaus kontrovers diskutiert. Befürworter einer Verkürzung der Grundschulzeit auf vier Jahre argumentieren, dass die „Guten" zu wenig intellektuellen Input bekommen. Dieses Argument taucht auch bei der Diskussion über die Zusammensetzung einer Klasse auf, ob und wie viele SchülerInnen aus einem anderen Herkunftsland bzw. mit einer anderen Sprache oder Kinder mit anderen Beeinträchtigungen wie z. B. Lernbehinderungen oder körperlichen Einschränkungen (blind, taub, körperbehindert, geistig behindert) gemeinsam unterrichtet werden können.

Entsprechende Evaluationen, die nicht nur den Leistungsstand messen, sondern auch die Persönlichkeitsentwicklung in den pädagogischen Blickwinkel rücken, haben gezeigt, dass die 6-jährige Grundschule ihre Berechtigung hat, und plädieren für einen erweiterten Leistungsbegriff, der neben den kognitiven Leistungen auch die Lernkultur, die Unterrichtsgestaltung, das Lernklima, die Ausbildung und die Anzahl der zur Verfügung stehenden Lehrkräfte stärker einbezieht (Valentin/Darge, 2001, I–IV).

Was leistet Schule zur sozialen Integration? – Eine aktuelle Debatte

Dieser Frage ist Ulf Preuss-Lausitz nachgegangen. In seinem Eröffnungsvortrag zur 2. Berliner Fachtagung am 23. September 2000, zur Weiterentwicklung der Pädagogik für die Klassen 4 bis 6, kritisiert er die Einführung des leistungsdifferenzierten (äußere Leistungsdifferenzierung bezogen auf Schulleistung) Unterrichts in der Berliner Grundschule und somit auch die These, dass eine zunehmende Heterogenität der Kinder fächerweise leistungshomogenere Gruppen erfordere. Das Elternwahlverhalten bei der Schulwahl zeige, dass viele Eltern ihre Kinder von sozial niederen, mit geringem kulturellen Kapital ausgestatteten Familien fernhalten möchten. Sie bevorzugen die Einführung der 4-jährigen Grundschule, um eine frühzeitige soziale Trennung zu erreichen und ihr Kind auf eine Privatschule, auf ein Gymnasium oder auf die Oberschule zu schicken. Die „moderne homogene Leistungsgruppe" wird über spezielle Profilbildung bereits in der Primarstufe gebildet (Sport, Naturwissenschaften, frühzeitige erste Fremdsprache), „Differenzierung nach kulturellem Kapital" sei das heimliche Curriculum.

Der zweite Weg ist der Versuch, durch eine Homogenisierung von Expressklassen im Kollektiv schneller die Schulzeit zu beenden, damit möglichst schnell Karriere gemacht werden kann.

Diese Entwicklung wird durch die Aufhebung des Grundschulbesuchs im jeweiligen Wohngebiet beschleunigt. Hinter dieser „neoliberalen Modernität" stehe ein Schulsystem, das sich aus dem gesellschaftlichen Auftrag verabschiedet hat. Der gesellschaftliche innere Zusammenhalt wird von der Delors-Kommission der UNESCO (Unesco 1996) mit „sozialer Kohäsion" umschrieben, der die verschiedenen Schichten und Gruppen der Gesellschaft zusammenführt und durch gemeinsame Schulerfahrung herzustellen versucht, damit eine erfahrungsträchtige Grundlage für eine auch emotional verankerte demokratische Bürgergesellschaft zu sichern ist (vgl. Preuss-Lausitz 2000, 2).

Eltern wählen die ihnen am attraktivsten erscheinende Schule aus dem Internet – die Schule wird zur Ware und die Eltern werden zu Kunden.

„Was ineffektiv ist, entscheidet sich am Leistungstest, nicht etwa an der Frage, welche Integrationsleistungen eine Schule erbringt oder wie Schule mit rechten Strömungen unter den Schülern umgeht" (ebd., 2), d. h. es erfolgt ein Ausleseprinzip, wobei insbesondere Behinderte ausgegrenzt werden.

Die Einteilung von Lerngruppierungen nach Leistung ist eine relativ neue Erfindung der Pädagogik. Die Fachleistungsdifferenzierung entstand mit der Entwicklung der Gesamtschule, um mit den vielen unterschiedlichen Lernvoraussetzungen umgehen zu können. Es ist eine Differenzierungsform, die von Begabungsgruppen und von sozialen Kollektiven (Chancengleichheitsanspruch von Gruppen wie Mädchen, Arbeiter- und Landkinder, Katholiken) ausging.

Heute gibt es immer noch soziale Ungerechtigkeit, aber diese zeigt sich nicht mehr so offen. Heute haben die Kinder größere Entscheidungsfreiheiten, sie müssen jedoch auch lernen, mit größeren Verantwortlichkeiten umzugehen. Zu prüfen bleibt, welche Möglichkeiten, Voraussetzungen, Entwicklungsstufen und Interessen individuell gegeben sind.

Célestin Freinet schreibt: „Das Kind von 1950 ist nicht mehr das Kind von 1900" und zieht daraus den Schluss, „dass den Kindern, und zwar jedem einzelnen, das Wort zu geben, ihren Themen, ihren Neugierden, ihren je unterschiedlichen Schwierigkeiten" Aufmerksamkeit zu widmen sei. Praktische Vielfalt öffnet ihre Welt und schafft zugleich ein Bewusstsein der Gemeinsamkeit: Differenz von Anfang an und Verzicht auf ideologische Gruppierungen, stattdessen Bündelung im gemeinsamen Handeln (Freinet 2000).

Der Neurobiologe Terrence Sejnowski (2000) führt weiter aus: „...das derzeitige Bildungssystem berücksichtigt heute nicht, in welch großem Maß sich die Menschen in ihren Anlagen unterscheiden. Was für ein Kind funktioniert, muss für das nächste noch lange nicht gut sein. Der Unterricht aber versucht, allen SchülerInnen gleichermaßen gerecht zu werden – und wird dadurch niemandem gerecht" (Preuss-Lausitz 2000, 4). Die SchülerInnen müssen aber ihre eigenen Wege gehen dürfen und durch aktives Aneignen, indem sie sich die Informationen selbst zusammensuchen, zu eigenen Problemlösungen kommen.

Der Schweizer Gerard Bless (1995, 171) stellte fest, eine Reihe von Studien über die Integration „lernschwacher" SchülerInnen hätte ergeben, dass leistungsheterogene Lerngruppen den leistungshomogenen Lerngruppen vorzuziehen seien. Es habe sich gezeigt, dass leistungsschwächere Kinder in Regelklassen bessere Leistungen zeigen als in Sonderklassen.

Die Integrationspädagogik hat das Ziel, alle Kinder ungeachtet eventueller Beeinträchtigungen und gemäß ihrem Entwicklungsstand gemeinsam aufwachsen zu lassen und sie gemeinsam zu erziehen und zu unterrichten. Dabei sind äußere Differenzierungsmaßnahmen mit den Folgen von Separierung und Ausgrenzung durch innere Differenzierung in der Regelschule zu ersetzen (vgl. Eberwein 1999, 62). In letzter Konsequenz bedeutet das, die Sonderschulen aufzulösen.

Die Aufmerksamkeit liegt nicht mehr beim einzelnen, sondern erfährt eine Verschiebung zum systemischen Standpunkt hin. Es geht nicht nur um die Integration des jeweiligen Kindes, sondern um die Schule, die den Raum für eine Integration schafft (Integrationsbewegungen von Menschen mit Behinderungen, speziellen Fähigkeiten und Begabungen, unterschiedlicher sozialer Herkunft oder auch Kinder anderer ethnischer Herkunft). Je stärker diese Forderungen an die Öffentlichkeit getragen werden, desto mehr gerät die Schule unter den Druck, sich mit den gegebenen gesellschaftlichen Veränderungen auseinanderzusetzen. Zeitlich parallel fällt diese Diskussion mit der Forderung nach Qualitätssteigerung im allgemeinen Bildungswesen zusammen, und die hieraus abgeleiteten Veränderungen entsprechen dem Erkenntnisstand der Integrationspädagogik.

Was zeichnet Integrationspädagogik aus?

Bei der Beantwortung dieser Frage geht es um die Überprüfung des Verhältnisses von gesell-schaftlichen Entwicklungen und bestehenden Systemen. Schule hat den Auftrag, jedem Indivi-duum unabhängig von seiner Herkunft, unabhängig von Stand oder sozialer Schicht, das An-gebot einer Bildung zu machen, die ihm zu Autonomie, Selbständigkeit und Mündigkeit verhilft. Autonomie ist aber nur um den Preis der Kritik von Traditionen zu haben (Huschke-Rhein 1996, 36ff.).

Wenn die Integrationspädagogik die Komplexität der pädagogischen Aufgaben ernst nimmt und die Heterogenität von Kindergruppen betont, muss sie mit diesen Widersprüchlichkeiten leben. Das bedeutet, dass sie aus den Unstimmigkeiten der traditionellen gesellschaftlichen In-stitutionen und Wissenschaftskonstrukten entstanden ist und diese zu ihrer Fortentwicklung und Entfaltung nutzt.

Grundzüge der schulischen Integrationspädagogik bestehen in Abgrenzung zur Sonderpäda-gogik

- auf der ethischen Ebene in unbeschränkter Teilhabe aller Menschen;
- auf erziehungswissenschaftlicher Ebene durch Respektieren der Beziehungsebene;
- auf der räumlichen und zeitlichen Ebene in Prozesshaftigkeit;
- auf der Ebene des Lernbegriffs in der Betonung der spezifischen Lernfähigkeiten eines je-den Menschen vs. der Annahme eingeschränkter Lernfähigkeit (vgl. Eberwein 1999, 58f.);
- auf institutioneller Ebene in Inklusion vs. Exklusion;
- auf didaktisch-methodischer Ebene in Vielfältigkeit der Angebote;
- auf der personalen Ebene in direkter, empathischer Kommunikation zwischen allen Betei-ligten;
- auf der personalen Ebene der Lehrer in pädagogischer Professionalität vs. fachspezifischer Wissensvermittlung (Sabine Knauer 2000, 83ff.).

Durch die Integrationspädagogik werden neue Sichtweisen und Handlungsmöglichkeiten er-schlossen.

Das gemeinsame Lernen aller Kinder und LehrerInnen in Begegnung und Auseinanderset-zung mit der Welt in ihrer Vielfältigkeit und nicht in der Reduktion auf Fachdidaktik stellt den pädagogischen Bezug her – auch im Hinblick auf Schüler mit Behinderungen, denn diese sind genauso Mitglieder der Gesellschaft. Die berechtigte Forderung behinderter Menschen besteht darin zu sagen: Wir wollen nicht aus den öffentlichen Räumen verbannt werden, sondern uns im Gegenüber konfrontieren. Dies kann auch mit Menschen aus anderen Herkunftsländern ge-schehen, nämlich dadurch, dass durch das Anderssein, das Fremde, Unbehagen oder Verunsi-cherung provoziert werden. Aufgabe der Integrationspädagogik ist es, vermeintliche Selbstver-ständlichkeiten, Zuschreibungen von Eigenschaften, Diskriminierung und Ausgrenzung bewusst zu hinterfragen.

Werden räumliche Trennungen zwischen Menschen unterschiedlicher Herkunft und verschie-dener Seinsformen aufgehoben, entstehen die notwendigen Ausgangsbedingungen, um soziale, interaktionale und innerpsychische Ausgrenzungen zu überwinden und ein Sich-aufeinander-zu-Bewegen zu ermöglichen. Dies geschieht durch das gemeinsame Lernen von Kindern in der Schule auf verschiedenen Ebenen, wie z. B. auf der ethischen, wenn Stigmen und negative Sanktionen von „Anderssein" vermieden werden. Der verfassungsrechtliche Anspruch des Grundgesetzes des Artikels 3 „Gleichheit vor dem Gesetz" ist in Absatz 1 formuliert: „Alle Menschen sind vor dem Gesetz gleich", und im dritten Absatz des Artikels heißt es: „Niemand darf wegen seines Geschlechts, seiner Abstammung, seiner Rasse, seiner Sprache, seiner Heimat und Herkunft, seines Glaubens, seiner religiösen oder politischen Anschauungen benachteiligt oder bevorzugt werden. Niemand darf wegen einer Behinderung benachteiligt werden."

Das Grundgesetz widerspricht unmissverständlich jeder Art von Diskriminierung. Der Philosoph Theodor W. Adorno hat diesen Grundsatz mit den Worten charakterisiert: „Jeder Mensch muss ohne Angst verschieden sein können" (Adorno, 1976). Diese Forderung Adornos zeigt, was Kern und Fundament unserer Demokratie ist, nämlich gleiche Rechte für ungleiche bzw. verschiedene Menschen.

Integrationspädagogik schlägt eine Brücke zwischen Sonderpädagogik und allgemeiner Pädagogik. Die Integrationspädagogik hat erst dann ihr Ziel erreicht, wenn die Ausgrenzung von allen Kindern und Jugendlichen in Schulen endgültig überwunden ist.

In unmittelbarem Zusammenhang mit dieser Zielsetzung steht die optimale Förderung des einzelnen Schülers in einer heterogenen Lerngruppe. Lernprozesse vollziehen sich individuell und stehen in einem biographischen Kontext. „Sich als Lehrer auf Lernvoraussetzungen, Lerninteressen und Lernschwierigkeiten einzustellen, bedeutet nicht nur nach Vorkenntnissen und Fertigkeiten zu fragen, sondern entwickelt sich in der sozialen Interaktion. Eine gute Förderung heißt, jeden einzelnen in seinen biographischen Lebenszusammenhängen wahr- und anzunehmen, ihn seiner kognitiven, emotionalen und sozialen Entwicklung gemäß und seinen Möglichkeiten entsprechend zu fördern, in seinen individuellen Lernprozessen pädagogisch und didaktisch zu unterstützen." (Riedel, 1996, 117)

Jutta Schöler hat auf der Fachtagung zum „Verhältnis von Sonder- und Integrationspädagogik" (Berlin 1998) darauf hingewiesen, dass der nicht aussondernde Ansatz einer fachlichen Schwerpunktsetzung in keiner Weise entgegensteht, dass indessen gerade der integrationspädagogische Blickwinkel als diesbezügliche Bereicherung erfahren werden kann (Schöler 1999).

Eine Antwort darauf ist der binnendifferenzierte Unterricht, der die Gestaltung aktivitätsfördernder Lernsituationen in den Mittelpunkt stellt. Hier stehen den Pädagogen eine Fülle von Arbeitsformen zur Verfügung, wie z. B. freie Arbeit, Projektunterricht, Arbeitsgruppen, fächerübergreifendes Unterrichten.

Grundlage ist der Wochenplan – er bezeichnet eine Unterrichtsform, die den Kindern in der Grundschule ein selbsttätiges und selbständigeres Arbeiten ermöglichen soll. Dieser Wochenplan stützt sich auf einen schriftlich fixierten Arbeitsplan mit unterschiedlichen Aufgaben und einen flexiblen zeitlichen Rahmen mit zugeordneten Arbeitsmaterialien. Diese sollen so vorbereitet sein, dass die Kinder weitgehend selbständig im Klassenraum damit arbeiten können. Die zunehmende Beteiligung der Kinder an der eigenen Lernplanung mit Hilfe sozialer Regelungen, unterschiedliche Lernaktivitäten im gleichen Raum, zur gleichen Zeit und in einer für alle akzeptierten Arbeitsatmosphäre – das ist das gewünschte Ziel. Wochenpläne können vorgegebene Pflichtaufgaben enthalten, die (mit differenzierten Hilfen) für alle Kinder verbindlich sind, sowie gemeinsam geplante Wahlpflichtaufgaben, aus denen ebenfalls eine verabredete Anzahl ausgewählt werden muss; frei auswählbare Aufgaben und Aktivitäten sollen vorbereitet werden. Das Aufgabenangebot bezieht sich in der Regel auf das schulische Curriculum. Im Angebotteil soll den SchülerInnen Gelegenheit zur Umsetzung eigener Initiativen, eigener Ideen,

Neigungen, Interessen und Zielsetzungen eingeräumt werden. Dabei kann das Aufgabenangebot fächerübergreifend gestaltet sein. Je nach Entwicklungsstand in der Klasse verändern sich auch die Aufgaben. Zu Beginn sind es meist einfache Übungsaufgaben, die im Laufe der Zeit durch die Steigerung der Wahlpflichtaufgaben zunehmend komplexer werden. Die Rolle des Lehrers verändert sich. Er steht nicht mehr im Mittelpunkt, sondern übernimmt die Funktion eines Beraters und bietet Hilfestellungen bei der Bewältigung bevorstehender Aufgaben an (vgl. Claus Claussen, 1992).

Unterschiedliche Kinder benötigen verschiedene pädagogisch begleitete Lern- und Lebensbedingungen und sollen dabei dennoch Gemeinsamkeiten erkennen. Aus diesem Grund bedarf es keiner Trennung von behinderten und nicht behinderten Schülern und auch keine Trennung von Jungen und Mädchen, Deutschen und Kinder aus anderen Herkunftsländern, Spitzenbegabten und Langsamlernern. Die moderne Schule hat Platz für Unterschiedlichkeit und für die Erfahrbarkeit von individuellen Differenzen. Die Chancen zivilgesellschaftlich toleranter Haltungen wird durch Menschen unterschiedlicher Herkunftsländer erhöht, wenn man die Möglichkeit gemeinsamer Erfahrungs- und Lernprozesse ermöglicht.

Dieses Ziel war auch Ausgangspunkt der Überlegungen zur 1997 begonnenen Fortbildungsveranstaltung zum Thema „Integration – Konfliktbearbeitung in der Grundschule" mit chilenischen LehrerInnen und Lehrern. Das zweimonatige Seminarkonzept beruht auf der dialektischen Auseinandersetzung auf der konkreten Lehr- und Lernebene und den langfristigen Erziehungszielen in Chile wie in Deutschland.

Die Vermittlung und Reflexion zweier Realitäten, der chilenischen wie der deutschen Schulwirklichkeiten, in einer Konzeption, die jeweilige Authentizität und Transparenz bzw. der Umgang mit der Ambivalenz waren die große Herausforderung für den Entstehungsprozess dieses Programms. In der geplanten Lehrerfortbildung sollte es keine einfache Übertragung, keine vorgefertigten Antworten geben, sondern das beständige Bemühen, sich einander anzunähern, einander anzuerkennen und einander wertzuschätzen. Das Fortbildungsprogramm wurde in drei aufeinander bezogene Bereiche konzipiert:

- In der ersten Hälfte des Programmes sollten sich die TeilnehmerInnen mit dem deutschen Erziehungs- und Bildungswesen und ihren aktuellen Problemen auseinandersetzen.
- Vor diesem Hintergrund galt es, Schulbeobachtungen zu machen, um die konkreten pädagogischen Strategien innerhalb bzw. zur Veränderung dieser Realität kennenzulernen.
- Die Erfahrungen sollten die TeilnehmerInnen befähigen, eigene Schlussfolgerungen für ihre chilenische Erziehungsrealität zu ziehen.

Die Problematik der Versöhnung in der post-diktatorialen Phase in Chile haben wir durch die Betrachtung verschiedener pädagogischer Ansätze der „Erziehung nach Ausschwitz" aufgegriffen.

Die Diskussion um die „pädagogische Autonomie" haben wir im Kontext deutscher Pädagogik-Debatten erweitert und auf die sozio-kulturellen Rahmenbedingungen ausgedehnt, innerhalb derer schulisches Lernen möglich ist. Hierbei wurde von der These ausgegangen, dass es eine pädagogische Autonomie nur geben kann, wenn auch die institutionellen und materiellen Rahmenbedingungen eine entsprechende Autonomie zulassen.

Die Demokratisierung lässt sich an ihrer Bereitschaft messen, soziale Konflikte anzuerkennen, zu überwinden und ihnen, wenn möglich, vorzubeugen. Eine Erziehung, die Ansätze von Binnendifferenzierung und Mediation praktiziert, kann hierzu einen Beitrag leisten.

Eine „Pädagogik für mehr Diversität" wendet sich im Kern gegen jegliche Diskriminierung, sozialer, politischer, kultureller oder ethischer Art. Über die verschiedenen Ausschlussformen von Behinderten und Migranten oder die Benachteiligung von Mädchen in der bzw. durch die Schule haben wir ein besonderes Augenmerk auf die in Chile praktizierten Diskriminierungen gelegt.

Im Curriculum-Rahmenplan für die Grundschule gibt es ein Schwerpunktkapitel, das sich mit den „Objetivos Fundamentales Transversales", der Werthaltung in der Grundschulbildung, beschäftigt. Hier werden Projektunterricht, Gruppenarbeit, „das Kind im Zentrum" und zahlreiche andere Methoden orientierte Werthaltungen formuliert (vgl. Ilse Schimpf-Herken, 1997).

Fazit

Die gemeinsame Bildung aller Kinder ist die Schlüsselfrage schlechthin. Erfahrungsberichte der bereits integrativ arbeitenden Schulen stellen auf dem Weg zur gemeinsamen Erziehung qualitative Veränderungen fest, weil das von den Lehrern gewollte Umdenken ein Reflektieren und Infragestellen der bisherigen Praktiken mit sich bringt. In der Grundschule sind diese Bemühungen weitgehend durchgesetzt. Es bleibt hinzuzufügen, dass diese Entwicklung sich auch auf den Sekundarschulbereich ausdehnen sollte, was eine Überwindung des drei- bzw. viergliedrigen Selektionssystems bedeuten würde.

Pädagogik hat die Aufgabe, als Verbindungsglied zwischen Sonderbehandlung und Ausgrenzung zu vermitteln.

Ob sich das Konzept der Eingliederung von „behinderten" Kindern und Jugendlichen in die Regelklassen in Zukunft einfacher gestalten wird, kann an dieser Stelle nicht hinreichend beantwortet werden. Die integrativen Maßnahmen haben sich zwar bis zur 6. Klasse flächendeckend durchgesetzt, aber mehr als die Hälfte der Integrationsschüler erhalten noch keine Integrationsplätze in der Sekundarstufe I und werden dann an die Sonderschulen verwiesen.

Der Eingliederungsprozess kann nur gelingen, wenn der öffentliche Druck wächst und Eltern, Pädagogen und politische Entscheidungsträger gemeinsam bereit sind, für Integration zu kämpfen. Es geht dabei nicht nur um die Toleranz von „behinderten" Kindern, sondern um einen notwendigen Perspektivenwechsel, der es erlaubt, die Beeinträchtigung als Bereicherung zu sehen. Lassen wir uns von einem blinden Menschen erzählen, wie er die Welt mit seinen Augen sieht.

Eine Schule für Alle!

»Lehrer ohne Grenzen« im ehemaligen Folterzentrum
»Villa Grimaldi«, Santiago 1999

Elke Gryglewski

Von der Geschichte zum Erinnern, oder:
Warum es sinnvoll ist, mit chilenischen Lehrern
in bundesdeutschen Gedenkstätten zu arbeiten

Wenn wir unseren deutschen Besuchern berichten, dass seit vier Jahren chilenische Lehrer einmal jährlich zu zweitägigen Seminaren ins Haus der Wannsee-Konferenz kommen, wird diese Information häufig mit großem Erstaunen zur Kenntnis genommen. Warum kommen die Chilenen? Was sind die Schwerpunkte ihrer Beschäftigung in dieser Gedenk- und Bildungsstätte? Können sie hier Erkenntnisse gewinnen, die auch im Hinblick auf die Auseinandersetzung mit der eigenen Vergangenheit von Bedeutung sind?

Diese so oder ähnlich formulierte Fragen spiegeln deutlich die lange Zeit gültige Trennung der Besuchergruppen in europäische, US-amerikanische, israelische – also direkt oder indirekt vom Holocaust Betroffene – und sonstige Gruppen wieder. Anders gesagt: eine Trennung in Besucher, die als vermeintlich „wichtige" Adressaten gelten, und solche, bei denen sich der Besuch auf einen reinen Informationsgehalt zur deutschen Geschichte reduziert. Diese Trennung ergab sich natürlich auch aufgrund der Besucherzahlen aus den entsprechenden Ländern.

Die eher seltenen Besucher aus Lateinamerika wurden oft den dort existierenden jüdischen Gemeinden oder der Gruppe der in den 30er Jahren aus Deutschland emigrierten Flüchtlinge bzw. den damals von Deutschland besetzen Ländern zugeordnet.

Das hier in bezug auf Gedenkstättenbesucher beschriebene Phänomen der Einordnung von Besuchern mit vermeintlichem Interesse bzw. Desinteresse an der Geschichte des Nationalsozialismus und dem Holocaust galt in den 70er und 80er Jahren im übertragenen Sinne auch für die sich in Deutschland politisch engagierenden Menschen: die deutliche Trennung zwischen Engagement in Zusammenhang mit der NS-Vergangenheit auf der einen Seite und Aktivitäten im Bereich der „Dritte-Welt-Solidarität" auf der anderen. Das war insofern erstaunlich, als gerade die Auseinandersetzung mit dem Nationalsozialismus, z. B. im Hinblick auf Familienbiographien, eine häufige Grundlage für weiterführendes Engagement in der Solidaritätsbewegung darstellte und auch umgekehrt zahlreiche GedenkstättenmitarbeiterInnen ihre erste „Politisierung" im Zusammenhang mit der Dritte-Welt-Solidarität erfuhren, bevor sie sich im Berufsleben auf die NS-Zeit konzentrierten. Das Wissen um den jeweils anderen Bereich führte jedoch lange Zeit nicht zu einer konkreten inhaltlichen Verknüpfung beider Themen.

Es sind mehrere Gründe, die speziell seitens der Gedenkstätten eine andere Sicht- und Handlungsweise hervorgerufen haben.

Zunächst änderte sich viel mit dem „Zusammenbruch" des Ostblocks, insbesondere der DDR. Immer mehr Besucher forderten von den Mitarbeitern und Mitarbeiterinnen in Gedenk-

Elke Gryglewski ist pädagogische Mitarbeiterin an der Gedenk- und Bildungsstätte »Haus der Wannsee-Konferenz« in Berlin. Kontakt: egryglewski@ghwk.de

stätten, sich intensiv mit Systemvergleichen auseinander zu setzen, um den damals häufig formulierten Relativierungen des NS-Regimes zugunsten eines schlimmeren Unrechtregimes, wie es die DDR gewesen sein sollte, etwas entgegensetzen zu können. Da zeitgleich auch zahlreiche Diktaturen in der sog. Dritten Welt beendet wurden, war es kein Zufall, dass diese Systemvergleiche sich zunehmend auf diktatorische Regime generell und nicht mehr nur auf die Frage der nationalsozialistischen versus der „kommunistischen" Diktatur beschränkten.

Darüber hinaus setzte sich die Erkenntnis durch, dass gerade jüngere Besucher der Gedenk- und Bildungsstätten eher durch universelle Fragestellungen und nicht mehr ausschließlich über die Frage, welche Lehren speziell wir Deutschen aus dem NS zu ziehen hätten, besser zu erreichen seien. Diese Überlegung, die an vielen Stellen in der Pädagogik bereits vorher berücksichtigt worden war, wurde, auch bedingt durch einen stattfindenden Generationenwechsel innerhalb des Kreises der GedenkstättenpädagogInnen, grundsätzlich nicht mehr in Frage gestellt. Die Auseinandersetzung mit dem Nationalsozialismus als mögliche Grundlage für die Sensibilisierung hinsichtlich der Wahrung von Menschenrechten allgemein – ohne auf die Frage der besonderen Situation in Deutschland zu verzichten – ist inzwischen allgemein anerkannt, wenngleich die Diskussion um eine konkrete pädagogische Umsetzung natürlich nicht abgeschlossen ist und auch nie abgeschlossen sein wird.

Diese thematische Öffnung seitens der Gedenkstätten hat sich seit Beginn der 90er Jahre auch in verschiedenen Veröffentlichungen manifestiert, wurde von verschiedenen Institutionen innerhalb der Solidaritätsbewegung aufgegriffen und hat zu unterschiedlichen Kooperationsveranstaltungen geführt. In diesem Kontext ist auch die Anfrage des Berliner Teams der DSE vor vier Jahren zu sehen, ob innerhalb von zweimonatigen Fortbildungsveranstaltungen für chilenische Lehrer in Berlin Seminare im Haus der Wannsee-Konferenz durchgeführt werden könnten.

Nachdem wir bereits 1998 zusammen mit der Stiftung Topographie des Terrors sowie der Paulo-Freire-Gesellschaft eine Tagung zum Thema „Der Umgang mit der Vergangenheit nach der Überwindung von Diktaturen. Unterschiede und Übereinstimmungen zwischen Argentinien, Chile, Deutschland, Polen und Südafrika" unter Beteiligung von Vertretern aller genannten Länder durchgeführt und die Erfahrungen dieser Tagung gezeigt hatten, dass es trotz aller Unterschiede auch viele Gemeinsamkeiten im Hinblick auf postdiktatorische Gesellschaften gibt, war prinzipiell nichts gegen solche Seminare für LehrerInnen einzuwenden. Da es sich bei der genannten Tagung allerdings explizit um den Vergleich des Umgangs mit der Vergangenheit, nicht aber um einen direkten Systemvergleich der einzelnen Diktaturen gehandelt hatte, musste bei der Planung der zukünftigen Seminare die Frage berücksichtigt werden, wie mit möglichen Vergleichen des NS-Regimes mit der Diktatur in Chile seitens der Seminarteilnehmer während der Studientage umgegangen werden würde.

Im Laufe der Gespräche mit dem Team der DSE wurden auch Besuche in der KZ-Gedenkstätte Buchenwald und der Stiftung Sächsische Gedenkstätten in Dresden als Teil eines umfangreicheren Themenschwerpunktes „Zum Umgang mit der Vergangenheit in Deutschland" eingeplant, und auch hier stellte sich die Frage des möglicherweise stattfindenden Systemvergleichs seitens der Teilnehmenden.

Die Konzeption der Seminare im Haus der Wannsee-Konferenz, der KZ-Gedenkstätte Buchenwald und der Stiftung Sächsische Gedenkstätten, Dresden

Die Teilnehmer der Pasantías beschäftigen sich während ihres Aufenthaltes in Berlin mit den sozialen Konflikten einer Gesellschaft, ausgehend von der Überlegung, dass die meisten dieser Konflikte durch den Umgang mit der diktatorischen Vergangenheit beeinflusst werden (siehe den Beitrag von Ilse Schimpf-Herken).

Aus diesem Grund lag ein wesentlicher Schwerpunkt der Seminare in Wannsee, in Dresden und in Buchenwald auf der Frage, wie nach 1945 in den westlichen Besatzungszonen und der späteren BRD sowie in der SBZ und der späteren DDR mit dem Nationalsozialismus und nach 1989 in der gesamten Bundesrepublik mit der DDR-Vergangenheit umgegangen wurde/wird.

Um jedoch einzelne Aspekte dieses Umgangs verstehen zu können, ist es unabdingbar, sich auch mit den historischen Orten zu befassen. Darüber hinaus wird im Haus der Wannsee-Konferenz das Thema der Sozialisation in der Tätergesellschaft bearbeitet. Das ist für die chilenischen Lehrer insofern von großer Bedeutung, als hier sehr deutlich wird, welche wichtige Rolle die Sozialisation während einer Diktatur für den Umgang mit der Vergangenheit spielt.

Sehr wichtig ist schließlich die Reflexion darüber, was sich im Laufe der Jahrzehnte im Hinblick auf die pädagogische Methodik der Behandlung des Themas gewandelt und bewährt hat.

Die Konzeption der thematischen Einheit „Von der Geschichte zur Erinnerung" sieht von der Herangehensweise her eine langsame Annäherung an die eigene Geschichte der chilenischen Lehrer vor, da das inhaltliche Ziel der Veranstaltungen ist, dass die Teilnehmenden reflektieren, welche der behandelten Inhalte, Umgehensweisen und pädagogischen Methoden sich auf die eigene postdiktatorische Gesellschaft übertragen lassen. Von grundlegender Bedeutung ist allerdings die Prämisse, dass die Teilnehmenden diesen Prozess eigenständig leisten und nachvollziehen sollen. Wir sprechen und beschreiben konsequent unsere Geschichte – an welcher Stelle und bis zu welchem Maß die Teilnehmenden Rückschlüsse auf die eigene Situation ziehen, bleibt ihnen selbst überlassen.

Im Haus der Wannsee-Konferenz, wo am 20. Januar 1942 fünfzehn hochrangige Vertreter der SS, der NSDAP und verschiedener Ministerien die Kooperation bei der geplanten Deportation und Ermordung aller europäischen Juden besprachen, sollen die Teilnehmer eine Einführung in das Thema Nationalsozialismus und die Verfolgung und Vernichtung der europäischen Juden erhalten.

Dass die erste Berührung mit dem Thema im Haus der Wannsee-Konferenz und nicht in der Gedenkstätte Buchenwald stattfindet, ist für die chilenischen LehrerInnen insofern wichtig, als sie hier nicht in eine Situation versetzt werden, die verhindert, dass sie die Inhalte an sich heran lassen.

Das Haus der Wannsee-Konferenz, als Ort der Täter wo sich nicht das Leiden der Opfer abgespielt hat, gibt ihnen die Möglichkeit, sich langsam auf die Thematik einzulassen.

Besucher in Gedenkstätten nehmen die Informationen, die sie an den historischen Orten erhalten, auf dem Hintergrund der eigenen Erfahrungswelt auf. Viele der chilenischen Lehrer erschrecken angesichts der Vorstellung, einen historischen Ort aus der Zeit der NS-Diktatur besuchen zu müssen. Es sind Orte, die sie vor ihren Besuchen der genannten Gedenkstätten zumeist mit schlechten Hollywoodfilmen in Verbindung bringen, die seit Jahrzehnten den lateinamerikanischen Kontinent überfluten. Und es sind Bilder, die sie oft automatisch mit Menschenrechtsverletzungen in Chile in Verbindung bringen.

Die „Villa", idyllisch am Wannsee gelegen, erlaubt ihnen, diese Bilder in ihrer geistigen Vorstellung zurückzustellen.

Die Führung durch die ständige Ausstellung des Hauses der Wannsee-Konferenz sowie ein Film und Vortrag zur Sozialisation im Nationalsozialismus vermittelt den LehrerInnen historische Informationen und konfrontiert sie mit grausamen Fotografien. Da allerdings Führung, Film und Vortrag in die Fragestellung eingebettet sind, wie gerade jüngeren Schülern im Haus der Wannsee-Konferenz Aspekte aus dem Thema Nationalsozialismus nahegebracht werden, werden die Teilnehmenden mit den Informationen nicht allein gelassen, sondern können immer wieder Distanz zum Thema und zu sich selbst einnehmen, indem sie überlegen, welche Aspekte bei der Erziehung einer so belasteten historischen Vergangenheit zu berücksichtigen sind.

Der zweite Seminartag widmet sich der Fragestellung, wie in der Bundesrepublik seit 1945 mit dem Thema umgegangen wird. Dabei spielt die Frage des Umgangs in der DDR mit dieser Vergangenheit hier noch keine Rolle. Eine Thematisierung dieses Aspektes würde die Teilnehmer unnötig verwirren.

Die zweite Phase der thematischen Einheit findet im Rahmen des Besuchs in der KZ-Gedenkstätte Buchenwald statt. In bezug auf den Nationalsozialismus liegt hier der thematische Schwerpunkt auf dem System der Konzentrationslager und die einzelnen Opfergruppen, die in diesen Lagern inhaftiert waren. Darüber hinaus – und das gab den Ausschlag für die Fahrt in die Gedenkstätte Buchenwald und nicht z. B. die Gedenkstätte Sachsenhausen – erfahren die Teilnehmer hier auf nachgerade plastische Art und Weise, wie in der DDR nach 1945 und im vereinten Deutschland seit 1989 mit dem Nationalsozialismus und seinen Folgen umgegangen wurde und wird. Bei der Umgestaltung der Gedenkstätte hatten sich die Mitarbeiter entschieden, zahlreiche Gegenstände, die Erklärungsmuster des Nationalsozialismus zu Zeiten der DDR verdeutlichten, nicht zu entfernen, sondern mit Erläuterungen, die den aktuellen Forschungsstand widerspiegeln zu ergänzen. Daraus ergibt sich die Möglichkeit, während einer Führung durch das Gelände der Gedenkstätte nicht nur die historischen Tatsachen zu erläutern, sondern gleichsam auch die Geschichte dieser Geschichte zu verdeutlichen.

Die letzte Phase dieser thematischen Einheit, obwohl nicht immer an zeitlich letzter Stelle, ist ein Besuch in der Stiftung Sächsische Gedenkstätten in Dresden. Hier wird im Rahmen eines längeren Gesprächs der Umgang mit den in der DDR begangenen Menschenrechtsverletzungen geschildert und diskutiert. Anders als bei den Besuchen im Haus der Wannsee-Konferenz und in der Gedenkstätte Buchenwald spielt hier der biographische Ausgangspunkt des jeweiligen Betreuers eine große Rolle. Ein ehemaliger DDR-Bürger, der sich selbst rückblickend als überzeugtes Mitglied der DDR-Gesellschaft bezeichnet, erzählt den LehrerInnen seine persönliche Entwicklung hin zu einem Kritiker dieses Regimes. Dieser persönliche Ansatz ist insofern wichtig, als damit um so deutlicher wird, dass es sich auch und gerade bei diesem Abschnitt deutscher Geschichte um ein noch lange nicht „verarbeitetes" Kapitel handelt, obwohl die DDR-Vergangenheit im Hinblick auf ihr diktatorisches Regime in der öffentlichen Wahrnehmung eine insgesamt geringere Rolle spielt als die nationalsozialistische Vergangenheit.

Der Besuch in Dresden ist insgesamt kürzer gehalten.

Die Akzeptanz der Einheit „Von der Geschichte zum Erinnern" bei den Teilnehmenden

Die Einheit „Von der Geschichte zum Erinnern" wird von den Teilnehmenden aus unterschiedlichen Gründen ausgesprochen begrüßt und angenommen, obgleich häufig formuliert wird, dass es sich bei dieser Einheit um die auf der persönlichen Ebene am schwersten zu ertragende Einheit innerhalb der gesamten Fortbildung handelt.

Diese Aussage halte ich für sehr nachvollziehbar, da wir die LehrerInnen – und das ist leider nicht vermeidbar – mit dem Programm in ein „Wechselbad der Gefühle" werfen.

Wie bereits angesprochen, kommen viele der LehrerInnen bereits angstbesessen nach Wannsee. Schon während der ersten Vorstellungsrunde, in der alle ihre Erwartungen an das Seminar formulieren können, wird von eigenen Leiderfahrungen während der Diktatur in Chile berichtet, werden Ängste formuliert, sich eine Ausstellung mit Fotodokumenten über die Verfolgung und Vernichtung der europäischen Juden anzusehen. Auch die Angst, mit Schülern Themen zu bearbeiten, die in Zusammenhang mit einer Diktaturerfahrung stehen, spielt eine Rolle.

Gleichzeitig tritt jedoch auch ein anderes Phänomen auf. Beginnt ein Teilnehmer oder eine Teilnehmerin sich und seine/ihre Gefühlswelt hinter Allgemeinplätzen zu verstecken, dann kann eine Kettenreaktion entstehen, die in eine sehr oberflächliche Diskussion mündet: Der Umgang mit „der" Vergangenheit sei wichtig, man sei froh hier zu sein, man wolle lernen und lehren, damit „es nie wieder geschieht". Das sind Äußerungen, die von einem Teilnehmer zum nächsten weitergegeben werden und dabei Gefahr laufen, zu Worthülsen zu verkommen, da nicht konkretisiert wird, was denn mit „der" Vergangenheit und dem „es soll nie wieder geschehen" gemeint ist, weil es sich auf die Zeit des Nationalsozialismus wie auch auf Chile beziehen kann.

Bei den Führungen im Haus der Wannsee-Konferenz und noch verstärkt auf dem Gelände des ehemaligen Konzentrationslagers Buchenwald vergleichen die Teilnehmenden die während der NS-Zeit mit den durch das Militärregime in Chile begangenen Verbrechen. Die erheblichen Unterschiede, die an beiden historischen Orten erkennbar sind, verlieren in der persönlichen Wahrnehmung der Teilnehmenden an Bedeutung.

Persönliches Leid kann nicht gegeneinander aufgerechnet werden. Deshalb wäre es auch unangemessen, auf real existierende Unterschiede zwischen dem NS-Regime und der Militärdiktatur in Chile hinzuweisen in der Situation, in der die chilenischen LehrerInnen während einer Führung und angesichts der ausgestellten Exponate die Diskriminierung der jüdischen Bevölkerung mit der der Mapuches gleichsetzen, oder bei dem Begriff Konzentrationslager nicht an das nationalsozialistische System der Konzentrationslager, sondern an Campos de Concentración wie Chacabuco denken. In dieser Situation reagieren die Teilnehmenden auf den historischen, authentischen Ort. Dennoch sollen die Unterschiede an anderer Stelle thematisiert werden. Benennt man die objektiven Unterschiede, in einer „neutraleren" Gesprächssituation in einem Seminarraum im HWK oder in der Jugendbegegnungsstätte in Buchenwald, kann dies eine Hilfe für die Teilnehmer darstellen, um aus der durch die persönliche Betroffenheit entstehenden Blockade herauszufinden.

Die erwähnten oft formulierten Worthülsen sind ein Zeichen dieser Blockade, in die sich zahlreiche Teilnehmer noch vor Beginn der thematischen Einheit hineinmanövriert haben. Ganz gleich, mit wieviel Emphase die Notwendigkeit der Auseinandersetzung mit der „schrecklichen Vergangenheit" vorgetragen wird, kann kein konkreter Handlungsvorschlag entstehen. Dennoch sind es Handlungsvorschläge, pädagogische Überlegungen für den Unterricht in Chile, um die es im Ergebnis der Besuche der deutschen Gedenkstätten gehen soll.

Diskussionen um die Frage der Vermittelbarkeit dieser Vergangenheit an junge Schüler heute und pädagogische Hinweise zur Frage, „wie", „wann", „warum", aber auch „warum nicht" im Haus der Wannsee-Konferenz gerade jüngeren Schülern das Thema Nationalsozialismus nahegebracht wird, spielen bei den Seminaren eine wichtige Rolle. Überlegungen, dass man junge

Schüler mit der Bearbeitung sehr grausamer Themen und dem Zeigen grausamer Bilder „see-
lisch verletzen" kann, dass es Sinn macht, sie mit den Anfängen von Ausgrenzung und Diskriminierung zu beschäftigen, dass man mit ihnen aber nicht die Vernichtungspolitik der Nationalsozialisten bearbeiten sollte, ja, dass es manchmal sogar sinnvoll ist, die Behandlung des Themas
auf eine andere Altersstufe zu verschieben – diese Überlegungen bieten den LehrerInnen die
Möglichkeit, Perspektiven zu entwickeln und nicht in Betroffenheit zu verharren. Darüber hinaus werden sie gezwungen, die von ihnen formulierten Worthülsen mit Inhalt zu füllen. Der
Satz, „damit es nicht wieder geschieht", erhält angesichts der prinzipiellen pädagogischen Überlegungen eine völlig neue Konnotation. „Es" sind dann schon nicht mehr alle möglichen diffusen Bilder von Todesschwadronen oder Massaker der Militärs. „Es" können dann rassistische
Mechanismen innerhalb der chilenischen Gesellschaft sein, die vor 1973 existierten und auch
heute wieder vorhanden sind – Mechanismen, die als Voraussetzung für das Fußfassen der Diktatur vonnöten waren.

Die Erläuterung mit anschließender Diskussion, warum im Haus der Wannsee-Konferenz
ein wichtiger Anteil der pädagogischen Arbeit sich der Frage der Beteiligung unterschiedlicher
Berufsgruppen widmet, kann zu der Erkenntnis führen, dass es auch in Chile eine breite gesellschaftliche Grundlage für die Diktatur gegeben hat. Welche Berufsgruppen waren dort an
der Gleichschaltung der Gesellschaft beteiligt? Was waren die konkreten Aufgaben z. B. der
Lehrer bei der Umsetzung der Ideologie vom „inneren Feind"?

Die im Haus der Wannsee-Konferenz aufgeworfenen Fragen werden in der Gedenkstätte
Buchenwald vertieft. Gespräche z. B. über Handlungsspielräume von Capos, Solidarität oder
Konkurrenz zwischen den Häftlingen – diese und andere Fragen, die für alle Besucher von Gedenkstätten eine wichtige Rolle spielen, gewinnen eine zentrale Rolle für die Auseinandersetzung der Teilnehmenden mit der eigenen Vergangenheit: Wo waren die – eigenen – Handlungsspielräume in Chile?

Die Arbeitseinheiten, die sich mit dem Umgang mit dem Nationalsozialismus in der BRD
und der DDR nach 1945 beschäftigen, sind diejenigen, in denen die chilenischen LehrerInnen
am konkretesten Parallelen und Überlegungen zur eigenen Situation herstellen. Die in der westdeutschen Gesellschaft mehrheitlich vertretene Forderung, einen Schlussstrich unter die Vergangenheit zu ziehen und nach vorne zu blicken, kennen sie aus den aktuellen chilenischen Debatten nur allzu gut. Dass es fünfzig Jahre dauern musste, bis das Haus der Wannsee-Konferenz
als „Ort der Täter" in eine Gedenk- und Bildungsstätte umgewandelt werden konnte, nachdem
es jahrzehntelang als Landschulheim genutzt worden war, obwohl es bereits in den 60er Jahren
erste Bemühungen gegeben hatte, das Haus als „Dokumentationszentrum zur Erforschung des
Nationalsozialismus und seiner Folgeerscheinungen" zu nutzen, löst kein Erstaunen aus. Die
Teilnehmer kennen die Forderungen der Angehörigen von Opferverbänden in Chile, die Orte
des Terrors der Militärdiktatur in Gedenkorte umgewandelt sehen möchten. Auch dort stoßen
diese Forderungen auf wenig Resonanz.

Der vermeintliche Trost, dass es in der Bundesrepublik so lange gedauert hat, bis die Vergangenheit auf einer breiten gesellschaftlichen Basis diskutiert wurde, heute aber sehr beeindruckend sei – man also auch in Chile noch Zeit hätte – entpuppt sich als Trugschluss. In der
langen Zeit des gesamtgesellschaftlich mehrheitlichen (Ver-)Schweigens konnten zahlreiche
Mythen entstehen, die selbst fünfzig Jahre danach den Umgang mit der NS-Vergangenheit erheblich erschweren. Sogar Schüler berufen sich auf den vermeintlichen „Befehlsnotstand" der
Wehrmacht oder mangelnde Handlungsspielräume für die Gesamtbevölkerung während des Na-

tionalsozialismus, um die Frage der Schuld zu relativieren. Traditionslinien des Antisemitismus und Antikommunismus, die bis heute tradiert werden, sind ein weiteres Problem.

Auch in Chile haben zahlreiche Mythen in die bislang in der Gesellschaft mehrheitlich vertretenen Geschichtsschreibung Eingang gefunden und den Umgang mit der diktatorischen Vergangenheit beeinflusst: Der Mythos von den „Schwarzen Listen" der Regierung Allendes, auf der viele Menschen verzeichnet waren, die ermordet werden sollten, oder der Mythos über Waffenbestände, mit denen die chilenische Bevölkerung „unterdrückt" werden sollte – Mythen, die den Putsch von 1973 in einem ganz anderen Licht erscheinen lassen, ihm Präventions- und Notwehrcharakter verleihen. Rassistisches und antikommunistisches innergesellschaftliches Gedankengut war lange vor der Diktatur entstanden; von Pinochets Regime weidlich ausgenutzt und weiter zementiert, wird es bis heute kaum in Frage gestellt.

Die persönlichen Schwierigkeiten der Teilnehmenden mit dem Besuch in der Stiftung Sächsische Gedenkstätten liegen auf einer anderen Ebene. In Dresden besuchen sie keinen historischen Ort, der bei ihnen durch Exponate und inhaltliche Erklärungen Erinnerungen aus der eigenen Vergangenheit wachruft. Bei dem Vortrag, den sie hier hören, geht es um den Umgang mit dem Unrechtsstaat DDR im wesentlichen in der ostdeutschen Bevölkerung nach 1989.

Die DDR war, wie wir wissen, ein mögliches Exilland für viele Chilenen, die vor der Repression flüchten mussten. Allein dies, aber auch die Tatsache, dass Exilchilenen in der DDR zu den nachdrücklich geförderten Ausländern gehörten, führt dazu, dass viele der Teilnehmenden ein besonderes Verhältnis zur DDR entwickelt haben. Darüber hinaus gibt es zwei wichtige Gründe, die die Wahrnehmung der LehrerInnen hinsichtlich der DDR mit beeinflussen. Zum einen sind gerade diejenigen, die persönlich unter Repression und Folter zu leiden hatten, wegen ihrer direkten Mitgliedschaft in einer sozialistischen oder kommunistischen Gruppierung verhaftet worden. Wenn man aufgrund einer Überzeugung verfolgt und physisch und psychisch misshandelt worden ist, ist es prinzipiell schwer, ein politisches System, dass diese Überzeugung verkörpert, in Frage zu stellen. Zum anderen darf nicht vergessen werden, dass eine schwerwiegende Folge der Diktatur in Chile – ebenso wie in anderen lateinamerikanischen Ländern – die konsequente Durchsetzung des neoliberalen Wirtschaftssystems auf Kosten der armen Bevölkerung war. Gerade der Berufsstand Lehrer gehört in diesen Ländern zu den sozial schwächer gestellten Bevölkerungsteilen. Auch wenn mittlerweile gerade in Chile seitens der Regierung verstärkt Maßnahmen durchgeführt werden, die die bestehenden sozialen Ungerechtigkeiten verringern sollen, kommen die Teilnehmenden doch aus gerade den gesellschaftlichen Kreisen, in denen sich die Idee des „Sozialismus" mitnichten erledigt haben.

Dieser persönliche und gesellschaftliche Hintergrund führt nicht selten zu einer Ablehnung des in Dresden Vorgetragenen. Da jedoch immer Zeit für Nachgespräche vorgesehen ist, gelingt es in den meisten Fällen, eine Reflexion zu wecken. Die LehrerInnen sollen sich nicht von ihren Ideen einer gerechten Gesellschaft verabschieden. Bei dem Besuch in Dresden sollen sie vielmehr erfahren, dass es in der Geschichte kein Schwarz-Weiß gibt, sondern viele Grauzonen.

In bezug auf die deutsche Geschichte sollen sie erfahren, dass es viele Erfahrungen gibt, mit denen seit 1989 umgegangen werden muss, wenn unsere Gesellschaft eine/ihre Identität (weiter-)entwickeln möchte.

Wenngleich das Gespräch und die anschließenden Diskussionen für alle Beteiligten schwierig sind, stellen sie gleichzeitig die letzte Stufe eines Prozesses dar, der mehrere Phasen in der Geschichte einer Bevölkerung umfasst. Ein Prozess, der nie geradlinig und auf nur einer Ebene ablief. Ein Prozess, der von zahllosen Protagonisten und Interessen beeinflusst wurde.

Schlusswort

Bislang ging es um die Frage „Was können chilenische Lehrer von uns lernen?" Doch auch wir können sehr viel von den Begegnungen mit diesen Gruppen lernen.

Grundsätzlich können wir im Hinblick auf den persönlichen Umgang miteinander etwas lernen. Obgleich es in Chile wie in der Bundesrepublik sehr unterschiedliche Phasen hinsichtlich des Umgangs mit der eigenen Vergangenheit gegeben hat, ist auffällig, um wie viel freundlicher und offener die chilenischen LehrerInnen miteinander umgehen. Persönliche Verletzungen, Hemmungen, sich der Vergangenheit zu stellen, und der Wunsch nach grundsätzlicher Verdrängung sind auch in der chilenischen Gesellschaft vertreten. Dennoch hat es mich jedes Jahr aufs neue beeindruckt, wie sich der insgesamt freundlichere Umgang miteinander auch auf den Umgang mit der Vergangenheit auswirkt. Schier unüberwindbare Grenzen zwischen einer Lehrerin, Tochter eines ermordeten Gewerkschaftlers, und einer anderen Lehrerin, Ehefrau eines zu Diktaturzeiten tätigen Militärs, wurden in ausgesprochen kurzer Zeit überwunden. Dass so eine Verständigung prinzipiell möglich ist, wissen wir aus eigener Erfahrung. Meines Erachtens ist es aber der unterschiedliche zeitliche Rahmen, in dem sich dieser Ausgangspunkt für Versöhnung entwickelt, von dem wir – auch heute noch – lernen können.

Die unterschiedlichen Gruppen, die seit vier Jahren das Haus der Wannsee-Konferenz besuchten, spiegelten immer den Stand der Auseinandersetzung mit der Vergangenheit in der chilenischen Gesellschaft wieder und hatten, jede für sich, einen dadurch geprägten Ausgangspunkt für die Diskussionen.

Fragte man mich nach einer Einschätzung hinsichtlich dieser Auseinandersetzung, würde ich die Situation in Chile mit der Nachkriegssituation in der Bundesrepublik vergleichen.

Die Pasantías in den ersten zwei Jahren spiegelten die Situation im Nachkriegsdeutschland der 50er Jahre wider. Obwohl in Deutschland die Nürnberger Prozesse stattgefunden hatten, zahlreiche Verbrecher des NS-Regimes von den Alliierten zur Verantwortung gezogen worden waren, forderte die Gesellschaft mehrheitlich schon Ende der 40er Jahre, man solle einen Schlussstrich ziehen, sich auf den Wiederaufbau konzentrieren, die Vergangenheit Vergangenheit sein lassen. In Chile waren zunächst diejenigen in der Mehrheit, die einen „punto final" forderten. Es gebe viel zu tun, was Chile voran bringen sollte. Jene, die sich um eine ernsthafte Auseinandersetzung mit der Vergangenheit bemühten, waren selbst Betroffene und in der Minderheitsposition.

Die darauf folgenden Gruppen hingegen machten deutlich, wie viele Diskussionen durch die Verhaftung Pinochets in Gang gesetzt worden waren. Bei einem konkreten Vergleich hinsichtlich der Zeitspanne würde ich sagen, dass die Debatten in Chile durch diese Verhaftung hinsichtlich ihrer inhaltlichen Qualität den Zeitraum der fünfziger Jahre „aufgeholt" hatten. Meinungen mussten nicht mehr hinter vorgehaltener Hand formuliert werden und wurden es auch nicht mehr – die Zahlenverhältnisse im Hinblick auf Befürworter und Gegner dieser Auseinandersetzung hatten sich grundlegend gewandelt.

Schließlich ist deutlich geworden, wie die Diskussion an inhaltlicher Kompetenz und Qualität gewonnen hat. Dies wird z. B. daran deutlich, wieviel klarer und präziser die LehrerInnen ihre eigenen Zielvorstellungen formulieren. Wir rückten zunehmend in die Rolle der Moderatorinnen, sind nicht mehr diejenigen, die vermeintlich der Weisheit letzten Schluss kennen.

Durch diesen Prozess hat sich dieses Programm zu der wirklichen „Begegnung" entwickelt, die wir von Anfang an intendiert hatten, die sich aber aufgrund der realen Bedingungen zunächst nicht realisieren ließ.

Berlin im April 2001

Daniel Gaede

Von der Geschichte zum Erinnern –
Eine sozio-konstruktivistische Perspektive

What we need is Compassion, Compassion, and Compassion

Manchmal erschließt sich einem der Kern der eigenen Bemühungen erst durch ungewöhnliche Begegnungen – so zumindest kommt es mir vor, wenn ich über die seit vier Jahren stattfindenden Besuche der Lehrerinnen und Lehrer aus Chile in der Gedenkstätte Buchenwald nachdenke. Seit sechs Jahren betreue ich nun Gruppen an diesem Ort, an dem zwischen 1937 und 1945 mehr als 50 000 Menschen zu Tode gebracht wurden und von dem einer der Überlebenden dieses nationalsozialistischen Konzentrationslagers gesagt hat, dass über ihm eigentlich immer eine dunkle Wolke hängen müsse. Doch der einzige, der dies bewerkstelligen könnte, will es offensichtlich nicht, und so scheint auch über Buchenwald die Sonne. Es ist Mai, rundherum wird es wieder grün, und wir müssen wie jedes Jahr Pflanzenvernichtungsmittel versprühen, um das alte grau-schwarze Lagergelände sichtbar zu halten. Macht das Sinn? Überdeckt es nicht in bedenklicher Weise alle positiven Zukunftsaussichten, wenn wir uns so intensiv im Schatten von staatlich organisierten, systematischen Verbrechen bewegen? Vor Jahren träumte ich, dass Freunde von mir in einem Wald unbeweglich auf dem fast zugewucherten Rest einer Betonplatte standen – und ich sah, wie sie von unten langsam grau wurden und selbst versteinerten, und ich konnte sie in dem Traum nicht davon abbringen. Damals konnte ich das Bild nicht zuordnen, heute weiß ich, dass auf dem zerbombten Fabrikgelände neben dem früheren Konzentrationslager Buchenwald genau solche Betonflächen zu finden sind. Es klingt wie eine deutliche Warnung. Wie dicht soll ich also Besucher an das heranführen, was hier an Verbrechen passiert ist? Und wozu? Und zugleich: Was passiert, wenn die Schatten der Vergangenheit nicht ausgeleuchtet werden, wenn Verbrechen ungenannt und Täter unbehelligt bleiben? Auf was für einem Fundament soll dann eine Gesellschaft aufbauen, die die Menschenrechte realisieren und schützen will? Auseinandersetzungen mit der Geschichte sind immer bestimmt durch die Interessen von Staaten, Gruppen und einzelnen in der Gegenwart, und wer dies bestreitet, ist nur unehrlich sich selbst und allen anderen gegenüber. Auch der Vorwurf der Instrumentalisierung ist abwegig, denn das Betonen, Vernachlässigen oder Abstreiten von geschichtlichen Ereignissen und Zusammenhängen dient schließlich immer dazu, mit sich und der Gegenwart zurechtzukommen. Nur werden meist die dahinterstehenden Intentionen nicht genannt oder auch nicht reflektiert – auch dies lässt sich in allen Gesellschaften feststellen.

Die selbstkritische Reflexion der eigenen Herkunft und (je nach Situation unterschiedlich ausfallenden) Rollen, der individuellen Interessen, Einflussmöglichkeiten und damit auch Verantwortlichkeiten, ist eine wichtige Voraussetzung, wenn in Konflikten durch Dialoge Gewalt

Daniel Gaede ist Leiter der pädagogischen Abteilung der Gedenk- und Bildungsstätte Buchenwald.
Kontakt: daniel.gaede@t-online.de

vermindert werden soll. Für eine tiefergehende Verständigung hat auch die Art der Erinnerung an Geschichte großes Gewicht: Wenn von den Konfliktbeteiligten allein erlittenes Leid thematisiert und ausschließlich die Opferrolle benannt wird, ist eine Verständigung unmöglich, da ein gewaltsamer Konflikt sich gerade dadurch auszeichnet, dass es Opfer und Täter gibt. Der Versuch, sich grundsätzlich und für alle Zeiten als Opfer zu definieren, hat weniger mit einer Analyse und Überwindung von Konfliktursachen zu tun als mit dem Wunsch, in andauernden Konflikten keine eigene Verantwortung zu entdecken – auch dann nicht, wenn man gar nicht mehr allein in der schwächeren Position steht. Geschichte wird so sehr oft zur eigenen Entlastung benutzt, und der Streit darum, wer auf Dauer die Opferrolle besetzen kann, dient in aktuellen Konflikten auch schnell dazu, eigene Verantwortung zu verdrängen. Dies klingt so knapp gefasst vielleicht hart und ungerecht. Ich möchte deshalb ausdrücklich betonen, dass es mir nicht darum geht, das Insistieren auf Entschädigung oder strafrechtlicher Verfolgung von Tätern aufzugeben. Ich möchte nur auf die Konsequenzen verweisen, die sich ergeben, wenn Leid-, Verfolgungs- und Ohnmachtserfahrungen aus konkreten Situationen zum Grundmuster für die Interpretation meines gesamten Lebens werden: Die permanenten Rollenwechsel mit ganz unterschiedlichen Anteilen von Macht und Ohnmacht geraten dann völlig aus dem Blick. Bezogen auf Buchenwald erhellt diese These die Hintergründe jener Versuche, die komplexe Geschichte zweier Lager (nach dem KZ von 1937–1945 diente das Gelände den Sowjets für fünf Jahre als Internierungslager für Deutsche) in einfache Rollenmuster zu pressen: So sind für die einen Deutsche (alle!) lediglich „Opfer zweier Diktaturen – erst der Nationalsozialisten, dann der Stalinisten" – womit jede Verantwortung für die Verbrechen der Nationalsozialisten ausgeblendet werden soll. Umgekehrt haben u. a. Antifaschisten unterstellt, dass die Gedenkstätte Buchenwald mit der Dokumentation der Fakten, derzufolge über 7000 Internierte zwischen 1945 und 1950 im sowjetischen „Speziallager No. 2" an Krankheiten, Hunger und Vernachlässigung zugrunde gegangen sind, eigentlich nichts anderes vorhabe, als von den vorangegangenen Verbrechen abzulenken: Dass auch Täter unter veränderten Bedingungen Opfer werden können, wird nicht als relativ banale soziologische Erkenntnis wahrgenommen, sondern allein als Ablenkungsmanöver gewertet – um so mehr, wenn ideologische Interpretationen von Konflikten die nüchterne Kenntnisnahme von Fakten blockieren. In Buchenwald wurde diese harte Auseinandersetzung um Interpretation und Inanspruchnahme von Geschichte durch eine klare Trennung entschärft: Die wissenschaftlich belegte, überprüfbare und damit kritisierbare Dokumentation ist ausgestellt und veröffentlicht. Parallel wurden neue Trauer- und Erinnerungsorte eingerichtet, die dem Friedhofscharakter des Geländes entsprechen und bislang verdrängten Opfergruppen gewidmet sind. So ist jetzt leichter zu beschreiben, worüber gestritten wird: Einerseits um die historische Darstellung und Interpretation der Fakten, andererseits um die von Fakten abgelöste, schlicht ideologische Instrumentalisierung von Geschichte. Insofern ist die Gedenkstätte Buchenwald ein besonderer Ort mit einem hohen Grad an dokumentierter (Selbst-)Reflektion, an dem die Diskussion um die Bedeutung von Erinnerung und ihrer Weitergabe grundsätzlich und nicht allein mit Blick auf die Vermittlung deutscher Geschichte an deutsche Schüler geführt werden kann. Die ganze Mühe der Historiker und Gestalter der Gedenkstätte bliebe jedoch folgenlos, wenn sich diese Überlegungen nicht auch im inhaltlichen und methodischen Konzept der Gedenkstätte wiederfinden würden. Und damit bin ich bei den Lehrerinnen und Lehrern aus Chile – und zunächst bei mir selbst: Es mag hilfreich sein, wenn ich zuerst schildere, mit welchem persönlichen Hintergrund ich angefangen habe, in der Gedenkstätte Buchenwald zu arbeiten:

Geboren 1956 in Westdeutschland, habe ich in Berlin und Hamburg Geschichte, internationale Politik, vor allem aber Friedens- und Konfliktforschung studiert. 1977/78 habe ich als Freiwilliger der Aktion Sühnezeichen Friedensdienste in Israel gearbeitet – zunächst im nichtreligiösen Kibbutz Beror Hayil, in dem viele aus Brasilien kommende Juden lebten, dann in einem jüdisch-religiösen Haus für mehrfachbehinderte Kinder und in der israelischen Shoah-Gedenkstätte Yad Vashem in Jerusalem, und schließlich in einem französisch-christlich-arabischen Krankenhaus in Nazareth. Je nach Kontext wurden meine deutsche Herkunft und mein pazifistisch-christlicher Hintergrund verschieden gesehen, wobei die alltägliche Mitarbeit an all diesen Einrichtungen für ein Taschengeld eine wichtige Basis dafür war, anders ernstgenommen zu werden als ein Tourist auf der Durchreise. Diese sehr unterschiedlich gelagerten Beziehungen wurden durch ein Attentat von Palästinensern auf einen Reisebus mit ASF-Freiwilligen noch einmal verändert: Mein Bruder und eine Freiwillige meiner Gruppe starben; vier Freiwillige wurden verletzt, ich selbst war aufgrund der Verletzungen zunächst völlig blind. Spätestens hier versagten die pauschalen Zuordnungen: Ein Vertreter der deutschen Tätergesellschaft als Opfer des israelisch-palästinensischen Konflikts passte nicht ins Bild – und für mich ergaben sich so Gespräche über verschiedenste Grenzen hinweg, die unter anderen Umständen nicht zustande gekommen wären und die mich durch ihren Reichtum an Menschlichkeit sehr geprägt haben. Hier ging es nicht um „Kameradschaft im Überlebenskampf gegen andere" (entsprechende Feindbilder sind da unerlässlich), sondern um die Überwindung der Gewalt und ihrer Folgen sowie um die Frage, wie auch in harten Konflikten das menschliche Gesicht des anderen und mein eigenes erhalten werden können. Mit diesem Hintergrund bin ich als Mitarbeiter der Gedenkstätte Buchenwald nicht einfach Repräsentant eines Vermächtnisses von Opfern des Konzentrationslagers, sondern auch Vertreter eigener Erfahrungen – so wie auch die anderen KollegInnen und all jene, mit denen wir zusammenarbeiten: die Besucher der Gedenkstätte, womit ich tatsächlich bei den Besuchen der LehrerInnen aus Chile angekommen bin. Ohne zu wissen, welche persönlichen Erfahrungen und Umgangsweisen die TeilnehmerInnen mit der chilenischen Geschichte zu Zeiten Allendes und Pinochets verband, ist der Aufenthalt in der Gedenkstätte so angelegt worden, dass neben der Besichtigung mit ausführlichen Informationen auch Zeit für eigenes Nachdenken blieb. So habe ich zunächst bei dem Rundgang versucht, die Ortsgeschichte Buchenwalds und auch meine Bezüge zu den Fragen darzustellen, die durch diese Geschichte aufgeworfen werden – wohl wissend, dass allein der rekonstruierte Lagerzaun mit Stacheldraht bei einzelnen Chileninnen und Chilenen schmerzliche Erinnerungen wachrufen musste: (Fremde) Geschichte löst (eigene) Erinnerungen aus, die sich wiederum auf (eigene) Geschichte beziehen. Doch wie lässt sich im Umgang mit schmerzhaften Erinnerungen eine Offenheit erreichen, die einerseits im Verhältnis zu den anderen so viel Vertrauen ermöglicht, dass diese Erinnerungen auch benannt werden können, und andererseits im Verhältnis zu einem selbst bei allen Gefühlen auch die kritische Frage zulässt, wo man eben nicht nur Opfer, sondern auch Gestalter der Verhältnisse war? Solche Gespräche brauchen einen unterstützenden Rahmen, und so war es gut, dass die Gruppen im Haus der Jugendbegegnungsstätte der Gedenkstätte übernachteten. Nach dem Abendessen gab es die Möglichkeit für weitere Gespräche, bei denen die LehrerInnen gemeinsam auf ihre eigenen Erfahrungen in Chile zu sprechen kamen. Dabei ging es nicht um einen „Systemvergleich" Deutschland/Chile, sondern um sehr persönliche, konkrete Erlebnisse sowie Schicksale von Verwandten und Freunden. Dies ist sicher nicht bei allen Gedenkstättenbesuchen üblich, doch durch unsere Arbeit sehr wohl intendiert. Wie sensibel es ist, Nachdenklichkeit zu fördern, ohne zu bevormunden, möchte ich kurz am

Beispiel einer israelischen Gruppe erläutern, die ich vor einigen Jahren betreut habe: Zum Abschluss des Rundgangs am Krematorium sagte ich zu der Gruppe, dass ich ja froh wäre, wenn ich an diesem Ort von einer abgeschlossenen Geschichte berichten könnte, die mit all ihren Schrecken keine Verbindung zur Gegenwart hätte. Schließlich sei das Lager 1945 befreit und dann aufgelöst worden – doch die Gründe und Mechanismen, aus denen heraus die Konzentrationslager entstanden, seien eben nicht verschwunden: Diskriminierung, Ausgrenzung, Verfolgung und Mord gebe es bis heute, und manche Besucher wüssten leider aus eigener aktueller Erfahrung nur zu gut, was damit gemeint sei. An dieser Stelle unterbrach mich der israelische Betreuer der Gruppe und meinte, er müsste diesen Teil noch einmal in Iwrit/Hebräisch sagen, da nicht alle mein Englisch verstanden hätten. Da ich noch etwas Hebräisch verstehe, bekam ich mit, wie er über aktuelle Diskriminierung und Verfolgung sprach und dann hinzusetzte: „Er sprach über Diskriminierung, so wie wir Israelis die Palästinenser diskriminieren." Ich habe ihn daraufhin angesprochen und gesagt, dass er mich doch völlig falsch übersetzt hätte: Ganz bewusst hatte ich – als Deutscher im Krematorium von Buchenwald, wo Tausende von jüdischen Opfern verbrannt worden sind – gerade nicht von den aktuellen Konflikten im Nahen Osten und von Juden und Palästinensern gesprochen. Andererseits sei die Übersetzung durchaus korrekt gewesen – nämlich übersetzt/übertragen in *seinen* gesellschaftlichen Kontext, wobei diese „Übersetzung" genauso richtig gewesen wäre, wenn er z. B. von der Diskriminierung von orientalischen Juden durch europäische Juden oder von der Diskriminierung von Frauen durch Männer gesprochen hätte.

Für das Zustandekommen solcher Gespräche sind mehrere Dinge notwendig: eine offene, vertrauensvolle Atmosphäre, in der sich alle nach eigenem Willen positionieren können und nicht einfach zugeordnet werden; eine kritische Reflexion der eigenen Grundlagen; und die Bereitschaft, sich offen zu widersprechen in der Hoffnung, so gemeinsam einer Klärung der Differenzen (nicht unbedingt ihrer Aufhebung!) näherzukommen.

Die Gespräche mit den Gruppen aus Chile sind für mich in einer Weise intensiv, direkt und zugleich freundlich-unterstützend gewesen, wie ich es nur selten erlebt habe – eigentlich nur in Kreisen, die viel mit Vermittlung in Konflikten zu tun hatten und sich der Gewaltfreiheit verpflichtet fühlten. Ich möchte dies mit einem Beispiel verdeutlichen: Bei einer der ersten Gruppen meinte ein Lehrer am Abend nach dem Rundgang: „Mir ist durch den Besuch der Gedenkstätte noch einmal sehr deutlich geworden, wie wichtig Menschenrechtserziehung und Erziehung zur Toleranz ist." Er wurde dann von einer Teilnehmerin recht unsanft aus seinen gutgemeinten Ratschlägen gerissen: „Ich kann dieses Gerede von Menschenrechten und Toleranz nicht mehr ertragen! Natürlich sind das wichtige Werte – aber wo waren wir, als es darum ging, Verfolgten das Leben zu retten? Haben wir nicht völlig versagt? Und wie können wir dann so einfach ungebrochen über Menschenrechte und Toleranz reden?" Aus diesem Austausch ergab sich ein Gespräch, das ich in dieser Offenheit und Bereitschaft, genau zuzuhören, nur selten erlebt habe. Sicher spielte der vielschichtige Ort Buchenwald hier eine Rolle, den ich dank der hervorragenden Übersetzungen von Ilse Schimpf-Herken und Elke Gryglewski auf dem oben geschilderten Hintergrund vorstellen konnte. Es war auch wichtig, dass sich die LehrerInnen durch das gemeinsame Programm auch schon näher kennengelernt hatten und sich nun herausgefordert sahen, noch intensiver aufeinander zuzugehen und vorhandene Differenzen zu benennen – ohne Schonung, aber auch ohne sich zu verletzen. Vielleicht ist dieser Eindruck idealisiert, doch er ist ein Indiz für diese Bereitschaft, konstruktiv die vorhandenen Differenzen anzugehen und sich zugleich als Menschen zu respektieren. Die Tatsache, dass am Ende auch gemeinsam gefeiert, gesungen und getanzt wurde, ist ein Indiz dieser Menschlichkeit: Neben der Trauer und dem Schmerz sind so auch Freude und Hoffnung zum Ausdruck gekommen, wie es auch in der Jugendbegegnungsstätte der Gedenkstätte Buchenwald selten vorkommt.

Es mag im ersten Moment überraschend klingen, dass Begegnungen in Gedenkstätten eine menschliche Bereicherung darstellen können, doch die Gespräche bleiben selten an der unverbindlichen Oberfläche und ermöglichen damit vielfältige, fruchtbare Auseinandersetzungen mit Menschen ganz unterschiedlicher Herkunft. Darunter sind für mich die Erfahrungen mit den Gruppen aus Chile deshalb besonders wichtig, weil über die Jahre und von Gruppe zu Gruppe auf den vorliegenden Erfahrungen aufgebaut werden konnte. Auf diesem Hintergrund ergab sich auch die Anfrage, ob nicht junge Erwachsene aus Chile an einem der seit Jahren in Buchenwald organisierten internationalen Workcamps teilnehmen könnten. Sie sollten die Chance erhalten, im Rahmen eines 14tägigen Aufenthalts praktisch zu erleben und mitzugestalten, wie junge Erwachsene aus verschiedenen Ländern die Gedenkstätte, die anderen und sich selbst wahrnehmen und wie aus einer intensiven Auseinandersetzung mit Geschichte bewegende Begegnungen, hilfreiche Kontakte und wegweisende Erfahrungen entstehen können. Tatsächlich konnten im Sommer 2000 drei junge Chilenen teilnehmen, und ich bin froh, dass wir uns auch ausführlich über ihre Eindrücke und unsere Anliegen austauschen konnten.

Eines der intensivsten Programme mit ganz ähnlichen Ergebnissen war ein einjähriges Freiwilligenprojekt, an dem vor zwei Jahren zwölf junge Erwachsene aus zehn europäischen Ländern teilnahmen und als Volontäre in der Gedenkstätte lebten und arbeiteten. Dies hat uns ermutigt, das Freiwilligenprogramm fortzusetzen, und so ist derzeit eine junge Japanerin für ein Jahr bei uns, die mit Blick auf das von Kriegsverbrechen belastete Verhältnis zwischen Japan und China herausfinden möchte, wie in Deutschland mit den Verbrechen der Vergangenheit umgegangen wird. Ein Jahr scheint lang zu sein, doch es braucht auch Zeit, sich sprachlich und kulturell so zu verständigen, dass neben den Hauptgedanken auch die komplizierteren Zusammenhänge nachvollziehbar werden. Wer weiß, ob nicht auch einmal Interessierte Chilenen hier als Volontäre mitarbeiten ... Die Voraussetzungen sind nicht schlecht: Pamela Wolff, eine in der pädagogischen Abteilung fest angestellte Lehrerin aus Chile, ist ja schon da.

Ilse Schimpf-Herken

Bildung zwischen Dramaturgie und Politik –
Neue Ansätze für eine interkulturelle Lehrerfortbildung

Lernen gehört zu den grundlegenden Voraussetzungen menschlicher Existenz. Es beginnt in der frühkindlichen Beziehung zwischen Eltern und Kind, wird während der Schulzeit vertieft und begleitet die Entwicklung des Menschen während des gesamten Lebens. Lernen vollzieht sich in den verschiedenen Lebensphasen unterschiedlich: zunächst vollzieht es sich eher nachahmend-unbewusst, später bewusst und im Rahmen spezifischer, kulturell bedingter Strukturen und Normen. Lernen konstituiert und transformiert die Erlebniswelten der Menschen. Lernpsychologisch kann man sogar sagen, dass nur auf dem Hintergrund subjektiver Aktions-Reflexions-Prozesse gelernt wird (Holzkamp 1993). Lernen ist immer schon Deutungslernen des Individuums und wirkt in seiner Diskursivität auf die Wirklichkeit zurück. Es ist wiederum diese Wirklichkeit, die das Verständnis von Lehre und Unterricht prägt.

In den klassischen Erziehungswissenschaften des 17. Jahrhunderts (Comenius, Leibniz), des 18. Jahrhunderts (Kant, Rousseau) und des 19. Jahrhunderts (Herbart, Humboldt) wurde das Verhältnis von Lehren und Lernen anders gesehen. Im überschwänglichen Glauben an die Allmacht der Ratio hatten die Begründer der modernen Pädagogik Unterricht und Lehre als die einzig rechtmäßigen Mittel der vernunftmäßigen Menschformung gesehen. Kants Lehrsatz, der Mensch könne „nur durch Erziehung Mensch werden und [sei] nichts, als was die Erziehung aus ihm macht" (Kant 1923, S. 443) hat viele Generationen von Lehrenden geprägt und dazu beigetragen, dass die Pädagogik fast ganz in der Didaktik aufgegangen ist. Didaktik wurde verstanden als Bildungslehre (Herbart), deren Wurzeln in der deutschen Klassik und im deutschen Idealismus lagen.

Erst im letzten Jahrzehnt des 19. Jahrhunderts kam es zu einer Erweiterung der Bildungslehre durch die Dimension des Sozialen, die mit der ‚pädagogischen Bewegung‘ zum Durchbruch kam. Sie wurde zum Ideenspender der Reformbewegung, die seit Ende des 1. Weltkriegs das allgemeine Bildungswesen in Deutschland grundlegend reformierte. Namen wie Wagenschein, Copei, Kerschensteiner, Reichwein, Petersen sowie die zahlreichen Vertreter einer sozialistisch geprägten Reformbewegung stehen für eine Öffnung des Lernens in und durch die soziale Wirklichkeit, für die Einbeziehung des Musischen in den Unterricht sowie die Förderung der Körperkultur für ein ganzheitliches Lernen.

Viele Ansätze der Reformpädagogik der 20er Jahre sind von der Studentenbewegung der 70er Jahre wieder aufgegriffen worden und haben bis heute einen großen Aktualitätsgehalt in der erziehungswissenschaftlichen Debatte. So gibt es heute in Deutschland zahlreiche Schulen, die ein reformpädagogisches Profil haben, die technisch-manuellen sowie projekt-orientierten Unterricht praktizieren und über einen stärkeren Praxisbezug besonders Kindern aus nicht aka-

Ilse Schimpf-Herken ist Soziologin und Beraterin im Bereich Friedenserziehung von InWEnt (Bonn).
Kontakt: ilse.schimpf-herken@web.de

demisch geprägten Milieus einen besseren Zugang zum Lernen ermöglichen. Studienmodelle für Quereinsteiger, die vorzeitig die Schule abgebrochen hatten, wurden geschaffen. Integrationsschulen für Kinder mit und ohne Lernbehinderungen haben seit ihrer Gründung in den 70er Jahren in vielfältiger Weise eine Öffnung der Grundbildung im allgemeinen bewirkt. So sind der offene Unterricht, die musische Förderung sowie die kompensatorische Sprachförderung, besonders für Migrantenkinder, eine Realität, die trotz der Sparmaßnahmen der neoliberalen Bildungspolitik den Schulalltag von heute prägen.

Problematisch an der aktuellen Schulentwicklung in Deutschland ist dagegen ein Phänomen, das unter dem Begriff der ,Wettbewerbsfähigfähigkeit von Bildung' zusammengefasst werden kann. Über Wirtschaftlichkeitsdebatten (,Standort Deutschland') erhält Bildung zunehmend eine Ausbildungsorientierung und wird unter dem Leistungsdruck der Förderung der Besten gesehen, wodurch das Allmachtsdenken der klassischen Didaktik erneut seinen (heimlichen) Einzug in die Erziehungswissenschaft hält. So werden unter dem Titel ,Differenzierung' die Kinder ab der 5. Klasse in den Fächern Mathematik und Englisch in Leistungsgruppen eingeordnet. Damit erfolgt eine vorzeitige Auslese in ,Leistungsstarke' und ,Leistungsschwache'. Darüber hinaus werden Schulen nach ihrer Kapazität bewertet, Drittmittel für Profilkurse zu beschaffen, und der über Jahrzehnte entwickelte Integrationsgedanke wird dem postmodernen Denken in Differenz geopfert. Von ,Vielfalt in Gleichheit' sprechen heute nur noch wenige.

In diesem bildungspolitischen Szenario wurde 1997 die Deutsche Stiftung für Internationale Entwicklung (DSE) vom chilenischen Erziehungsministerium aufgefordert, im Rahmen der chilenischen Erziehungsreform einen Beitrag zur Lehrerfortbildung zu leisten. In Berlin wurde ein Team (zunächst vier Personen, zwei ChilenInnen und zwei Deutsche, seit 1998 drei ChilenInnen und zwei Deutsche; die Frauen waren immer in der Mehrzahl, und es gab neben drei ErziehungswissenschaftlerInnen immer auch zwei Soziologen) damit beauftragt, einen zweimonatigen Kurs vorzubereiten, dessen Thema nicht vorgegeben war – er sollte nur innovative Anregungen zur Erziehungsreform vermitteln.

In dieser einmalig offenen Situation, in der der chilenische Staat im vollen Vertrauen auf die Eigenverantwortlichkeit der StipendiatInnen jährlich mehr als 900 LehrerInnen in alle Welt schickte, entschied sich das Projektteam, einen Kurs mit dem Thema „Die Integration sozialer Konflikte in Curriculum und Unterricht in der Grundschule" für insgesamt 20 GrundschullehrerInnen zu entwickeln. Da es erklärtes Ziel der Erziehungsreform war, die Verwirklichung der Chancengleichheit durch Erziehung zu erreichen, sollte das zu entwickelnde Kursangebot die KollegInnen unterstützen, die Selektivität des Schulsystems bewusst zu machen und gegen dessen autoritäre Traditionen anzugehen. Darüber hinaus sollten methodische Ansätze zur Konfliktbearbeitung sowie gegen die soziale oder ethnische Diskriminierung von Kindern entwickelt werden. Dadurch sollten die Offenheit und Verantwortlichkeit der LehrerInnen hinsichtlich der sozialen Probleme ihrer Schüler und ihres sozialen Umfeldes gefördert werden.

Wie aber sollte das Projektteam einen Dialog mit den KollegInnen inszenieren, ohne diese gleichzeitig zu bevormunden? Liegt nicht bereits in der Anregung, in jedem pädagogischen Arrangement, eine indirekte Anweisung? Wie konnte vermieden werden, dass wir über das ausgewählte Anschauungsmaterial Beispiele statuieren, die zur einfachen Nachahmung verführen und sich damit implizit das alte Dominanzverhältnis von Lehrenden und Lernenden, von Erster und Dritter Welt reproduzieren? Die traditionelle Pädagogik beruht in Chile wie in Deutschland auf einer Didaktik des Vorbildes, der Aneignung von neuen Inhalten und Methoden, und perpetuiert somit ein hierarchisches Verhältnis. Sie hat uns genauso geprägt wie die chilenischen KollegInnen und würde fraglos auch die Erwartungshaltung an uns bestimmen. In der Verantwortung des Teams musste es deshalb zunächst liegen, jegliche Form des (Be-)Lehrens zu vermeiden und nicht der ‚Versuchung der Gewissheit' (Maturana/Varela) zu erliegen.

„Wir neigen dazu, in einer Welt von Gewissheit, von unbestreitbarer Stichhaltigkeit der Wahrnehmung zu leben, in der unsere Überzeugungen beweisen, dass die Dinge so sind, wie wir sie sehen. Was uns gewusst erscheint, kann keine Alternative habe. In unserem Alltag, unter unseren kulturellen Bedingungen, ist dies die übliche Art, Mensch zu sein." (Maturana/Varela 1987, S. 20)

Trotz vieler Unsicherheiten, Ängste und Widerstände im ersten Projektteam bemühten wir uns, ein Programm zu entwickeln, das ‚Lernen als selbstreflexiven Prozess' ermöglichen sollte. Indem wir, ausgehend von den eigenen Schulbiographien und der Analyse der Situation im Schulalltag, gemeinsam mit den KollegInnen Erfahrungen in Workshops und in Unterrichtspraktika machten, hofften wir, für jede(n) einzelne(n) TeilnehmerIn eine Grenzerfahrung zu erzeugen, die für diese Person zum Ausgangspunkt für die Selbstreflexion werden sollte. Auch wenn dieses ‚dramatische Moment' (Hausmann) nicht vorausplanbar ist, so sollte durch die Vielfalt der Angebote im Kurs für jeden Teilnehmer ein möglicher Zugang eröffnet werden, der potentiell zu einer Überarbeitung des vorhandenen biographischen Wissens bzw. der kulturellen Selbstverständlichkeiten führen könnte.

Insbesondere vor dem Hintergrund der großen Schwierigkeiten in der gegenseitigen Verständigung seit der deutschen Vereinigung erschien es dem Projektteam als eine große Herausforderung, die eigenen dominanzkulturellen Begrenzungen in der Begegnung mit den chilenischen KollegInnen zu thematisieren. Die Deutschen wie die ChilenInnen würden durch die Begegnung mit der fremden Kultur die eigenen Begrenzungen erfahren – und sie hierdurch tendenziell überwinden. Unter diesem konstruktivistischen Paradigma galt es nicht mehr, nur die Anderen zu verändern, sondern ebenso die eigenen Wahrheits- und Geltungsmonopole zu erschüttern und nach neuen gemeinsamen Verständigungen zu suchen – das war zumindest unsere Zuversicht und Hoffnung.

Gemeinsamkeiten

Auf der Suche nach gemeinsamen ‚generativen Themen' (Freire) für ein interkulturelles Curriculum machten wir zwei grundlegende Beobachtungen:

Obwohl es in Chile seit 1990 eine Erziehungsreform gibt, deren Rahmenpläne der ‚objetivos minimos' und der ‚objetivos fundamentales transversales' (OFT) auf der Grundlage eines konstruktivistischen, personenorientierten Ansatzes entwickelt wurden, war bereits 1997 deutlich erkennbar, dass auch diese Reform zentralistisch von Erziehungsministerium geleitet wurde und die LehrerInnen nicht Promotoren der Entwicklungen waren. Sie wurden vielmehr unter dem Druck der Verhältnisse zu Komplizen einer permanenten Überforderung, die die persönliche Verantwortung über kurz oder lang zerstörte. Es entstand der Eindruck, dass, ähnlich wie in Deutschland, auch in Chile der alltägliche Schulbetrieb mit derartig vielen Aufgaben angefüllt war, dass jede kritische Verarbeitung, Urteilsfähigfähigkeit und autonomes Handeln fast unmöglich gemacht wurden. Die für die Entfaltung von pädagogischer Autonomie notwendigen Freiräume werden somit in beiden Systemen zerstört. Angesichts der alltäglichen Überforderung haben die Beteiligten keine Distanz mehr zu ihren Verhältnissen, sondern ordnen sich ‚der Macht des Offensichtlichen' unter – weshalb Paulo Freire die Pädagogen als ‚Wanderprediger des Offensichtlichen' bezeichnet (Freire 1981, S. 84).

Ein weiteres gemeinsames Problem zeichnete sich beim Vergleich verschiedener Rahmenpläne aus beiden Ländern ab. Dabei zeigte sich, dass die gesellschaftliche Gewalt in der jüngsten Geschichte beider Länder sowie die aktuellen Formen der Diskriminierung und Ausgrenzung von Armen und MigrantInnen in beiden Ländern ein weitgehendes Tabu sind. Zwar
kommt in Deutschland in den Rahmenplänen für Geschichte mehrfach das Thema NS-Gewalt
vor, die aktuellen Formen der Gewalt gegen Migranten oder durch den Rechtsextremismus werden jedoch tabuisiert. In Chile war die diktatorielle Gewalt kein Gegenstand des Unterrichts,
und die Diskriminierung und Gewalt gegenüber Armen und ethnischen Minderheiten wird unter dem Deckmantel der Disziplinierung kaschiert. Ruhe in der Schule ist ein positiver Wert.
In den öffentlichen Diskursen wird das Erörtern der Strukturen der Gewalt als Bedrohung des
sozialen Friedens gesehen, und die Betroffenen erhalten keine Stimme.

Pädagogik des Dialogs

Vor dem Hintergrund dieser Erkenntnisse folgerte das Projektteam, dass eine Lehrerfortbildung
weniger bei der methodischen und fachlichen Ausbildung als
- bei der Kultur des Schweigens anzusetzen hätte,
- an den Rahmenbedingungen des schulischen Alltags Veränderungen entwickeln sollte
  sowie
- die Verdrängung von Gewalt im Alltag und ihre historischen Wurzeln in besonderer Weise
  thematisieren sollte.
In Ermangelung von Vorbildern in der interkulturellen Lehrerfortbildung ergab sich die Notwendigkeit, ein eigenes pädagogisches Konzept für das Curriculum zu entwickeln.

Die Grundlagen dafür fand das Team in der emanzipatorischen Erziehung der 70er Jahre,
wie sie vor allem der Hamburger Erziehungswissenschaftler Gottfried Hausmann (1906–1994)
und der brasilianische Befreiungspädagoge Paulo Freire (1929–1997) formuliert haben. Beide
waren in ihren Ländern politisch Verfolgte und setzten sich intensiv mit den autoritären Strukturen und Bürokratien auseinander. Sie verstanden Lernen als Aneignung von Wirklichkeit, kritisierten die traditionelle Schule und entwickelten ein neues Verständnis der Lehrerrolle. Paulo
Freires Metapher ‚Der Lehrer ist Politiker und Künstler‘ gilt auch für Gottfried Hausmann.

Im folgenden sollen die zentralen Ansätze der beiden Pädagogen formuliert und in ihren Grenzen und Möglichkeiten für eine interkulturelle Lehrerfortbildung kritisch reflektiert werden.

Dramaturgie des Unterrichts

In seinem Hauptwerk ‚Didaktik als Dramaturgie des Unterrichts‘ entwickelt Hausmann einen
Didaktikbegriff, der sich kritisch mit der rationalen, belehrenden Didaktik auseinandersetzt.
Lernen sei kein planbarer Akt, könne aber durch die Bereitstellung von spezifischen Rahmenbedingungen gefördert werden. Es gelte, die Lernenden in ihrer spezifischen Entwicklungs-
möglichkeit zu unterstützen, und zwar durch offene, dramatisch verlaufende Bildungsprozesse:
„Wo es aber um Bildung, Problemlösung, Einsicht und Erkenntnis geht, ist es meiner Erfahrung nach günstiger, wenn es dramatisch zugeht. Es ist ja nicht so, dass man jeden Tag und
ständig existentiell Entscheidendes zu bewältigen hat … Das Glück des Dramas hingegen ist

selten und wird nur jenem zuteil, der erfahren hat, dass es sich nur in schicksalhaften Augenblicken an der Stelle in Raum und Zeit ereignet, wo im Sinne der Alten das Gesetz der SCHOLA waltet, was nun einmal eben doch von vornherein und im Grunde immer noch nichts mehr aber auch nichts weniger meint als Muße." (Hausmann 1991, S. 110)

Eine Didaktik im Sinne Hausmanns hat folglich den Raum und die Zeit für die Begegnung unter Lernenden so zu gestalten, dass es zu einer dramatischen Entwicklung kommen kann. Dabei geht es nicht um die Vermittlung von Kompetenzen oder das Erreichen von Leistungsnormen, sondern um die Schaffung von vielfältigen Begegnungs- und Erfahrungsmomenten, die sich potentiell für das Individuum zu ‚dramatischen Prozessen' entwickeln können. Hausmann widmete folglich der Inszenierung des fruchtbaren Momentes eine besondere Bedeutung. In Anlehnung an Friedrich Copei, der bereits in den 30er Jahren verschiedene Kunstrichtungen mit der Pädagogik zusammengeführt hatte, untersucht Hausmann didaktische Metaphern, die er aus der Dramaturgie des Theaters ableitet. (Hausmann 1959, S. 148)

Schon bei den Griechen und im europäischen Mittelalter sei das Drama eine didaktische Form der Bildung für die Bevölkerung gewesen. In verfremdeter Form seien soziale Konflikte und gesellschaftliche Normen dargestellt worden, die im Publikum zu den heftigsten Reaktionen und Auseinandersetzungen geführt hätten. Implizit sei hierdurch eine indirekte Auseinandersetzung mit gesellschaftlichen Problemen ermöglicht worden, die eine kollektive Erarbeitung von Werten, die Schaffung von Identität und die Entwicklung von Konzepten des Zukünftigen ermöglicht hätten. In der Entwicklung der Spannung bei den in das ‚Drama' einbezogenen Personen, in der Entfaltung von Metaphern, entstehen neue Inhalte und Perspektiven auf Wirklichkeit, die ein existentielles Lernen von Menschen ermöglichten, damals wie heute.

„Die Geschichte der Wissenschaft lehrt, dass sich neue Einsichten häufig in der Hülle bildlicher Ausdrücke und Vergleiche ankündigten, bevor sich die Forschung ihrer in begrifflichdiskursivem Denken bemächtigen konnte. Das gilt nicht nur von einzelnen neuen Gedanken, sondern ebenso von umfassenden Gedankenzusammenhängen, die den Inhalt ganzer Forschungskreise betreffen." (Hausmann 1959, S. 65)

Der bildliche Ausdruck, der im Zusammentreffen von Arrangement, Ambiente, Materialien, Farben, Komposition, Lebenswelten entsteht, der auch Zukünftiges wie Überzeitliches beinhaltet, nennt Hausmann Ahmung, und er hat sich Zeit seines Lebens um eine Begriffsbestimmung bemüht. Ebensogroße Bedeutung maß Hausmann den sprachlichen und didaktischen Metaphern bei. Ausgehend von der Erkenntnis, dass in und durch die Sprache die Welt konstituiert wird, komme sprachlichen Metaphern eine besondere Bedeutung zu. Sie könnten dazu beitragen, dass die mehr geahnte als gewusste Wirklichkeit begrifflich erfasst würde bzw. sie dort, wo unsere Sprache versagt, mittels Metaphern der Wirklichkeit näher gebracht und erfahrbar gemacht werden. Ein eindrückliches Beispiel dafür ist die Unmöglichkeit, körperlich erlittenen Schmerz sprachlich nachvollziehbar zu machen – es sei denn über Metaphern. Schmerz kann nur über die Handlung desjenigen, der sie zufügt, mit Hilfe von Metaphern nachgezeichnet werden. Dadurch werde der Täter zum Subjekt, während das Opfer, das die Schmerzen erleidet, in der Objektrolle passiv und unkenntlich gemacht werde. Das hat für die Täter/Opfer-Beziehung und damit für die pädagogische Bearbeitung von Gewalt große Bedeutung.

Eine weitere Bedeutung der Metapher liegt in ihrer Nähe zur alltäglichen Erfahrungswelt: „Der ursprüngliche und bleibende Boden der Metaphorik ist der lebendige Alltag, mit seinen normalen und außernormalen Geschehnissen, Taten und Dramen, Mitteilungen, Gesprächen und Erzählungen. Die Metaphorik ist nicht an erster Stelle ein literarisches Instrument, sie ist eine alltägliche Erfahrungsstruktur. Und sie findet sich da nicht nur in den einfachsten Sätzen des gewöhnlichen Redens und Erzählens, auch in den sinnlichen Erfahrungen am dunklen Rand der Sprache taucht sie auf, wenn z. B. ein gewisser Geruch an einen Ort erinnert, wo wir einmal waren, oder stärker noch, wenn eine Stimme kalt und hart klingt. Man könnte sagen, in der synästhetischen Solidarität der alltäglichen leiblichen Erfahrungen, sprachlich und außersprachlich, liegt ihre metaphorische Struktur." (Coenen 1988, S. 175)

Metaphern behalten den Reichtum ihrer Herkunft und stellen so eine Verbindung zwischen ihrem Entstehungskontext und möglichen zukünftigen Entwicklungen her.

Utopische Wirklichkeit

Während bei Hausmann die Dramatisierung der Metaphern zentraler Gegenstand seiner didaktischen Überlegungen war, beschäftigte sich Paulo Freire primär mit der Semantisierung der Metaphern. Unter Metaphern versteht Freire Schlüsselthemen aus der Alltagswelt der Menschen, die allen gemein sind, deren wahre politischen Bedeutungen jedoch nicht bewusst sind. Die Menschen hätten durch jahrhundertelange Unterdrückung ein magisches Bewusstsein entwickelt, das ihnen nicht erlaube, die Ursachen ihrer Lage zu erkennen. Sie lebten in einer Kultur des Schweigens, in der es zur Zerstörung von Identität und Sprache gekommen sei. Die Menschen hätten sich mit ihrem Los abgefunden und würden durch ihr passives Verhalten die Unterdrücker in ihrer Position anerkennen:

„Da die Unterdrückten das Bild des Unterdrückers internalisiert und seine Richtlinien akzeptiert haben, fürchten sie sich vor der Freiheit. Freiheit würde verlangen, dass sie dieses Bild aus sich vertreiben und es durch Autonomie und Verantwortung ersetzen. Freiheit wird nur im Kampf errungen, sie wird uns nicht geschenkt." (Freire 1970, S. 42)

Aus Angst vor der Freiheit werden die Unterdrückten zu Komplizen der Macht. Um sich ihre eigene Ohnmacht nicht eingestehen zu müssen, identifizieren sie sich mit den Werten und Normen des Unterdrückers. Wie im Hegelschen Gleichnis des Verhältnisses von Herr und Knecht konstituiert der Unterdrückte durch sein unterwürfiges Verhalten die Macht des Herrn, der in seiner Unterdrückung des Knechtes nur eine Grenze kennt, nämlich die der physischen Auslöschung des Knechtes. Diese liegt aber nicht in seinem Interesse, weil der tote Knecht ihn in seiner Macht nicht mehr anerkennen und damit seine Herrschaft in sich zusammenbrechen würde. Diesem Prozess der Konstituierung von Abhängigkeit und Unterwerfung, die in der Folge Entfremdung und Entsolidarisierung mit sich bringt, geht Freire in seiner dialogischen Pädagogik nach. Er geht davon aus, dass die Menschen, indem sie sich in kleinen Gruppen der Strukturen und Mechanismen der Selbstverleugnung bewusst werden, ihre Lage verändern und Widerstand leisten wollen. Wenn sie die Welt in eigene Worte fassen und Verantwortung übernehmen, humanisieren sie die Welt wie sich selbst. Befreiung ist folglich ein Prozess, der stets mit der Veränderung der eigenen Person sowie der gesellschaftlichen Verhältnisse und Institutionen einhergeht.

Der Institution Schule misst Freire besondere Bedeutung bei. Er analysiert sie als Ort, an dem die Kultur des Schweigens reproduziert werde. Mit ihrer „Bankiers-Erziehung" verhindere sie die Entfaltung eines kritischen Bewusstseins und fördere abhängiges, konsumtives Denken:

„Vermittlung, bei der der Lehrer als Übermittler fungiert, führt die Schüler dazu, den mitgeteilten Inhalt mechanisch auswendig zu lernen. Noch schlimmer aber ist es, dass sie dadurch zu ‚Containern' gemacht werden, zu ‚Behältern', die vom Lehrer gefüllt werden müssen. Je vollständiger er die Behälter füllt, ein desto besserer Lehrer ist er. Je braver die Behälter es zulassen, dass sie gefüllt werden, um so bessere Schüler sind sie." (Freire 1970, S. 74)

Ausgehend von dieser Kritik am Lehrer und an der Institution Schule entfaltet Freire sein Konzept einer dialogischen Pädagogik. Ähnlich wie Hausmann geht es ihm nicht um eine Verbesserung der Wissensvermittlung, sondern um die Herstellung von Lernbedingungen, in der jede/r Lernende eine Chance hat, einen eigenen Beitrag zu leisten. Das hat natürlich zur Folge, dass die Lehrerrolle im klassischen Sinne in Frage gestellt wird, indem auch die LehrerInnen zu Lernenden werden, so wie auch die Lernenden zu LehrerInnen werden. Der Mythos der traditionellen Schule, in der der Lehrer alles weiß und die Schüler nichts wissen, wird überwunden – „in Sorge um die Welt" (H. Arendt).

Unter Dialog versteht Freire die Bemühung der Menschen, sich im gemeinsamen Erkenntnisprozess die Wirklichkeit anzueignen, die Strukturen der Unterdrückung und Diskriminierung zu benennen und gemeinsam nach Wegen zu ihrer Überwindung zu suchen. Hierbei werden die Menschen immer mit Gegenwehr der Mächtigen zu rechnen haben und nur im Rahmen ihrer jeweiligen konkreten Wirklichkeit das historisch Mögliche tun können:

„Man muss verstehen, was für das Heute historisch möglich ist. Lassen sie mich das deutlich sagen. In der Geschichte tun wir, was real machbar ist, und nicht, was wir tun möchten. Das heißt, dass wir nicht voluntaristisch vorgehen dürfen. All diese Dinge können nicht in Seminaren gelehrt werden. Wir müssen sie in der Praxis erlernen, und das ist sehr schwer." (Freire 1981, S. 99)

Je gewaltvoller die Verhältnisse sind, desto geringer sind die Veränderungsmöglichkeiten. Wir können nicht die gesamten Verhältnisse umwälzen, sondern müssen uns damit abfinden, dass wir zunächst Bündnispartner finden müssen, um gemeinsam mit ihnen die Freiräume zu nutzen, die historisch möglich sind. Diese sind kontextabhängig und immer durch die geschichtlichen Rahmenbedingungen gekennzeichnet.

Dem Freireschen Dialogkonzept liegt ein zutiefst optimistisches und hoffnungsvolles Verständnis der Welt zugrunde. Es begreift Wirklichkeit und Geschichte stets als in permanenter Veränderung befindlich. Bei seinem Hamburger Besuch 1991 drückte Freire das im Gespräch mit Gottfried Hausmann folgendermaßen aus:

„…wir leben nicht ausschließlich wegen, von und in der konkreten Wirklichkeit. In dieser Wirklichkeit ist immer auch die Utopie der Wirklichkeit enthalten …In meinem Land gibt es unendlich viel Armut, die meisten Menschen leben unter ihren Folgen, vielleicht geht es mir persönlich ein wenig besser, aber dieses Elend greift auch mich täglich an. Trotz alledem: hätte ich meine Utopie nicht, hätte ich beispielsweise meine Träume aller Widernisse zum Trotz nicht, hätte ich mich nicht mein ganzes langes Leben hindurch bemüht um Liebe … Ich habe nie aufgehört, nie. Um dieser Bemühung willen, nie das Kind in uns, das wir einmal waren, zu vergessen, um hieraus heute Lebenskraft zu schöpfen … Aber da ist noch ein Aspekt: weil ich Geschichte verstehe, verstehe ich die Möglichkeit (potentiality), die in ihr liegt. Geschichte ist nicht Determinismus, Geschichte ist nicht Wiederholung von bereits Geschehenem. In Geschichte liegt die Möglichkeit, aber manchmal auch die Unmöglichkeit. Wenn ich also begreife, dass in der Geschichte die Möglichkeit der Veränderung liegt, dann heißt das, dass ich Geschichte mache, ebenso wie Geschichte mich schafft. Deshalb hält der geschichtliche Prozess nicht an, es sei denn, wir alle hören auf zu leben. Geschichte ist heute schwierig, aber wenn Du heute nichts unternimmst um Deiner Utopie willen, dann wirst Du Hunderte, Tausende von Hindernissen der kommenden Generation in den Weg legen." (Freire 1991, S. 24)

Die Metapher der utopischen Wirklichkeit bei Freire hat seit den 70er Jahren Millionen von Menschen in aller Welt motiviert, sich nicht mit den gegebenen Verhältnissen zufrieden zu geben, sondern Verantwortung zu übernehmen. Insbesondere in den Gesellschaften der Länder des Südens, in denen neokolonial bedingte Ungleichheit, Armut und die Gewalt der Diktaturen die Menschen zum Schweigen gebracht haben, ist die Pädagogik als Praxis der Freiheit häufig eine Überlebensstrategie. In kleinen Kulturzirkeln tauschen die Menschen ihre Alltagserfahrungen miteinander aus und erfahren in gemeinsamer kultureller Aktion die strukturellen Gemeinsamkeiten ihrer entfremdeten Situation. Indem sie über ihr Leben und ihre Wirklichkeit sprechen, bebildern sie diese, entwickeln Worte und Metaphern, um das bisher Unaussprechbare kommunizierbar zu machen. Sie verwandeln die Kultur des Schweigens in eine Kultur des Dialogs.

So wird Didaktik im Sinne von Hausmann und Freire zu einer ‚potentiality‘ für die Menschen, Einsichten zu ermöglichen und indirekt auf die Wirklichkeit einzuwirken – ein Verständnis, das heute von postmodernen Bildungstheoretikern zentral thematisiert wird:

„Denn die geschichtliche Wirklichkeit der Didaktik ist nicht nur das Ergebnis einer strukturimmanenten Bewegung, sondern wird wesentlich immer auch durch das übrige geschichtliche Geschehen mitbestimmt. Sie ist eine Variable sowohl des sozial-kulturellen als auch des individuellen Lebens, die in sehr komplizierter Weise einerseits durch affine und konträre Momente beeinflusst wird und andererseits in mannigfaltiger Art auf angrenzende Bezirke einwirkt." (Hausmann 1959, S. 10)

Hausmanns Ausführungen beinhalten, dass es in der ‚Wirklichkeit der Didaktik‘ nicht primär um die Vermittlung von Handlungsschemata geht, sondern um die Herstellung von Zeit und Raum, um ‚Muße‘, in der die Dilemmata und Schwierigkeiten bei der Wahrnehmung, Anerkennung und Überwindung von Ungleichheit und Diskriminierung thematisiert werden können. Eine radikale Hinwendung der aktiven, kreativen Wahrnehmung auf die elementaren Belange des Lebens ist notwendig, um der zunehmenden Entfremdung und dem Verlust sozialer Kompetenzen und Verantwortung auf die Spur zu kommen.

In der klassischen wissenschaftlichen Arbeit, die in der Tradition des ‚prometheischen Weges‘ steht, haben sich die Beteiligten stets um die Wiedergabe, die Reproduktion von Wirklichkeit bemüht. Die Vergangenheit wurde zur Norm der Gegenwart. Die Menschen haben hierdurch verlernt, die Gegenwart in ihrer zukünftigen und auch utopischen Möglichkeit wahrzunehmen. Wahrnehmung heißt auf Griechisch ‚aisthesis‘, die Ästhetik des Seins und Werdens. In diesem Sinne ist pädagogische Arbeit eine zutiefst künstlerische, die mit der Tradition der Bebilderung des ‚prometheischen Weges‘ im klassischen Sinne bricht. Sie erschafft die Wirklichkeit aus einem inneren Vorgang heraus, als ‚unsichtbare Skulptur‘, wie es Joseph Beuys nannte:

„Mein Weg ging durch die Sprache, so sonderbar es ist, er ging nicht von der sogenannten bildnerischen Begabung aus ... Er ließ mich entscheiden für die Kunst, allerdings für eine Kunst, die mich zu einem Begriff des Plastischen geführt hat, der im Sprechen und Denken beginnt, der im Sprechen erlernt, Begriffe zu bilden, die das Fühlen und Wollen in die Form bringen können und bringen werden ... Es wird keine brauchbare Plastik hienieden geben, wenn dieser soziale Organismus als Lebewesen nicht da ist. Das ist die Idee des Gesamtkunstwerkes, in dem jeder Mensch ein Künstler ist." (J. Beuys in Thönges-Stringaris 1988, S. 127)

Dramaturgie einer utopischen Wirklichkeit – Pädagogik als selbstreflexiver, forschender Prozess

Für eine dialogische-konstruktivistische Didaktik folgt aus dem bisher Gesagten, dass sie eine reflexive Betrachtung der Praxis ist, die in hohem Maße forschendes Lernen beinhaltet, und zwar unter besonderer Berücksichtigung des Zukünftigen. Ähnlich wie bereits vor 200 Jahren, als Wilhelm von Humboldt, der Begründer der Berliner Universität, die Verwirklichung der Einheit von Lehre und Forschung forderte und ein auf Kooperation angelegtes grundsätzliches Ergänzungsverhältnis von Lehrenden und Lernenden postulierte, sollte in der „Pasantía" ein Lehr-Lernverständnis praktiziert werden, das nicht nur zunehmend die Hierarchien aufheben, sondern eine Lernkultur schaffen würde, die ein gemeinsames Deuten und damit Konstruieren von Wirklichkeit ermöglicht. Forschendes Lernen beinhaltet in unserem Sinne deshalb nicht nur die Aneignung neuen Wissens, sondern auch die Vergewisserung, Überprüfung und Modifizierung von gegebenen Informationen: „Forschen bedeutet Teilen und mildert das Bedrohliche unserer Verschiedenheit". (Audre Lorde in Rich/Lorde 1991, S. 190)

In dieser Metapher der US-amerikanischen Feministin Audre Lorde wird ausgedrückt, dass das Bemühen ‚mit-zu-teilen' oder zu verstehen nicht nur die eigene Existenz bereichert, sondern Verbindendes schafft. In diesem Sinne ist Forschen weniger Aneignung als gemeinsames Herstellen von Wirklichkeit, in der die Beteiligten sich ‚ver-Gegenwart-igen'. Es ist die Priorität der Gegenwart, die das gemeinsame Arbeiten an den Bedeutungen von Vergangenem und Zukünftigem impliziert. Das Vergangene wird im Kontext der Gegenwart neu interpretiert, das Zukünftige erhält im Gegenwärtigen ein „sinnliches" Gesicht.

Allerdings weisen aktuelle Entwicklungen in der Wissenschafts- und Technikentwicklung, die durch die Globalisierung noch verschärft werden, eine gegensätzliche Strömung auf. Es kommt zu einer wachsenden Konkurrenz im Wissenschaftsbetrieb, die einen Verlust von Denken in Zusammenhängen mit sich bringt, in dessen Folge interdisziplinäres Querdenken und herrschaftskritische Perspektiven immer mehr ausgeschaltet werden:

„Solange man in den Wissenschaften überwiegend geschlossene Systeme konstruiert und analysiert oder durch entsprechende Reduktion wirkende Faktoren als mehr oder weniger geschlossene Systeme behandelt hat, waren die dafür erarbeiteten wissenschaftlichen Umgangsweisen adäquat. Für die sich heute entwickelnden gesellschaftspolitischen, ökologisch-ökonomischen, sozialen, wissenschaftlichen und technischen Herausforderungen produzieren die zur Zeit favorisierten Wahrnehmungs-, Interpretations-, Denk-, Kommunikations- und Handlungsmuster oft mehr Probleme als sie lösen." (Reichwein 1994, S. 5)

Für die Entwicklung einer Didaktik-Konzeption bedeutete dies, dass es nicht um die Erstellung eines Curriculums mit normativen Vorgaben gehen konnte, sondern nur um die immer wieder neue Auseinandersetzung mit Theorie-Praxis-Prozessen im interkulturellen Spannungsfeld. Die Herangehensweise war für alle Beteiligten eine permanente Gratwanderung. „Wir waren oftmals wie Artisten unter der Zirkuskuppel ohne Netz", so beschrieb eine Projektmitarbeiterin einmal ihre Situation.

Es war also ungewohnt und irritierend, dass nicht nur über Unterricht und Schulbetrieb geforscht wurde, sondern dass es stets auch um das eigene Selbstverständnis, die Einschätzung der eigenen Zielerreichung und der Zufriedenheit dabei ging. Durch die spielerischen Arbeitsmethoden in den Workshops, die Planspiele, die kreativen Formen des gestalterischen Arbeitens sowie die Praktizierung gestaltpädagogischer Methoden wurden intensive affektive Beziehungen untereinander ausgelöst und Konfrontationen mit dem eigenen Ich ermöglicht, die von den TeilnehmerInnen sehr unterschiedlich aufgenommen wurden. Während es für einige viel Freude und Befriedigung über die persönlichen Begegnungs- und Auseinandersetzungsformen gab, lösten diese in anderen Momenten auch immer wieder Enttäuschungen, Krisen und Verunsicherungen aus. Während einige TeilnehmerInnen glücklich waren, Muße zu haben für die kritische Auseinandersetzung mit sich selbst, und es genossen, ,zum ersten Mal ein Zimmer für sich allein zu haben', getrennt von der schützenden, unterstützenden Familie zu sein, löste diese Situation bei anderen Heimweh und Blockaden aus. Hier in pädagogischer Verantwortung einen Rahmen zu gewährleisten, in dem es nicht zu Grenzüberschreitungen und Überforderungen kommt, erforderte eine intensive Begleitung aller im Gruppenprozess, auch der Teammitglieder.

Eine andere Herausforderung war der sorgfältige und individuelle Umgang mit der Geschlechteridentität im interkulturellen Prozess. Stereotypen wie ,Machismo' oder ,Frauenemanzentum' prägen die Beziehungen von Menschen unbewusst und tief. Verletzungen in diesem Bereich sind nur schwer reparabel; denn sie gehören zu den Eckpfeilern eigener Identitätsbildung. Hier über Begegnungen in einer Homosexuellen-Bar oder einem Lesbencafé persönliche Auseinandersetzungen zu ermöglichen oder immer wieder von neuem behutsame Einzelgespräche über Familienvorstellungen zu führen, war der allgemein befürwortete Anspruch – der jedoch oftmals seine Begrenzung in der Meinungs-Hegemonie fand, die von den Männern in den verschiedenen ,Pasantías' ausgeübt wurden. Ein weiterer Versuch, die Stereotypen bewusst zu machen, waren die ,Gender-Workshops', die geschlechtergetrennt in zwei Gruppen durchgeführt wurden. Sie trugen durch ihre spielerischen, gestaltpädagogischen Methoden dazu bei, dass die TeilnehmerInnen in der Frauen- wie in der Männergruppe erste persönliche Erfahrungen mit dem eigenen ,Gender'-Blick machten und sich sehr beeindruckt zeigten von den ausgelösten Gefühlen und Ängsten.

Eine besondere Herausforderung der ,Pasantías' war es, den Umgang mit Kritik und Selbstkritik zu ermöglichen und zu fördern. Fern der Heimat war es beispielsweise schwerer, Kritik an den eigenen Verhältnissen in Chile zu ertragen. Im Ausland fühlte sich die Mehrheit der TeilnehmerInnen mit ihrem Vaterland identifiziert und deshalb persönlich angegriffen, wenn Kritik an den heimischen Verhältnissen geäußert wurde. Während einige KollegInnen damit offen umgehen konnten, reagierten andere mit Verletzung oder Rückzug. Hier pädagogisch den Rahmen zu sichern und verschiedenen Sichtweisen Raum zu geben, war das A und O bei der Orientierung selbstreflexiver Prozesse. So war es im Sinne der Seminarstrategie, einerseits die Auseinandersetzungen zu fördern, andererseits aber Polarisierungen – ,die Deutschen', ,die Chilenen', ,typisch Männer', ,typisch Frauen' – durch andere Identitätszuordnungen aufzulösen. So werden beispielsweise TeilnehmerInnen nicht nur durch ihre nationale Identität definiert, sondern durch ihre Interessen für ein Thema, das sie mit anderen teilen, durch besondere Begabungen, die sie in ihrer Rolle für die Gesamtgruppe wertvoll werden lassen. Der Versuch, auch hier durch die Seminarstruktur Zeit und Raum zur Bearbeitung der Irritationen zu ermöglichen, führte trotz aller Bemühung häufig bis an die Grenze der Belastbarkeit und hatte nächtliche Marathonsitzungen zur Folge. Das Lernen mit und in den unterschiedlichsten Situationen führte die Möglichkeiten interkultureller Kommunikation oftmals an ihre Grenze, aber dadurch, dass die Grenzen bewusst gemacht und benannt wurden, waren sie bereits überschritten.

Pädagogik als interkulturelle Dramaturgie

Eine internationale Bildungsarbeit bietet die außerordentliche Möglichkeit, sich des eigenen, gewohnten Reflexionsrahmens durch die Konfrontation mit dem Fremden bewusst zu werden und die damit einhergehende Dominanzhaltung in ihrer politischen und kulturellen Tradierung zu erkennen und zu überwinden. In der Auseinandersetzung mit dem Fremden geht es nie nur um eine wertneutrale Begegnung mit dem ‚Anderen‘, sondern es findet stets auch ein Ringen um Dominanz in der jeweiligen Beziehung statt. Norbert Elias hat in seinen Studien über Fremde und Außenseiter herausgefunden, dass sich das Selbstbild einer Person oder Gruppe über das Fremdbild abstützt, dass es also zu einer um so stärkeren Identitätsbildung kommt, je stärker die Bedrohung durch das Fremde erscheint. Folglich ist in die Selbst- und Fremddefinition auch die Machtbeziehung zwischen den Gruppen eingebaut. Diese komplexe Machtbeziehung charakterisiert auch jede Lehr-Lern-Beziehung im Projekt.

Sensibilisiert durch die rassistisch motivierten Gewalttaten etwa von Rostock-Lichtenhagen und das Aufflammen rechtsradikaler Bewegungen in der ehemaligen DDR Mitte der 90er Jahre waren viele Bildungspolitiker in Deutschland (das Projektteam eingeschlossen) verunsichert und hochsensibel für Fragen der Dominanzkultur. Die Debatte über die Wurzeln des neuen Rechtsradikalismus in den neuen Bundesländern als Folge der politischen Vereinnahmung durch den Westen prägte die Atmosphäre und führte im Team zu langen Diskussionen darüber, wie dem eigenen Dominanzverhalten auf die Spur zu kommen und ob es überwindbar sei.

Da es keine systematische Antwort auf diese Überlegungen gibt, kann sie nur in einem Prozess des ‚learning by doing‘ gefunden werden. Das setzt hohe interkulturelle und soziale Kompetenz und pädagogisches Wissen voraus. Über drei Formen der Annnäherung möchte ich im folgenden berichten.

Gemeinsames Handeln

Indem die ChilenInnen sich beispielsweise in den Schulpraktika mit der deutschen Bildungsentwicklung und der Unterrichtspraxis ihrer deutschen KollegInnen auseinandersetzten, wurden sie selbst aktiver Teil des Geschehens: sie erteilten selbst Unterrichtsstunden, die Schüler baten sie um Beratung, man inszenierte gemeinsame Feste oder organisierte außerschulische Treffen. So waren nicht allein die deutschen KollegInnen die Aktiven in der Gestaltung der Kommunikation, sondern die chilenischen KollegInnen erhielten Raum, sich vorzustellen, und konnten ihre spezifische Form der Interaktion mit den Schülern ausleben, sich Anerkennung bei den SchülerInnen erringen und durch ihre Beobachtungen, Fragen und Kritiken die existierenden Selbstverständlichkeiten der deutschen KollegInnen zur Diskussion stellen. So wurden Überlegungen und Empfindungen auf beiden Seiten ausgelöst, die die jeweils unterschiedlichen Deutungsmuster transparent machten. Ebenso wurden Ansätze gemeinsamen Handelns in den Workshops praktiziert, in denen die TeilnehmerInnen an gemeinsamen Produkten arbeiteten, Rollenspiele inszenierten und sich immer wieder neuen Rahmenbedingungen aussetzten. Die Kulturprogramme und die nächtlichen Caféhaus- und Discobesuche ermöglichten darüber hinaus vielseitige Erfahrungen, die zu interkulturellem Nachdenken anregten.

Affektives Lernen fördern

Im Team waren wir sehr bemüht, das affektive Lernen zu fördern, indem wir viel Raum für Verständigungsprozesse untereinander ließen. So entstand nicht nur ein Bewusstsein der großen Vielfalt in der Gruppe hinsichtlich der sozialen Herkunft, der Stadt-Land-Bedingungen und der politischen Differenzen. Allein die Teilnehmerzusammensetzung trug jedes Jahr zu vielfältigen interkulturellen Erkenntnissen bei und ermöglichte so relativ große Offenheit und Toleranz hinsichtlich der Schwierigkeiten der interkulturellen Kommunikation. Den nicht vorausplanbaren Irritationen Zeit und Raum zu geben, die unterschiedlichen Deutungsmuster stets zum Gegenstand der Seminardebatten zu machen, die Bedeutungen von Vorurteilen, von dominanzkulturellen Konzepten in der interkulturellen Begegnung zu erkennen und hieraus eine Lernstrategie zu entwickeln, waren Ansätze zur Förderung affektiven Lernens. Beispielsweise wurde einer Teilnehmerin der ersten ‚Pasantía‘ von den Osterinseln in den Seminaren großer Raum gegeben, ihre eigene ethnozentrische Sichtweise zu formulieren. Sie machte durch ihre Redebeiträge – zunächst geduldig, später zunehmend scharf – immer wieder deutlich, dass sie sich in der chilenischen Mehrheitskultur diskriminiert und missachtet fühlte, dass ihr die Nationalhymne oder die Zelebrierung von Nationalfeiertagen aufgezwungen würden und ihr weder in ihrem Land noch in der Schule Raum für eine interkulturelle Auseinandersetzung zugestanden würde. Sie wies die chilenischen KollegInnen immer wieder darauf hin, wie diese durch ihren Kommunikationsstil diskriminierten, unwillig und ungeduldig waren, ihr nicht zuhörten, etc. Erst nach sechs Wochen des Zusammenseins in der Gruppe ergab sich in der Nacht nach der Führung durch das ehemalige Konzentration Buchenwald die Konstellation, dass 18 LehrerInnen sich um die Kollegin scharten, um sich ausgiebig über ihre Erfahrungen in der chilenischen Dominanzkultur zu informieren. Seitdem wurde in der ‚Pasantía‘ die folgende Formulierung zu einem geflügelten Wort: „Chile, von Arica bis Punta Arenas und den Islas de Pascua".

Annäherung durch eine Dramaturgie der Verfremdung

Ein weitere Strategie in der interkulturellen Begegnung war das Mittel der ‚Annäherung durch dramaturgisches Verfremden‘. Wir setzten dieses Mittel ganz besonders bei tabuisierten Themen ein. So erschien es eine Möglichkeit, am Beispiel der didaktischen Bearbeitung der gewaltvollen NS-Geschichte Ansätze für eine strukturelle Annäherung an die eigenen Ängste und deren Abwehr zu erzeugen, ohne die chilenische Diktatur direkt anzusprechen. Bei der Auseinandersetzung mit der Zeit des NS-Regimes sollte es also nicht um die Vermittlung von historischen Kenntnissen, sondern um ein Aufzeigen des schwierigen Umgangs mit der Vergangenheit gehen. So besuchten die TeilnehmerInnen eine Ausstellung über die Gewalttaten der Nazis und sahen Filme über die Ideologie und Erziehung in jener Zeit. Das sollte primär als Hintergrund für die persönliche Konfrontation mit dem Selbstzeugnis von Überlebenden eines Konzentrationslagers dienen und für den Besuch des Konzentrationslagers Buchenwald vorbereiten. Wir verbrachten jedes Jahr einen ganzen Tag dort, weil es ein Ort ist, an dem ‚rechte‘ wie ‚linke‘ Gewalt gewütet haben und sich die Frage nach eigenen Freund- und Feindbildern aufdrängt. Die an den Orten der Gewalttaten gewonnenen Informationen waren nicht nur von großer Komplexität und unbequem, sie lösten auch bei vielen chilenischen TeilnehmerInnen eine Auseinandersetzung mit der eigenen Geschichte und der Last des (Ver)Schweigens aus. Gespräche, die mehr als 20 Jahre in Chile nicht geführt worden waren, wurden hier durch die persönlichen Assoziationen initiiert. So berichteten einige Chilenen, dass die Nacht des Militärputsches im September 1973 für sie ein Freudenfest mit Champagner war, während andere unter Tränen von ihren Ängsten erzählten, die sie bis heute nicht losließen: „Meine Mutter nahm in jener Nacht die Bilder mit Allende von der Wand und verbrannte sie, aber es blieben helle Flecken zurück, wo sie gehangen hatten. Bis heute spüre ich die Angst, dass mich jemand fragen könne, welche Bilder dort gehangen hätten."

Die Verfremdung der Situation, die ästhetische Auseinandersetzung mit Bildern, Texten und Filmen und die räumliche Annäherung an die Orte der Geschichte haben bei den Teilnehmer-Innen große Betroffenheit ausgelöst und Dialoge innerhalb der Gruppe ermöglicht, die in Chile selbst so kaum vorstellbar wären. Das wochenlange Zusammensein an einem fremden Ort hat darüber hinaus eine Gruppenzugehörigkeit erzeugt, die Vertrauen ermöglicht und das Denken in politischen Feindbildern abschwächt. So kam es im Projekt immer wieder zu überraschenden Allianzen, die teilweise auch in Chile noch Bestand haben.

Nach vier Jahren der Erfahrung mit ‚Pasantías' und der Fortbildung in Chile wurde jedoch sehr deutlich, dass die Möglichkeiten und Grenzen der interkulturellen Verständigung nicht nur eine Frage des Perspektiven- und Methodenwechsels sind. Sie werden entscheidend festgelegt von der Herrschaftsposition, die eine Person im Verhältnis zu den ‚Anderen' hat, und dabei hat Bildung nur begrenzte Einflussmöglichkeiten – es sei denn, es würde ihr zunehmend gelingen, die Polarisierung des ‚Eigenen' und des ‚Fremden' zugunsten einer Vision von ‚Ambivalenz als Herausforderung' aufzuheben.

Pädagogik als Annäherung an Ambivalenz

In seiner großen Studie über den Holocaust ist der polnische Soziologe Zygmunt Bauman der Frage nachgegangen, wie es während des Nationalsozialismus zur systematischen Aus- und Eingrenzung, zur Polarisierung von Freund und Feind, zur Zuordnung in ‚gut' oder ‚böse' kommen konnte und ob diese Entwicklung nicht ebenso in allen anderen europäischen Länder denkbar gewesen wäre (Bauman 1992, S. 133–288). Er arbeitete heraus, dass die Grenzziehung in der Moderne mit der Schaffung der Nationalstaaten, der Durchsetzung der Naturwissenschaften und einem rationalistischen Weltbild einherging sei und dass diese Grenzziehung des ‚innen' und ‚außen', des ‚Eigenen' und ‚Fremden' ein überaus gewaltvoller Prozess war und bis heute konstitutiv für die gesellschaftliche Entwicklung ist. Der ‚Gärtner-Staat' habe sich das Machtmonopol angeeignet, nicht um den Feind außerhalb der Grenzen zu bekämpfen, sondern um die Homogenität ‚im Innern' durchzusetzen. So wie der Gärtner die guten von den schlechten Pflanzen trenne, so werde im Staat ‚der Fremde' ausgemerzt, denn er repräsentiere das Unbestimmte, das Unklare, Undefinierte, das entweder assimiliert oder zerstört werden müsse.

Entsprechend dieser ‚Dialektik der Ordnung' sei der Holocaust in Mitteleuropa durchsetzbar geworden und habe in der ganzen Welt seine Wirkungen gezeigt. Studiere man heute beispielsweise die Nachkriegszeit in den beiden deutschen Staaten, dann sei auf den ersten Blick zu erkennen, dass die Berliner Mauer nicht nur eine Mauer zwischen zwei Systemblöcken gewesen sei, sondern auch die Menschen in den jeweiligen Systemen zu einer permanenten Zuordnung gezwungen habe. Die Zugehörigkeit zur einen Seite implizierte immer schon gleich die Abgrenzung von der anderen. Wenn es zu Widersprüchen oder Kritik am eigenen System gekommen sei, dann mussten diese Differenzen sogleich externalisiert werden. „Geh doch 'rüber" war in beiden Staaten eine stehende Redewendung. Die Folge war und ist eine ausgeprägt geringe Fähigkeit zur Ambiguitätstoleranz in Deutschland.

Zur Zeit der Curriculumentwicklung der ‚Pasantía' Ende der 90er Jahre konnte man in Lateinamerika auch auf zahlreiche ehemalige Diktaturen zurückblicken, die während der 70er Jahre viele Länder des Kontinents erfasst hatten. Hier richteten sich die Feldzüge der Diktatoren hauptsächlich gegen die nichtdogmatische Linke und die indianische Bevölkerung. Man schätzt heute beispielsweise, dass allein in Chile 100.000 Menschen vor dem staatlichen Terror fliehen mussten und mehr als 3000 Menschen ermordet wurden oder verschwanden. Die Diktaturen haben, wie es Zygmunt Bauman beschrieb, auch in Lateinamerika mit der Freund/Feind-Stigmatisierung gearbeitet, sie haben die Menschen vereinzelt und durch die Ausübung von staatlichem Terror psychische Traumata hervorgerufen, die die Gesellschaften grundsätzlich verändert haben. Auch zehn Jahre nach Ende des Pinochet-Regimes herrscht immer noch das Schweigen, und die Menschen haben noch nicht wieder Vertrauen und ein Gefühl der Zugehörigkeit erlangt. „No estoy ni ahí" ist eine häufige Redewendung der Jugendlichen. Sie können sich angesichts des schnellen gesellschaftlichen Wandels nicht mehr positionieren und verlieren das Verantwortungsbewusstsein für ihre eigenen Verhältnisse.

Wenn eingangs gesagt wurde, dass eine dialogisch-konstruktivistische Didaktik dazu beitragen solle, die Selbstreflexion und die Strukturanalyse zu fördern und die Thematisierung von verdrängter Gewalt zu ermöglichen, dann liegt all diesen Zielsetzungen ein tolerantes Menschenbild zugrunde. Mit Hilfe der Didaktik Erfahrungen sollen Erfahrungen ermöglicht werden, die Einblicke in eigene Dominanzstrukturen geben und Empathie ermöglichen. „Ich bin, weil Du bist", sagt Martin Buber und fordert damit auf, sich durch einen wirklichen Dialog in das Wagnis gemeinsamer Veränderung zu begeben. Nicht die Gewissheit des Eigenen, nicht die Trennung der Welt in Freund und Feind tragen zur Veränderung der Welt bei, sondern der Umgang mit der Ambivalenz. Genau hier liegt das Veränderungspotential, nicht in der Homogenität.

Dies in der alltäglichen Projektpraxis wirklich zu leben, war für alle Beteiligten sicherlich die größte Herausforderung. Die Verfremdung in der Dramaturgie und das Ringen um das ‚historisch Mögliche' haben uns den Realitäten der Anderen näher gebracht und damit die eigene Wirklichkeit in den Deutungen der Anderen erkennen lassen. Wenn heute in Chile LehrerInnen der Berliner ‚Pasantía' die Lehrer-Organisation „Vagamundos" gegründet haben und jede Woche eine einstündige Radiosendung über ihre pädagogischen Fragen gestalten und moderieren, dann setzt sich diese Dramaturgie auch in Chile weiter fort. Waren die ursprünglichen ‚Vagamundos' im 19. Jahrhundert die Arbeiter aus den Haciendas in Südchile, die nach der Saison in den Bergwerken im Norden Arbeit suchten, dort mit der Arbeiterbewegung in Berührung kamen und deren Denken einer gerechteren Welt wieder in den Süden trugen, so sind die „Vagamundos" des 21. Jahrhunderts die Utopisten einer solidarischen, gewaltfreien Zukunft – eine soziale Alternative des ‚global village'.

Literatur:

1. Holzkamp, Klaus: *Lernen. Eine subjektwissenschaftliche Grundlegung.* Frankfurt/Main 1993.
2. Kant, Immanuel: *Werke.* Band 9. Berlin/Leipzig 1923.
3. Maturana, H./Varela, F.: *Der Baum der Erkenntnis.* Bern/München 1987.
4. Freire, Paulo: *Der lehrer ist politiker und künstler.* Reinbek 1981.
5. Hausmann, Gottfried: „Auf Trampelpfaden durch das pädagogische Unterholz", in: Windisch, A.: *Licht im Hochschulalltag. Erfahrungen mit der Lehre.* Weinheim 1991.
6. Hausmann, Gottfried: *Didaktik als Dramaturgie des Unterrichts.* Heidelberg 1959.
7. Coenen, Heiner: „Utensilien und Umstände", in: List, E./Strubar. I. (Hg.): *Alfred Schütz: Neuere Beiträge zur Rezeption seines Werkes.* Amsterdam 1988.
8. Freire, Paulo: *Pädagogik der Unterdrückten.* Stuttgart 1970.
9. Freire, Paulo: „Ein nicht gewöhnliches Interview", in: Dabisch, J./Schulze, H. (Hg.): *Befreiung und Menschlichkeit. Texte zu Paulo Freire.* München 1991.
10. Freire, Paulo: *Pädagogik als Praxis der Freiheit.* Stuttgart 1973.
11. Joseph Beuys, zitiert in: Thönges-Stringaris, R.: „Eine andere Lage von Kraft und Energie", in: *Kunstforum,* Bd. 93, Februar/März 1988.
12. Wilhelm von Humboldt, zitiert in Anrich, E. (Hg.): *Die Idee der deutschen Universität.* Darmstadt 1959.
13. Lorde, Audre: „Vom Nutzen der Erotik", in Rich, A./Lorde, A.: *Sinnlichkeit und Macht.* Berlin 1991.
14. Reichwein, Regine: *Plädoyer für eine verstärkte Kompetenzförderung in der universitären Ausbildung.* Unveröffentlichtes Manuskript, Technische Universität Berlin FB 02, 1994.
15. Rommelspacher, Bernd: „Nationale Identität und Größenwahn", in: Schoch, Bruno (Hg.): *Deutschlands Einheit und Europas Zukunft.* Frankfurt/M. 1991 Berlin.
16. Bauman, Zygmunt: *Moderne und Ambivalenz.* Hamburg 1992.
17. Bauman, Zygmunt: *Die Dialektik der Ordnung. Die Moderne und der Holocaust.* Hamburg 1992.

Abschlusszeremonie bei Sonnenuntergang im Valle de la Luna

IKO - Verlag für Interkulturelle Kommunikation

Holger Ehling Publishing • Edition ZeitReise • Edition Hipparchia • Edition ÖKOglobal

Frankfurt am Main • London

Büro Frankfurt am Main
Postfach 90 04 21; D-60444 Frankfurt am Main
Assenheimerstr. 17, D–60489 Frankfurt
Tel.: +49-(0)69-78 48 08
Fax: +49-(0)69-78 96 575
e-mail: info@iko-verlag.de

Internet: www.iko-verlag.de
Verkehrs-Nr.: 10896
VAT-Nr.: DE 111876148
Auslieferung: Order@KNO-VA.de

Büro London
70 c, Wrentham Avenue
London NW10 3HG, UK
Phone: +44-(0)20-76881688
Fax: +44-(0)20-76881699
e-mail: HEhling@aol.com

Aus der wissenschaftlichen Reihe
„Internationale Beiträge zu Kindheit, Jugend, Arbeit und Bildung"

Band 1
Manfred Liebel/Bernd Overwien/
Albert Recknagel (Hrsg.)
Arbeitende Kinder stärken
Plädoyers für einen subjektorientierten Umgang
mit Kinderarbeit
1998, 388 S., € 23,00, ISBN 3-88939-455-8

Band 2
Gunnar Specht
Überleben durch Flexibilität
Berufliche Bildung und Existenzsicherung im
informellen Sektor – untersucht am Beispiel von
Metro Manila
1999, 446 S., 17 Abb., € 43,00, ISBN 3-88939-481-7

Band 3
Manfred Liebel/Bernd Overwien/
Albert Recknagel (Hrsg.)
Was Kinder könn(t)en
Handlungsperspektiven von und mit arbeitenden
Kindern
1999, 366 S., € 25,00, ISBN 3-88939-506-6

Band 4
Bernd Overwien/Claudia Lohrenscheit/
Gunnar Specht (Hrsg.)
Arbeiten und Lernen in der Marginalität
Pädagogische Ansätze im Spannungsfeld zwi-
schen Kompetenzerwerb und Überlebenssiche-
rung im informellen Sektor
1999, 368 S., € 28,00, ISBN 3-88939-519-8

Band 5
Norbert Epstein
**Herrschaftsdenken und Selbstkritik in der
Dominanzkultur**
Perspektiven interkultureller Pädagogik
2001, 524 S., € 35,00, ISBN 3-88939-545-7

Band 6
Bernd Overwien (Hrsg.)
Lernen und Handeln im globalen Kontext
Beiträge zu Theorie und Praxis internationaler
Erziehungswissenschaft
Zur Erinnerung an Wolfgang Karcher
2000, 568 S., € 42,00, ISBN 3-88939-559-7

Band 7
Manfred Liebel
Kindheit und Arbeit
Wege zum besseren Verständnis arbeitender Kin-
der in verschiedenen Kulturen und Kontinenten
2001, 354 S., € 24,00, ISBN 3-88939-588-0

Band 8
Manfred Liebl/Bernd Overwien/Albert
Recknagel (Eds.)
Working Children's Protagonism
Social movements and empowerment in Latin
America, Africa and India
2001, Englisch, 384 S., € 26,00,
ISBN 3-88939-581-3

Band 9
Wolfgang Nitsch/Marcel van der Linden/
Claudia Lohrenscheit/Siegfried Grubitzsch
(Hrsg.)
Statt Menschenliebe: Menschenrechte
Lernprozesse zwischen gesellschaftlicher Anpas-
sungsgewalt und Widerstand
Zur Erinnerung an Gottfried Mergner (1940-1999)
2002, 248 S., € 22,80, ISBN 3-88939-635-6

Band 10
Claudia Lohrenscheit
Das Recht auf Menschenrechtsbildung
Grundlagen und Ansätze einer Pädagogik der
Menschenrechte
Mit einer Studie über aktuelle Entwicklungsli-
nien der „Human Rights Education" in Südafrika
2004, 332 S., € 21,90, ISBN 3-88939-718-8

Bestellen Sie bitte über den Buchhandel oder direkt beim Verlag.
Wir senden Ihnen gerne unser Titelverzeichnis zu.